茅盾先生

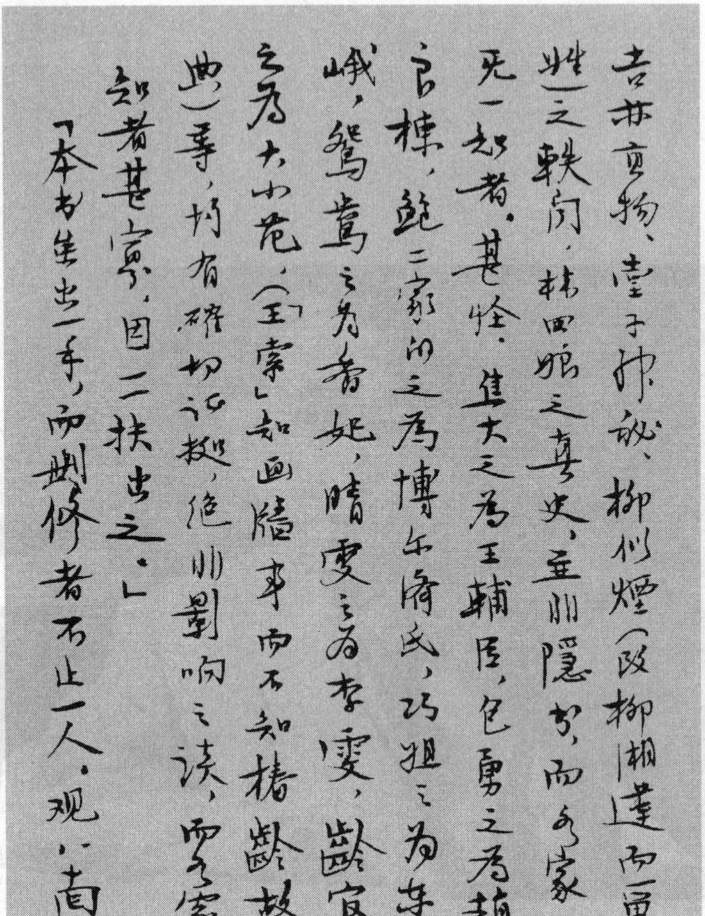
其中人物、寶玉、釵、黛、柳似烟（改柳湘蓮）而留
姓）之軼聞，林四娘之真史，亞川隱事，而為家
無一知者，甚怪，僅大之為王輔臣，包勇之為趙
良棟，鮑二家的之為博尔濟氏，巧姐之為安
峨，鴛鴦之為青妃，晴雯之為李雯，齡官
之為大小花，（「王宗」知畫牆者而不知椿齡故
典）等，均有確切證據，絕非影响之談，而為家
知者甚寡，因一一抉出之。」
「本書集出一手，而删修者不止一人。」觀此首

茅盾手迹

目 录

丛书主编谈

本书编者前言

忆念

钩沉

争鸣

论列

研究综述

附录

后记

巨匠风骨

金宏达

现今，民生问题日腾于众口，瞩目于文学的人，免不了想起文学与人生的关系。“长太息以掩涕兮，哀民生之多艰”，自屈原以来，中国文学就有关注民生的渊源。五四时期，著名的文学研究会，高张“为人生”的大旗，从此，文学在社会上就有了响应和声势。人生并不等同于今之所谓民生，但作家的目光一旦落在人生的领域，民生、民瘼，显然是最为抢眼的。

文学研究会有一员主将，就是茅盾。起初，茅盾并不写小说，他以早熟的才华，编辑《小说月报》，评说文坛大势，胸中饱蓄时代风云。大革命失败后，他转入创作，随着《蚀》、《虹》等作品的问世，他使为人生的文学，展露出成长的丰华，作为新文学的园丁，他的辛劳依然。

“茅盾”这个名字，就是彼时所取，原本直用“矛盾”，后经人建议微调为“茅”，以切姓氏。社会与人生，何往而无矛盾？能如此直面无所不在无时不在的矛盾，诚可谓是真正的智者。从一开始，他便是以这种精神锲入、驰骋于纷纭综错的社会现象，试图探骊得珠。于是，不难理解，很快就有了划时代的《子夜》降临。久酲于长昼的人们已是很难体会那种惊喜，那是真正在子夜时分所见的霹雳般的光亮，照出一幅当时中国社会、人生与民生的全景图。也许，今天论者或可訾议，作品中的各色人物是否太重阶级的畛域，但是，当你再次打开作品的画卷，仍会为他们栩栩然的本色和活色所倾心。那些人物都不是凭空而来的，为亲睹多头与空头的厮杀，他曾经多次出入交易所，这一点，但看他的《交易所速写》即可得知。在他之先，尚无一个作家，如此真切描绘过中国民族资本家的生态和业态。像吴荪甫这样的资本家，诚然站在穷人的对立面，却也有他许多不解的纠结。作为一个前辈“海归”，他受过西方现代文明的熏陶，也未尝不憧憬于现代化中国的富强，有雄心、有魄力也有手段，而在各种社会力量的交会抗颉中，却最终惨败于与买办资本家赵伯韬的角逐。作品所聚焦的国计民生问题是，在当时多重压迫下，中国的民族资本家何去何从？中国社会又向何处去？今天人们爱讲话题性，此即当时值得人们热议的话题。以是之故，无劳发行者花钱打榜，《子夜》迅即畅销。

也许受此鼓舞，茅盾随后又写出《春蚕》和《林家铺子》等名著，愈见他的悲悯宽广。他把镜头对准“大鱼吃小鱼，小鱼吃虾米”的更低层级，且看“虾米”们如何在生死泥泞中蠕动挣扎。“穷年忧黎元，叹息肠中热”，对于老通宝、林老板以及无数弱势人群的哀痛，茅盾感同身受，在他的笔下，此时，关注民生，更直接的便是表现民瘼。瘼者病苦也，只有身历这些“小鱼”、“虾米”们火热水深、哭告无门的困境，才能理解民瘼之沉重如斯。数十年后，我们颇为奇异地经历了一次对《林家铺子》的大批判，据说对林老板的同情便是阶级的调和与投降，当时在学校里，被令写批判文章，就怎么也弄不懂其中的玄机，后来，由这一思路想开去，方知原来民生、民瘼的概念，那些号称“唯我独革”的人是一点也没有的。

作为一位作家，茅盾受到人们广泛尊重，首先就因为他将关注民生、民瘼视为自己神圣使命，以自己的扛鼎之作实践了“为人生”的素志。在佳作迭出已届知天命之年时，他还曾说：“平凡的经验只能产生平凡的故事，我所苦恼而亦感惭愧的，乃是不曾写出中国的最平凡而其实是最伟大的老百姓。”这真是一种伟大的苦恼和惭愧，其所以有如此，乃是因为目标的远大和伟大，一位卓有成就的作家尚念兹在兹将老百姓高高置顶，委实是我们今天要特别感念的。

不同于其他一些作家，新中国成立后，茅盾已不再推出新的创作。客观而言，他担任了迄今为止任期最长的文化部长，公务冗繁；另一方面，他也并非没有继续写作的冲动，还曾给周总理写过报告请创作假。然而，我们没有看到他有什么配合中心的创作计划，有的只是打算完成《霜叶红于二月花》的续篇。严格地说，《霜叶红于二月花》是一部“历史”小说，即使在一种极不正常的人文生态环境中，他也需要凝神屏气，审视历史，梳理脉络，逼近真实，而不是一味“假大空”，搞“神马都是浮云”。他是一位写实主义的巨匠，这一点他始终没有背叛自己。虽然最终未能如愿写出续篇，似乎也并不值得遗憾。在那些变生不测的岁月里，他保持着静定的风范和可贵的清醒。当年，根据他的小说《腐蚀》改编的电影横遭批判，他拒做回应，恝然置之；而事隔不久，于此书再版时，他更泰然自若，拒做任何修改。早年他就说过：“自从离开家庭进入社会以来，我逐渐养成了这样一种习惯，遇事好寻根究底，好独立思考，不愿意随声附和。”一个好的现实主义作家，最高信仰就是真实，他不得已而选择怫郁和沉默，内心却一定汹涌着无边波澜。

在人类的文字生涯中，“为人生”三字最是看似容易，却实艰辛。为人生必重真实，而太讲真实就难免“为有壮志多牺牲”矣。也许最让人气沮的是，它还会在一派嘻哈娱乐物质主义中被消解澌灭。早些年有一家机构发布“世纪文学大师”的排行榜，茅盾竟飒然落榜去也。这本也没什么大了不得，权当风过耳罢了，只是我们还是要认真期待一届届承办不辍的茅盾文学奖，借“为人生”的力作，传达出令人欣忭的消息来。

2011年1月

风雨八十年

钱振纲

近些年来，茅盾似乎交了华盖运：一是不断有学者奚落他生前热闹，身后寂寞，指责他当年不应为了政治，为了革命而主题先行，牺牲了艺术；同时，普通读者也对他减少了热情。事实是否真像某些学者所指责那样？他的作品为什么不能永久走红？对于关心茅盾其人其文的读者，这些都是值得思考的问题。

在“30年文学”史上，茅盾无疑是“为人生”文学主张的积极倡导者和忠实躬行者。早年，他主持《小说月报》的革新，为新文学的发展作出了重要贡献。不久又作为早期共产党人，参加了国共合作的北伐战争。大革命失败后，虽然因一度看不清革命的正确道路而脱党，但不久就振作起来，以左翼作家的身份继续投身于革命。在那中华民族存亡绝续的时代，他没有躲进象牙塔去潜心构制所谓“不朽之作”，也没有像当时许多消遣小说作家那样，为了养家糊口，就置社会责任于不顾，连自己的艺术灵魂也一同出卖给文化市场。虽然他也以卖文为生，但却写出了数量可观的无愧于时代的作品。

茅盾的文学成就是多方面的。文学刊物编辑、文学评论，都可圈可点；其长篇小说创作，尤其为人们所称道。他小说创作的最突出特点，是大视野地有深度地描写他所在时代的富有时代感的现实生活。如果不以写作时间为顺序，而按其所反映生活的先后，我们可以将茅盾的重要长篇作这样的排列：《霜叶红似二月花》、《虹》、《蚀》

三部曲、《子夜》、《锻炼》、《第一阶段的故事》、《腐蚀》。通过阅读这些作品，读者可以对自"五四"前后到抗日战争时期的中国社会历史和精神风貌的变迁有一个形象而不失深刻的了解和感受。在"30年文学"史上，除茅盾外，长篇小说作家还可以举出许多：巴金、老舍、李劼人、王统照、萧军、萧红、沙汀、路翎、钱钟书、丁玲、周立波、张恨水、黄谷柳等等。他们各有自己的取材范围，艺术上也各有千秋。但就反映时代的广度和深度而言，茅盾无疑首屈一指。

《子夜》是茅盾的代表作。这部小说出版后不久，瞿秋白就著文《〈子夜〉与国货年》指出："这是中国第一部写实主义的成功的长篇小说。""一九三三年在将来的文学史上，没有疑问的要记录《子夜》的出版。"除了《子夜》，瞿秋白对于《蚀》三部曲中的《动摇》也欣赏有加。他在就义前所写的《多余的话》中，曾动情地写道：

"告别了，这世界的一切！

"最后……

"……中国鲁迅的《阿Q正传》，茅盾的《动摇》，曹雪芹的《红楼梦》，都很可以再读一读。"

耐人寻味的是，同样将茅盾的作品与曹雪芹的《红楼梦》、鲁迅的《阿Q正传》排列在一起的还有鲁迅。他在《答徐懋庸并关于抗日统一战线问题》一文中谈到"国防文学"问题时写道："'国防文学'不能包括一切文学，因为在'国防文学'与'汉奸文学'之外，确有既非前者，也非后者的文学，除非他们有本领也证明了《红楼梦》、《子夜》、《阿Q正传》是'国防文学'或'汉奸文学'。"这些正式和非正式的评价已经足以说明茅盾作品的品位。鲁迅和瞿秋白的这种排列，虽然可能或出于个人的审美偏好，或因为某种特殊的语境，但有一点是没有疑问的，他们拿来与《红楼梦》、《阿Q正传》这些中国顶级作品相提并论的绝对不会是平庸之作。

实际上，鲁迅并没有因为怀有启蒙主义的目的而损害了其《阿Q

正传》的艺术价值，茅盾也没有因为关注现实政治问题而降低了《子夜》的艺术水平。使我感到兴味的倒是相反的一个问题：如果鲁迅没有启蒙思想，茅盾不关注现实政治，他们还会写出《阿Q正传》和《子夜》吗？因此，窃以为那些喋喋不休的关于茅盾由于执著于政治而损害了其作品艺术水平的皮相之谈可以休矣！

对于文学作品的欣赏不仅由作品自身的水平所决定，它还与欣赏主体的审美倾向和审美水平相关联。读者对于同时代的作品就会各有所好，各取所需。不见得高水平的作品就一定会人人喜读。当年喜读张资平三角恋爱小说的读者就未必会喜读《子夜》。何况“江山代有才人出，各领风骚数百年”，没有哪个作家可以永久走红。随着时代的迁移，人们对于茅盾作品阅读兴趣有所减弱是正常现象。这并不能成为论证茅盾作品艺术水平低下的论据。

文学接受还有一个规律，即同样的作品在不同时代会受到冷遇或欢迎。明中叶，“前七子”和“后七子”曾主张“诗必盛唐”，称宋诗“俱无足观”。当时唐诗成为诗人们模仿学习的主要对象。而至晚清，诗坛上又兴起了与此相对立的宋诗运动，宋诗又受到时人的特别推重。如果有人只根据某一时期人们的好恶来判断文学作品的价值，其结论是难以服人的。同样，80年代以来，由于社会的转型、政治思潮的变迁以及人们对建国以来文学过度政治化的逆反心理，一些读者对茅盾小说的热情有所减弱，而重新对某些言情和武侠小说发生兴趣是可以理解的。但文学评论者却不应据此就遽下定论：某些作家是大师，而某些作家不是大师。

贬抑茅盾的学者自称是从审美的角度来衡量作家。其实，他们不过是在对新的社会政治思潮作蹩脚的迎合。新时期以来，随着政治思潮的转向，茅盾所属的左翼思潮成为需要重新考察的对象，茅盾其人其文自然也就成为“重写文学史”者重点审察的对象。这本来是一项严肃而有意义的工作，也为茅盾研究打开了一扇新的大门。但人们的理论思维总赶不上对于政治风向的敏感。因而在少数学者那里，严肃的反思便转化为对于茅盾艺术成就的简单否定。这些学者要想紧跟政治思潮的转向来重评茅盾，同时又感到分析茅盾思想复杂性非常困难，于是便避难就易，转而夸大其辞地攻击茅盾作品的艺术缺陷，并以此从根本上否定茅盾小说，尤其是《子夜》的艺术成就。茅盾的一些作品确实存在艺术缺陷，这是早已众所周知的。30年代，曾给予《子夜》很高评价的瞿秋白就曾认为“它还有许多缺点，甚至于错误”。以往其他评论文章中也不乏此类批评。但为什么同样的艺术缺陷在过去没有成为人们否定茅盾文学成就的依据，而80年代后期以来却成为某些学者的这种依据了呢?

郁达夫在《怀鲁迅》一文中曾说过一句很精辟的话：“没有伟大的人物出现的民族，是世界上最可怜的生物之群；有了伟大的人物，而不知拥护、爱戴、崇仰的国家，是没有希望的奴隶之邦。”虽然这几乎已成熟话，但我要再次将其奉送给那些随意贬抑茅盾而立异鸣高的人。中国当代文苑中实在太缺少《子夜》那种大视野而又敢于直面社会的长篇小说了。

从1921年1月，茅盾就因改革《小说月报》而引起文坛的注意，只是当时人们还没有将其作为作家加以评论。作为作家的茅盾被评论是自1928年2月开始的。最早评论茅盾小说创作的是白晖的《近来的几篇小说》。该文发表于《清华周刊》第29卷第2期上。从这篇文章算起，茅盾评论至今已有80余年了。

在这八十余年茅盾评说中，不同意见之间的分歧和争鸣一直没间断。最早的争论是围绕着《蚀》三部曲进行的。由于《蚀》三部曲流露了一些悲观彷徨的情绪，因而受到以钱杏邨、傅克兴等太阳社、创造社成员的严厉批评。另有一些文章则肯定这部小说对于时代的反映。茅盾自己也写了《从牯岭到东京》、《读〈倪焕之〉》等文章对钱杏邨等人的批评进行反批评。1933年1月《子夜》出版。左翼及许多其他评论者多给以很高评价。但已经退出左联的韩侍桁则发表《〈子夜〉的艺术思想及人物》一文，闪烁其词地唱起反调。他说《子夜》是“一部伟大的作品，但他的伟大只在企图上，而没有全部实现在书里”。冯雪峰不久即撰写《〈子夜〉与革命的现实主义的文学》一文予以反驳。40年代的茅盾评论也多为肯定的意见，只有郑学稼在《茅盾论》一文中曲折地表达着不同观点。建国后“十七年”，中国大陆的茅盾评论继续着30、40年代的评价方向，明显的分歧只发生在对待《夜读偶记》提出的现实主义与反现实主义二分文学史观问题上。而60、70年代的台港和海外，则有李牧、司马长风、夏志清等人在他们的著作中体现着程度不同的贬抑。1981年3月茅盾离世，茅盾研究却在中国大陆掀起高潮。这一高潮持续到1988年，但90年代以来仍不断结出累累的研究硕果。而自80年代后期至90年代中期，贬抑茅盾的议论不时出现。这些议论虽然受到茅盾研究界的强烈抵制，但因其与时风相合，其影响仍不可低估。纵观80余年的茅盾评说，可知其始终与不同观点的分歧相伴，也始终与政治的风风雨雨交织。

茅盾研究的丰硕成果为编选本书提供了充实的资源，也给编者出了一个很大的难题：为了体现不同观点的对峙、不同领域的研究，特别是篇幅的限制，许多为茅盾研究作出重要贡献的学者的文字难以收入。这些学者有邵伯周、查国华、吴奔星、王嘉良、李标晶、唐金海、吴福辉、钟桂松、史瑶、金燕玉、邱文治、李广德、徐越化、朱德发、翟德耀、李庶长、段百玲、钱诚一、余连祥、丁茂远、李继凯等等。敬请体谅！

在本书的编辑体例和文献取舍上，金宏达先生提供了宝贵意见。我的博士生李刚和硕士生石志浩两位同学在资料收集方面也作了不少工作。在此一并表示谢意。

2010年10月

忆念

怀茅盾

沈志坚

忆自廿七年之冬，芽盾携眷飞往新疆，曾从昆明给我一信，我于翌年春复他一函，从此鱼雁不通已有四年多了，岁月催人，我俩均年将半百，此生重会，未知何日？抚今追昔，万感交集，怀念良友，情不自已，特记此文，以留鸿爪，并以告一般文学青年。

一、少时同学

乌镇（浙西一大镇），我们的故乡，已大半成为瓦砾之场，染满了鲜红的血，我家早毁，而茅盾的老家尚获保全，与那灵秀的寿圣塔一同岿存。但是北宫那里的乌青镇公立植材高等小学校，却也化为废墟了。这学校，规模相当完备，程度也相当高深，我与茅盾同在这学校里读书。我年十五，读于高等三年级，他少我一岁，反在四年级将于年终毕业了。我们因为同是寄宿生，日间虽不同课堂，夜间则同室温习睡觉，可以常在一起切磋琢磨。久相与处，意气复投，遂订为昆弟之交。屈指算来，已有三十余年了。当时他的国文成绩，已为全校冠军。教师张之琴先生尝抚其背道：“你将是个了不得的文学家呢！好好地用功吧！”他听了这种奖励的话，益加奋勉。以异日之文豪自期，便对我说：“我能著作一种伟大的小说，成一各家于愿足矣！你意如何？”我道：“我的志愿也与你一样。”我俩遂日以阅读新旧小说为乐。他喜欢踢毽子、着象棋，而我对此等玩意不大感到兴趣。我喜习字绘画，他则于书画外，兼能镌刻图章，总之他处处显出有其特异的天才。

下一年，我到嘉兴浙江第二中学肄业，插入二年级，他也考入

1896 年 7 月 4 日，茅盾诞生于此

吴兴浙三中校二年级。我们因交谊甚笃，以同学一校为乐，到第二年春天，他听了我的怂恿，也转到二中来求学，却不料于下半年，有数同学与监学陈凤章大闹，都被开除，茅盾以曾题了几首骂陈的诗，亦记大过。于是他于民国元年春改入杭州安定中学，我因受校方免学膳费待遇，无力从他转学，从此我们就又分离，不再在一起念书了。但是其后每年暑假中，我常访他，与他讨究文艺，获得不少新的学识；当他把西洋文学史滔滔不绝地讲给我听，我只觉得他于文学已很有造诣，万非我所能及，颇思加紧努力迎头赶上，可是他继续肄业北大，我则困于家境，读了一年大学不得不中途停辍终于当了一个教师。

二、壮年同事

茅盾于民国五年秋即入商务印书馆，在国文部编辑童话及为各大杂志写文。至民国八年，介绍我入商务校四部丛刊，我以薪给止三十元，不就。越二年，他见我教书学殖益荒落，又劝我入商务，我受到这种热情，自然立即允诺，于是他又介绍我进商务的编译所，助郑振铎氏编儿童世界，从此我们又做了同事。

我对于儿童文学，素无研究，至此他又力劝我多读西洋各种儿童读物，可是我在那时已经寡人有疾，寡人好雀战，以致并没有把安徒生童话各国的童话，细加研讨，辜负了良友的一片好意！今虽悔恨，却已无及！不过在当时，我每次到他的寓所，见了他将借来或买来的大部书籍，勤奋阅读，且知道他每日朝晚必翻译或作论说几百字，我的心上辄起了一个波动。想想他那么样努力，而我却这样荒嬉，未免自觉惭愧，便在回家后，也多读些书多写些文这才于儿童文学略窥得一点门径。但是我因未能戒除恶习，用些苦功，却终不能把自已有所造就。从可知人之成功与失败，绝非偶然。我与茅盾在中小学至大学时代，学力都相差不远，但彼从大学预科毕业后仍埋头苦学，而我则做了教书匠竟抛弃了书本，所以他有成而我终于失败了。青年学子读我文后，当可知所警勉。

又，茅盾在致力写作文艺论文，及翻译小说和剧本的时候，我常劝他写创作小说，他只是笑笑，摇摇头道："我还没有力量呀！"我当时以为他故作谦虚，很不相信，直到后来，方才知道这正是他对于文学抱着一种谨严态度与一般率尔操觚者不同。一般青年学生，初得小说门径，就要创作长篇巨著，结果徒被讥为尚未成熟之作家。而茅盾就不是这样，他必待至民国十七年用了十年苦功后，才开始创作他的"蚀"——《幻灭》、《动摇》与《追求》三部曲，无怪其能一鸣惊人了！

三、难中聚散

1936年之冬，我随商务诸同人赴长沙，突然和茅盾在长沙相遇了。我们已阔别两年，一旦他乡遇故知，欢喜自不必说。过了几天，我到白鹅塘一号他的寓所看他，畅叙别情，他夫人出外买菜回来，坚留我同吃中饭，我却以茅盾会客很忙，不久就告辞走了。

下一年四月，我被调至香港，他也来了，寓于九龙太子道一九二号。当我一知道他的行踪，又立刻去访他，他把此次来香港的经过都告诉我。那时他为广州生活书店编《文艺阵地》，已出了二期，又为立报主编《言林》，每月要去广州三回，而所得待遇，生活止二百港币，立报百五十元港币，大有入不敷出之概。他把《文艺阵地》送我两册，又将各作家的来稿给我看，一面对臧克家、欧阳山等各个新作家大加赞美，我想他还像从前一样，对于新进作家，多方奖掖，以求中国之文学大放灿烂，难怪一般前进的文学青年都要集其门下而奋勉起来啦。或许他能为鲁迅第二吧？因此我又回想到茅盾那种不妥协态度，也有些像鲁迅。记得他和学衡派笔战的时候，郑振铎先生劝阻他，何苦斥之过甚？他说："我争的是理论，不是为情感！"仍攻击如故，又印度诗人泰戈尔东来讲学，徐志摩、郑振铎等，都热烈地欢迎，茅盾却以泰氏不是反英的诗人，独表示反对。这都是他的态度严正，不肯随便妥协之处。就是那时候，他的生活很不宽裕，港粤的出版家和各报主编都约他写稿，在他人正好藉此多得稿费，而他却推说无暇，均置之不理。其实他当时每月不过写二三万字，颇有闲空，所以不理人家，便是他对于自己本派外的报纸刊物，向不轻易投稿之故。记得从前他为《小说月报》等不惜连夜写起文来，而对于宗旨不合的小说世界，尽由主编叶劲风再三恳求他绝不应酬敷衍，我觉得像他这种严守自己的立场，不轻迁就，也不愧为一革命的文学家吧！

自从这次会晤以后，又见面数次，终于在廿七年十一月我们分别了，现在地北天南，相见无日，恨无双翅，唯有寸心，让我遥望云树祝他平安吧！

（原载《文坛史料》，杨之华编，中华月报社1944年1月1日出版，原文署名：志坚）

略谈雁冰兄的文学工作

叶圣陶

我与雁冰兄初次会面，记不清是民国九年还是十年，总之在文学研究会成立，《小说月报》革新之后。列名发起文学研究会，经常投稿《小说月报》，都由郑振铎兄来信接头。那时会过面，他见我在《新潮》上登载几篇小说，就通起信来了。《小说月报》革新号印出来，我的一篇小说蒙雁冰兄加上几句按语，表示奖赞，我看了真有受宠若惊的感觉。到上海去，就到他鸿兴坊的寓所去访问他。第一个印象是他精密和广博，我自己与他比，太粗略了，太狭窄了。直到现在，每次与他晤面，仍然觉得如此。那时还遇见他的弟弟泽民，一位强毅英挺的青年。振铎兄已经从北京到上海来了。我们同游半淞园，照了相片。后来商量印行文学研究会丛书，拟定译本目录，各国的文学名著由他们几位提出来，这也要翻，那也要翻，我才知道那些名著的名字。

雁冰兄是自学成功的人。他在商务印书馆任事，编译工作不只是他的职业，是他磨炼自己的课程。在主办《小说月报》以前，已经有好些著译问世了。那时候似乎还不大有人注意世界文艺思潮，杂志上一些译品，以及成本的翻译小说，无非如苏州人所说“拉在篮里就是菜”，碰到什么就翻什么。雁冰兄却专心阅读外国的文艺书报，注意思潮与流派，又运用他的精审的识力，选择内容与风格都有特点的那些小说翻出来，后来编成的集子如《雪人》、《桃园》等，大家认为是最好的选集。他把许多的书堆在床头，纸笔也常备，半夜醒来，想起些什么，就捻亮了电灯阅读，阅读有所得，惟恐其遗忘，赶紧写在纸片上。当时我闻知他有这样的习惯，非常钦服，我是从来没有这样勤奋的。

叶圣陶

《小说月报》的革新，是极有意义的事。这种杂志记得创刊在宣统年间，原只是供人消闲的东西。后来恽铁樵先生接办，要在小说之中讲求起古文义法来，未免矫枉过正。恽先生办了几年，不知道为什么，又由先前的编者王莼农先生接办，恢复了以前的格调。但是“五四”运动起来了，对于文学，喊出了“新文学”的名称。就粗处说，新文学好像等于白话文学。其实并不尽然，除了白话以外，大家心目中还有一个朦胧的影像，要求一种骨子里全新的文学。于是雁冰兄接办《小说月报》了，理论与作品并重，对于文学，认认真真做一番启蒙工作。在以前，梁任公先生以及其他几位也出过小说杂志，意思也在启蒙，然而他们的观点太近于功利了，刊载的作品又是谴责性质的居多，反而把文学的功能缩小了。我不说革新以后的《小说月报》怎样了不起，我只说自从《小说月报》革新以后，我国才有正式的文学杂志，而《小说月报》的革新是雁冰兄的劳绩。

雁冰兄起初不写小说，直到从武汉回上海以后，才开始写他的《幻灭》。其后，《小说月报》由振铎兄编辑。振铎兄往欧洲游历去了，我代替他的职务。我说，写些小说吧。雁冰兄说，让我试试看。虽说试试看，答应下来就真个动手，不久，《幻灭》的第一部分交来了。登载出来，引起了读者界的普遍注意，大家要打听这位“茅盾”究竟是谁。徐志摩先生曾经问我：“《幻灭》是你的东西吧？”我摇摇头：“我哪里写的出这样的东西？”他也不再问到底是谁了，我想他一定讨厌我不肯明白地告诉他呢。雁冰兄在第一份稿上署名矛盾，他自有他的意思。可是百家姓中没有姓矛的，把矛字改成茅字，算是姓茅名盾，似乎好些，这是我的意思。与他商量，他也不反对，就此写定了。谁知道后来有少数人以为茅盾是矛盾的正写，在用到矛盾的地方，有意把矛字写成茅字，这贻误的责任是应该由我负的。

《幻灭》之后接写《动摇》，《动摇》之后接写《追求》，不说他的精力弥满，单说他扩大写述的范围，也就可以大书特书。在他三部曲以前，小说哪有写那样大场面的，镜头也很少对准他所涉及的那些境域。我很荣幸，有读他三部曲的原稿的优先权，又一章一章的替他校对，把原稿排成书页。那时我与他是贴邻，他的居室在楼上，窗帷半掩，人声静悄，入夜电灯罩映出绿光，往往到深更还未捻灭。我望着他的窗口，想到他的写作，想到他的心情，起一种描摹不来的感念。如今回想起来，那种感念依然如新，但是时间相距已经十七八年了。

他作小说一向是先定计划的，计划不只藏在腹中，还要写在纸上，写在纸上的不只是个简单的纲要，竟是细磨细琢的详尽的记录。据我的记忆，在写《子夜》的时候，用得最多。我有这么个印象，他写《子夜》，是兼具文艺家写创作与科学家写论文的精神的。近来他写《霜叶红似二月花》与《走上岗位》，想来仍然是这样。对于极端相信那可恃而不可恃的天才的人们，他的态度该是个可取的模式。

最近问起他《霜叶红似二月花》后文如何，他告诉我还没有写下去。我心里想，《霜叶红似二月花》缓些也无妨，按照他以前作三部曲的先例，在这个时日，他有更急于要写的题目，大家在等待写那种题目的作品，而他正是适于写那种题目的作者。可是我没有把这个意思说出来，我知道说了出来他将怎样回答我。然而，那种昏闷的天气会长久吗？“争自由的波浪”终将掀动整个的海洋。今年雁冰兄是五十岁，算他十年，到他六十岁的时候，他的纪念碑式的作品必然写了起来而且完篇了。我们等着吧！

（原载《文哨》第1卷第3期，1945年10月1日出版）

茅盾先生生活点滴

叶以群

雁冰先生今年五十岁了！可是，在我的印象中，总觉得这似乎不是事实，雁冰先生好像还没有到这年龄。从最初认识他到现在，已十几年了，闭目寻思起这十几年中先生的变化来，好像很难断定他究竟是老了还是年轻了一些。虽然，几年来，他的额上已增加了不少皱纹，他的脸色比前更黄了，他的目力更差了，然而，在文艺工作中，他却还是像以前一样地年轻，甚至比以前更年轻。许多不相识的青年寄稿子来请他看，他总是在几天之内就细心地读完，写出详细的意见寄了出去。这样的工作，几乎经常占去他全部时间的十分之二三。（每当看到雁冰先生这种勤奋的精神，我总私心感到无限的惶愧——这种精神是多么地难于学习啊！）由于他这样诚恳的奖励提携而逐渐走上严肃的文艺道路的人，是很不少的。别人（不论是熟识的朋友或是初识的青年）和他谈到文艺问题时，即使是在他几十里的奔波或一夜失眠之后，他也往往一气畅谈数小时，而不露一点倦容。

他是爱谈而且健谈的（除了在他所憎厌的人之间）。近二三年来，他经常住在乡下，每当他进城时，不管白天怎样劳累，一到晚上，和几个熟人聚在一起，他总是话锋四射，如泻江河，每每到深夜两三点钟还不歇。他谈话的范围是非常广泛的，往往从“国家大事”一直谈到市井男女……听他一番话就像读了几篇小说。他的一些“高邻”们，我都没有见过面，可是闭目想来，他们却都好像跃跃欲出，就如我自己所熟悉的人一般。这都因为从他口头听过了几篇描写这类人物的小说的缘故。

“五四”前后，雁冰先生就开始工作，“五四”运动后一年，他接手主编《小说月报》，到现在已整整二十六年了。这二十六年间，中国社会不知经过了多少惊涛骇浪；“五四”当时的战士们，多少人已消沉堕落，多少人已摇身数变，而雁冰先生却二十六年如一日，始终坚持操守，与时代俱进，从未放缓他的脚步！而且在任何逆潮中，他都能镇定如常，而奋发倍加，所以，每一时期都会拿出一些令人敬佩的成绩来。现在算起来，从“五四”一直坚持到现在而不变节、不却步的文艺老将，已寥若晨星，雁冰先生正是其中最坚实的一个。然而，先生自己却从来没有意识到这点过，他总是把自己看得非常平凡的。他这种“自视平凡”不仅表现在意识上，而且表现在日常生活上。1942年，太平洋战争爆发，那时先生正在香港。从12月8日战争发生一直到脱险这二三个月的时间，我和他差不多是完全在一起的。在我们心目中，总觉得他应该特别珍重，而且在敌伪眼光里，他又是一个最大的目标。可是，他却一向满不在乎，整天谈笑自若，而且不爱藏躲。那时，我们住屋的周围，炮火是非常猛烈的，屋顶也给炮弹炸穿了，同屋的人差不多整天躲在地层的楼梯底。可是，他却不仅不肯去躲，而且常常还要蹓到屋顶晒台上去看看战时香港的风景！碰到这类场合，他夫人责备他，他往往泰然地说：“我总觉得死也没有什么可怕，像我现在，死也没有什么遗憾了！”从这一句家常话里，我懂得他为什么能那样坦然地渡过多少生死的难关。

叶以群

香港沦陷后，我们从九龙步行出来，他也像我们一样，自己背着包袱，一天走几十里路，临近敌人的封锁线或者碰到小股敌人出来骚扰的时候，往往摸夜赶路，一天走上一百几十里，在风寒露冷的山野里歇宿，他也安之若素，从不叫苦发怨，而且愈走愈健旺，愈走愈有精神，这种艰难的旅途倒好像正象征着他的一生。每到歇宿的地方，我们总设法给他找个比较安适的处所，可是他自己却反而以为那是多余的，不论是硬板，是冷铺，他一样坦然地睡得下去。这种“自视平凡”的精神是始终深切地贯彻在他的言行生活中，也许这正是他能获致那样丰厚的成就的根源。

不认识雁冰先生的人，想象着他的生活，总以为他整日坐在窗明几净的书房里，凝神写作，茶水饭食都由别人服侍上手……然而，事实上，他的生活却是最朴素的。他们不惯用人，日常家务都由他夫人处理，而他也就常常自动地帮起忙来，端茶、打水、抹桌、点灯……他都做得非常有趣味。他常常笑着说：“那些邻舍总会觉得我们这家人非常奇怪，老爷也不像个老爷……”那些人们是不会懂得；他根本不要当“老爷”的。他爱劳动，爱简朴的生活，这差不多已成了他的天性。我们很难判断：是由他二十几年来的不怕贫穷、不怕困苦的、对于革命文艺事业的坚持，养成了他那种爱简朴的性格呢？还是由那种爱简朴的性格助成了他的二十年如一日的操守？

在雁冰先生五十寿辰的前夕，随便地记下了有关先生生活的一点一滴，就以此来表示我对于先生的敬仰和祝福吧！

1945年6月16日晚

（原载《文哨》第1卷第3期，1945年10月1日出版，原文署名：以群）

感谢

沙汀

在茅盾先生五十寿辰的今天，我不打算提到他在创作上，和他在中国文艺运动上种种辉煌的业绩，因为我所想到的是先生同我个人之间的一两件小事，而且先生还在精进不已，并未局限于已往二三十年已有的成就，然只需读一读先生战后写作的《霜叶红似二月花》的上卷，便会相信我是没有胡说。

在同盟的文友当中，我想大部分人，是不会否认在中国文艺运动上发生过深长影响的两大杂志，即《小说月报》和《创作月刊》的作者之功的吧。我初期同文艺发生关系的媒介，就正是《小说月报》，那时候茅盾先生的主要工作是批评介绍，我至今还记得一篇连载文章的大意，是研究怎样写小说的。但印象较深的是他翻译的一批北欧作家的短篇，后来这些小说都收集在《雪人》里面，有几篇还记忆犹新。

但是先生对我影响最大，他最显著的一件小事，却发生在我开始学习写作的时候。这件事，在当时先生也许并未如何注意，甚至已经记不得了，但我却很难忘记掉。因为他曾经帮助我克服创作上的危机。

时候是1931年夏天。完全出乎意外，我也决心把文艺当作我的终身事业干了，于是我寄了三篇小说给《文学月报》，半月以后，编者答应把《在码头上》一篇先刊出来，而且给我看了一方土纸上茅盾先生随意写下的几句评语。大意是说，东西还写得可以，只是他不怎样喜欢那种印象式的写法。当时编者很替我高兴，我自己更高兴得了不得，因而我们都只重视先生的奖掖，忽略了他的微辞。总之，我是被

沙汀

偶然的成功眩惑了，以为自己已经站稳了第一步。

不久，我的第一个短篇集出版了。当年的文艺年鉴选了一篇，大加揄扬，若干相识的朋友也非常称赞我，然而，不到一年，也许我在周围响着的喝彩声中逐渐地清醒了，我忽然得到一个反省：茅盾先生说他不喜欢我的印象式的写法，为什么一般人反说它正是我的特点，如何的新，如何的新，如何的了不得呢？接着，我更考虑到创作上若干基本问题，于是我丧气了，觉得自己该重新来过。而《老人》、《丁跛么》这几篇东西，正是我改换作新的起点，有一位批评家曾经提到这个，我认为他的话是不错的，算是搔到了痒处。

这不是说在先生的启示下，在我改过作风以后，我已经有了怎样了不得的成就，我还没有如此狂妄，但我认为，霎时以后，我所走的路子才是常路，同时更认清了先生的诱导之功。因为他既不抹煞不合自己口气的东西，视同狗屁，但也并不闭起眼睛吹。

要向先生上寿。话原是很多的，但我现在只能写出这一点感谢之词，以代祝贺。

1945年6月

（原载《文哨》第1卷第3期，1945年10月1日出版）

雁冰先生印象记

吴组缃

直到去年春间，才和雁冰先生识面。

那是文艺协会的年会上，我到得很迟，远远看见台上坐着的，左边一排是几位官儿；右边，有一位穿咖啡色西服的。这人我不认识。请问了别人，别人诧异地说：“你们没有见过面吗？是老茅。”台上光线照例较弱，那些座椅又堂皇得很，坐在那里的人们被这背景衬着，多少都显出些“庄严法相”的味儿。这时候的老茅即雁冰先生，也有点这类神圣不可接近的样子。我不喜欢听这种例会上的演讲，只好傻瞪瞪的端详那些台上的“法相”，望来望去，眼睛还是落到这咖啡色西服身上。我潜意识里给雁冰先生摄下一张照片；一个架子不小，神气十足，体格很魁梧，道貌很尊严的影子。

过了一会，雁冰先生也许是坐得不安起来了，他偷偷从台上的侧门溜了出来，溜到台下人群中，找了个旁边的空位子坐下了。这时候咖啡色身影骤然小了许多，那端严法相也不见了，现出一个清癯的柔弱的脸，是个“江浙型”的脸，戴一副小眼镜，唇上留着一点秀气的短髭。他连连眨动着那似乎有点沙眼病的眼睛，并且习惯地耸了耸肩，而后从衣袋里摸出烟卷，点了火，轻松地，舒适地，但几乎是敛缩地，依在那位子角落里，吸着。我心里想，一个人在台上，和在台下，有这样的不同！但也并不太吃惊。

这天会散，我们只在聚餐的席间握了握手，因为人多，场面乱，彼此都没有说甚么话，连寒暄也没有。第二天为舍予兄祝贺创作二十年，白天的茶会人太多，我没有看见雁冰先生。晚上在郭先生家里吃饭，雁冰先生也在场。这次人少些，可是也有两桌多。大说大笑大唱，一直闹了两三个钟头。雁冰先生始终敛缩地坐在一边，微笑着。我不记得他说了甚么，或是做了甚么。散了席，以群邀我到会里去住宿，说雁冰先生也住在那里，可以谈谈天，同路的大约有四五位，一路走。一路七嘴八舌的谈笑。有谁忽然想起来，说："阿哈！我们早就该给沈先生做纪念了！他比老舍还早呢。岁数怕也要大些？"于是许多人应和着闹起来，有的查问他的年纪，有的计算他从事文艺工作和开始写作小说的年数。雁冰先生现出着急的神气，笑着连说"没有，没有"。像一位小姐听到人家提及他的花烛佳期似的，简直是害羞的，快步抢到前面，躲开了。

当夜连我只有三个人在房里。雁冰先生把靠桌一张藤椅让给我坐，他自己坐在桌子侧面的小方凳上。我们随便谈着。已经不记得谈了些甚么——对，我曾傻里瓜气地问了他一些关于某某文化现况和对于自由主义者的态度之类问题。他只告诉了我几件他所目见的事实，谈了几个故事。没讲一句理论和空泛评语，也没有要"勉励"我或企图"说服"我的意思。随口我们又扯到别的题目上，渐渐的，我的潜意识里把原先所摄取的印象都重新添改过来了：他的谈锋很健，是一种抽丝似的，"娓娓"的谈法，不是那种高谈阔论；声音文静柔和，不是那种慷慨激昂的。他老是眼睛含着仁慈的柔软的光，亲切的笑着，只是一点似有若无的笑，从没笑出声来过，

茅盾摄于 1943 年

他是这样的随和，任你谈到甚么问题，他都流露出浓厚的兴趣，要接过去说几句；决不是一开口就是严肃的道理，否则不搭腔，他没有一点架子，也毫无甚么锋芒和尊严，你和他在一起，只觉得自由自在，你想说甚么，就说甚么；你要怎么说，就怎么说。你要躺下来尽管躺下来，要把脚架到桌上去就架上去。总之，你无须一点矜持，一点戒备，他不会给你心里添一点负担的。他的身体很单弱，面色也不很健康；我知道他常患失眠，并且最近生过肠胃病。而且，他那套咖啡色西服毫不庄严堂皇，虽然并不破，也很洁净，可是看去至少也是十年以上的旧物了。

这是雁冰先生给我的最初的印象。这印象我以为是正确的，大致没有甚么走样。因为今年文艺节后，我们同在一间房子里住了三四天，每天至少有七八十来个钟头是在一起的，现在回想起来，这最初的印象不须再加甚么修改；甚至那身咖啡色西服。当然，有些方面加深了一些，并且添了些新的。他把原是属于他的床位让给我睡，自己在书架下面另搭了张临时的。我睡的被子也有一部分是他的。这不是说明他对人客气，讲礼，因为他原非这里的主人；而是说明他和易近人，以及没有乖僻的脾气。他睡觉也叫同房的人欢喜，因为醒着时是静静地躺着，决不东翻西覆，烦躁地叹气，或是勉强找人说话，有些爱失眠的人总是这样的；睡着了，也不扯呼，或是锯牙齿，在房里和客厅里，他不但健谈，而且喜欢谈，甚至贪谈。京戏、相声，黑幕小说，托尔斯泰，医药，吃食，等等，等等，都是接过话头，随口说出来，那么自然，那么恬适，没有一点套头，没有一点成见。哪里人多，哪里谈得热闹，他就往哪里走拢，不管那里有些什么人，正在谈什么天。晚上到了房里，他总说：”我们谈谈再睡。”常是海阔天空地谈到一二点钟，使人担心他的不很强健的身体。这个我了解，在乡间住久了，好容易遇见许多朋友，总想尽量过过谈瘾的。雁冰先生正是这样不甘寂寞的人。有一次谈到某位作家，大家都颇有微词。我平常自以为很宽大，持着我的“无所不容，有所不为”的信念，但对这位所谈的老兄的做法却不能不有些嫌厌。然而雁冰先生竟出来说好话了，可是并不曾替他掩饰，相反，先生承认了这些要不得，但说，他有很好的才能，只要慢慢规劝规劝他，他就可以好起来的。若是大家都鄙视，岂不是会把一个难得的人才糟蹋了。先生只轻言静语地说了这几句，有几位不能同意，于是两下还继续议论着。这时我骤然觉得鼻头有点发痒，眼泪几乎冒出来。我是不大轻易动情的，但这次我受了很深的感动。我常常在友人中觉到一些褊狭和琐屑的看法，而引以为憾，觉得痛苦，这回我可发觉自己是褊狭琐屑的了。我走到旁边和天翼说："沈先生这个人崇高得很。唉，真不容易。"

回乡下的头天晚上，又谈起雁冰先生祝贺纪念的事来了。他还是讳莫如深，誓不肯认。睡到床上，我慢慢回忆着，最先，我记起他发表三部曲和《子夜》，轰动了全国的时候。那时我也是为他的观点新颖气魄雄大的作品所动，而对他倾心钦慕的青年之一，那已经是十多年前的事了。再往前想，记得当我十三四岁刚进中学的时候，《小说月报》革新，接恽铁樵先生的手作主编的，岂不就是雁冰先生？那至少也有二十四五年了。如此一算，我吃惊的想，先生至少也应该有五十岁了。我很想马上从床上跳起来，把这话告诉大家。但是人都睡静了，我只好暗自兴会着，继续地想。

《小说月报》革新的时候，国内怕还没有第二本新的纯文学杂志，它一上来就是提倡现实主义的文学，介绍世界写实名著，选刊写实的创作。其后由郑振铎先生接编了，可是我知道雁冰先生还是在里面负责的。"一·二八"之役后，《小说月报》停了，傅东华先生主编了《文学》，另外在北平又有《文学季刊》出世，那都是《小说月报》的后身，精神是一贯的，不过随着时代的进展，显得更新颖了。抗战发生后，先生编刊《文艺阵地》，以至最近以群负责的《青年文艺》和《文哨》，都是一脉相承的，但是先生所培植的现实主义文学，早就大大的繁茂起来了。看吧，现在各地风起云涌的文艺刊物，哪种不是现实主义的面目？谁能否认现实主义文学不是全国以至于全世界文学的主流？于是乎我又想到，文协的众多朋友们，无论所谓"老作家"，或是"新作家"，他们优秀作品的刊登和推荐，没有经过先生之手的，恐怕还是占少数罢？直到现在，他还是一方面努力自己的创作与翻译，一方面热切地关注着创作方面的收获，从他的谈话里，我知道那些随时出刊的作品，很少他没有仔细读过的；而且，以一种似饥若渴的心情，甚至有点宽纵与溺爱的选拔着新人们的作品。

我要老实说，当我和先生在一起的时候，我从来没有想起过他的这一番不能算“小”的历史和行迹。这不能怪我，是他的那种忘了自己的为人和态度，使我想不起这些来。我也要承认，我有时是有点拘谨讲礼的，但他在我面前，我从来没有想过他是个老前辈，我应当把我那套规规矩矩的家数拿出来。这也不能怪我，他老是那么不拿身份，不顾尊严，甚至三番四次地替你擦火柴点烟，替你茶碗里冲开水，你怎么能够想起那些来呢？我想，他若老是保持着像那天文协年会时给我的坐在台上的那个印象，那么，我恐怕就不会这样的对他随便，而只好远远的对他恭而敬之到底了吧？人们是有这种根性的。然而他觉得坐在上面不惯，要走到众人之中，把他的“原形”现出来，这怪得谁呢？

夜已经很深了，外面下着雨。我竖起耳朵听听侧面临时搭的竹板床上，雁冰先生没有声音的躺着，也不知道他醒着还是睡着。我想对他说点什么，但是到底没敢惊动。我深深叹息了一下，心里说：

他不是那庙堂之器，他也不要作那种俨然人师和泥胎偶像。他只是个辛勤劳苦的，仁慈宽和的，中国新文学的老长年和老保姆啊！

1945年6月18日　莲花滩

（原载《文哨》第1卷第3期，1945年10月1日出版）

一段旅途回忆

——追记在茅盾先生五十寿辰之日

张恨水

新副的编者，写信告诉我，廿四日，是茅盾先生的五十寿辰，问我有话说没有？站在我们生活大致相同的立场，当然是有。不过我读他的大作，虽有了二十多年，可是我们见面相识，还是近两年的事。我既不能交浅言深，若在酬世锦囊上抄一首寿诗送他，那就太无聊了。因此我想到一段旅途上的事，颇与茅盾先生和我有关，就追记了下来。虽然有点像《我的朋友胡适之》之类，但在这里也可以看到茅盾先生对文艺态度的一斑。

大约是民国二十年初夏，我由浦口北上，和郑振铎先生同住在一节二等车厢里。旅程无事，彼此就找着闲聊。这正是《啼笑姻缘》出版不久的时候，郑先生一谈就谈到这部书。当然，他要客气几句。我请他批评，他不肯。我笑说：上海新兴文艺群，对这部书的印象不大好。一般的说，怀疑礼拜六派要返魂。郑先生喜欢用“有趣”两个字轻松地答复任何一个困难问题。他便笑说：“那是很有趣的。”他说完这句话掏出他西服袋里的手绢擦摩了一下脸。我知道他不肯赤裸裸地告诉我，也就不再问，因为我们一般地交情很浅。可是他立刻兴奋了。他接着说：茅盾对于这书，有另一种看法。他对大家相同的批评，完全两样。接着他又补充了一句：“那是很有趣的。”当然我不能放过这个机会，我就跟着请问，茅盾先生是怎样的看法？他迟疑了一会说：对于技巧方面，茅盾认为你有你的长处。我说：那么，意识方面呢？他笑说：“那是很有趣的。”自然，啼笑姻缘里也有暴露。张先生，你觉得这话，对吗？我知道郑先生说话，非常的慎重，也就不多问。后来在一天夜间的闲聊中谈文学史，谈词曲，谈章回小说，

张恨水

郑先生是终于忍俊不禁，略略透露出茅盾先生对啼笑姻缘的意思。原来的话，是记不清了。大概茅盾对章回小说的改良写法，并不反对。在通俗教育方面，也还不失为一个利用工具。至于在文艺上的地位如何，郑先生只是提供他自己的意见。似乎在今日，（指十年前）新作的章回小说，很难达到文艺的水准。尤其是意识方面，作章回小说的人，认识不够。当时，我自有些不服。可是事后仔细地想，无论是振铎先生的意思，或茅盾先生的意思，大致是正确的。不能以我是个章回小说作者，和那时的神话式、肉感式、黑幕式的章回小说辩护。

这些话，是间接的得着茅盾先生对章回小说的态度（也可以说是对张恨水的态度）。虽究不知他的真意是否如此，也已很感到欣赏了。因为那个时候，除了礼拜六派的遗流，文坛上对我是围剿的。现逢茅盾先生五十寿辰，愧无实在的言语贡献，大胆地追叙起来，引起我们一段神交之始。假如因此得着茅盾先生不客气的指示，我是十分欢迎的。最后以这一纸秀才人情，敬祝茅盾先生健康！

（原载《新华日报》1945年6月24日，原文署名：恨水）

走访茅盾

【法】苏姗娜·贝尔纳[①] 著 丁世中、罗新璋 译

茅盾是仍然健在的中国最著名作家之一。他的创作，涉及文学的各个方面：长篇，短篇，散文，评论，翻译，等等。他从事文学工作，迄今已六十余年……我们有幸来到北京一条灰色胡同里，在作家的寓所作客。

茅盾拄着拐杖，身着黑色中式服装，迈着细步朝我们走来……庭院四围，是低矮的平房，窗户明亮，门墙之间有些地方漆成了朱红色。一片温暖、光明、宁静的景象，几乎全然听不到喧嚣的市声……风过处，树叶轻轻摇曳……放眼屋瓦上方，只见一大片蓝色的天空。茅盾微笑着朝我们走来。他的表情极富吸引力，那微笑里透着热情。在这明媚的秋色里，作家就这样朴实无华地出现在我们眼前。

宾主在小客厅里就座。茅盾一说话，就不胜神奇。他的声音，整个身心，都迸发出可贵的精力，将八十二岁高龄的印迹一扫而光！他的话音充满了热情、活力与欢快。真是一位天生的辩才，侃侃而谈，有声有色，历数小时之久而毫无倦意。我们全神贯注地听着，听入了迷。

“茅盾先生，是哪些事件促使您动手写《子夜》的？”

子夜，即夜半子时，正当十一点到一点的深夜，表示是黎明前最黑暗的时刻。这个书名是含有象征意义的，使人想起中国社会在新时代到来之前最黑暗的岁月。这是30年代上海一幅气势宏大的壁画。对此，茅盾作品研究者叶子铭曾评价道：“它是……当时中国文学的最

---

①法国作家，曾做过记者、演员，著有：《诗集》、《待发明的书》、《蝉的时代》、《同一个革命的法国农民谈话》。

重要收获之一。……它历史地、真实地反映了30年代初期广阔的社会现实，形象化地表现了当时深刻的社会矛盾和阶级矛盾，成功地塑造出30年代的民族资产阶级典型……”

茅盾回顾着往事：

“我把《子夜》的情节，时间定在1930年春夏之交，那正是一个动荡的时期……国民党各个派系之间，内战打得很激烈，工商业受害深重……那时候欧洲的经济危机正值、高峰，中国的民族工业也颇受池鱼之苦，尤其是仰仗出口的轻工业……中国民族资本家既已濒临绝境，便嫁祸于工人，变本加厉地剥削起来：减薪，解雇，延长工时，等等不一而足……于是工潮此起彼伏……农民也在共产党领导下举行武装起义……

“写《子夜》时，有三种政治观点在激烈论争。我便通过作品表示了自己的取舍。革命派认为：中国的社会仍属于半封建半殖民地性质，革命主力乃是工农。国民党法西斯专政必须打倒，革命领导权必须归共产党……托派则以为中国已走上资本主义道路，反帝反封建的任务须托付给民族资产阶级。第三派自称‘进步分子’，实际是资产阶级文人学士，主张中国民族资产阶级应取中间道路，建立欧美式政权……我着力写了吴荪甫一伙资本家的‘买办化’，以此痛击了托派与资产阶级的谬论……”

主要人物吴荪甫，很有气度与个性。他体现着陷于覆灭的大资产阶级如何挣扎。这个怪物抓着一根救命稻草死死不放；于是就有了种种阴谋诡计，勾心斗角，敲骨吸髓的剥削，令人发指的镇压……茅盾笔下毫不留情，使我们目睹这怪物临终之前的种种苦相。这个社会正在土崩之中，不过暂时还在腐朽没落之中苟延残喘，社会上的各色人物——即便是那些暴风雨式情节中稍纵即逝的过客——无不栩栩如生；然而表现这社会的小说却结构严密、气势宏伟。人物或隐或现，或又再现，都从属于某种节奏，很得悲割场景更迭之妙。

“在《子夜》里，创作同现实二者的关系如何？”

“《子夜》写了三种人：买办资产阶级，民族资产阶级，革命者和工人群众。前两种人我有直接的接触，对人和事都颇熟悉……至于第三种人，就只好靠第二手材料，如见闻、口述之类……因为这缘故，前两种人就写得较实在、生动，革命者和工人群众就显得薄弱……表现农村革命力量，连第二手材料也欠缺，又因为不愿凭空杜撰，只好弃之不写了。所以我说这部作品是半肢瘫痪的。”

茅盾谈到《子夜》里他认为的那些缺点时，是那么谦虚而毫不容情！他遗憾《子夜》“没有表现出中国革命的伟大……没有宣告革命必胜的终局……”“这些缺点，都跟我当时对现实的了解有限有关。”他能对自己的作品持冷静分析态度，不过言语之间对当年的客观形势却未免稍有忽略：那时反动政府的书刊检查是很严峻的。记得1939年时，茅盾本人也曾说过：“若作者对革命者的活动予以明白披露，则本书就永无问世之日了！”

“《子夜》在您全部作品中，您认为占有怎样的地位？”

他很朴实地答道：

“《子夜》发表后，我有时感到满意，有时又不满……”

接着又幽默地说：

“那不满，不正说明我思想有了进步吗？……对旧作仍然感到满意，那表示自己停步不前，对作家倒并非吉兆呀！”沉默片刻之后，茅盾诚恳地说：

“《子夜》发表一两年后，曾经考虑过要不要修改？这在今天是容易办到的，但那时却不行。现在人民政府保障作家的生活，那时却毫无保障……何况出版商从营利出发也反对修改已成之书……加之文化战线上反对国民党的斗争很激烈：我还要写大量评论文章，赞扬自己人，抨击敌人的作品……因此竟抽不出两三个月的功夫来动笔修改……

“还有一层，我当时不可能弥补自己在生活经验方面的缺陷。比如说，无法去农村，去革命根据地，这样就无法更为广阔地表现农民革命。”

他停了一会儿，沉思着说：

“所以，我很难说《子夜》在我作品中占什么地位……或许要说：在我写民族资产阶级的作品中，这本大抵是最全面、最丰富的……另外，据我所知，似乎还没有别人写过30年代的买办资产阶级……评论者有认为《子夜》是我的代表作。以我30年代的作品而论，那是这样的。这也差不多是我自己的看法。”

头脑清醒，态度严谨。写到这里，不由得想起茅盾的自我剖析：“我永远不满足，我永远追求着。我未尝夸大，可是我也不肯妄自菲薄！是这样的心情，使我年复一年，创作不倦。”又说：“我所能自信的，只有两点：一、是未尝敢粗制滥造；二、是未尝为要创作而创作——换言之，未尝敢忘记了文学的社会意义。”

这番言论至关紧要。它一语道破了茅盾其人与其作品。有人指出：《子夜》是社会主义现实主义的重要作品之一。我们觉得尤为重要的是：茅盾的现实主义是真正以生活为蓝本，与公式化、简单化、偷工减料是背道而驰的。茅盾在这里告诉我们。现实生活本身是错综复杂而又充满辩证法的，而作家正应当反映这细致入微、千变万化的现象。在《子夜》中，茅盾文笔之纯熟达到了令人目眩神移的程度。在故事叙述之中，突然插入几笔绘声绘色的描写，于是人物表情，环境景物，喜怒哀乐，便跃然纸上。有时是酣畅淋漓的挥洒，继之而来的却又是玲珑剔透的工笔。作家之高妙也正在于此：他既有登临纵目、驾驭全局的气势，表现出一个阶层的没落，又善于察事物于毫末之端，将转瞬即逝的分秒捕捉到手。

“在您看来，什么是现实主义？”

他抬起头来，毫不踌躇地答道：

“现实主义在文学作品中起到主要的、基本的作用。要使人物、作品具有典型性，作家则必须有一定的生活经验，必须有切身感受。然而能否触及生活本质，突破表面现象，则要看作者的世界观了……说到我自己，在30年代，不过是力争树立马克思主义世界观。那时我们摸索着前进……社会现象、世间事物、本人的世界观、外界现象，无一不在不断向前发展……总之，我不过是尽力而为……换言之，是以当时所达到的马克思主义水平，尽力去理解、分析所观察到的事物……”

茅盾思索着。我们凝望这位文坛老将，却并不言语。庭院里阳光嬉戏着，悄然潜入了玻璃窗里……这时，我们都意识到已涉及茅盾业绩的根本。他曾写道：“一个做小说的人不但须有广博的生活经验，亦必须有一个训练过的头脑能够分析那复杂的社会现实，尤其是我们这转变中的社会，非得认真研究过社会科学的人每每不能把它分析得正确。”又说：“没有社会科学的基础，你就不知道怎样去思索，然而对于社会科学倘只一知半解，你就永远只能机械地死板地去思索。”

当今主张现实主义的人们，或可从茅盾的见解中得到启示。他又这样阐发了上述灼见：“在横的方面，如果对于社会生活的各环节茫然无知，在纵的方面，如果对于社会发展的方向看不清楚，那么，你就很少可能在繁复的社会现象中恰好地选取了最有代表性、典型性，即具有深刻的思想性的一事一物，作为短篇小说的题材。对于全面茫无所知，就不可能深入一角：这是我在写作方面所得到的一点经验教训。”

对《子夜》的写作方法，须作近乎结构性的分析。全书共十九章，每章又分若干场面，一般为三到四个，长短不拘，整个作品看来像一部层次分明的大型电影剪辑。小说选择了典型的时间、地点，丰富多彩的人物故事交织错落，随之全书的情节逐步展现。纵观全貌，是七十余人物；五百页篇幅；曲折迷离的情节、伏笔与渲染、主线同余波，尽皆娓娓叙来。然而贯穿全书的却有一股不可抗拒的旋风，将读者与事件的当事人一概卷了进去……小说开头的地方，有一个人物说过：“我已经看见五千年老僵尸的旧中国。也已经在新时代的暴风雨中间很快的很快的在那里风化了！”这场暴风雨，只见它无休无止地卷刮着，倾泻着，直到全书的终局……严密的布局之中，时有高潮崛起，推进情节急速发展。共产党人铁的进军反映到证券交易中：它捩转着大局，弄得投机商们惊恐万状无所适从。相互对峙的帮派，分而复合，合而又分，在残暴不仁的世道里垂死挣扎，那里无情地实行着弱肉强食的信条，漂荡着黄浦滩高等金融界几只幸存的巨鲨……在我们眼帘之下挣扎搏斗的怪兽，已落入历史的巨网。而历史，便是前进着的革命，其前进的步伐，虽非直接看到，却分明能够感受到那正是《子夜》真正的动力，正也是这部巨著无形的主人翁……

“在写作《子夜》之前，您有无详尽的计划？”

茅盾微微一笑：

“有的。写作的准备工作用了一年，正式写用了一年不到一点的工夫。这却是费时最长的一部作品。”

“就《子夜》的篇幅而言，并不算长！”

他笑了起来：

“那时候是卖文为生，容不得费时太长呀！

我们也一同笑了。

“为《子夜》，前后写过三回大纲。第一回很粗略，人物要少得多。其后两次，有了新情节，于是扩展开来……真动手时，是依据第三个大纲。写时又有所发挥……所以有一部分是临时想起、信笔写来的。……

“大纲主要是两条线索。一条以人物为线——在每个人物名下标出他将经历的大事件，还有他从头至尾的演变……另一条以事为线，以叙事为主，记下各情节的顺序、衔接……动笔之前，各章的基本内容已有成竹了。”

说着他又微微一笑：

“这也不是我的发明，而是受欧洲文艺大师的启示……年代，我不曾写作，全力从事欧洲文学作品的研究与翻译，将它介绍到本国……《子夜》的写作方法颇得益于巴尔扎克，尤其得益于托尔斯泰。托氏写《战争与和平》，就曾几易其大纲。”

说到这里，茅盾顿了一顿：

“原以为那些大纲早已散失，近来才知道还依旧无恙……于是又有了作《子夜》诞生始末记的念头……”

"那本身可也是一部书呀!"

"一部书倒不至于……大约一两万字吧……"

又笑着追加了一句:

"或许再长一些……第三次大纲是很详尽的!"

我们离开了《子夜》这话题,来谈些一般的问题。茅盾聚精会神地听取了提问。

"我们很想知道,您同鲁迅有过哪些交往?"

他略事思索后说:

"1921年,我作为《小说月报》的编辑,开始同鲁迅有书信往还。他那时住北京,我在上海,我请他为《小说月报》写稿。我们第一次会面是在上海。1927年9月,我们再度在上海相遇,两人都住在景云里,于是得以促膝长谈。当时,我正在写《蚀》三部曲,成天关在家里。蒋介石对我下了通缉令,鲁迅也不便随意走动,以免暴露同进步人士的关系。写完《三部曲》,我真的到了日本,一住就是一年多。回国后,我参加了左联,同鲁迅的往来就愈益密切,直到他去世……有许多事情我们是一起做的。

"您在《鲁迅的道路》一文中,曾引鲁迅的话说:文学是改造人的精神的最佳办法。欧洲有些知识分子常在思索:'文学有什么用?'答案多半是悲观消极的。您的见解如何?"

茅盾

"我认为文学事业自有它的作用。文学如果不能反映生活,指导生活,那就没有什么用处!"

对于这个问题,茅盾有过透辟的见解。早在二三十年代——当时中国还没有得到解放,还存在着剥削和压迫——他曾撰文论述作家的作用和文艺的意义。他一再提出,作者要走出

"象牙之塔"，观察周围的现实。他抨击把文学当作高兴时的游戏或失意时的消遣力，主张积极的文学，"为人生服务"，起到"激励人心"、"唤醒民众"的作用。他主张都市文学应该表现"站在机器旁流汗的劳动者"的生活。他大声疾呼："一位作家的世界观、人生观应当而且必须表白在他的作品中，一位作家应当而且必须用他的作品来批评社会，来憎恨那应当憎恨的，拥护那应当拥护的，赞颂那值得赞颂的。"他热情推崇那些认"文学为表现时代、解释时代而且推动时代的武器"的作者。"他们要做文艺家，正因为关心着政治的腐败，社会的混乱，以及文学商品化的危险！"他说，无论有怎样的险阻，真正的文艺必须是批判的、创造的、历史的、大众的。

当我问到他是怎样当了作家的，茅盾简单而直率地回答："那是因为我没有做成革命家，所以就做了作家。"

接着，他又解释道：

"我先是做革命实际工作的。但因为在这方面成绩不大，所以就当了作家。"

"您目前在从事什么著述，有何计划？"

"我在要回忆录，已经写到20年代。这部回忆录，将写我作为作家的生涯，也写作为革命者的经历……"

他稍停片刻之后，又说：

"现时我常写些旧体诗词，或许也可以算是创作吧！打倒'四人帮'以后，写了不少！也发表了几首……还有一些是酬赠之作。今年我写了一篇讲文艺创作的文章，意在帮助年轻人从'四人帮'的精神枷锁下解放出来。"

如何培养青年作家，是茅盾关心的一大问题。在上面提到的那篇文章里，茅盾向青年作家传授了自己的主要经验，从思想到艺术，以至于技巧，无不论及。他重申自己一贯的主张：学习马克思主义。否则，"即使深入工农兵群众，深入实际斗争，也难以保证一定能在纷纭复杂的现象中真正发现问题，分析问题，透过表象，看清本质。"他写道："现实生活是不断向前发展的，现实斗争中会不断出现新的情况，涌现新的问题，也需要我们加强学习，使思想适应客观形势的变化。”他还分析了现实生活的两个主要方面，即深度和广度。作家一方面应当深入研究所要表现的具体事物（他称之为生活的一角），另一方面又要“站得高，鸟瞰全局”。他说：“很难想象一个埋头在一角（例如工厂的一个车间或农村的一个生产大队，或其他生活的一角）而对一角以外的生活全然无知的人怎样进行写作……”而青年作者遇到创作上的挫折，“经常归之于还没有熟练地习作技巧，但根本原因使他们还没有把生活的深度与广度结合起来，还不了解这两者的辩证关系。”关于作品的写法，茅盾则强调必须有全局的有机结构，整体和局部应当动静交错，浑然一体。提炼是技巧问题中重要的一环。茅盾还认为作家的欣赏能力和表现能力是相辅相成，齐头并进的。

最后，笔者向茅盾提问：

“您认为，在‘百花齐放’方针指导下，中国文学事业的前景如何？”

茅盾故居

茅盾认真地说：

“我现在是真正迎来了‘百花齐放、百家争鸣’的局面。各方面都动了起来。形势很好。当然，已开的花朵能否经得住时间的考验，还难预言。30年代的时候，也出现过许多作品，但留下来的却不多。无论如何，在社会科学，历史、哲学等方面，已经呈现出‘百家争鸣’的景象；文学上则主要表现在文艺理论和文艺批评方面。现在还只是个开头。”

“不过照我看，废话也不少。百花齐放，争奇斗艳，固然很好；但废话还是宜于剪除。”

茅盾接着说：

“过去的十年中，‘四人帮’禁绝一切文学作品——除了他们自己的——这个精神枷锁必须打破！批‘四人帮’的文艺作品在当前有一定的作用。当然应当赞扬，但不能停留于此。应当继续向前，反映新的现象，新的战斗生活。这些都需要时间。”

接着，茅盾谈到最近中国作家协会为作者组织的旅行。中国作家协会主席茅盾说：作者如果愿意，可以在工厂农村选一个点，边劳动，边创作，作家协会应当帮助作家扎根生活。

夜幕渐渐垂下，黑影悄悄降临。院落的景物消融在一片淡紫的暮霭里。然而八十二岁的茅盾却依然神采焕发，毫无倦容。仿佛他的谈兴未衰，还能数小时、数小时地谈下去……靠近窗户的一角，光线仍旧那样明亮地照着墙壁……原来那里挂着一个瓷盘，上面是用明快的速写笔法，绘着一幅鲁迅的肖像，它继续放射着光辉。……

（原载《新文学史料》第3辑，人民文学出版社1979年5月出版）

茅盾先生的为人与治学

万树玉

刚从摄影室取回去年初给沈老拍的洗印照片，不数日即传来了沈老逝世的噩耗，我望着照片上老人家慈祥的面容、怡然自若的神态，不禁潸然泪下，不能自已，——啊，中国又失去一位新文化的先驱、新文学的创始人，我失去了一位尊敬的导师！

我最后一次见到沈老是今年2月26日——距他逝世前约一个月，那时他已住院，他虽然接着氧气管，但谈吐尚可，除气喘外，未见其他异常现象，但不久病情突变，终于抢救无效。

我凝视着照片，眼前浮现起这几年我接触沈老的种种情景。首先想起了老人家对我的亲切教诲、爱护，他把近年出版的书，如《茅盾评论文集》（上下册）、《茅盾诗词选》、《脱险杂记》、《茅盾短篇小说集》、《杂谈外国文学》、《霜叶红似二月花》等每种送我一本并亲笔题签。去年春节前夕，沈老还应允我的要求，写了一张条幅赠我，他的书和字，我将永久珍藏，把它看作是老作家对我这个晚辈、后学的鞭策。

沈老是伟大的革命作家，对中国现代文学的开创、发展作出卓越贡献，他的著作在国内外都有巨大影响，但是沈老为人却和蔼可亲，平易近人，从不使人感到有什么架子。前些年身体好一些的时候，有些青年写信给他，他认真复信，对所提问题和要求一一作答，不厌其详。我就从他的信中得到过教益。近年来，我常见有人请他题签刊头、书名，他都慨然允诺。

我有一本《茅盾自选集》，是1933年上海天马书局出版，扉页上印有一张沈老青年时代穿着中式青布长褂的半身照，有一次看望他时给他看了这张照，他端详了一会，不禁呵呵地笑了起来，并把它递给站在一旁的儿媳看。沈老的这种喜乐随和脾气，使人毫无拘束之感，而觉得很易接近。这使我想起了沈老在30年代对左翼作家内部两个口号——“民族革命战争的大众文学”和“国防文学”——之争的态度。沈老对两者采取了调和的做法，认为两个口号都是为了以推动民众抗日情绪，是“相辅相成的”，并在两个口号所体现的两个宣言——《中国文艺家协会宣言》和《中国文艺工作者宣言》上，都签了名。在左翼内部非原则性问题上采取这种以和为上的态度是完全对的，是从大局出发的。这种态度与他平日的一贯为人是完全吻合，他永远是和善、亲切的，也就是萧三所说的“温文儒雅”。但是，沈老也有鲜明的爱憎、是非立场，他对敌人却是又硬又狠的。远在30年代，他和鲁迅反击国民党的文化围剿，揭露国民党的降日反共政策，就是十分坚决的，正因为这样，鲁迅和他都成了敌人的眼中钉，他的《子夜》等作品遭禁。近如对待“四人帮”那一套，沈老是采取沉默的抵制态度的，当时秉承“四人帮”意旨的一些人到他家里指着鼻子、威胁着要他证明某某人是“特务”，某某人是“叛徒”，都为他断然拒绝。粉碎“四人帮”后，他通过大量诗文，倾注了积压已久的对“四人帮”的愤怒和谴责，对党中央新的路线、方针、政策的讴歌。这几年发表的东西，仅就诗歌而言，就大大超过了历年的纪录，而且出现了罕见的长篇自由体诗——《迅雷十月布昭苏》（载1977年4月《诗刊》）。他就是这样，很注意运用诗歌这一形式来充分表达自己的鲜明的思想感情和立场。

沈老的立身行事十分注意实事求是。有一件事给我的印象特别深，就是关于1935年11月红军胜利到达陕北后不久，鲁迅和茅盾致党中央联名贺电的事。解放后关于此事有几种说法，一说是鲁迅、茅盾共同拟定的电文，一说是联名发电，一说是鲁迅单独发的电文。我就此事在信中问过沈老，沈老明确地表示电文是鲁迅一人拟的，他没有参与，但鲁迅在草拟电文前曾和他谈过，贺电是由史沫特莱想方设法弄到巴黎，再由巴黎转莫斯科发往陕北的，是否以两人的名义发出，在没有找到电文原文的情况下，他不愿承认。在这个问题上，他尊重事实的态度是难能可贵的。据说早在鲁迅博物馆成立时的预展中曾有一幅画着鲁迅、茅盾共拟电文的画，后经茅盾要求而除去了。1978年第二期武汉《中学语文》所载茅盾给孔罗荪的复信中，关于这件事，他也是这样说的。沈老不仅在对待具体问题上坚持实事求是的原则，而且结合文艺，积极从理论上来阐述实事求是的精神，在第四次文代会中他所作的题为《解放思想，发扬文艺民主》的长篇发言中就是表达了这一观点的，没有谦逊的精神，没有光明磊落的襟怀，要做到实事求是也是不容易的。而沈老的求实作风恰恰就蕴含着谦虚精神。有一次在谈到沈老小说的人物描写时，我不揣冒昧地说他40年代的小说在描写工人形象方面较30年代的小说有进步，30年代的工人形象较概念化，不如40年代的丰满。他当即表示同意，并说明30年代处在白色恐怖的岁月，行动极不自由，接触工人的机会很少。40年代就不同了，在中南、西南、西北各地奔波，流离失所，接触下层的机会就多了，所以对人物的观察理解也较深了。由此可见他是多么严肃对待自己的缺点。沈老的才学出众是众所周知的，非同凡响，不能不令人钦佩。

青年时期的茅盾

沈老的治学也是勤奋的，他的勤奋可从三方面看。一是博览群书，吸取古今中外的有用知识。50年代时，他在文章里常常诱发青年要像杜甫所指出的那样，“读书破万卷”；1979年第四次文代会时他又语重心长地希望文学青年补继承（本国的）和借鉴（外国的）两方面的课，补中国历史、政治、经济和外国历史、政治、经济的课。他曾对我说，他们（指沈老自己和其他老作家）过去在小学时的语文程度（指古文）相当于现在大学一年级的水平。他强调中青年作家提高文化修养的重要性。他说："现在的中青年作家写出一些作品之后，就忙着继续创作，或搞专业编辑去了，其实应抽出一定时间补课，包括学习古文、外文、古典文学、外国文学、历史地理知识、马列主义基础知识。我们这些人为什么古文有些基础，过去在小学时就读过孟子、论语、左传这些书。我在湖州省立第三中学读书时的老师钱玄同，在北大预科学习时的中文老师沈尹默，都有很深厚的古文基础。在北大预科时，学外文的条件也很好，外国历史、外国地理都是由外国人讲的，学生用外文（主要是英语）回答问题。"沈老的学识是渊博的，他从青少年时代起就广泛涉猎，博古通今，学贯中西。三十岁左右时选注了《庄子》、《淮南子》、《楚辞》，写了《中国神话研究ABC》、《北欧神话ABC》、《骑士文学ABC》、《希腊文学ABC》、《近代文学面面观》、《现代文学杂论》、《六个欧洲文学家》、《西洋文学通论》等专著。沈老在继承、借鉴中一个很重要的特点是他决不照搬照抄、生吞活剥，而是善于把所学的东西加以消化、改造、发展，也就是他自已所说的从"模仿"到"脱胎"到"创造"的过程。沈老在50年代写的《夜读偶记》就是一个有力说明。这本书既反映了他学识的渊博深厚，又反映了他消化、批判、吸收的能力，见解是极为辩证、缜密、精辟、深刻的。

说到这里，顺便提一下，沈老的广博知识的获得主要是靠多看、多想、多用，但沈老的记忆力也的确惊人。他已是八十多岁高龄的人了，但在谈话中涉及蔡东藩、吴梅邨、路易·艾黎等人和一些历史典故时，他都不假思索就可一一评介。难怪作家秦兆阳十分佩服沈老的记忆力了。

二是严谨、认真、细致。这一点，凡是和他接触过的人都会有同感。我在这里可以举几个例子。沈老回忆录中的家庭、学生时代部分是在香港《新晚报》发表的，原稿送来后，沈老发现《我的学生时代》这一章中，某页某行多了一个"零"字，就特地让人通知我要把它去掉。《茅盾与香港》一文中说，1926年1月茅盾从上海经香港去广州参加国民党“二大”。沈老看时很仔细，看后作了纠正，说当时正值省港大罢工，工人封锁了香港，所以他没有经香港，而是直接到广州的。又如准备付印出版的《锻炼》底稿，沈霜夫妇校对后，有些地方沈老又亲自作了校对，在新增加的第十四、第十五两章底稿中就有沈老校改的笔迹，从校改的情况看，沈老是看得很仔细认真的。

三是孜孜不倦地坚持写作。沈老说过：伟大的作家，不但是一个艺术家，而且是思想家——而现在，同时一定是不倦的战士。他自己就不但是一个艺术家、思想家，而且是一个不倦的战士。六十余年来，他奋笔疾书，著作等身，除“文革”十年搁笔之外，始终没有离开过笔的武器。据初步统计，自1916年起，他写下了十部中长篇小说、十四本散文、杂文集，二十多种理论批评和学术论著，翻译了二十多种外国文学作品，选注了四本古典文学作品。粉碎“四人帮”后，他虽已逾八十高龄，但仍“壮心不已”，不遗余力地继续长征。大略统计，自粉碎“四人帮”至1979年的短短两年多时间内，写的报告、文章有十六篇之多，诗歌有二十余首。此外，还从1978年底开始撰写回忆录，已发表了十余万字，病重进医院后还一直惦记着这件事。今年2月26日我去北京医院看望他时，他还表示等出院后争取在夏季把回忆录30年代部分写完，这部分头绪错综复杂，写完后，准备年底去南方疗养。到那时，回忆录已接近尾声，写起来比较容易了，所参考的书不多，把它们带到疗养地去也还方便。如今沈老已病逝，所遗憾的就是没有能把回忆录写完，造成的损失是无可估计的了。

（原载香港《文汇报》1981年4月11日，原文署名：树玉）

记茅盾和孔德沚

金韵琴[①]

一、订婚

茅盾和夫人孔德沚，都是浙江省桐乡县乌镇人。他们两家是世交。祖父一辈，就已经是很知己的朋友，都在经商之余，喜爱书法，能写一手好字。尤其是茅盾的祖父，名恩培，字砚耕，是位秀才，屡次乡试都没有考上举人，后来弃业从商，但书法出众，人们都盛赞他的翰墨具有工整而圆润的独特风格。他为人家写了不少匾额、堂幅、楼名、馆号，乃至商店的招牌，也代人写了不少对联。他喜欢自撰自写对联，借以自娱，并非为了牟利。除此以外，他还热爱器乐，能吹得一口好洞箫。德沚姐的祖父名繁麟，字乐愚，在喜爱书法的同时，还爱种花卉，自建孔家花园，取名"庸园"，表示本人并非高雅之士，正像他的字号"乐愚"一样，意思是不求闻达，不慕名利，乐在愚庸之中。而由于他的悉心栽培，探究布局，专程到苏州请来名匠设计规划，布置陈设，到外地购买名卉佳树，运太湖石筑假山，挖池塘，建亭楼，他所一手创建的"庸园"，后来竟成为乌镇有名的花园，常有人要求进园观赏。

沈恩培和孔繁麟，这一对情趣相投的知己朋友，就经常在"庸园"观赏花卉，说古谈今。有时还一起去"访卢阁"品茗，或到西园听拍曲（练习唱昆曲）。在他们品茗或听曲的时候，恩培常带长孙雁冰、繁麟常带长孙女德沚同去。这时候，雁冰姐夫五岁，德沚姐姐才

---

①金韵琴，茅盾内弟孔另境的妻子。

四岁。旁人看见这一双无猜的小儿女在一起玩耍，就半开玩笑半正经地说："你们两位如此相好，有了这现成的一对，何不结为亲家？"

说起这联姻的事，不妨补叙一笔。

原来沈孔两家，在上一辈就有共修姻缘之交的心意。沈家有个儿子，孔家有个女儿，双方的父母说定要给他俩成婚，结为夫妻，可是沈家把孔小姐的生辰帖子要去，请算命先生一算，说是联姻不得，有冲克。婚事也就吹了。这件事传到孔小姐的耳里，她身体素来羸弱，受不住这沉重的打击，竟一病不起，呜呼哀哉。从此，对沈家来说，总觉得十分内疚，好像欠了一笔"债"似的。

现在，有人提出孙儿一辈可以联姻，倒是一个还"债"的好机会。因此就由沈家主动提出，得到孔家同意，终于不再卜吉问卦，很快地就给雁冰和德沚订了婚。

二、补课

德沚姐的父亲名祥生，字问松，是位很守旧的老派人。雁冰姐夫的父亲沈永锡，字伯蕃，十六岁就中了秀才，是位"维新派"人士。订婚后，他向孔家提出两点要求：一、要让未来的媳妇德沚姐去读书；二、不能缠足。但是孔家对此要求，不理不睬，固执地我行我素，不顾当时（清末）天足之风已经兴起，硬要女儿裹足，而且认为女子无才便是德，更不准她去读书。缠足如同受酷刑，是很痛苦的事，俗话说："一双小足，七缸眼泪。"幼小的德沚姐受不住钻心般的疼痛，哭泣着不肯缠。大姨娘见了就劝说："外甥女已订了婚，是沈家的人了，沈家既已提过不要缠足，她又哭着不肯缠，将来缠了足，要怪你们的，你们何苦硬要给她缠呢！依我看，还是不缠的好。"这样才算放了足。但是德沚姐却因此变成了半天然足了。

1916年雁冰姐夫在北京大学预科第一类读了三年书毕业以后，因为要负担家庭生活，经济上不允许他再升学深造，便由表叔鉴泉（学溥）介绍，进了上海商务印书馆编译所工作。1917年雁冰姐夫二十一

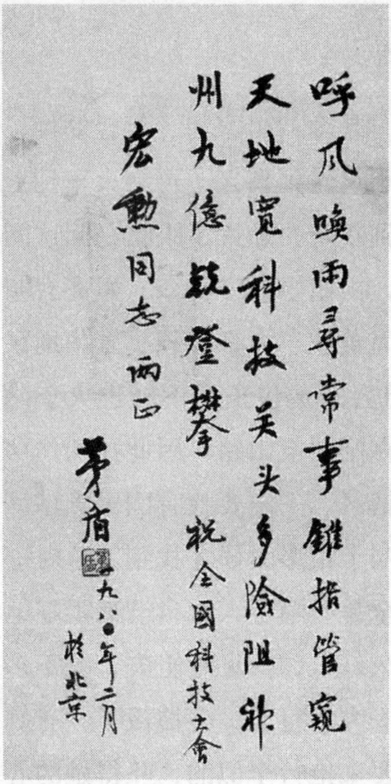

茅盾书法

岁，德沚姐姐二十岁，两家的亲戚都说两人岁数大了，结婚太迟了。这一年，他俩终于在故乡乌镇成了婚。那时的德沚姐，正如茅盾在1975年4月17日写给我的信中所说："德沚还是一个不知道北京比上海远呢或近的地方，只认孔字、沈字及数目字的娇憨天真的姑娘，但她有志气，要求进步，在结婚后的三朝内，她就要我教她识字，讲些关于历史及国内、国外形势的常识。十天后我回上海工作，她留乌镇，就由我母亲教识字写字，以及其他知识。她进步很快。后来我们迁居上海，她眼界宽了，参加革命工作，朋友也多了，做妇女运动很积极，活动范围除女学生、家庭妇女，还有女高级知识分子，以及革命老前辈如孙夫人宋庆龄。孙夫人很喜欢她，所以鲁迅逝世时，治丧委员会派她专门侍候孙夫人，寸步不离。"

德沚姐婚后好似进入了另一个天地，她的求知欲和进取心都很强。她要求到离乌镇不远的丰子恺故乡石湾镇上丰子恺妹妹办的振华女校去寄宿读书。德沚姐在娘家原名世珍，"德沚"是她的学名。因为雁冰姐夫是"德"字辈；而且规定"德"字下面的一个字必须是三点水旁的，所以取名"德沚"。老夫人没有女儿，就把媳妇当成女儿，按规定取名"德"。在振华女校，她是唯一的已婚女子，年岁较大，坐在教室的最后一排，同学们都叫她"大姐姐"。后来到了上海，又在爱国女校读书，直到要生孩子的时候才中途辍学。

三、征途

德沚姐第一次跟随姐夫来到上海时，是个初出家门、年轻幼稚、胆小怕事的农村少妇。他们先从乌镇乘小火轮到嘉兴，再乘火车到上海，一路上德沚姐东张西望，一切都感到新奇，睁大了眼睛，问这问那。火车进入上海站，他俩把行李取下，由姐姐看守行李，姐夫去叫黄包车。那时的上海火车站不在租界，而黄包车大都是领了繁华地区英、法租界的照会。没有国民党辖区照会的黄包车是不能进火车站的，而雁姐夫工作的商务印书馆编译所在闸北宝山路，因此找的住房也在闸北宝山路的鸿兴坊，都是国民党辖区，一定要找有国民党辖区照会的黄包车才能去。就这样，雁姐夫叫了很多时候才找到。这时沚姐可等急了，她眼看火车站上人来人往全是些陌生人，自己孤零零地一个人站着，真不知怎样才好。等了好久好久，一见雁姐夫，差不多要哭出来了，哭丧着脸，诉说她守着这一大堆行李，害怕极了，有好多人不怀好意地看着她，好像是坏人，要来抢行李似的，吓得她的心怦怦直跳。她说："你如果还不来，我真要急得哭了！"沚姐这样害怕，是因为她在乡下听了不少上海滩上流氓干坏事的缘故。雁姐夫忙不迭地说明黄包车难找的道理，耐心地安慰沚姐。

姐夫跟我谈到当时沚姐的情况，他自己也禁不住呵呵地笑了。他说那时看到沚姐，确实非常紧张，只见她急得额头上也淌了汗。"一见到我"，雁姐夫带笑地说，"两个眼眶里裹着泪水，差一点要哭出来了。"停停，姐夫补充说："要不是在火车站，人多不好意思，她准会哭起来的。"

这是德沚姐刚到上海时的情况。

可是后来，在接触到革命以后，她却完全变了样了。雁姐夫收敛起笑容，用严肃的口吻给我介绍说：

"你不会相信：她干革命工作，胆子可大得很，能够沉着、机智地应付敌人！"

四、革命

那是1922年的事。雁姐夫在1919年就开始马克思主义的研究，接着就和陈独秀、李汉俊、陈望道、李达同志等参加在上海的马克思主义研究小组和共产主义小组，并为“中国共产党发起组”出版的党内秘密宣传刊物《共产党》月刊翻译文章，宣传和介绍马克思列宁主义的学说。1921年雁姐夫就成为最初的“上海党小组”的成员，是我党最早的党员之一。党在上海创办了我党第一个培养妇女干部的学校——以半工半读为号召的平民女校，雁姐夫在业余担任义务教师。同时在《民国日报》的副刊《妇女评论》上撰文，积极提倡妇女解放。沚姐在雁姐夫的影响和教育下，逐渐成为一个有觉悟的新女性，参加了革命工作。最初，沚姐在纺织女工补习学校担任义务教师。学校设在里弄内，负责人叫“小史”，她本是纺织女工，是共产党员，被日本人的纱厂开除出来后，专做党的地下工作。沚姐每次去上课时，都要到弄堂口的小店去买包香烟，摸情况。有一次，她照例去买香烟，那店员神态有些异样，对沚姐做了个嘴脸，摇摇手作暗示。沚姐知道学校出了事，便买了香烟回头往别处走。事后打听，果然“小史”在学校被捕，“包打听”（暗探）们留守在学校，等候抓人。隔了两天，沚姐在家正担心学校的事，心神不宁，听到敲门声，开了门，只见一个陌生人，歪戴着帽子，嘴里叼了根烟卷，样子像“包打听”，又瞥见弄口有“小史”的身影，一闪而过，心里便有了个底。那来人问：

“这里有姓孔的吗？”

沚姐脱口而出：“有的，不过她昨天已经搬家了。她是住在亭子间里的。”

“你是什么人？”来人问。

“我是二房东。”姐姐坦然地回答，并若无其事地带领那人去看亭子间。

那亭子间是雁姐夫的母亲陈爱珠老夫人住的，这时沈伯母刚好到乌镇去了，房子空着。来人看了以后，信以为真，也就无精打采地走了。后来才知道，那来人果真是“包打听”，是因为“小史”经不住严刑拷打，供出了沚姐的名字，还领人来逮捕沚姐。亏得沚姐灵活镇静地应付了这场灾难。当天，她不敢再在家里居住，住到别处去了。

五、斗争

雁姐夫担任党中央联络员的工作，一直持续到1925年的春天，他还被选为上海地方兼区执行委员会执行委员，负责国民运动中的统一战线工作。他白天在商务印书馆编译所当编辑，晚上干革命，工作十分繁忙，家里的事完全交给沚姐。那时沚姐也入了党，在管好家务、照顾好孩子的同时，总是出色地完成党交给她的任务。从外貌看，沚姐有着“少奶奶”（家庭主妇）的风度，容易蒙混反动派的鹰犬，因此地下党总是把一些出头露面的事，交给她承担。

有一次，党组织了一个“三八”妇女节集会，要沚姐出面去借礼堂。她借到了艺术学校的礼堂。当时有规定，开会必须报告租界当局备案。艺术学校去报告了。开会那天，巡捕房派人在门口监视，并派人在会堂内巡视。作报告的同志讲的是些男女平等、妇女解放之类的话，倒也没有什么。可是到散会时，忽然有人散发传单。“包打听”禁止发传单，但已措手不及，就找艺术学校的人讲话。学校的人说与学校无关，这是姓孔的来借的礼堂。“包打听”就找沚姐，气势汹汹地问：

“你是什么人？”

沚姐很镇静地回答：

“我是启明小学的教师。我们开会讲的什么，你们不是都听见了吗？有什么违法的吗？传单又不是在马路上散，是在会场上散。传单的内容正大光明，有什么违法的吗？”

一连几问，问得“包打听”哑口无言。最后他们恼羞成怒，非要让姐一起到启明小学去证实她确是这个学校的教师不可。事实上，沚姐并不是这个学校的教师，因此她有些心慌，一路上提心吊胆，害怕露了底。幸亏到了启明小学，出来接见的人是认识沚姐的。沚姐抢前一步，说在“包打听”的前面。

“陆老师，他们不相信我是本校教师，还要我把他们带来……”

陆老师看出沚姐要甩掉这些“尾巴”，也就不等她说完，紧接着说：

“孔老师，你班上的两个学生找了你老半天，你到什么地方去了？”

陆老师真聪明：她不给沚姐作正面证明，却用问话来说明沚姐是他们学校的老师。两个“包打听”听了这些话，看看陆老师，看看沚姐，再也无语可说，只得垂头丧气地走了。

像这类的事，遇到过多次，都被沚姐机警地应付过去。斗争是那么激烈，那么惊险。

六、逃难

大革命失败以后，雁姐夫被国民党反动派通缉，经常处在国民党特务的监视和跟踪之中。

1938年12月20日，雁姐夫和沚姐带着两个孩子，应杜重远的邀请，从香港乘船到海防，经滇越铁路到昆明，再到兰州，在路上走了两个多月，直到翌年三月才抵达目的地——新疆迪化（今乌鲁木齐）的新疆学院。雁姐夫想把新疆开拓成红色的文化基地。可是到了新疆以后不久，盛世才的反共反人民的反动独裁本色，逐渐显露了出来，他们俩如果稍露锋芒，有被随时杀害的危险。处在这样险恶的环境，雁姐夫表面上装得很镇静，而且特别注意不求名位、毫无主见，表现出无所作为的样子，实际上却在暗中设法，如何逃脱军阀盛世才的魔掌。沚姐和姐夫密切配合，表面上装扮成一个不问政治、只管家务的家庭妇女，在家料理家务，出外也带着孩子。实际上她却代替了雁姐夫，跟一些进步文化人串连通气，交换情报，研究对策，策划逃离新疆。盛世才和他的爪牙们看到雁姐夫碌碌无为，没有野心，安分守己，是个懦弱无能的书生，也就放松了对他的防范。由于他们夫妻俩密切配合，患难与共，终于在1940年5月，借口奔母丧提出回重庆的要求，盛世才同意了。于是急忙和关西大汉张仲实一起，带了家属，逃离虎口。此后不久，果然传来了不幸的消息：杜重远等不少进步人士惨遭杀人魔王盛世才杀害，赵丹、徐韬等五位剧团的同志也蒙冤被捕入狱。

第二次逃难，是在1941年12月，日本向英美宣战，太平洋战争爆发。18日，日军突袭并占领了香港，约有一二千进步文化人羁困在沦陷的香港。茅盾夫妇也在其中。奉党中央的命令，东江游击队组织力量，妥善布置，协助这一二千进步文化人分批陆续由香港转入内地。

雁姐夫和沚姐同廖沫沙、叶以群、胡仲持组成五人小组，在东江游击队的协助下，从香港出发，取道东江，逃到桂林，全程历时约一个月。那时正值旧历年关，冻雨连绵，北风怒吼，更增添了路途的艰辛困苦。为了避开敌人，每晚摸黑走五六十里山路是常事，有时露宿荒野，大家背靠背取暖。沚姐虽是解放了的小脚，随同男同志们长途跋涉分外艰难，但她咬着牙坚强、勇敢地跟随大家，誓不掉队。有一次，他们在漆黑的夜晚摸黑过桥，又不敢照手电，只听得“噗嗵”一声，原来是沚姐一脚踏空，掉到二丈深的河里去了。幸亏冬天水浅，河里又全是水草和烂泥，没有受伤。大家把她拉了上来。可是全身已经湿透，冻得发抖，又没有衣服替换，雁姐夫怕她受寒忙脱下棉衣递过去，沚姐硬是不要，只说，快走吧，走走就不冷了，勇敢地继续赶路。还有一天雨夜，五个人跟着游击队的向导，疏散到全是小松林的山上。那里离敌人只有八九里地。在夜色和雨点的掩护下，他们绕道到了惠阳，那时全身已经湿透，而惠阳城刚被日寇烧掠，找不到吃的，冻饿交加，大家不禁相顾失笑。

东江游击队护送到惠阳为止，从惠阳到桂林，是国统区，改由地下党的“交通”护送。

两次逃难，可以说是既惊险又艰辛，沚姐一直精神饱满地勇敢前进，从未掉队。

七、珍爱

解放前，沚姐持家俭朴，不仅参加革命，料理好家务，而且还代替雁姐夫做了许多掩护、接待、联系等工作，使雁姐夫能专心从事写作，不再有后顾之忧。

全国解放前夕，他们俩和一些著名民主人士，应党中央的邀请，在沈阳乘集体专车来到北平。雁姐夫参加筹备新中国人民政治协商会议的工作，并筹备召开第一次全国文代大会。沚姐在大好革命形势鼓舞下，也迫切要求参加革命工作，她向周恩来总理表白，了自己的心意。周总理认真地考虑以后，回答她说：

“好，我给您安排一个对您最重要、也是最合适的工作——照顾好茅盾同志。他是我们国家的宝贵财富，今后要他为新中国描绘新图，为新中国作出新的贡献。您要好好照顾他，这是党交给您的任务。这比您做任何工作都重要！”

德沚姐领会了周总理的嘱咐，更全心全意地照顾好雁姐夫。

为了安排好雁姐夫的生活，就像解放前一样，沚姐亲自上菜场，亲自下厨房，穿着一身打补丁的厨房衣服，给雁姐夫做一些他喜爱吃的菜。自从他俩结婚成家以后，雁姐夫能创作出一部部我国现代文学巨著，在这些伟大的成就里，显然也有德沚姐的一份功劳。对此，雁姐夫有着深刻的体会，因而对沚姐十分眷爱，正如他在1975年4月17日给我的信里所说：

“我和德沚虽不是先认识，谈恋爱，然后结婚，但我爱之敬重之。”

德沚姐生于1897年，卒于1970年1月29日，享年七十三岁。在60年代后期，正值文化大革命的高潮时期，她患糖尿病，卧病在家，没有得到应有的治疗，最后送到医院，不久就去世。在她终前的日子里，年迈的雁姐夫亲自陪夜，眼睁睁地看着老伴昏迷不醒，却无能为力，心情十分沉重。沚姐死后，只有少数几个亲友得讯吊唁，冷冷清清地火化了。沚姐的骨灰盒，盒上镶嵌着照片，长期放在雁姐夫卧室

1953年，茅盾与夫人孔德沚合影

的五斗柜上，并在骨灰盒的周围，陈列着多件雁姐夫和沚姐姐一同出国时国际友人赠送给他俩的珍贵礼物。沚姐虽然去世了，但她的骨灰仍然与雁姐夫朝夕相处。雁姐夫经常看望着沚姐的照片。有一次，我还看见他呆呆地站在骨灰盒跟前，很久很久，默不作声，像在回忆着什么往事似的，情意深厚，使我见了感到十分沉痛，悄悄地退出了他的卧室。

1981年3月27日雁姐夫仙逝的时候，我在上海，我从上海赶到北京，重新来到雁姐夫的卧室，看到沚姐的骨灰盒还像过去那样地安置在原来的五斗柜上，可是再也看不到雁姐夫默默地看望着沚姐骨灰盒的神态了。我不禁噙着泪花，把我从上海带来的两个小花圈，一个放在雁姐夫的遗像下，一个放在沚姐的骨灰盒前，以表示我对他俩——这一对互敬互爱、团结战斗的革命伴侣的深切哀悼和衷心敬意。

（选自《中国当代文学研究资料·茅盾专集》第一卷，
唐金海等编，福建人民出版社1983年5月出版）

圆梦

韦韬 陈小曼[①]

"九·一三"事件之后，冻结了几年的文学出版工作开始复苏，社会上要求"多出书，出好书"的呼声越来越高。一些出版社最初是出内部书，主要是翻译外国名人的传记，如《邱吉尔传》、《赫鲁晓夫回忆录》、《第三帝国的兴亡》等等，后来才有选择地出版一些公开发行的书籍。但是绝大多数有点名气的作家都受到冲击，问题还没有解决，都不能出书，于是转向了工农兵作者，这正符合当时推行的"由工农兵占领艺术殿堂"的口号。人民文学出版社现代文学编辑部也源源不断地收到从全国各地寄来的工农兵创作的大批稿件，单靠现代文学编辑部的人力已招架不住。领导决定，将古典、外文等编辑部的同志都集中过来，突击处理积稿。

"文革"中什么都强调"破旧立新"，编辑工作中的审稿制度——历来坚持的编辑——主任——总编三级分别审稿的方式，被"破"掉了，改成了大家坐在一起集体审稿：一人读，大家听，然后讨论提意见。从稿件的质量看，虽也有些比较好的作品，但大量的是文理欠通，在写小说上还是门外汉的工农兵以及知青的习作。也有集体创作的，附有相应革命委员会的推荐信，意思是要出版社从政治上着眼支持工农兵创作的这个"新生事物"。

因为稿件积压太多，编辑部只好加班，自然小曼也常常下班很晚，这就引起了爸爸的注意和关心。爸爸觉得新的审稿方式很奇特，常常询问小曼稿件讨论的过程。听她介绍完，爸爸有时就发表一些看法，如说："脑力劳动，形象思维，不同于其他工作，不能强调

①韦韬，原名沈霜，茅盾之子；陈小曼，韦韬夫人。

《虹》书影

集体干。五八年大跃进时，就有人提出文艺要放卫星，人人写诗，人人作画，搞集体创作；殊不知这样创作出来的东西必然是脸谱化无个性的，往往只是政策的图解。”又说：“你们审稿的小说，有读到结尾还出现新人物的，这说明作者不懂得小说创作规律。人物必须贯串始终，结尾再出现新人物，和情节的发展脱了节，没有意义。这是小说创作的大忌。”又说：“在人物描写方面，要从人物的行动中表现人物的内心活动，而不是作者的议论。语言要个性化，不同的人物要能循声得貌，各有特色。要能通过语言，使人物的性格、神态跃然纸上。这样的小说读起来才生动，才有趣味。这一切，靠集体创作，你一言我一语，就不可能做到。”

“文革”前爸爸忙得很，从来不跟我们谈天，实在没有时间。“文革”开始后，他与世隔绝，尤其妈妈去世后，他太空闲太寂寞了，和我们闲谈才多起来。不过“九·一三”事件以前，他主要还是以读书——包括读许多笔记小说——来消除寂寞。1973年下半年，他的所谓“叛徒”问题排除之后，他心情开朗了，与我们闲谈的时间就明显多起来，遇上他感兴趣的话题，更是侃侃而谈。因此，我们常常找些话题来引他谈话，以消除他的孤独感。有一次，瑜清表叔在一封来信中问到《虹》的主人公梅女士是否有模特儿。爸爸回信告诉他是有一个模特儿，叫胡兰畦，大革命时期是武汉中央军事政治分校的一名女生。事后，爸爸就和我们谈起来，他说：“我与胡兰畦其实只见过一二面，并不熟悉，更不了解，只是听别人介绍过她的经历。她的经历的确很曲折很动人。我以胡兰畦为模特儿，就是借用她的经历——主要是四川那一段经历编为故事。而人物的性格，则是从我接触过、观察过的众多时代女性身上综合而成的。也可以说，胡兰畦这个模特儿，我主要是采用了她的外壳。作为模特儿，她又是又不是。”爸爸又说：“我塑造的人物，从来不以某个具体对象为模特儿，他们都是我概括了许多同类型的人物的性格特点综合而成的，然后再根据人物及人物的发展来编故事。编故事则有时采用某个人的某一段现成而又生动的经历，因为有些个人的经历，其奇妙往往是作者想象不出的。常常有人问我，《子夜》中的吴荪甫的原型是不是卢鉴泉？我回答不是。不过吴荪甫的身上的确有卢鉴泉的影子，因为我对中国民族资本家的观察和了解正是从卢鉴泉开始的。”说着说着他想起了一件趣事，兴奋地笑出声来：“四八年在香港的时候，有一天德沚上街购物，在百货公司邂逅了大革命时期的老朋友，后来《上海译报》的发行人黄慕兰，便邀她到家中叙旧。一进门德沚就高叫：‘来了一位老朋友，你猜是谁？’我一看是多年不见的黄慕兰，就开玩笑说：‘听说你改了名字叫黄定慧了，为什么取了个尼姑的名字？’黄慕兰马上反击道：‘你胆敢取笑我，我还要找你算账呢！你说，你为什么拿我做模特儿？人家都说《蚀》三部曲中的几个浪漫女性，原型都是我，逼得我只好改名“定慧”了。’其实，我写的是大革命时期一种浪漫型的女性，这样的女性在当时是很多的，我接触和了解的就不少，黄慕兰只是其中之一。我概括提炼她们的共同特点塑造出我的作品中的女性群像，有人可能从她们身上看到了自己的影子，就以为自己是我小说中的模特儿。这样的误解真还不少哩。”

看到爸爸谈论文学创作时那种眉飞色舞、兴奋激昂的样子，我们萌发了一个念头：何不动员爸爸在家中悄悄地“重操旧业”？也许这是一帖对爸爸最有效的祛病健身良药。于是韦韬试探着建议：“爸爸，文化大革命还不知要搞到何年何月，与其这样整天闲着，何不利用这空闲时间写点东西，先保存起来，等将来有机会再发表？”爸爸居然没有反对。韦韬又说：“不能写现实题材，万一泄露出去，有人就会借此做文章。”爸爸说：“是呀，听说艾芜响应‘作家要立新功’的号召，写了一篇东西，结果又挨了批判。”韦韬说：“你有好几部长篇没有写完，何不挑一部把它续完，这样意义很大，风险又小，将来读者也肯定欢迎。”爸爸想了一想，打开了话匣子：“《第一阶段的故事》不值得续写了。它原来就写得不成功。《虹》虽说还有下篇，但不续下篇也能独立成书。只有《霜叶红似二月花》，故事只展开了前一半，主要人物的命运也还没有交代。还有一部《锻炼》，是四八年在香港写的，只在报上连载过，还没有出过单行本，你们恐怕都不知道还有这部小说。这也是只写了个头的长篇，原计划要写五部，才写完第一部全国就解放了，便再也没有时间续写，现在要续写恐怕工程太大了。那是一部试图反映抗战全过程的长篇。”爸爸沉湎在回忆中。韦韬连忙说：“那就续写《霜叶红似二月花》吧，这部书许多人都喜欢，认为它继承了中国古典文学的传统。而且从题材讲，离当前的现实最远，风险也最小。”爸爸同意了，他也比较满意《霜叶红似二月花》。我们要帮他找资料，他说不必，只需要一本《霜叶红似二月花》的单行本，他要仔细读一读。因为时间隔得太久了，一些细节都模糊了，书的风格也需要回顾和重新把握，以便续写时能够衔接。

就在这时候，爸爸收到了胡锡培的一封信。信中说：在成都流传着关于爸爸的谣言，说爸爸装病，闭门不出，却偷偷地在写一部“反党小说”，要待身后，方肯问世。爸爸把信念给我们听，纵声笑道：“我还没有动笔，谣言就先造出来了！这样一来，我倒要认真对待续写《霜叶红似二月花》的事了，一定要把它写好！”

从此以后，爸爸一有空就坐到原来妈妈卧室中靠窗的那张二屉桌前，这里成了他的工作台。爸爸先画出一张地图给我们看。这是一幅县城的平面图，《霜叶红似二月花》的故事大部分发生在那里，图上画出了书中几个重要人物的宅第，以及县署、警察局、善堂、轮船公司、城隍庙等等，还有街道、城墙，通往钱家庄的河道和城外的桑林、稻田等。爸爸说：“有了这张图，书中的一些细节描写就有了依据，不至于产生矛盾。”这张图很快被孩子们看到了。已经是高中生的小宁听说爷爷要续写《霜叶红似二月花》，就抢着把小说饶有兴味地读了一遍，读完，一本正经地发表意见说：“爷爷续写这本书，现在不能发表，一定要保密，否则被人知道了，准会扣上美化地主的帽子。”

爸爸创作长篇小说有一个习惯，就是先写出详细大纲，然后依据大纲，一气呵成。由于许多重要的情节乃至一些细节的描写，在写大纲时已经反复推敲过，胸有成竹，所以一口气写下来的原稿很少涂改，十分整洁。现在保存下来的几百页的《子夜》原稿，字迹工整娟秀，往往连续十多页没有一处涂改，这样干净整洁的名著原稿，实在弥足珍贵。

如今爸爸续写《霜叶红似二月花》，仍旧采取先写大纲的方式：先写出提要，把续篇的故事大致理出个脉络，再列出人物表，注明他们之间的关系和矛盾，然后再回过头来写大纲。也许是搁笔多年未写长篇小说的缘故，这次爸爸写大纲，有时好像掌握不住节奏，遇到文思汹涌时，某些段落越写越细，精致入微，简直与初稿差不多；而另一些也很重要的情节，却只是简短地交代个过程，几笔略过。统观全部续篇的大纲，1927年大革命失败之前的章节，描写得相当周密完整，有的段落十分细腻；但是大革命失败后故事的发展，却尚未写出大纲，只有部分提要。因为爸爸以后又忙别的事了，而这一耽搁就再也没能续写下去。

爸爸这次续写，约占了1974年半年的时间。在续篇大纲中，爸爸着重刻画了正面人物，如张婉卿、钱良材等，以及一位新出场的女主角张今觉。这位张女士最终成为钱良材的终身伴侣，在续篇中大展风采。对于反面人物，大纲中着墨较少，显然爸爸尚未顾及对他们细加推敲，仅仅留下了不少可以展开这些反面人物活动的线索，如北伐军入城前后的活动，以及“四·一二”事变后他们对革命力量的反扑等等。

续篇的故事梗概如下：北伐战争前夕，钱良材离家去上海等地游历，寻访真理；张婉卿则在家为丈夫黄和光戒烟忙碌，同时帮助朱行健对付曾百行的排挤。北伐开始后，东路军直逼县城，一支孙传芳败兵逃入城内。良材潜回家乡，乘机收缴乡间溃兵的枪支组织民团；婉卿则设计请商会出面稳住向地方勒索巨款的孙军溃兵，一面联络北伐军攻城，孙军溃逃。北伐军进城，赵守义等乘乱组织各种“民众团体”，并诬告钱良材为乡间土豪劣绅，拥有武装，又诬黄和光为同党。驻军负责人为师政治部主任严无忌，夫人张今觉，都是国民党左派，张之父乃国民党元老，被右派暗杀。严与黄和光原是同学，通过黄结识了钱良材，于是严无忌、张今觉与黄和光、张婉卿、钱良材结为知己。钱良材参加了国民党，并被严无忌委为县党部筹备主任，赵守义闻风逃走。不久，蒋介石在上海反共，形势突变，严无忌奉调南昌，赵守义等反水，诬钱良材为赤党。钱良材隐匿于婉卿家。这时今觉也暂住婉家，将转道上海去南昌，约婉卿夫妇同行。婉卿乃设计让良材化装为女佣，四人同赴上海。抵上海后，今觉赴南昌，婉卿陪和光去日本治病，良材同行。三个月后，和光病治愈，婉卿终于怀孕。忽得今觉信，说严无忌在南昌为蒋介石所杀，她死里逃生，孑然一身，欲寻婉卿相依。于是四人又在上海相聚。今觉欲赴北京寻弟，良材挺身护送。到北京后未找到弟弟，却发现了暗杀今觉父亲的仇人，今觉决心报仇。良材协助今觉击杀了仇人，今觉负伤。伤愈后，两人乃结秦晋之好，且决意归隐田舍。

爸爸对《霜叶红似二月花》这个书名的含义曾作过如下解释：这部书是写一群具有民主主义思想的青年知识分子，他们有反封建的斗争性和坚决性，但他们不是彻底的革命者，他们只是霜叶而不是红花。续篇大纲中钱良材、张婉卿、张今觉等人物的结局，也证明了这一点；他们是中国民主革命运动早期的佼佼者，是一群可敬可爱的人，但当革命继续向前时，他们悄悄地退出了。不过，我们可以相信，十年之后，他们一定会重新站到抗日救亡和争取民主自由的行列中来。

遗憾的是，爸爸没有把续篇完成，续篇的后半部只留下了提要。那时爸爸身体虚弱，常常头晕腿软，爬楼困难，急于搬往平房；从看房、修房、准备搬迁到迁入新居，前后忙乱了好几个月。搬家后先忙于别事，后又从上海来了亲戚长住，就把续写《霜叶红似二月花》的事耽搁下来。从主观上说，上篇和续篇写作时间相隔太久——三十多年，要找回当年创作上篇时的激情相当困难，特别是在“文革”这样的环境中。爸爸的写作态度一向严肃认真，他认为续篇必须保持上篇的风格，前后必须浑然一体，要做到这一点就要有充分的准备和慢慢地“磨合”，不能草率从事。所以爸爸不想急于求成，凡有其他事要办，总是把续写的事搁下，为别的事让路。不过爸爸心中一直惦记着这件事。“文革”后，四川人民出版社重印《霜叶红似二月花》时，爸爸特地把其中一段文字作了修改，便是为了能与尚来完成的续篇的内容相衔接。这说明，“文革”以后爸爸仍坚信总有一天能重新把续篇完成。

爸爸续写《霜叶红似二月花》，是在圆一个梦，一个多年的梦，他的创作梦。

大家都知道，自从中华人民共和国成立之后，爸爸再没有创作小说。他的最后一部长篇小说和最后一篇短篇小说都写于一九四八年的香港。许多人对此感到惋惜，而痛苦最甚的是爸爸自己。在香港，他正雄心勃勃地写着一部反映抗日战争全景的历史长卷——连续五卷的长篇小说《锻炼》，且已完成了第一卷。他原计划北上解放区后继续完成它，因为抗战刚刚结束，需要在文学上及时反映这个民族觉醒的伟大时代。可是新中国需要他担任文化部长，他只得压下自己创作的欲望，强迫自己去学习原来不熟悉的东西——做官。而且新社会也给文学创作带来了新问题：过去的生活积累已经不够用了，需要重新深入工农兵的生活，可是当了文化部长又如何能深入呢？！

担任文化部长之初，爸爸还企图做到当官与创作两不误，而且在罗瑞卿的鼓动下，真的在1953年写出了一个反映镇反运动的电影剧本。不过，这次创作是作为一个政治任务来完成的。1951年底，全国的镇压反革命运动取得了伟大的胜利，当时的公安部长罗瑞卿恳请爸爸写一部反映镇反运动的作品，最好是电影剧本，并答应提供一切方便，包括查阅重大反革命案件的全部档案。开始爸爸推辞了，因为他既不熟悉这方面的生活，又没有写过电影剧本；后来拗不过罗瑞卿的盛情，就答应试一试。爸爸是这样想的：当文化部长两三年了，一直没有机会搞创作，想下基层去熟悉工农兵，又不能如愿。写自己原来熟悉的生活，又不合适：身为文化部长，天天号召作家写工农兵，自己怎能反而去写非工农兵的题材？写镇反运动不同，没有这些顾虑，而且自己过去也写过一本《腐蚀》，有一些这方面的生活积累，如果有丰富的材料，是可以一试的。当时上海镇反的材料最丰富，爸爸就在1952年两次去上海搜集资料，并且在第二年完成了初稿。罗瑞卿读完初稿基本满意，可是蔡楚生、袁牧之却认为太小说化了，拍电影有困难，而且太长，可以拍上中下三集，必须改写和大大压缩。那时如果有位搞电影的行家来帮助爸爸修改压缩，也许就拍成电影了，可是爸爸的名望和地位，使人不便提出这样的建议，而爸爸又从未想到能采用这种办法（这种方法是后来才流行的），他的习惯是自己的作品自己来完成。结果就拖延下来，拖到后来，事过境迁，也就没有再拍电影的必要了。“镇反，剧本之所以能够顺利完成，是因为建国初期爸爸的工作还比较单纯，各种会议和外事活动也没有后来多，另外是有罗瑞卿部长的大力支持。但1953年之后，爸爸就在文山会海之中愈陷愈深，不能自拔。

对于那个电影剧本，爸爸是不满意的，因为它不是来源于生活的积累和创作的激情。因此，爸爸希望有一个真正的创作机会，能按照他熟悉的创作方法来进行创作。终于在1955年1月6日，爸爸给周总理写了一封信，提出可否减少他出国的任务，可否不再担任世界和平理事会中国方面的常委，以及要求总理给他一次创作假。爸爸写道：“五年来，我不曾写作，这是由于我文思迟钝，政策水平思想水平低，不敢妄动，但一小部分也由于事杂，不善于挤时间，并且以‘事杂’来自我解嘲。总理号召加强艺术实践，文艺界同志积极响应，我则既不做研究工作，也不写作，而我在作家协会又居于负责者的地位，既不能以身作则，而每当开会，我这个自己没有艺术实践的人却又不得不鼓励人家去实践，精神上实在既惭愧又痛苦。虽然自己也知道，自己能力不强，精力就衰，写出来的未必能用，但如果写了，总可以略略减轻内疚吧？年来工作余暇，也常常以此为念，亦稍稍有点计划，陆续记下了些。如果总理以为还值得让我一试，我打算在最近将来请一个短时期的写作假，先把过去陆续记下来的整理出来，写成大纲，先拿出来请领导上审查。如果大纲可用，那时再请给假（这就需要较多的日子），以便专心写作。”爸爸这封信婉转地道出了自己担任文化部长的内心痛苦。五年来，几乎全部时间都被无止无休的送往迎来，赴宴看戏，参加会议，接待宾客等等所占据，一年还要出国二三次之多，他实在不习惯于这样的生活，真是苦不堪言。爸爸是个十分顾全大局的理智型的人，这封信却是他少有的冲动式的发泄。对爸爸的这封信，总理的批语是："拟给沈部长一个假期专心写作。"但没有同意爸爸卸去世界和平理事会常委的请求。

总理的批示使爸爸得到了三个月的创作假。怎样使用这三个月？写什么？续写《锻炼》或《霜叶红似二月花》都不合适，虽然这是爸爸最熟悉的题材，因为无法向人解释为何请假三个月却去续写旧作，只有创作现实的题材。当时对资本主义工商业的社会主义改造，已经进行了两年，中央确定的经过国家资本主义完成对私营工商业的社会主义改造的方针和办法，已从加工订货这种初级形式发展到了公私合营这种高级形式，并取得了很大进展。爸爸对民族资产阶级是比较熟悉的，平时也注意收集了不少这方面的素材，所以决定创作一部反映资本主义工商业社会主义改造的长篇小说，并且去了一次上海搜集和补充新的材料。但三个月的创作假一眨眼就过去了，爸爸只写出了小说的大纲和部分初稿，就不得不回到繁忙的行政工作中来，每天的时间被切割得零零碎碎，无法定下心来写作。

这样拖延了一年，因一件偶然的事情，爸爸终于按捺不住而发了一通牢骚。

1956年3月间，作协的创作委员会发来一份公函，内容如下："茅盾同志：去年11月间中国作家协会所制订的关于少年儿童文学创作计划中规定，您应在1956年6月以前，写出或翻译出一篇（部）少年儿童文学作品（或1956年年底前至少写出一篇有关少年儿童文学的有研究性的文章）。不知这项工作您完成的怎样，如果已经完成，请您告诉我们，您在哪些报刊上发表了哪些作品，如果没有完成，您准备在什么时候完成什么作品，如果有困难，也请告诉我们。……"这封例行的公函正好触动了爸爸的痛处，他当即在打印的来函上写了一封回信："复创作委员会：我确有困难。自去年四月后，我有过大小两计划，大的计划是写长篇，小的计划是写短篇及短文，两者拟同时进行（本来是只有一个人的计划，可是后来鉴于有些短文是非写不可，逃不了的，故又加上一个小的计划）。不料至今将一年，自己一检查，大、小计划都未贯彻。原因不在我懒，——而是临时杂差（这些杂差包括计划以外的写作），打乱了我的计划。我每天伏案（或看公文，或看书，或写作，或开会——全都伏案）在十小时以上，星期天也从不出去游山观水，从不逛公园，然而还是忙乱，真是天晓得！这些杂差少则二五天可毕，多则须半个月一个月。这是我的困难所在，我自己无法克服，不知你们有无办法帮助我克服它？如能帮助，不胜感激。”一位上级领导竟向一个下属单位发牢骚，在那个年代恐怕绝无仅有，这说明爸爸虽然当了七年文化部长，但在心灵深处依旧是一介书生，他有满腔苦恼，无法向上诉说，就向下宣泄。

但是牢骚解决不了实际问题，在给总理的信中提到的，等大纲写出后，再请长假潜心写作的计划，终于成了泡影。1957年开始了“反右”斗争，接着是“三面红旗”、“大跃进”，整个国家陷于狂热中，生活紧张得透不过气来，自然更谈不上请长假创作了。于是在1958年3月间，爸爸又借机向作家协会办公室发了另一次更大的牢骚。这牢骚也是用复信的方式发泄出来的，全文如下：

作家协会办公室：

收到3月15日的通知了。现在写一点我个人的规划，可是，规划是订下来了，能不能完成，要看有没有时间。这就希望领导上的帮助。帮助我什么呢？

一、帮助我解除文化部部长的兼职，政协常委的兼职；

二、帮助我解除《中国文学》和《译文》两个兼职；

三、帮助我今年没有出国任务。

要有点说明：上面一、二两条，是我不眠症的原因。因为，几年来我对于文化部长、政协常委、《中国文学》和《译文》主编，实在荒弃职守，挂名不办事，夜里一想到，就很难过，就睡不着觉。我几次请求解除，尚未蒙批准。而且，尽管挂名不办事，会议还总得出席，外交宴会也不能不去，结果，人家看来我荒废职守，而我在三种“会”上花的时间，平均占每星期时间的五分之二。我从来不去公园，很少出门（除了开会、看病），只看了要我去看的戏、电影的三分之一，每天晚上看书到十一时，可是总觉得时间不够，有许多要看的书都没有看。我自己也不明白到底是怎么一回事。（最近请了一个月病假，倒看了不少书。）

如果照上面所说，一面挂名兼职这样多，一面又不得不把每星期（七天算，我向来没有星期天）的五分之二时间用在三种“会”上（三种会即会议、酒会、晚会），那末，我只能作下列的计划（1958年的）：

A、不写小说了，只写论文；篇数、长短、性质不一定，但字数可以约计为五万到七万（从4月份算起，到年底）。

这也要有点说明：为什么不能写小说呢？因为在上述挂名兼职、三“会”多的情况下，时间都被切得零零碎碎，写论文尚可，写小说则我这人太笨，实在办不到。

B、整理旧作（即所谓《茅盾文集》），共计一二百万字罢。这是人民文学出版社催着办的。

这也要有点说明：我本来不同意把旧作全部重印，出什么《文集》，我认为这是浪费；可是，人民文学出版社楼适夷同志再三来说，重印是使读者看到一个作家的发展；于是我想，我若再不同意出《文集》，就成为有意隐藏过去写得很坏的东西，在人面前充好汉了。因此勉强答应。现在整理，并不是要将旧稿修改，而校改排印上的错误，及编排次序（此指短篇小说及散文而言），这就要花时间。

以上是我今年（1958年）的计划。

长期计划，我不敢订，因为怕开空头支票；因为我不知道明后年我还能不能拿笔。这不是我瞎想，因为最近病后医生（中医、西医）都已明白告诉我：“你衰老了，年龄到了，药石不能奏功，只能养，慢慢地养罢！”换言之，这就是说：“你这人可以报废了，而且也只能报废了！”

对不起，我说了许多废话；而且是怪话！但是实际情况如此，我觉得不说便是欺骗你们，所以还是直说罢！

请将此信交书记处同志传阅。

在这封信中，爸爸虽然表示今年“不写小说，只写论文”，但实际上他一刻也没有忘怀那个已经开了头的长篇小说，——他要圆他的创作梦。在切割得零零碎碎的时间中，爸爸断断续续地写着这部小说。到1958年秋，在一次与《中国青年报》社的同志的谈话中，无意间透露了这个消息，又在报社同志的恳求下，表示小说完成之后，可以在《中国青年报》上摘登或连载。可是到了1959年3月，在《中国青年报》的一再催问下，爸爸却回信道：“讲起来非常惭愧，我的小说稿子还是去秋和你社一位同志说过的那种情况，搁在那里，未曾编写，也没有加以修改，原因是去年秋冬有些事情（例如其中一件是出国），同时身体又不好，……一直闹病，神经衰弱，多用脑即失眠，天气稍有变化就感冒（而且感冒后一定患严重失眠），等等，使我深以为苦，我现在是在半休状态。何时能编写，以了此文债，自己没有把握，同时也十分焦灼。不过，始终老想完成这个‘计划’的。”这是爸爸谈到这部小说的最后一封信，后来，这个“计划”终于没有完成，爸爸的创作梦也终于破灭了。

这部小说手稿爸爸没有给第二个人看过，连妈妈也没有，就被爸爸“封存”了起来，一起封存的还有那个电影剧本，直到文化大革命的1970年。

1970年4、5月间，在爸爸情绪最为消沉的时候，这两份手稿被他亲手销毁了！

唯一读过这两份手稿的是我们的大女儿小钢。妈妈去世后，我们虽搬来与爸爸同住，但那时小曼在干校，韦韬在“支左”，小宁白天上学，日常陪伴爸爸的就只有小钢和不到周岁的丹丹。小钢因肝功能不正常，在家休养。为了让小钢多学点知识，爸爸与小钢共同拟了个自学计划：读中国历史，学古文，复习数学，记日记，练手风琴。爸爸亲自浏览了郭沫若主编的《中国史稿》和范文澜编的《中国通史简编》，并让小钢先读郭编再读范编，因郭编较浅近。他选了苏东坡的一些诗，并从名家注释中摘选了适合小钢的注释，让她自修。练手风琴是小钢自己加的，她喜欢音乐，从小学钢琴，“文革”开始不能学钢琴了，所以她想转学手风琴。

茅盾用稿费亲手设计翻建的书房

每天自学的课程完毕，小钢就在爸爸的书房和小书库里乱翻乱看。一天，在书房的一个书柜下面的抽屉里，小钢发现了两包尘封已久的手稿，打开一看，竟是十卷本《茅盾文集》中没有的作品，就贪婪地读起来。爸爸看见孙女在读这手稿，没有干涉，只是说："这是两部没有完成的作品。"小钢读完把手稿放回了原处，爸爸就默默地拿出来销毁了。几年后，韦韬遍找这手稿不见，问到爸爸，他淡淡地说："已经撕了，当作废纸用了。"又补充道："这两部作品写得都不成功，留之无用。"爸爸这话显然不是毁稿的真正原因，因为残存的手稿甚多，为何只销毁这两部？为何在"文革"初期的急风暴雨中没有把它们烧毁，却要等到1970年呢？这只能从妈妈的去世给爸爸精神上的打击来解释。爸爸好像有点看破了一切，他大概不相信自己再有机会来圆创作梦了，他决心毁掉这两部解放后写的书稿，也许就是出于这样的心理。

如今，到了1974年，爸爸终于从消沉中走了出来，心情比较开朗了，又有安静的不受干扰的环境和完整的时间，这是爸爸二十多年来梦寐以求的搞创作的好条件。所以说，爸爸续写《霜叶红似二月花》也是在感情上圆他的创作梦！虽然这个梦是在保密的状态下圆的，而且终于未能圆完，留下了无法弥补的遗憾。但爸爸的精神是愉快的，因为他终于从“三会”中解脱出来，找回了原来的自己——作家茅盾。

（选自《父亲茅盾的晚年》，韦韬、陈小曼著，
上海书店出版社1998年7月出版）

钩沉

关于《幻灭》
——茅盾收到的一封信

罗美[①]

今天从友人处借读了你所作的《幻灭》一书，禁不住立即提起笔来写给你这第二封信。

我现在想就这篇小说写下我的感想，不知你以为对不对？

（1）论体裁方面，你是很客观的叙述自武汉以至南昌时期中的某一部分的现象。中间的人物如慧，静，王女士，李克，等等，各人有各自的观点，而你对于他们不加丝毫主观的批评，将他们写下来。

（2）题材是那一期革命潮流高涨中一部分站在潮流以外而形式上被卷入潮流之中的人（如慧如静，两个主人公）的心理状态，而尤其是描写其中一个主要的主人公（静）的矛盾的心理。这个静真是一个Typidca1的小资产阶级的女子；她是诚恳的，可爱的，她的真诚处Naivety与经验丰富的慧适成一个最鲜明的对照；她几乎被卷入了潮流，尤其是在武汉时期，但是始终是她自己。她为求真诚的心的相印而被侦探所欺骗，为感觉自己的责任和前途的希望而投身入争斗的洪流；但是到处所遭逢的只是“幻灭”。对于当时伟大的过程的实际的意义她是不了解的，也不曾力求了解的，但是生活却逼着她作相当的结论，于是这个理想生活的追求者就用她自己的尺去衡量一切。而终于给与了一个否定的批评。静的生活中所最满足的一段，与强连长的爱情生活，将所有的帘幕揭开，而露出真真的内容来：静所渴慕的，祈求的，得诸旦暮，就是真心的爱的生活。她自以为这是最高的满足，虽然最后还是感觉到幻灭，但似乎这种幻灭的感觉终于被强的留

①罗美，即茅盾的胞弟沈泽民

恋一幕所取消了。也许你原意不是如此，但是从文字上看来却似乎如此。当他们在庐山中蜜月的时候，下面的掀天动地的洪流已经淡了，远了，渺乎和他们不相干了。当强随军向南出发以后，她与王女士退而藏于社会生活的暗隅，群众的时务也已经远了淡了；革命潮流低降时的小资产阶级女子便是如此。

《幻灭》书影

慧另是一样，而他对于当时的群众斗争是一个客人，也是一样。

真正为自己的阶级作求解放的斗争者便不是这样；他从现实在所得到的是更多的阅历，更少的乌托邦，但不是“幻灭”。如果“幻灭”在静是新得的教训，那么在慧是早已固着而不可变动的“主义”了。“幻灭”的真正的主人公要算是慧而不是静，因为慧的行动是现感觉幻灭者所必然走入的途径。在女子，成了慧这样的生活；在男子，如果他是参加政治的便成了举目皆是政客，如果他不是参加政治的，便成了往昔所谓“达者”。我们吐弃像静一样的Naivety，但亦吐弃像慧一样的老练。真真的老练是认识这一切现实中的真相而毫无幻想的，从这真相中去找出达到解放的道路。

（3）你自己的经历，我从这篇小说中已经知道你曾生活过当时所有的许多过程。你并且曾经到过庐山。这些生活无疑的使你在技术上成熟，我想得见你在作小说时，笔下已经非常的自由，觉得许多实际的经验供给你丰富的材料，使你左右逢源。

文学作品的读者在中国的文化条件下只能是广大的小资产阶级的知识分子群众。他们对目前的生活状况是决不能满意的，他们必然要一而再的闯入群众斗争的队伍，虽然常常要感觉到的“幻灭”的悲哀。忠实的去反映他们的心理。而指示他们以出路，这绝不仅仅是政治宣传品的任务。我以前感觉到单翻译的无味，现在你果然一变而专注于创作，这我认为是非常好非常需要的一种改变。

我现在虽然已经完全抛弃了文学，可是对于中国现在出版的小说还是非常爱看；因为我觉得如果单看看报纸上所载的政治消息，而不看各时期中所出版的小说，那么我还是不能感觉到现在中国演着重大任务的小资产阶级知识分子群众的内心生活的脉搏。因此我不但爱看客观描写的小说——因为它们常常反映较大的Circle——亦爱看主观描写，甚至于写得不十分好的小说及其他作品，因为这至少表现他个人的情绪，而这种个人却是某一定的Type。

鲁迅的《坟》、《彷徨》等一些作品，我都零碎的看过。还有《乌合丛书》中一二种。我觉得在这一时期中，《彷徨》的心理实是非常普遍的一种心理。其他的Key-note就是知识者物质生活的穷困；这在许多小说中表现得从来没有的Sharp。对于这些小说，虽然人有嫌其千篇一律，然而我却从未起过这种嫌恶，因为在我，千篇一律中既有其特殊处，而同时“千篇一律”的本身又告诉我以此种现象的普遍性。从另一方面说来，立题的较深一层自然是你的《幻灭》，因为它虽然未曾以过去数年间的大潮流之本身为题材，而求取其中做争斗之中坚者的脉搏；然而已经在一部分参加者身上，越过其浮面的感觉上的生活，而深入其内心的烦恼与苦索。鲁迅的《彷徨》有《伤逝》一篇，其取题则远不如《幻灭》，因此《伤逝》中主人公及其内容成了一些抽象的题目，读之如读一任何旧的“别离赋”“悼亡诗”，而不能深感其时代性。大凡失了时代的烙印的文字，往往成为不真实而虚浮的。“Iliad”诗之至今尚有生气，中国古诗经流传不绝，并非因为它们有超什么时代美处，正因为它们带有非常深刻的时代烙印。

不过你名自己的小说曰《幻灭》，篇首更附以《离骚》中“吾将上下而求索”句，则表示你彼时心境亦有几分同于你书中的内容；而客观的描写，同时隐隐成了你心绪的告白。我想到了这里你深感当时局势转变对于许多人心中所提出问题的严重，和你当时所经验的思想上的苦闷。当然你的问题是比书中主人的问题立得更高一层；慧的主张，静的心理都成为你的求索中所遇见的标本，她们的“幻灭”的本身又成为你所痛感的苦闷之因。住在我这里的人们所见自然不同，而当时身当其境者，其对此环境立时认识立时解决之难，更百倍于远望全局，且直接（早于在中国之人）听到较为正确的批评的人。在当时身当其境者，如燕雀处堂，火将及身而犹冥然不觉的人已不知有多少；看见高潮中所流露的败象，终于目击大厦之倾，而无术以挽救之者，于是发而为愤慨的呼声，这就是我所了解于《幻灭》的呼声。我虽没有见过你其他的著作，然而从《幻灭》中却不能不下如此的结论。不过时代是变得非常之快的，现在我们又应当赶快追踪目前在群众心理生活中所起的巨大的变迁而加以相当的反映了；谁能正确地认识它、分析它而指示它的趋势来的，就是时代的先驱，发聋震蛰的惊雷。你以吾言为然否？

换一句话说，便是我希望你（因为我想你现在还是在做小说）择取现在中国民众生活最深处的情绪，来作一部小说。那些浮荡于表面的事实，比如目前上海论坛中五光十色的舆论可以弃置不顾，（这些东西都要被将来地心的烈火一扫而尽之的）而要将耳朵贴在地上，静听那大地最深的呼吸。这种题材，我相信你也是（或许正在）乐意搜求，而以你现在的技术能力，是能够加以充分的表现的。

这封信，我不提旁事，专写出我对于看了《幻灭》以后的感想。以后有一个请求，就是你把你的著作尽可能的都寄来给我看看。我非常的渴想，在兄弟的渴求互相知道过去的内心生活一点已是急不能待。此间一般的得到小说看，非常之难，而得到你的尤难。《幻灭》还是像海外飞来似的看到了的。并且我在这封信中所发表的意见也许有许多隔膜处，那是因为我关于你的过去生活，《幻灭》是唯一的材料，我看得多些，一定可更正确些。

（原载《文学周报》第8卷第10期，1929年3月3日）

《子夜》和国货年

瞿秋白

据说，今年是国货年。但是，今年出现了茅盾的《子夜》。

《子夜》里的国货大王——或者企图做国货大王的吴荪甫，“他有发展民族工业的伟大志愿，他向来反对拥有大资本的杜竹斋之类专做地皮、金子公债；然而他自己现在却也钻在公债里了！”固然，国货可以“救国”，公债听说也可以“救国”。——然而这救国是怎么样的救法呢？譬如说，《子夜》里的公债大王——银钱业大王老赵就比他厉害。问题原很简单：救国必先齐家，齐家必先修身。这种治国平天下的顺序，孔夫子就已经说过的了。对于这些种种“大王”，首先要有利润，直接的间接的剥削剩余价值，作为他们的“修身”之用。谁善于“修身”谁就可以有“救国”的资格。公债等等有这样的功效，自然要钻在公债里去，这显然不在于志愿伟大与否。于是国货就倒霉了。“凡是名目上华洋合办的事业，中国股东骨子里老老实实都是掮客！老赵就厉害煞，终究只是掮客。”其实何止华洋合办的企业呢？就是名目上完全华商的工厂，背地里的主人也会是洋资本家的，例如《子夜》里的周仲伟——火柴厂“老板”（今年是更新鲜了，有些华商工厂，事实上变成了日货的改装打包工厂了。）国货既然倒霉，国货大王吴荪甫就只有投降，这是他的出路，而且他觉得这“投降的出路，总比没有出路好得多罢！”

好，投降是决定的了。可是，就投降老赵——那个“同美国人打公司”的老赵吗？”老赵“勾结了洋商，来做中国厂家的抵押款，那他不过是一名掮客罢了；我们有厂出顶，难道不会自己去找原户头，何必借重他这位掮客！”这所谓原户头——“假想中的主顾有两个：

英商某洋行，日商某会社”这就不是那么简单的投降问题。受降的主顾那么多，又都是世界上的头等恶霸，岂有不互相打得头破血淋的道理。不过这些恶霸也不这么蠢，他们各有各的小狗，先叫小狗之间互相打几场，借此看看风头，比比力量。他们自己直接开火的时机暂时还没有到，却先让中国来做“狗”的战场。形势自然十分的复杂，中国的“人”当然吃尽了苦头。

中国的这些“人”，在《子夜》里，大半还在“狗”的愚弄，欺骗，压迫之下，然而他们已经在奋斗，在抵抗。他们的弱点大半不在自己的不要抵抗，而在不善于跳出“狗”的一切种种阴谋的圈套，以及一切种种间接的，或者间接而又间接的狗意识的影响。例如，明明还只是子夜，而居然以为天已经大亮了，甚至于太阳又要落山了，于是拼命的赶路，唯恐怕夜再来之后，就永久不见天日了。这当然不是个个人都这么想。这只是冲在大众前面的一些人。大众在实践里学习

《子夜》剧照

着。大众的斗争虽然还没有打倒那些洋货的国货的种种大王，然而已经像潮水似的涌上来。尤其是《子夜》所写的那时候，是有一阵汹涌的浪潮，后来才暂时退了些。这种浪潮时时刻刻激动着，从这里推到那里，即使有些起落，而冲破一切的前途是明显的。那些狗用尽一切手段来镇压这个浪潮，假装着吉诃德老爷式的“国货奋斗”，不过是这些手段之中的一个。无论是吴荪甫，无论是老赵，是周仲伟——这些种种色色的大王，城里的，乡下的，都是很担心的。像冯云卿那样的地主，他不能够不躲到上海来做公债，以致出卖自己的女儿，睁着眼睛看自己的姨太太不三不四的胡闹。而上海虽然比较稳当，也在成天闹着工潮，国货大王在睡梦里也不能够安宁，时常梦见工人的“烧厂”，推翻他的宝座。

这对于他们——互相排挤着的他们——自然不是什么理想的天堂。他们，连并不留恋顽固的乡村生活的“工业家”也在其内，都要和“营长切实办交涉，要他注意四乡的共匪”。他们又要钩心斗角的对付工人，想要“一网打尽那些坏家伙”。他们“身边到处全是地雷！一脚踏下，就轰炸了一个！”……他们的“威权已处处露着败象，成了总崩溃！……身下的钢丝软垫忽然变成了刀山似的。”是的，他们的处境的确是这样，虽然总崩溃还不是目前，虽然刀山的刀尖还没有戳穿他们的咽喉。

在他们的周围盘旋着的，固然也有个把屠维岳——有点儿小军师的手段，会用一些欺骗的挑拨的把戏，不过连他也始终只能够“加派一班警察来保护工厂”。而屠维岳之外，还有些什么人材？空谈的大学教授，吃利息的高尚诗人，这只是一些社会的渣滓。连自以为钢铁似的吴荪甫本人，也逐渐的变成了“色厉内荏”，说不出的颓丧，懦怯，悲观，没落的心情。

从另一方面来说，那些五年前参加五卅运动的知识青年，现在很有些只会“高座大三元酒家二楼，希图追踪尼禄（Nero）皇帝登高观赏火烧罗马城那种雅兴了”。所有这些，差不多要反映中国的全社会，不过是以大都市作中心的，是1930年的两个月中间的“片断”而相当的暗示着过去和未来的联系。这是中国第一部写实主义的成功的长篇小说。带着很明显的左拉的影响（左拉的“Largent”——《金钱》）。自然，它还有许多缺点，甚至于错误。然而应用真正的社会科学，在文艺上表现中国的社会关系和阶级关系，在《子夜》不能够不说是很大的成绩。茅盾不是左拉，他至少已经没有左拉那种蒲鲁东主义的蠢话。

法国作家左拉

这里，不能够详细说到《子夜》的缺点和错误，只能够等另外一个机会了。这里所要指出的，只是中国文艺界的大事件——《子夜》的出现——很滑稽的和所谓“国货年”碰在一起。1933年在将来的文学史上，没有疑问的要记录《子夜》的出版；国货年呢，恐怕除出做《子夜》的滑稽陪衬以外，丝毫也没有别的用处！——本来，这是《子夜》，暄红的朝日没有照遍全中国的时候，那里会有什么真正的国货年。而到了那时候，这国又不是“大王”们的国了，也不是他们的后台老板的国了。

（原载《申报·自由谈》1933年4月2日、3日，原文署名：乐雯）

茅盾著长篇小说《子夜》

吴宓

此书出版于本年一月。开明书店发售，价一元四角。约近六百页，近顷小说中最佳之作也。

茅盾君于全书之后撰一短跋，自述本于1930年之见闻而有大规模描写中国社会现象之企图。此书即为此企图之结果。惟以疾病所阻仅成此偏重描写都市生活之书。其中有小结构数处未得充分发展，以此颇自憾疏漏。作者此言称心而出，质朴可爱。此书疏略诚亦有之。然其佳处不因此而减。至少在最近吾国贫乏之谋略。身为丝厂之主而欲并吞小厂，以厚资力。初以与大贾人赵伯韬，其戚杜竹斋合力经营公债而大胜。并吞之策步步实现，卒至赵伯韬瞰于其侧，己身资力以计划太大复劳于第二次公债之竞争不易周转，而见崩溃之势。同时内战之殷，经济之敝，在在皆与公债及工潮相关。吴以其精敏绝伦之才力，奋为补救，终以私欲之公债竞争一行失败而万事解体。顾胜利者初非赵伯韬，而其至戚杜竹斋也。全书于沉溺于公债者钩心斗角，烦闷痛苦之情写来最见精彩。以此总结构为纲，而共党陷落乡村，鼓动工潮，及工厂内小领袖之争斗，上海社会男女之燕弘，妖姬媚子之狂惑皆附见焉。

吾人所为最激赏此书者，第一，以此书乃作者著作中结构最佳之书。盖作者善于表现现代中国之动摇，久为吾人所习知。其最初得名之“三部曲”即此类也。其灵思佳语，诚复动人，顾犹有结构零碎之憾。吾人至今回忆“三部曲”中之故事与人物，但觉有多数美丽飞动之碎片旋绕于意识，而无沛然一贯之观。此书则较之大见进步，而表现时代动摇之力，尤为深刻。不时穿插激射，具见曲而能直，复

《子夜》书影

而能简之匠心，甚至每章之字数皆几乎相等（每章总在三十页左右），此固小事，然亦可见作者措置之不苟。其中有數事，如以盘剥起家之冯云卿，老而好货，闻赵伯韬之喜女色，至不惜指使其女荐枕于赵以刺探公债消息。如吴荪甫工厂中之工潮，如双桥镇變后之详情，皆为大可充分发展之小结构，而皆未能更作进一步之叙述。作者所自憾之疏漏或即此类。其他小疵亦有可议者，如吴荪甫之妻因吴之专心事业不能在吴之爱情上得满足，而怅惘，而游离，而卒于与旧日情人雷参谋相恋。作者于此以暗笔简述，殊有画龙鳞爪之妙。惟叙雷参谋所赠之小书及萎残之白玫瑰，在荪甫眼中露出三次，使人稍有失真之感。盖此为两情人珍藏之物，既已重拾坠欢，此物宜不复长时把玩，以致为夫婿所见也。但此枝末节耳。

第二，此书写人物之典型性与个性皆极轩豁，而环境之配置亦殊入妙。吴荪甫之为人固最跃然如在吾人目前，而“屠夜壶”之冷悍，“红头火柴”之颟顸，徐曼丽之眹荡，“曾剥皮”之奸猾，四小姐之矛盾，皆予人以最鲜明之认识。其环境之配置，屡以狂风大雨惊雷骇电随文情以俱来。如工人策划罢工时，吴荪甫第一次公债胜利前之焦灼时，皆以雨与霹雳作衬。而写吴之空虚烦躁则以小火轮上之纵酒狂欢为之对比。殊为有力。当荪甫为工潮所逼焦灼失常之时，天色晦冥，独居一室，乃捕捉偶然入室送燕窝粥之王妈，为性的发泄。此等方法表现暴躁，可云妙绝。

第三，茅盾君之笔势具如火如荼之美，酣恣喷微，不可控搏。而其微细处复能委婉多姿，殊为难能而可贵。尤可爱者，茅盾君之文字系一种可读可听近于口语之文字。近顷作者所著之书名为语体，实则既非吾华之语亦非外国语惟有不通之翻译文字差可与之相近。此为艺事难于精美之一大根本问题。试问近顷之所谓语体其佶屈聱牙直不下于盘庚大诰，而腐辞滥调，别字不通则又远过之，何能作表现文思之工具乎？吾人始终主张近于口语而有组织有锤炼之文字为新中国文艺之工具。国语之进步于兹亦有赖焉。茅盾君此书文体已视“三部曲”为更近于口语，而其清新锤炼之处亦更显著。殆所谓渐近自然者，吾人尤钦茅盾君于文字修养之努力也。

（原载《大公报·文学副刊》1933年4月10日，原文署名：云）

《子夜》

吴组缃

中国自新文学运动以来，小说方面有两位杰出的作家。鲁迅在前，茅盾在后。茅盾之所以被人重视，最大缘故是在他能抓住巨大的题目来反映当时的时代与社会，他能懂得我们这个时代，能懂得我们这个社会。他的最大的特点便是在此。有人这样说：“中国之有茅盾，犹如美国之有辛克莱，世界之有俄国文学。”这话在《子夜》出版以后说，是没有什么毛病的。

《子夜》的态度与内容都显然与作者早年的三部曲不同。三部曲的主题不过是描摹1927年时代小资产阶级革命青年的意识形态，作者自己也只是取一个刚刚觉醒的小资产阶级以一种感伤与颓废的情调去写作的，所以篇中一贯地笼罩着，与失败绝望的空气，指给自己以一条虚无迷惘的道路。《子夜》则是在作者摸出了那条虚无迷惘的路，找着了新的康庄大道，以其正确锐利的观察对社会与时代有了进一步的具体的了解后，用一种振起向上的精神与态度去写的；它在消极的意义上暴露了民族资产阶级的没落，在积极的意义上宣示着下层阶级的兴起。——这后面一点是非常重要的，有人拿《子夜》来比好莱坞新出的有声名片“大饭店”，说这两部作品同暴露现代都市中畸形的人生的，其实这比拟有点不伦不类。“大饭店”是没有灵魂的，它或许曾用一个哲学家的感伤的调子告诉了我们资本主义社会的畸形与没落；它却没有用一个新兴社会科学者严密正确的态度告诉我们资本主义的社会是如何没落着的；更没有用那种积极振奋的精神宣示下层阶级的暴兴。

熟悉中国社会的人都知道，数千年来停滞于自给自足的小农经济的老大中国，自鸦片战争以来，一变而为销售工业商品，供给农业产物的半殖民地，欧战以后再变而至今日的这个不但不能供给国际资本所需要的农产物，而且自己所需要的原料粮食亦已仰给他国，连次殖民地都够不上的古今中外，所绝灭的离奇的经济集团。一方面，农村经济如山倾海倒的崩溃瓦解，他方面新兴的民族资产者在国际帝国主义者的强奸下产生出来后，因被他“野老子”的膨胀的势力所压迫蹂躏，事实上无法发育滋长。我们又看见社会科学者用许多严密精审的数字告诉我们。中国社会经济已走上怎样的一个山穷水尽境界。——但这些都只是抽象的数字的概念。如今《子夜》就给我们这些数字的，抽象的概念以一个具体的事实的例证。

《子夜》全书共分十九章，时期大约在1930年夏间的两个月的期间。地点是在上海（中国社会一身病毒的总暴发口）。故事的纵的方面是以野心的大企业家吴荪甫的一场发达民族工业的奢侈的噩梦为主要线索，写金融资本如何的操纵工业资本，写他如何苦心孤诣地经营计划他的巨大的企业，如何的吞并小企业，如何的用酷辣的手腕剥削工人，如何的以卑劣的伎俩收买男女走狗，到最后到底被外国资本主义者的掮客赵伯韬所吞并。故事的横的方面牵连了许多纷繁的头绪：如资本家的牵弄政治，外国资本主义与国内苛捐重税等数重压迫下的轻工业倒闭状况，内地乡镇的土豪劣绅曾沧海、冯云卿家庭的没落，农民的暴动，工人的罢工运动，御用工会乌烟瘴气的内幕，都市妖魅的交际花徐曼丽、刘玉英、冯眉卿等在资本家群中的献媚与播弄，资本家走狗屠维岳等对女工离间压迫与卖弄的无耻手段，一群新的旧的青年男女的恋爱事件，……以及上述各种畸形人物的意识形态的描写。作者安排与表现这些复杂的东西很用了一番艺术手腕，使读者在这纷繁的头绪中周旋着，能一直维持住紧张的心绪并不感到厌倦松懈，这除作者把材料安排得不支离散漫的原因外，尚有两个缘故，一是作者善于用对话来表现；二是作者的文字明快，流丽，有力。

人物的描写除土豪曾沧海外都非常成功。全书重要人物不下三四十人，每一个人的性格都表现得十分明显。旧小说《红楼梦》、《水浒传》的艺术手腕也不过如此。其中写得最好的是主人公吴荪甫的心理变化。其次是那个果断有为的走狗屠维岳！一脑子破灭了的中世纪浪漫憧憬的吴少奶奶，封建意识的四小姐吴蕙芳，惯会享乐的资产阶级青年代表的杜新箨，也都写得贴切，逼真，恰到好处。

我现在谈一谈这本小说的瑕疵：

第一，我上面说过，本书一方面暴露了上层社会的没落，另一方面宣示着下层阶级的兴起。但是这两方面表现得不平衡，有一边重一边轻的弊病，原因或许是作者对于兴起的一方面，没有丰富的实际生活经验。所以，在消极的意义上，作者已尽其暴露的能事，但在积极的意义上，本书有不可讳言的缺憾。

第二，作者在跋文上说过，本书“偏重都市生活的描写”，农村的经济情形，小市镇人民的意识形态等都因此暂时割弃，那么土豪曾沧海的家庭大可不必连锁到这本书里来。这一段材料放在本书中，显得不谐调，破坏了本书统一的内容。

第三，我记得作者早年的三部曲之一的《动摇》中有个主人翁土豪胡国光。这个人物，恐怕是作者脑筋中凭空想象出来的，故不免有许多乱七八糟的过火的描摹。如今本书中的曾沧海便是《动摇》中胡国光的化身，不过改了一个姓名罢了。这个人物在本书中写得最失败。这段材料如果不连锁在本书中，本书便可除去两个瑕疵。

第四，我听朱自清先生谈，他亲自听作者和他说，作者写这本小说有意模仿旧小说的文字，务使他能为大众所接受。这一点作者有点失败：固然文字上也没有除尽为大众所不懂的词汇，便是内容本身，没有相当的知识的人也是不能懂得的。作者的文字明快，有力，是其长处；短处是用力过火，时有勉强不自然的毛病。

这本气魄伟大的巨著，不细看它三五遍是不能提笔批评它的。（本书出版于今三个月多销至四版，可见轰动之概；然而各杂志报章上竟未见一篇批评它的文章，想便是这个缘故吧？）我这个学力浅陋的人，对中国的社会既不熟悉，对文艺小说又所知太少，且以功夫忙迫，只把书看过一遍，这篇乱七八糟的匆匆写就的短文，充其量只算得一个介绍。

（原载《文艺月报》第1卷创作号，1933年6月1日）

《子夜》

朱自清

这几年我们的长篇小说渐渐多起来了，但真能表现时代的只有茅盾的《蚀》和《子夜》。《蚀》写1927年的武汉与1928年的上海，写的是“青年在革命壮潮中所经过的三个时期”。能利用这种材料的不止茅君一个，可是相当地成功的只有一个。他笔下是些有血有肉能说能做的人，不是些扁平的人形模糊的影子。《子夜》写1930年的上海，写的是民族资本主义的发展与崩溃的缩影。与《蚀》都是大规模的分析的描写，范围却小些：只侧重在“工业的金融的上海市”，而经过只有两个月。不过这回作者观察得更有系统，分析得也更精细，前一本是作者经验了人生而写的，这一本是为了写而去经验人生的。听说他的亲戚颇多在交易所里混的，他自己也去过交易所多次。他这本书是细心研究的结果，并非“写意”的创作。《蚀》包含三个中篇，字数还没有这一本多，便是为此。看小说消遣的人看了也许觉得烦琐、腻味，那是他自己太“写意”了，怨不得作者。“子夜”的意思是“黎明之前”；作者相信一个新时代是要到来的。

这本书的主角，与《蚀》不同。主角是吴荪甫。他曾经游历欧美，抱有发展中国民族工业的雄图，是个有作为的人。他在故乡双桥镇办了一个发电厂，打算以此为基础，建立起一个模范镇；又在上海开了一爿大丝厂。不想双桥镇给“农匪”破坏了，他心血算白费了。丝厂因为竞争不过日本丝和人造丝，渐渐不景气起来，只好在工人身上打主意，扣减他们的工钱。于是酝酿着工潮，劳资的冲突一天天尖锐化。那正是内战大爆发的时候，内地的现银向上海集中，金融界却只晓得做地皮、金子、公债，毫无企业家的眼光。荪甫的姊夫杜

朱自清

竹斋便是一个，而且是胆子最小、贪近利的一个。荪甫自然反对这种态度。他和孙吉人、王和甫顶下了益中信托公司，打算大规模地办实业。他们一气兼并了八个制造日用品的小工厂，想将他们扩充起来，让那些新从日本移植到上海来的同部门的厂受到一个致命伤。荪甫有了这种大计划，便觉得双桥镇无用武之地，破坏了也不足深惜了。但这是个最宜于做公债的年头；战事常常变化，投机家正可上下其手。荪甫本不赞成投机，而为迅速地扩充他们的资本，便也钻到公债里去。这明明是一个矛盾，时势如此，他无法避免。他们的企业的基础，因此便在风雨飘摇之中。这当儿他们的对头赵伯韬来了。他是美国资本家的“掮客”，代理他们来吞并刚在萌芽的民族工业的。那时杜竹斋早拆了信托公司的股，荪甫他们一面做公债，一面办厂，便周转不及，加上内战时货运阻滞，新收的八个厂的出品囤着销不出去。赵伯韬便用经济封锁政策压迫他们的公司，又在公债上与他们斗法。他们两边儿都不仅“在商言商”；荪甫接近那以实现民主政治标榜的政派，正是企业家的本色。赵伯韬是相对峙的一派，也是“掮客”的本色。他们又都代办军火；都做外力与封建军阀间媒介。他们做公债时，所想所行，却也不一定忠实于他们的政派。总之，矛盾非常多。荪甫他们做公债失败了，便压榨那一个厂的工人，但还是维持不下去。荪甫这时候气馁了，他只想顾全那二十万的血本，便投降赵伯韬也行。但孙王两人不甘心，他们终于将那些厂直接顶给英日的商人。现在他们用全力做公债了，荪甫将自己的厂和住房都押掉了，和赵伯韬作孤注一掷，他力劝杜竹斋和他们“打公司”，但结果杜竹斋反收了渔翁之利而去。荪甫这一下全完了。他几乎要自杀，后来却决定到庐山歇夏去。

这便是上文所谓“民族资本主义的发展与崩溃的缩影”。若觉得说得这么郑重，有些滑稽，那是因为我们的民族资本主义的进程本来滑稽的可怜。有人说这本书的要点只是公债工潮。这不错，只要从这两项描写所占的篇幅就知道。但作者为什么要这样写？他决不仅要找些新花样，给读者换口味。但其间有一番道理。书中朱吟秋说：

> 从去年以来，上海一埠是现银过剩。银根并不要紧，然而金融界只晓得做公债，做地皮，一千万，两千万，手面阔得很！碰到我们家一时周转不来，想去做十万八万的押款呀，那就简直像是要了他们的性命；条件的苛刻，真叫人生气。

这并不是金融界人的善恶的问题而是时势使然。孙吉人说得好：

> 我们这次办厂就坏在时局不太平，然而这样的时局，做公债倒是好机会。

内战破坏了一切，只增长了赌博或投机的心理。虽像吴荪甫那样有大志有作为的企业家，也到处碰壁，终于还是钻入公债里去。这是我们民族资本主义崩溃的大关键，作者所以写益中公司的八个厂只用侧笔而以全力写公债者，便为的这个。至于写冯云卿等三人做公债而失败，那不过点缀点缀，取其与吴赵两巨头相映成趣，觉得热闹些。但内战之外，外国资本的压迫也是中国民族工业的致命伤。这一点作者并未忽略，他只用暗示，如赵伯韬所代理的托辣司，益中公司将八个厂顶给英日商家，周仲伟将火柴厂顶给日本商家之类。这是作者善于用短，好腾出篇幅来专写他熟悉的那一方面。——民族资本主义在这两重压迫之下，自然会走向崩溃的路上去。

工厂主人起初还挣扎着，他们压榨工人。于是劳资关系渐趋尖锐化。这也可以成为促进资本主义崩溃的一个原因。但书中只写厂方如何利用工厂，以及黄色工会中人的倾轧。也写工人运动，但他们的力量似乎很薄弱，一次次都失败了，不足以摇动大局。或者有人觉得作者笔下的工人太软弱些，但他也许不愿铺张扬厉。他在《我们这文坛》一文（《东方杂志》三十卷一号）里说：

> 我们也唾弃那些，印板式的“新偶像主义”——对于群众行动的盲目而无批评地赞颂与崇拜。

他大约只愿意照眼睛所看的实在情形写；也只有这样才教人相信，才教人细想。书中写吴荪甫的丝厂里一次怠工，一次罢工；怠工从旁面着笔，罢工才从正面着笔。他写吴荪甫的愤怒，工厂管理人屠维岳的阴贼险恶，工会里的暗斗，工人的骚动，共产党的指挥，军警的捕捉——罢工的各方面的姿态，在他笔底下总算有声有色。接着叙周仲伟火柴厂的工人到他家要求不停工的故事。这是一幕悲喜剧，无论如何，那轻快的进行让读者松一口气，作为一个陪笔是颇巧妙的。

书中以“父与子”的冲突开始，便是封建道德与资本主义道德的冲突。但作者将吴荪甫的老太爷，写得那么不费事，一到上海，便让上海给气死了，未免干脆得不近情理。再则这第一章的主旨所谓“父与子”的冲突与全书也无甚关涉。揣想作者所以如此开端，大约只是为了结构的方便，接着便可以借着吴太爷的大殓好同时介绍全书各方面的人物，这未免太取巧了些。但如冯云卿利用女儿事，写封建道德的破产，却好。书中有一章专写农民的骚动，写冯云卿的时候，也间接地概括地说到这种情形以及地主威胁的动摇。这些都暗示着封建农村的势力在崩溃着，但那些封建的军阀在书中还是活跃着的。作者在《我们的文坛》里说将来的文艺该是“批判”的，“严密的分析”，“严格的批评”，他自己现在显然已向着这条路走。

吴荪甫的家庭和来往的青年男女客人，也是书中重要的点缀，东一鳞西一爪的。这些人大抵很闲，做诗，谈爱，高谈政治经济，唱歌、打牌，甚至练镖，看《太上感应篇》等等，就像天底下一切无事似的。而吴荪甫却老是紧张地出入于几条火线当中，他们真像在两个世界里。作者写这些人，也都各具面目。但太简单了，好像只钩了个轮廓就算了，如吴少奶奶，她的妹妹，四小姐，阿萱，杜学诗，李玉亭等。诗人范博文却形容太甚，仿佛只是一个笑话，杜新箨写得也过火些。至于吴芝生，却又太不清楚。作者在后记里也承认书里有几个小结构，因为夏天他身体不太好，没有充分地发展开去，——实在很可惜，人物写得好的，如吴荪甫、屠维岳的刚强自信，赵伯韬的狠辣，杜竹斋的胆小贪利。可是吴、屠两人写得太英雄气概了，吴尤其如此，因此引起了一部分读者对于他们的同情与偏爱，这怕是作者始料所不及罢。而屠维岳，似乎并没有受过新教育的人，与吴荪甫说的话那样欧化，也是不确当的。作者擅长描写女人，但这本书里却没有怎样出色的，大约非意所专注之故。

《林家铺子》书影

作者描写农村的本领，也不在描写都市之下。《林家铺子》写一个小镇上一家洋广货店的故事，层层剖剥，不漏一点儿，而又委曲入情，真可算得“严密的分析”，私意这是他最佳之作。还有《春蚕》，《秋收》两短篇（收在《春蚕》中），也“分析”得细。我们现代的小说，正该如此取材，才有出路。

（原载《文学季刊》第1卷第2期，1934年4月1日，
原文署名：朱佩弦）

《子夜》丛谈①

鲁迅

国内文坛除我们仍受压迫及反对者趁势活动外，亦无甚新局。但我们这面，亦颇有新作家出现；茅盾作一小说曰《子夜》（此书将来当寄上），计三十余万字，是他们所不能及的。

——《书信·330209致曹靖华》，见《鲁迅全集》人民文学出版社1981年版，第12卷，第148页

《子夜》诚然如来信所说，但现在也无更好的长篇作品，这只是作用于智识阶级的作品而已。能够更永久的东西，我也举不出。

——《书信·331213致吴渤》，见《鲁迅全集》人民文学出版社1981年版，第12卷，第292—293页

我们在两三年前，就看见刊物上说某诗人到西湖吟诗去了，某文豪在做五十万字的小说了，但直到现在，除了并未预告的一部《子夜》而外，别的大作都没有出现。

——《伪自由书·文人无文》，见《鲁迅全集》，人民文学出版社1981年版，第5卷，第79页

鲁迅

①此篇为本书编者所摘录。

“国防文学”不能包括一切文学，因为在“国防文学”与“汉奸文学”之外，确有既非前者，也非后者的文学，除非他们有本领也证明了《红楼梦》、《子夜》、《阿Q正传》是“国防文学”或“汉奸文学”。

——《且介亭杂文末编·答徐懋庸并关于抗日统一战线问题》，

见《鲁迅全集》，人民文学出版社1981年版，第6卷，第531页

《霜叶红似二月花》

吴组缃 李长之

其一

茅盾先生是中国新文艺界的老前辈。尤其他在小说创作方面辉煌的成就，使他在近十多年来的文坛上居于极高的地位。他的作品如《虹》、《子夜》以及许多中篇短篇的出现，震撼了无数青年读者的心，影响了无数青年读者的精神与思想。这是大家都可以承认的事实。

若问，茅盾先生作品的特点何在？笔者打算简括地这样回答，就是：取材方面，具有丰富的时代意义，敏锐的社会科学者的眼光；气魄格局雄大；表现则明快而有力。他不止把这剧变中的时代社会底面目与趋势指陈出来，让人们了解，认识，而且有力地鼓舞着推动着人们参加到这时代与社会中来，不作一个袖手旁观者。

若从艺术的观点评量，我个人对于茅盾先生的作品有一种直觉的看法。那就是，一般的说，他作品的主题，往往似乎从演绎而来，而不是从归纳下手；似乎不是全般从具体的现实着眼，而是受着抽象概念的指引与限制。因此，他的一部小说，往往似乎只是为社会科学理论之类举出一个例证；作为艺术的创作看，就似乎缺少一点活生生的动人心魄的什么。最明显的是他的人物描写。他的几部巨著中的人物，都似乎不能有血有肉的突出纸上，给人以具体真实之感。使人似乎觉得这些人物都是作者根据推理设想出来的，而不是根据深刻的实际观察与体验创造出来的，使人对这些人物感觉隔膜，邈远，不可把捉。

以上所说，我们姑且假定没有说错。那么，笔者现在推举先生最近出版的这部长篇《霜叶红似二月花》。

——吴组缃

其二

《霜叶红似二月花》这一书名的取意何在，就这已经出版的第一部看起来，还不十分了了。

第一部一共有十四章。主要的故事，是一个流氓赵守义和一个轮船公司的经理王伯申之互相倾轧的事，中间则穿插着钱府张府黄府以及朱行健各个家庭的形形色色。人物之多，在六十个以上，叫人看着颇有些眼花缭乱，但大抵可分别归入上面这六个中心里去。

单就这第一部论，似乎要旨在写资本主义和农村社会之初期冲突（冲突也就包括一种蜕变）。因为中国社会中又多了流氓这个成分，于是这冲突和蜕变中又有了另一种特质，这就是，改革的事业行不通，所以钱府的少爷良材（一个青年地主）想浚河筑堤防水的计划是被抱怨了，而为赵守义所串通的剥削农民的倡议打轮船的曹志成；却被农民视为救星，结果幕后的人物王伯申和赵守义和解了，赵守义也没把善堂里的存款交出来，而王伯申也不提贫民习艺所的事了。在打轮船的一场全武行中，却无端牺牲了祝大的儿子小老虎——一个小孩子！在钱良材的感慨里，使我们想到易卜生所写的《国民公敌》。

占了篇幅颇多的却是张黄二府这两个没落的大家庭。因为写大家庭，有点像《红楼梦》，也有点像《北京人》。张家的恂如和黄家的和光都有点像《北京人》中的曾文清，而黄和光的太太婉卿（是张恂如的姐姐），处处便都像王熙凤或者《北京人》中的思懿。

我从前觉得茅盾先生的长于写动乱，如“三部曲”中之写誓师典礼以及《子夜》中之大出丧和吴桥镇的暴动，都可为例。这观察，我现在还没有变。《霜叶红似二月花》中写农民在小曹庄打轮船一章便是说明。

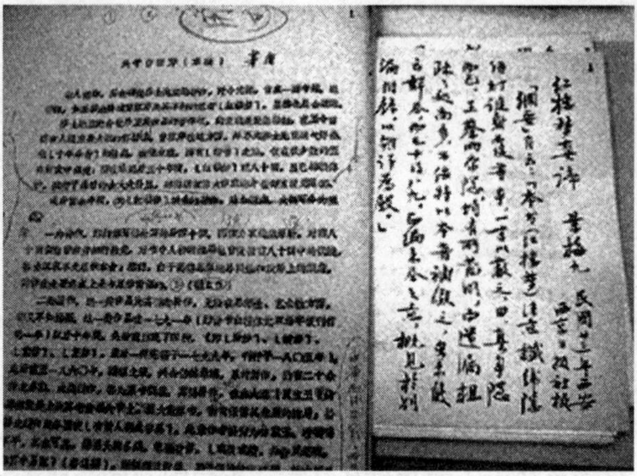

茅盾研究“红学”的手稿

在所写的人物中，我觉得最成功的，要算是王熙凤型的女性婉姑，那么干练。以她和她那销沉了的鸦片鬼丈夫黄和光比，尤有对照的技巧，只是在书的前半，作者太侧重写婉姑之给人肉感的方面了，出场时遂不见精彩。这是令人一想到《红楼梦》里王熙凤之出场而尤感觉其如此的。其次要算是热心而有为的青年地主钱良材，以及年虽老而仍然有兴趣于科学和公益事情的朱行健。朱行健的性格不惟突出纸上，就是他的谈吐，也恰如其分，铿然有声。

至于叫人不满意的地方，则不能不说：第一，这小说在写时间和空间的特质上，缺乏明确，甚而有些错乱。在我们初次读去，总以为是前清的事，可是后来才知道是写戊戌后二十年的事。戊戌是1898，加二十年就是1918，民国七年了。原来所写的已是五四运动的前夕了。其中提及陈毒蝎，这当然是指陈独秀。我们不相信那时的社会还那样古色古香，而新的气息又那样薄弱！再说轮船公司开设已不止一年半载，坐的人又那样多，况且又是短航，何以曹志成会能煽动农民，叫他们觉得去了轮船就可以退水？一所以我感觉其中有一种时代的错乱，把古老的故事牵入现代之中。地点也嫌不太明晰，钱良材既能看隔天的上海报纸，那么，这地方不会太偏僻。许静英，王有容，两位小姐既约同往省城上学，说有自家的船可去，则这省城也并不太远，不是杭州，便是南京吧。然而被写的县城，却闭塞不堪，所以我又疑心作者是把两种地点混淆了。像这样长篇巨制，倘若把时间和空间早明显地注出，恐怕不唯读者容易把握，在作者自己也免得写溜了手呢。

第二，我感觉书中的人物在性格上有些雷同，这就是大都太耽于幻想，似乎在神经上都太脆弱。例如黄家的听差阿寿自己高兴了，就当是身为船家，张恂如在不自觉中到了许家，赵驼福把小草或石头当作永顺哥而喃喃絮语，钱良材有自信，就觉得有另一个“我”出来反驳，以现实主义为号召的茅盾先生，为什么不把这些伤感的浪漫气息（勃兰兑斯曾指人格的反射——自我的分裂——为浪漫特征）来克服呢？我们承认社会上有些脆弱而耽于幻想的人物，但未必这样普遍。——尤其在茅盾这部作品中所表现的时代里不能这样普遍（世纪病不能产生在原始社会中！）。

第三，口语的不纯粹，更增加了书中地方性的不明确。“絮聒”是北方话，“硬是不肯”是四川话，“马虎不来的”，“压根儿荒唐”则更是南腔北调，这都减低了全书的生动性。

第四，有些说明，似乎露出了反而觉得浅。例如张恂如说他家中的人觉得没见过的就不该有，钱良材得到了在父亲的时代中好和坏的见解都那么干脆的结论，这样表现一个时代，远不如隐藏在具体描写里。——不必把读者想象得太笨。

总之，这表现五四前夕的《霜叶红似二月花》第一部，较之作者过去的《虹》，自然生动而不那样沉闷了，较之《蚀》也更为深入，但却远不及《子夜》的坚实。

——长之

1944年5月25日

（原载《时与潮文艺》第3卷第4期，1944年6月15日）

从《腐蚀》谈起

刘思慕

新近一口气把茅盾先生写的小说《腐蚀》读完，我非常的感动。

这一篇以“特”字号人物做题材的作品，是有强烈的政治性，但这种政治性是经过细腻的心理分析，典型人物的精炼的造像，浓厚的人情味，以及复杂而现实的社会葛藤表现出来的。因而我们读了，并不感到它是甚么宣传品，但确被激动了，确使我们对于特务和靠着特务的统治的装饰政治者痛切地愤恨，而对于《腐蚀》的女主角——特务制度的牺牲者也不由的不深深地表同情。这就是成熟的艺术的效

各种版本的《腐蚀》书影

果。在这样的作品里，政治性和艺术性天衣无缝地统一起来。

茅盾先生当然也不免长过“尾巴”，但他还没有吃过特务的大亏，他之所以能够这样现实而动人地把一般特务老爷的丑态和被迫当特务的人们的微妙矛盾的心理刻画出来，那不独因为茅盾先生极度关切政治，对于现实政治的各方面和各种人物有广大的见闻和相当频繁的接触，而且因为他主观地努力去熟识政治，因而对现阶段的中国政治，有深切而正确的认识，因而酷爱人民和民主，因而切齿于独裁的恐怖政治。他的政治的修养，艺术的，手腕，深挚的感情和强烈的正义感，互相结合和渗透起来，纵然写的题材不是他所很熟习的，所曾亲自体验过的，但已经是到了他“应写”而且“愿意”的地步，他自能写出成功的作品。最近两三年来，“非政治的倾向”的确是有些成了名的作家的毛病。这不能借口于对目前广大人民的斗争，政治的实践之不熟习。我们应该像茅盾先生那样去努力熟习它们。

（原载《华商报》，1946年4月15日，原文署名：思慕）

《清明前后》

刘西渭

我们生在这动荡的大时代，大到我们失掉可能认识自己的错误。理智不会错误，它叫我们明白生存的道理，于是为了活着，正常也正当地活着，和世上所有的民族一模一样活着，我们很久很久就种下了抗战的意识，直到这样一个伟大的“七七事变”发生，抗战成为一种惊天动地的泣鬼神的事实。情感不会错误，痛苦久了有酝酿，压抑久了要迸裂，一发而不可收拾，热情激昂，汪洋澎湃，冲上天空，凝成日月变色的龙云虎风。老弱转沟壑，少壮死战场，山河为之呜咽，道义为之失色，然而心不死，踏着残破的土地，抱着坚定的希望，终于在患难之中交结到更有力量的朋友，合成一股庞大的明光，冲破这八年的漫漫长夜。什么也没有错误。错误的是一个老头子，白胡须，笨手笨脚，颟顸而又迂缓，可笑然而可悲，那永远支配生命，不受科学支配的顽强的时间因素。

这个铁面无情的老头子，看着我们热情如万马奔腾，仿佛摩西的耶和华试探一群无家可归的停在半路的小民，把我们从理想的高峰扔到绝望的深渊。听听赵自芳的申诉，有多少男女不全和她同声同调：

> 嗯，我简直像在梦里……民国二十七年，二十八年，种种的经历，喜——怒——哀——乐，都在眼前，都跟昨天的事情混做了一堆。（激昂）我不愿意，我不服气！我不能忘记二十八年的秋天！怀了有五个月的孩子小产了，就为了要保全这一个！（手指工厂模型）那时我还能自己安慰：丢了孩子，却保全了厂了，厂也是我们的孩子！（突然起立）可是，现在——永清，还有什

么？五个月的孩子是白丢的！从上海，从汉口，在大轰炸之下，我们一切的辛苦痛苦，也是没有代价的……

变了，变了，年月变灰了我们的心，不，不那样简单，心随着物质的环境（越来越坏了）在悠久的岁时之下变了。那个老解差说的对，“人心大变”。活在这动荡的大时代，取巧的，投机的，改行的，执掌操纵之权的，一个一个成了宠儿，只有那执著的，迂阔的，抱着书生之见的，心理上有着幻觉（信心和正义之感就在这里面）的，沦落在苦闷无告的阶段。这是一个销毁人性的大锅炉，这是一个精神和物质析离的铤而走险的骚乱生涯，原来要牺牲小我为了成全大我的，渐渐在自私自利的放纵过程之中改换心思。美丑混淆，高尚卑贱不分，光明在黑暗里面澌灭，一片灰色的阴影停留在脉息微弱的人心，笼罩着血泪未干的伤痛的大地。

文学是时代的反映，最好的说明可以到书摊寻找。曹禺先生的《蜕变》，在抗战初期问世，是一面明照万里的镜子，也正象征一般人心的向上。现在读到的茅盾先生的《清明前后》，发表在胜利前夕，犹如1930年的《子夜》，把现代社会的重心现象，也就是攸关着国家民族命脉的工业问题，原原本本，揭露无遗，和《蜕变》正好前后辉映。

一种兴奋的抒情的心境流露在《蜕变》的对话中间。这个老大的民族不再逃避她的责任。后退是死，前进富有可能。战火是破坏，也是建设。原先作为口号在呐喊的，一霎时成了铁石似的现实。一个旧的中国有可能在炮灰之中倾圮，一个新的中国有可能应运而生。《蜕变》正是剧作者喜悦的表示。他用伤兵医院做对象，实际是向一般行政做说法。腐败让给健强，旧让给新，物质让给精神，老和小只是一个力量。他借梁专员把全剧的主题点破：

我告诉你，蝉要长成，他必须把从前的旧躯壳蜕掉的。蜕掉一层旧躯壳是艰难的，并且是痛苦的。（昂头）但是为着新的生命，更有力，更健全的新生命，这个小小的生物不但能忍耐，并且能忍心把它的旧躯壳不要的。（坚忍的微笑）我们的国家要在抗战的变化中生长起来，这一层腐败老朽的旧思想旧人物，我们必须（一字一字，刚劲有力）用——心——蜕——掉！我们要意志集中，力量集中，不敷衍，不苟且。我们要革除旧习染，创造新精神。在精神总动员之下，造成一个崭新的青年中国。（落入冥想）

这种美丽的“冥想”含有宗教的热情，老的在这里不复老，一切朝着理想和新生的路上走。一座城又一座城失陷，一年复一年在贫苦之中挣扎过去，不气馁，不妥协，正是这点看上去，渺茫其实浑厚的成千成万的觉醒的灵魂的想望在遥遥领导。

然而，这是事实，像梁公仰这种老当益壮的官员，几乎人人有理由指出，属于理想人物。许多文章把他看作剧作人的创造，有人甚至于把他的“创造”看作一种过失。前后不过八年，胜利愈是在望，人心愈是涣散。难道真有什么不可知的数把我们带到这种啼笑皆非的境地？还是这个老大的民族，忧患已极，贫困已极，精神抵不过物质，道德抵不过欲望，公抵不过私，只好在机会之中寻取一时的方便？

曹禺先生沉默着。他一再延宕他的作品问世的日期。我们这位诗人，有时候如易卜生般对于社会有认识《日出》，有时候如柴霍甫般追求生命的真髓（北京人），敏感而深挚，陷入苦闷的泥淖。外国有一个比喻，诗人好似一只小鸟，迎着黎明歌唱。从尘世出来的一颗心，永远望着光明的灵氛。

茅盾先生，我们这位体弱多病的小说巨匠，有若干点和他的后辈相似，然而生长是地上的人，看见的一直只是地。四周是罪恶，他看见罪恶，揭发罪恶。他是质直的，从来不往作品里面安排虚境，用颜色吸引，用字句渲染。他要的是本色。也就是这种勇敢然而明敏的观察，让他脚地稳定，让他摄取世故相，让他道人之所不敢道，在思想上成为社会改革者，在精神上成为成熟读者的伴侣，在政治上成为当

刘西渭

局者的忌畏。原来是什么模样，还它一个什么模样，看好了，这里是《子夜》，这里是《腐蚀》，这里是《清明前后》。现实，现代文明的现实，龌龊，然而牢不可破。

他不是故意往黑暗里看，也不是隔着显微镜用文字扩大黑暗的体积。他虽说害着严重的目疾，他的“心眼”却是平着去看，我甚至于想要说，以一种科学的自然的方式去看。科学，让我重复一遍这两个字，科学。他看见的不止于平面，不止于隔离，不是一个意境，不像矿石一样死，湖水一样平，而是一个有机的生命的构成。他对于社会的看法不是传奇式的故事的猎取。牵一发而动全局。他从四面八方写，他从细微处写，他不嫌猥琐，他不是行舟，他在造山——什么样的山，心理的，社会的，峰峦叠起，互有影响。

在同代后辈之中，虽说表现工具不同，曹禺先生在方法和孕育上，比较切近他的有机的看法。《子夜》的伟大和这种看法有关系。曹禺先生的剧作乃是不断的掘发。巴尔扎克根据一种全盘看法完成他的《人曲》。左拉同样具有类似的企图。他们的理论不一定就澄明如水，但是他们的制作，在各自完美的境界，说明各自崇高的造诣。

所谓完美，所谓崇高，用在这里，不是纯粹的理论的发扬，基有繁复的人性和个性，需要相对的解释或者折扣。巴尔扎克的理论有若干据点早已随着他的时代湮灭，左拉的理论也有若干，尤其是对于遗传律的机械的接受，久已成为非笑的对象。然而他们的作品，不因为理论的粗窳有所减色，充满了丰盈的人性，强烈的个性，反而获得长远的超越时代的生命。支持作品的内在的价值的是他们的活跃的想象，不是他们的过时的理论。

然而其所以成为理论的那种尖锐的时代的感觉，却充分说明他们的前进的姿态。

茅盾先生在气质上切近左拉。他们对于时代全有尖锐的感觉，明快的反应。一个有自己的科学观，一个有自己的经济论，然而临到作品里面，他们的雄厚的力量却是来自各自独特的禀赋，一个是诗人的，热情在字句之中泛滥，一个是法官的，谴责不断在似冷实热的语气之下流露。茅盾先生所见于文学的表现的精神，虽说没有凭据来做佐助，作品本身的透示正和左拉提供的理论不谋而合。那是什么？把科学方法运用到文学领域。十九世纪是一个科学世纪。巴尔扎克就知道拿学者的观察来替代诗人的想象。观察和想象这样截然公开，茅盾先生没有那么莽撞，然而希望以一种科学精神来安排材料，因之更坚固地呈出一种比较的真理，确是我们这位老当益壮的前进作家的特色。

同样以这种科学精神执行文学的尖锐的使命的，除去茅盾先生之外，我们还有熟悉小市民生活的夏衍先生。但是，他们不一样，真理的追求相同，完全属于两种气质。茅盾先生身体坏，容易受刺激，看着地，头上也许有天，只说着地。夏衍先生看见地，也看见地上映出来的光和影。看见光，所以他比茅盾先生愉快。质朴是他的现实主义的精神的美德。茅盾先生缺少这种明净的美德，曹禺先生也缺少，但是这不是病，这是特征。摇撼心灵的是深宏，永远不是明净。

“世界已经变了，中国再不变，可就完了！”

这是茅盾先生在《清明前后》落幕的时候留下的一句忠告。没有比这句话更发人深省的了。从《子夜》到现在，足足十五年，我们做小民的尝够了内战，也受够了国际的欺凌，终于蓄意侵略的日本掀开了假冒伪善的面具，强迫我们在一个光荣的大前提之下苦斗。内战造成金融市场投机分子的活跃和倾轧，生产过剩，物价低廉，和外货倾销把暗影深深投到劳资问题，奢侈繁荣只是少数虚有其表的富商的习惯。把内忧换成外患（也就是表面），也许时间太长了，也许环境太苦了，也许教育太差了，也许人心太坏了，热情转变方向，投机取巧起了广泛的作用。经济中心的工业，由于物价高涨，原料奇缺，资金短少，在半死不活的状态之下喘吼。“投机是满天飞跃，无孔不入”

（陈克明语），拿法令当掩护，甚至于工厂落在投机家的手心，停止出货，响朗朗地成了市场的筹码。战争的本质不曾变更。《清明前后》只是《子夜》的续篇。

我们不妨看看赵伯韬巧取豪夺的经济手腕；吴荪甫拒绝接受银团放款：

> 他知道经他这一拒绝，赵伯韬的大规模的经济封锁可就当真要来了，而益中公司在此战事未停，八个厂生产过剩的时候，再碰到大规模的经济封锁，那就只有倒闭或者出盘的了；他知道这就是老赵他们那托拉斯开始活动的第一炮！

赵伯韬微笑着喷一口烟，又逼进一步道：

> 那么，到底不能合作！益中公司前途远大，就这么弄到搁浅下场，未免太可惜了！荪甫，你们一番心血，总不能白丢；你们仔细考虑一下，再给我回音如何？荪甫，我们打开天窗说亮话，益中目前已经周转不灵，我早就知道。况且战事看去要延长，战线还要扩大，益中那些厂的出品，本年内不会有销路，荪甫，你们仔细考虑一下。再给我回音罢！
>
> "哦——"
>
> 吴荪甫这么含糊应着，突然软化了，他仿佛听得自己心里梆的一响，似乎他的心拉碎了，再也振作不起来；他失了抵抗力，也失了自信力，只有一个意思在他神经里旋转，有条件的投降了罢？

我们现在再回到《清明前后》，看看金澹庵最后怎样胁诱有心无力的林永清。

> 金（从桌上抓起一支香烟来，定睛看住林，表情严肃）：永清兄，这是您郑重考虑的结果？

林（针锋相对）：差不离！

金（把刚抓在手中的香烟回掷桌上，佯笑）：好罢！那么，以后再谈。

林（不得不表示让步了）：可是，澹老，如果您对于这个办法没有什么不同意，百分比等等当然不妨从长计议。

金（霍地站了起来）：什么百分比？短期的利息呢，还是……

——第四幕

于是乎谈判结束了，“林的脸色略变，金的威胁的严重性使他愤怒，但又不免有些自馁”。假如十五年的距离嫌长，我们还有一出社会问题剧为我们参证，那就是曹禺先生的《日出》。大鱼吃小鱼，操纵市场永远不缺人。这个人恰巧也姓金。银行经理潘月亭毁在他的黑暗势力。金八属于所谓地痞文人型，虽说没有在《日出》露面，我们未尝不隐约感到他的流氓的气焰。三等妓院和金融市场全是他的爪牙出没之所。十年以后的金澹庵似乎提高了身份，正如他自己所说的：“还有些不官不商，亦官亦商的人们，那才是神通广大呢！”

但是，从《子夜》到现在，中间究竟有了一段悠长的时距，黑暗在黎明将近的时候虽说分外黑暗，曙光却也隐隐有了形象。读完《子夜》，我们犹如有洁癖的人走出一所鱼市，同情心感到异常压抑，现形记一类著述特有的作用。吴荪甫并吞朱吟秋，赵伯韬企图并吞吴荪甫，九九归一，还不都是一个金澹庵！不过，谢天谢地，《清明前后》的林永清，这位配合神圣的抗战一再内迁的工厂厂主，显然不是肥头大耳的吴荪甫。也许“伟大”“伟大”的“七十二般变化”的余为民是一个现代的麦菲斯陶Mephistopheles，可是我们的林永清，“八年前，战争刚一开始，我就响应政府的号召，把工厂迁来内地，我不曾观望，更不曾两面三刀，满口爱国爱民，暗中却和敌人勾勾搭搭，我相信我对于国家民族，对于抗战，也还尽过一点力，有过一点用处”，并不就是出卖灵魂的浮士德。他的犹疑不决就是他的良心未泯的有力的证明。他不过是为了挽救他的垂危的事业抄了一次人人在走的近路。他的心性没有这种习惯。于是不巧的巧事来了，多少人没有赶上，偏偏他赶上喧天沸地的黄金案。他是一个硬汉子。命运这个捉狭鬼一下子把他掩入悲剧的漩涡。然而他是一个硬汉子，不认输，也不卸责，他要求控诉。十五年前的吴荪甫不复再是十五年后的林永清：变了，我们在不变之中也终于变了，进步了。

我们不想就《清明前后》的艺术的形式多所饶舌。这是茅盾先生第一次从事于戏剧写作。我们时时感到我们的小说巨匠用心在摸索他所不熟悉的道路。太小心，太拘泥，因而行动之间不免沾着。近看雕琢，远看缺乏距离。我们不怕第二幕的絮谈，怕的是才点到了题目就闭了幕。但是，第二幕本身的瑕疵，远不及它在全剧占有的地位，突出，妨害视野。剧作者要我们多看一眼下层被牺牲的人们，黄金案的好好坏坏的影响，正如《银匣》里面有一幕戏完全叙写女佣的家庭。但是《清明前后》的第二幕没有《银匣》那样重要的使命，是陪衬，不是主线，自然也就减少戏剧的浓度。你可以说，它增加第三幕的戏剧的气氛，它送给黄梦英一场好戏，然而用五分之一的幅员仅仅为了达到一个次要的目的，就戏剧的经济律来看，实在不太合算。

我们明白戏剧不是小说，缺乏更大的自由，要的是更多的集中。凡在主线以内的，即使属于最烦难的介绍，我们有权利要求详细解剖。黄金案是一种影响，是一种作用，真正的命题（就剧本本身推敲）应当是林永清抢救工厂失败的历程。为了透入他们夫妇爱护的亲手缔造的事业，仅仅仰仗语言和口气不够传达，事业的正面必须展开给我们看，最有力的辩护不是热情，乃是事实。戏剧需要摊开一件事看，尽量避免叙述一件事看。给我们一幕工厂的角落，不落主线以外，也就远比节外生枝有力。《华伦斯坦》的兵营的序幕是一个最好的说明。

这是我们近乎多余的吹求。但是，茅盾先生不比职业的剧作家，用他自己的比喻，他使惯了枪，一时兴起要耍刀，会耐着心，笑着他的会心的忧悒的微笑，把工作的愉快传染给每一个勤奋的后进。

（原载《文艺复兴》第1卷第1期，1946年1月10日）

读《清明前后》

夏丏尊

不见茅盾氏已九年了。胜利以后，消息传来，说他的近作剧本《清明前后》在重庆上演，轰动一时。而10月16日中央广播电台也设特别节目来介绍这剧本，说内容有毒素，叫看过的人自己反省一下，不要受愚，没有看过的不要去看。我被这些消息引起了趣味，纵不能亲眼看到舞台上的演出，至少想把剧本来读一下。这期望抱得许久。等到上海版发行，就去买来，花了半日工夫把他一气读完。

故事并不复杂。本年清明前后，重庆发生了一件于国家不大名誉的事件，就是所谓黄金案。作者就以这轰动山城的事件为背景，来描写若干人物的行动。据他在《后记》中自己说明，是把当时某一天报上的新闻剪下来排列成一个记录，然后依据了这记录来动笔的。其中有青年失踪或被捕的事，有灾民涌到重庆来的事，工厂将倒闭的情形，小公务人员因挪用公款，买黄金投机被罚办的情形，一般薪水阶级因物价上涨而挣扎受苦的情形，高利贷盛行的情形，闻人要人在各方面活跃的情形，官商界互相勾结的情形，作者把这许多形形色色的事件写成一部剧本，将主题放在工业的现状与出路上面，叫工业家林永清夫妇做了剧中的男女主人公，暴露出本年清明前后重庆的政治经济及社会民生各方面的状况。如果说这剧本有毒素的话，那么就在暴露一点上，此外似乎并没有什么。

剧本的主题是工业的现状与出路，而作者对于出路，只在末幕用寥寥几句话表出，认为“政治不民主，工业就没有出路”，其全部气力，倒倾注于现状的描写上。更新铁工厂主总经理林永清，于八一三战时依照政府国策辛辛苦苦把全部工厂设备与工人搬到重庆，经营了许多年，结果落了亏空，借重利债款至二千万之多。为要苟延工厂的命脉，不惜牺牲了平生洁白的工业志愿，竟想向某财阀借一笔新借款来试作黄金投机，结果偷鸡不着，损了一把米。这里所表现的是金融资本压倒实业资本的情形。中国有金融资本家而没有实业资本家，工业不能繁荣，关键全在于此。战前这样，战时越加这样。中国资本家不肯让资本待在一处，他们有时虽也将资金投在实业机关中，但只是借款，不愿作为股本。他们宁愿买黄金，外汇，公债，地产，货物，或热门股票，因为这些东西日日有市面，可以获利了就脱手，把资金卷而怀之，不像工厂中的机器、设备、原料、制品未成品等，脱手不易，搬动困难。用十万万元的资金来办工厂，可以有出品，可以养活几百个职工，然而他们不肯这样做。他们宁愿保持流动资金，藉此来盘放做买卖，一间写字间，一只电话，用几个亲戚私人办理业务，无罢工的威胁，政府无从向他们收捐税，多么自由干脆，他们的放款都是高利短期，六个月一比，或三个月一比。在战时甚至一日一比，即所谓“几角钱过夜”的就是。工业界为了要发展事业，需要流动资金是必然的。为了求得流动资金之故，办工业者不得不分心于人事关系上，不得不屈伏于拥资者的苛刻条件。结果把全部工厂的管理权交到金融资本家手中去。金融资本家，在中国一向是经济界的骄子。此中情形，作者看得很明白，过去的作品如《子夜》中就写过这内幕。《子夜》中所写的是平时的状况，而这剧本中所写的是战时的状况。比较起来，后者酷虐的情形愈明显愈加凶罢了。

剧本中有一个特点，每幕于登场人物的姓名下都附有一段详细叙述，好像一篇小传。作者在《后记》中说，“正像人家把散文分行写了便以为是诗一样，我把小说的对话部分加强了便亦自以为是剧本了。而‘说明’之多，亦充分指示了我之没有办法”。作者写小说是老手，写剧本还是初试，本剧是他的处女作。他这句话是老老实实的自白，并非自谦之辞。他自嫌“说明”太多，替每个登场人物叙述身世，当然也是“说明”之一种。我觉得对于读者，这种小传式的叙述大有用处，我于阅读时曾得到许多帮助，那素性刚强而有决断的女

夏丏尊

主人公赵自芳怎样会变成胸襟狭仄，敏感而神经质的人；精明强干的林永清，怎样会销损志气，落到诱惑的陷阱中去；一向老实谨慎的李维勤，怎样会在某种诱惑之下去冒险，走错了路；他的妻唐文君，素性容易和人亲近，怎样在残酷的折磨之下变成了孤僻畏葸而忧郁的性格；富有热情的黄梦英，怎样会把热情潜藏起来，用笑声来发挥玩世的态度，睥睨一切，小传中都有理由可寻。环境决定性格，看了剧中几个好人在目前的现实环境之中被转变的情形，真堪浩叹。

剧中对话句句经过锤炼，无一句草率。有几处似乎因为锤炼得太过度，反使读者不易理会。至少上演时会叫观众听了不懂。例如第四幕中严干臣宅宴会时，黄梦英把本可赢钱的一副纸牌丢弃了，反自认为输与财阀金淡庵，跑出客厅来与其所尊敬的陈克明教授（黄梦英的爱人乔张之师）谈话里有一段道：

黄：嗳，陈教授，有一句古老话，赌钱的时候，一个人会露出本相来。您觉得这句话怎样……也许您有点儿诧异罢，刚才那副牌明明是我赢的。干么我反倒自认为输了？

陈：有一点。然而程度上还不及那个方科长。

黄：哦，怎么，那个——方科长之类猜到了该是我赢的牌么？

陈：不是猜到。您把您的牌给我看的时候，他就站在我背后。可是梦英，我记得也还有一句古老话：不义之财，取之不伤廉。

黄：那么，陈先生，照您看来，我这一手，难道有什么深刻的意义么？……没有。好玩儿罢了。

这几行是容易看懂听懂的，没有什么。试再看下面：

陈：梦英！你不应当对我这样不坦白。……梦英！我好像到了一个阴森森的山谷，夕阳的最后一抹红光还留在最高的山峰上，可是乌黑的云阵也从四面八方围拢来了！……我有预感，一个可怕的大风暴，就要封锁了那山谷，我好像已经听见了呼呼的风声，隆隆的雷响！……我还想起了不多几天前我得的一个梦：从汪洋大海，万顷碧波中，飞出来了一条龙，对，一条龙，飞到半空，忽然跌下，掉在泥潭里，不能翻身，蚊子苍蝇都来嘲笑它，泥鳅也来戏弄它，而它呢，除非一天天变小，变得跟泥鳅一般，就只有牺牲了性命。梦英！我当真替它担心！

黄：陈先生，您那个梦，不能成为事实！……您自然也不会不了解，有一种人，自己没有病，倒是天天在那里发愁，看见了真有病的人反以为没关系。另外有一种人可巧完全相反。他不担心自己。因为自己的健康如何，他知道得更清楚些。

陈：可是，您也不要忘记那句格言：旁观者清。

黄：教授，您是一位很现实的人，请您忘记了什么龙，——对，龙是困在泥潭中，可是，只要它还没变小，还有一口气，龙之所以为龙，也还不可知呢。陈教授，让我请您记起一个人！一个青年，大眼睛的青年，血气太旺，心太好的一个年青人！

陈：啊，乔张！有了下落么？三天四天前有人告诉我——可是，梦英，您没有得到恶劣的消息罢？

黄：不太坏，也不太好。要是只从一边儿想呵，甚至可以说，有这么七分希望。然而，乔张要是知道了如何取得这七分的希望，他一定要不理我了。

陈：（指室内）是不是他……

黄：当然他这妄想，搁在心里，并不是一朝一夕的事了。可是为了乔张，倒给他一个正面表示的机会。刚才他对我说，下落，已经打听到了，办法，也不是没有，不过，万事俱全，单要一样药引子——

陈：哼，乘机要挟，太无耻了！

黄：陈教授，你没有听见过说竟想用龙肉来做药引子罢。即使是困在泥潭里的一条龙呵！陈教授，您现在也许要说，即使像刚才那副牌这样的不义之财，我干脆一脚踢开，也是十二分应该的罢？

这段对话非常含蓄，富有暗示性，细心的读者，可以从这里面得到种种的事情，黄梦英为了营救失踪或被捕的乔张，怎样在交际场中厮混，虚与委蛇，金淡庵追逐她至怎样程度，而陈克明教授怎样爱护期待她，怎样替她担心，作者都用比喻来表达，锤炼之工，真可佩服。但在舞台上演出时，一般并未读过登场人物的小传的观众，听了这些暗示性比喻式的对话，是否能懂得其所以然，就大大地是一个疑问了。我以为，这部剧本，是一部好的读物，犹之乎一部好的小说。观众在看剧以前，最好先把剧本阅读一遍。

本剧是作者的处女作，以剧的技巧论，当然有可指摘之处，至于主旨的正确与反映现实的手腕，是值得敬服的。作者今年五十岁，叶圣陶氏作七律一首为寿，腹联二句是：

驻春有原惜清明　　待旦何时嗟子夜

把《子夜》与本剧相对。《子夜》是作者小说中的大作，我们也希望作者从五十岁来划一个时期，于小说以外兼写剧本，有更完成的巨著出现。

（原载《文坛月报》创刊号第1卷第1期，1946年1月20日）

《子夜》与《战争与和平》

郑朝宗

截至现在止，我们的新小说，单以内容的广大而论，恐怕仍要推《子夜》第一。这书在许多方面都很像托尔斯泰的《战争与和平》，因此有一时期我干脆疑心茅盾先生是拿托氏的巨著做蓝本的。托氏的小说，照当时一位批评家的说法，是19世纪初叶俄国社会的一幅全景。而茅盾先生也在《子夜》的跋尾中表示他“有了大规模地描写中国社会现象的企图”，他要给1930年的中国社会来个全面的写真。由于健康的关系，他的宏愿不曾全部实现，“因而本书就成为现在的样子，偏重于都市生活的描写”。这自然极可惋惜，但即便如此，这书在现在中国小说史上仍可算得凤毛麟角，因为它的规模的阔大不特压倒了同时代的一切作品，甚至在作者自己的写作生涯中也成了偶然一现的昙花了。

恰似托氏的杰作，《子夜》也有“战争面”和“和平面”，所不同的，前者的战争是在沙场上进行，而后者的“战争”则在工厂或公债市场里进行罢了。托氏写战争，用意是要借拿破仑兴亡的历史，来发挥他自己命定论的历史观，同样的，茅盾先生写“战争”，目的是想利用吴荪甫在企业上成败的故事，来暗示个人必不能支配环境的这个道理。两个人的论调可说是一致的，说法虽然不同，实际都在证明个人主义的徒劳无功。但在“和平面”上，这两位作家显然分了家。《战争与和平》，据拉博克（Percy Lubbock）的看法，包括两部小说：一部描写战争，可以作《战争与和平》，另一部跟战争没有直接关系，应改称《青年与老年》。前者的性质近于戏剧，它的对象是一时间一境域内偶发的历史事件——两个民族斗争的故事；后者的性质则近于史诗，它是超乎时间与空间的，因为这儿述的是人生中新陈代谢的故事——一群天真活泼的孩子怎样成长，怎样衰老，又怎样被另一群新生的孩子所接代的故事。这两部小说同时从一支笔管里流出，并行不悖，分不出主从来。回头来看《子夜》，情形完全两样，这儿虽也有一个“和平面”，而这一面却是极可怜的。这书只含着一种成分——戏剧。不像《战争与和平》，它的时间过程没有十五年之久，而只有两个多月。利用这短短的时限，作者叙述一位野心的企业家怎样想运用他的铁腕来制服环境，实现他理想中的大计划，结果却怎样由于环境的变化莫测，使他陷到失败的深渊里去。这是一出很紧张很精彩的活剧，也是全书命脉的所在。除此之外，他虽也抽暇记些旁的事情，如家庭生活，恋爱故事之类，但这些都极零碎薄弱，其作用决不能构成一部史诗，顶多只配充作插曲去调剂。“战争面”紧张的气氛。这是两书绝对不同的地方，也就是《子夜》大较《战争与和平》逊色的处所。

《战争与和平》书影

假使我们把上述的情形仔细地研究一下，我们便可发现这不同实在是植根于两位作家才调的歧异。在写作的功夫上，托尔斯泰几乎可说是无所不能的。他的一支笔，言其大，够得上称为“力能扛鼎”；言其细，也配叫做“妙入秋毫”。无论怎样阔大的场面（如战争、阔人家里的宴会等等），怎样微末的事情（如小孩的心理。树林里的阳光等等），到他笔下，真是触手成春，一件件都显得妥帖自然。茅盾先生却没有这样的天赋，他的才力未免有所偏，偏于大，偏于“粗”。对于几十人聚谈的场面，或工厂里工人罢工时纷乱的情形，他能处理得有条不紊，而且写来有声有色，但对于一对姊妹花在密室里谈心的情景，他却写得非常乏味。他能了解而且刻画豪商巨贾在钩心斗角时的复杂心理，但对于陷在情网中的痴男怨女的微妙心肠却全不理会。书中关于爱情的场面都写得很坏，尤其糟糕的是吴少奶奶和雷参谋在小客厅里会见的那一幕。吴少奶奶正独自坐着重温旧梦，忽然笼里的鹦鹉叫了一声“有客”！她的旧时的情人雷参谋进来了。他是来告别的，他要上前线去，自知凶多吉少，特地把心爱的两件东西——一本破旧的《少年维特之烦恼》和一朵枯萎的玫瑰——来奉赠。接着，他以“炒爆豆”的声音，像背台词似的，把满腔的委屈倾诉出来。女的自然是大受感动，于是从“脸色飞红”到“眼光迷乱”，终于“两个嘴唇接在一处”。而无情的鹦鹉却于此时又突然来了一声怪叫：“哥哥哟！”一场好梦被搅破了。这真是国产影片的超等镜头！这真是副刊文艺版上的标准好文章，但摆在茅盾先生的《子夜》里却着实没劲！我起初疑心过这是一段讽刺文字，后来仔细一看，却又不像。原来作者理想中的恋爱场面老老实实就是这样的，它必须用鹦鹉、《少年维特之烦恼》以及一朵枯萎的白玫瑰之类的宝贝来点缀！《子夜》是一部写实的小说，可是其中却包含着不少离奇古怪的描写，如吴老太爷之死，如曾沧海的顶着《三民主义》向总理阴灵呼吁，又如四小姐梦中失身于范博文等等，这些几乎成了滑稽文字！这与其说是由于作者态度的改变，毋宁说是受了想象力的限制。作者在本书的跋尾中自云：“仓卒成书，未遑细细推敲”，其实单靠“细细推敲”是不够的，有时问题干脆是“能不能”，而不止是“为不为”。

在结构上，《子夜》和《战争与和平》更是如出一辙。它们都是所谓“全景画式的”（Panoramic）小说，跟“场景式的”（Scenic）不同。后者像剧本，范围小，题材有限，因之结构比较严密，中间又有一定的观察点，前者则像一幅包罗万象的图画，内容力求充实，因之形式上便免不了散漫、臃肿等毛病，观察点更谈不到，照例是东一个开端，西一个接头，比较起来，《战争与和平》的规模更庞大，所以内容也更杂乱，《子夜》却于散漫之中仍可看出组织的痕迹。这书的关键全在开头三章，作者利用吴老太爷的丧事，把书中重要人物都集拢起来，作一次总介绍，顺便更把书中重大事件，如吴荪甫的加入公债投机、他丝厂中的工潮、他家乡的农民暴动以及他的跟王和甫、孙吉人等人组织益中公司，一一加以标举，以后的十六章，只是把这些事件分别予以发展，直带到吴荪甫破产为止。这样的布置可算非常干净、严密，但为了作者的主要目的不在给吴荪甫作传，而是要"大规模地描写中国社会现象"，于是他不能不频频抛开吴荪甫的事，去写些别的东西。这样一来，这书的形态便不免臃肿起来。这些臃肿的部分都是随时随地碰着机会便附加上去的。例如，因为吴荪甫的家乡来了告急的电报，作者便费了整整的一章去描写双桥镇农民暴动的情形，又因为他在公债的投机上胜利了一次，作者便费了另外一章去描写一个投机失败者逼女为娼的惨状。此外，因吴荪甫的丝厂罢工便连带描写工潮以及跟工潮有关的共产党干部开会的情形等等，这些都是"全景画式"的小说中应有的手法；不过这书有个致命伤，由于作者"马马虎虎割弃了"太多的"原定计划"中的小结构，全书便像专给吴荪甫一人写照，因而那些经过郑重描写出来的附属部分，如双桥镇的暴动和冯云卿的家庭，便显得格外凸出，仿佛跟本书不生关系，这种情形却是《战争与和平》中所没有的。

再从人物的种类和数目上来看，《子夜》也像在追摹《战争与和平》。后者的人物多至八百以上，而且包括了当时俄国社会上所能有的一切角色，前者虽没有这么多，却也有八十余，种类更是形形色色，应有尽有。但是，这两部巨著在这方面的相似也就止此而已。托尔斯泰笔下的人物，不管着墨多少，总是个个浑圆，有灵性，有生气。茅盾先生却不足以语此。《子夜》中浑圆的人物，严格说来，只有吴荪甫、屠维岳、赵伯韬等几个罢了，其他全是头上插着牌子的所谓"扁平人物"。让我们来看看吧，范博文是标准的"白话诗人"；杜新箨是标准的"公子哥儿"；林佩珊是标准的"Wax Doll"；曾家驹是标准的"狗子"；李麻子是标准的"流氓"，徐曼丽是标准的"交际花"；老九是标准的"姨太太"……这些标准的人物都是按着公式来制造的，一言一动全合"仪则"，真是活生生的傀儡！傀儡的毛病还只是“扁平”，缺乏深度。书中有些人物却连“扁平”的程度都达不到，简直成了“虚无”的影子，吴少奶奶便是一个显著的例子。这位成家了四五年的少妇，我们在书中碰着她时，她总是深锁眉尖，抱着一本《少年维特之烦恼》，跟一朵干枯了的白玫瑰，在做着柏拉图式的恋爱之梦。试问世间有这样的女人么？

在写作的风格上，茅盾先生是以细腻见称的，他可算得新文学作家中最刻意为文的一位。这部长篇小说的文笔着实很美，处处可看出作者苦心经营的痕迹。但如果允许我们再来吹毛求疵，毛病还是有的。笼统说来，这书的笔调有些地方未免过于迂缓，作者的本意固然在力求周到，读者却往往觉得不胜其烦，仿佛在看慢动电影。这一点早就有人提过了，这儿不必细说。在细节上，这书的笔墨也有些可议的地方。茅盾先生似乎很有些“特癖”，他常常把这些特癖表现到人物的身上去。例如，书中的人物都喜欢拍彼此的肩膀，有时候我们便觉得拍肩膀的描写未免过多了。还有，书中女人的“乳峰”似乎特别容易“颤动”，甚至“飞舞”，因而关于这一类的报告我们便感到很乏味。茅盾先生还有一种癖嗜——心理分析。按理作家在做着心理分析时，必须站在客观的地位，不可有一点点的成见。茅盾先生却不管这个，他叙述吴老太爷之死，费了绝大的力气去刻画这位老“僵尸”的心理状态，结果我们却觉得那种心理不一定是老太爷的，而只是作者想象中的老太爷的心理。那一章有这样的一段：

> 从晕眩的突击中方始清醒过来的吴老太爷吃惊似的睁开了眼睛。但是紧抓住了这位老太爷的觉醒意识的第一刹那却不是别的，而是刚才停车在“抛球场”时七少爷阿萱贪婪地看着那位半裸体似的妖艳少妇的那种邪魔的眼光，以及四小姐蕙芳说，的那一句“乡下女人装束也时髦得很呢，但是父亲不许我——的声浪。”

拿这样时髦的文体（宋阳先生所谓“新式文言”）去描写“古老

的僵尸”，颇令人生不调和之感，这情形好像把最时式的巴黎新装套在干瘪了的中国乡下老太婆的身上！书中像这样极端的文字似乎也只有这一段，奇峰突出，更叫人莫名其妙！

上面的读后感里谈了许多不客气的话，这儿得紧急声明一句：这书尽管有些小疵，却仍是我们新小说中最佳的一部。我们但看十五年前出版的新小说到现在还未绝版的有几部？而这书直到今天还很畅销，它的价值由此可见。我们真正感慨的是，这样大气魄的作品在我们的新小说史上似乎成了“绝响”！茅盾先生的创造力到此为止，不再进步。后来的作家根本连这种“野心”都没有，何论成就？而在万方多难的今日，却实在需要有人出来“大规模地描写中国社会现象”，给我们的新文学史添上一部史诗式的作品。我们希望新的《战争与和平》不久就会出世！

1947年5月12日于厦门虎头山之海天楼

（原载《时与文》（周刊）第3卷第23期，

1948年9月24日，原文署名：林海）

争鸣

从东京回到武汉

——读了茅盾《从牯岭到东京》以后

钱杏邨

一、到了东京的茅盾

——从《留别云妹》说起

云妹，半磅的红茶已经泡完，

五百枝的香烟已经吸完，

四万字的小说已经译完，

白玉霜，司丹康，利索尔，哇度尔，考尔辫，班度拉，硼酸粉，白棉花都已用完，

信封，信笺，稿纸，也都写完，

矮克发也都拍完，

暑季亦已快完，

游兴是已消完，

路也都走完，

话也都说完，

钱快要用完，

一切都完了，完了，

可以走了！

此来别无所得，

但只饮过半盏"琼浆"，

看过几道飞瀑。

走过几条乱山，

但也深深的领受了幻灭的悲哀！
后会何时？
我如何敢说！
后会何处？
在春申江畔？
在西子湖边？
在天津桥畔？

读完了茅盾先生的《从牯岭到东京》，很自然的就联想到1927年8月12日他在牯岭写的这首《留别云妹》。那时正是革命高潮在激急的发展，白色恐怖不遗余力地在摧残革命势力的时候。我们的茅盾先生，那时正在匡庐上游山看瀑，和云小姐谈虱子，大大的幻灭起来（在茅盾先生自己看来这时并没有动摇），写作关于幻灭的著作。就我所看到的，他先在汉口的《中央日报副刊》上发表了在牯岭写的两封说游山以及云小姐讲虱子故事的通信，接着就于8月19日发表了这首诗歌，他在这时是“深深地领略了幻灭的悲哀”。

于是，茅盾先生“别了云妹”，下了牯岭，“八月底到上海”，“躲在房里做文章”，“前后十个月没有出过自家的大门”，“用追忆的气分”，去写《幻灭》与《动摇》两部小说，以后又写了《追求》，同时，还在《小说月报》上做《鲁迅论》，《鲁彦论》，据他说：“王鲁彦小说里最可爱的人物，在我看来，是一些乡村的小资产阶级”，而希望王鲁彦“抛弃了时时有的教训主义色彩，用他的敏锐的感觉去描写乡村，小资产阶级，把他的Canvas扩展开来，那么一定还有更好的成绩”。对于鲁迅，他是五体投地的，他同意于鲁迅的表现，在《鲁迅论》里有这样的一节说明：

但是我们不可上鲁迅的当，以为他真个没有指引路；他确没有主义要宣传，也不想发起什么运动，他从不摆出我是青年导师的面孔，然而他确指引青年们一个大方针：怎样生活着，怎样动作着的大方针。鲁迅决不肯提出来呼号于青年之前，或板起了脸教训他们，然而，他的著作里有许多是指引青年应当如何生活，如何行动的。在他的创作小说里，有反面的解释，在他的杂感和杂文里就有正面的说明。

从牯岭到离开上海之前的一个阶段，根据上面的略说，我们的茅盾先生的态度已大部分的表示了出来。不过，他同时又表示着对于革命文艺的欢迎，在作品中偶尔又微微地露一点革命的信心但态度又似乎很朦胧。一直到了东京之后，才发表了《从牯岭到东京》一文，正式的背叛起来，所以，为着普罗文学的前途起见，我们不能不严格的加以批判。

然而，在转入正文前，我们不能不把他在国内的，从武汉到上海的一个阶段他的态度综合的说明一下。这样，我们更容易找到茅盾先生理论的事实的根据，以及在从浔阳江上“手抱琵琶半遮面”以后一年所露出的他的整个面目的真实的背景：

自从1927年政治上有了最后一次的变化以后，我们的茅盾先生便一变几年来的革命运动的精神，而大做其幻灭运动。在矛盾，幻灭，动摇，追求的当中，他对自己以前所信仰的革命起了怀疑，消极的幻灭起来。同时，他发现小资产阶级是革命的重心，（我并不是诬蔑茅盾先生，《从牯岭到东京》的全文里，就充满了这种暗示。所以，他起始说，不能抛弃小资产阶级，谈到小资产阶级以后，他就根本上不提无产阶级了），小资产阶级是革命文艺的天然对象，他站在小资产阶级的立场上，同情于鲁彦的小资产阶级的描写，他同情于资产阶级个人主义的自由思想者鲁迅的虚无的哲学（参看拙著《死去了的阿Q时代》）他创作以小资产阶级作主人翁的小说，他说明了他自己的意识完全是小资产阶级的意识，所以，在矛盾，冲突，挣扎的结果，他终于离开了无产阶级文艺的阵营！

这就是茅盾先生！这就是茅盾先生“悲痛中的自白！”读者诸君！请仔细地分析一下：

“现在的茅盾先生究竟为哪个阶级所有？”

二、“缠绵幽怨”，“激昂愤发”，“迷乱灰色的人生”

1

在这一节开始，我题上这一行标题，正是因为这三个口号象征了茅盾先生及其创作的全体，实在的，我们统观茅盾先生的前后，他所有的只是一种缠绵幽怨的激昂愤发，他所有的只是迷乱灰色的人生，他所有的只是悲观的基调与一片灰色的前途！

我们且听他自己道来：

> 我经验了动乱的中国的最复杂的人生的一幕，终于感得了幻灭的悲哀，人生的矛盾。在消沉的心情下，孤寂的生活中，而尚受生活执著的支配，想要以我的生命力的余烬从别方面在这迷乱灰色的人生内发一星微光，于是我就开始创作了。

同时，他又说道：

> 那时，我发生精神的苦闷，我的思想在片刻之间会有好几次往复的冲突，我的情绪忽而高亢灼热，忽而跌下去，冰一般冷。这使我的作品有一层极厚的悲观色彩，并且使我的作品有缠绵幽怨，激昂愤发的调子同着并在，《追求》就是这么一件狂乱的混合物。
>
> 所以，我只能说老实话；我有点幻灭，我悲观，我消沉，我都很老实的表现在三篇小说里。我诚实的自白《幻灭》和《动摇》中间并没有我自己的思想，那是客观的描写，《追求》中间却有我最近的——便是作这篇小说的那一段时间——思想和情绪。《追求》的基调是极端的悲观；我承认这极端悲观的基调是我自己的。

茅盾先生在这一段后面，并声明说话要“求良心上的自安”，说得不但“缠绵幽怨”，而且“楚楚动人”，“凄凉哀怨”，具有不少的迷人的力量！

但是，这种被茅盾先生自己所“珍重”，所“欢喜”的悲观的基调，以及他所表现的，他所说明的一切，在我们看来，不但生不出什么同情，而且从这其间提住了一般脆弱的，在“八七”以前对革命认识不清的小资产阶级的堕落的生命。这样的堕落的青年，在他们投入革命的阵营的当时，是并没有看到日后的这种分化是必然的结果，所以，一到阶级分裂且尖锐化的今日，遇到资产阶级与帝国主义互相勾结的摧残与压迫，此时就动摇幻灭起来，虽然有一部分还不积极的反动。这样的结果当然的要感到“幻灭的悲哀”，“人生的矛盾”，而形成“消沉的心情”，把整个的人生看作“迷乱灰色”了。这样，不满意于现实，想革命，而又颤抖在统治阶级之前的人物的内心生活当然要冲突，矛盾，变成“狂乱的混合物”似的，在一切的表现上有“悲观的基调”，使“缠绵幽怨”和“激昂愤发”的两种调子并存，变成“幽怨”终身的人物的，那里还会有什么“一星微光”，不过是“感到孤寂”，刹那间再起一回“寻求光明”的念头罢了，“精神苏醒过来”云乎哉！

这是关于茅盾先生本身的考察，这种种的现象可以说是全部的反映到了他的创作的里面，所以，他要“粘住题目做文章”，写《幻灭》，写《动摇》，写《追求》，而终之以《自杀》，这就是茅盾先生对于人生的新见解，他的创作里的新生命。我们从他的小说里看去，他是以为中国的革命的理论是错误的，为什么中国的革命不以小资产阶级为主体，以小资产阶级来领导，他确实有这样的不满的暗示。“黄鹤一去不复返”，我们的茅盾先生自从在黄鹤楼上放了他的最后对于革命的微光，他未必是能“复返”了，他现在是已正式的实行离开了无产阶级的文艺阵营了！

2

读者诸君！请不要说我是促狭！茅盾先生是好像始终如一的在“粘住题目做文章”，《从牯岭到东京》也就是这样做成功的。他是先有了以描写小资产阶级为对象的三部作，而后才有就三篇创作的题材的一致倾向而写定的《从牯岭到东京》。因此，他就根据题目与题材而发现了他的一种理想。这种理想就是：以《从牯岭到东京》为理论的基础，以《幻灭》，《动摇》，《追求》为创作的范本，以小资产阶级为描写的天然对象，以替小资产阶级诉苦并激动他们的情热为目的的“茅盾主义文学”！

小资产阶级是没有自己的固定的阶级的意识的，小资产阶级的意识根本上就是浮动的。小资产阶级在事业上不是投降大资产阶级做俘虏，就是附庸于无产阶级，或降落为无产阶级的。只要就我们眼前的事实，或茅盾先生所表现的看去就可以明白。这一类的人物不是加入无产阶级阵营里来战斗，就是积极的或是消极的投降大资产阶级。茅盾先生所表现的倾向当然是消极的投降大资产阶级的人物的倾向，这样的人物的精神，我们只要展开茅盾先生的创作，就可以看到是那样的幻灭，动摇，矛盾，冲突，是那样的可怜，那样的迷乱灰色。茅盾先生说，我们要激发这一类人物的感情，这话当然不能说是毫无意义的，然而，他们的真实的生命已经放在我们的面前了，我们就是根据革命的现阶段的战术与战略而说，我们对于这样的小资产阶级也值得以大部分力量去专做激动他们的工作么？也值得以这样的具着悲观的基调的生物为革命的主力军么？茅盾先生未免是太不顾实事，太爱“粘住题目做文章了”，革命的主要力量只有广大的工农群众，文艺的天然对象也只有广大的工农群众，以小资产阶级为革命的主力军固然是不可能，以小资产阶级为革命的天然对象也是根本上不能成立的。

退一步，我们就以所谓“激动小资产阶级的情热”来说，茅盾先生的著作究竟激动了这一类的人物没有呢？老实说来《幻灭》只给予他们以一种“幻灭”的激动，《动摇》是推动他们加紧“动摇”起来，《追求》于他们是一无所得，茅盾先生的著作对于他们是什么也没有激动。由此，我们更可以得到一个结论：

茅盾先生的理论是不能适应他的创作的，他只是在“粘住题目做文章”！

所以，就是根据茅盾先生试验的结果立论，他的“茅盾主义文学”的主张也是根本上不能成立的。然而，我们不能不承认他的“说教”是会动摇，迷乱一部分思想不稳定的青年；因此，我们必得加以详细的批判！

3

写到这里，我想到几个问题。第一，就是茅盾先生否认他是动摇，同时也否认《幻灭》是表现小资产阶级对于革命的动摇。这一句话我觉得多少有点滑稽性。茅盾先生自己是否动摇，我们姑且不问。但静女士倏而对于革命事业信认，倏而消极，倏而又去干，这样的三次两番，是不是由动摇而又稳定，由稳定而再动摇呢？而且，幻灭的本身多少就包含着动摇的成分在内，这也是很显然的。至于茅盾先生说，“我并不想嘲笑小资产阶级”，我看了《从牯岭到东京》以后，当然是相信这句话，可是，静女士的那样幻灭动摇的经过，在茅盾先生虽然认定是很庄严的，我却觉得茅盾先生是暴露她的丑态。这当然是各人的立场不同的原因。至于说：“这是普遍的，凡是真心热望革命的人们都曾在那时候有过这样一度的幻灭”，茅盾先生对这句话果真负责任时，那时未免说得太笼统了。始终不幻灭，在白色的压迫下始终苦斗着的正所在多有呢；这里，我以为茅盾先生有加上“像我这样”四个字在“凡是”两个字的后面的必要。第二，说到《动摇》，茅盾先生说：“更没有半分意思想攻击机会主义”，我想茅盾先生不攻击机会主义也是当然的事。据《从牯岭到东京》看去，茅盾先生正在以不迁就当时的统治者的革命的势力为非呢！所以他很轻巧的把

“左倾幼稚病”整个的责任加在“投机分子”的身上。“对于湖北那时的政治情形不很熟悉的人自然的茫然不知所云的”。茅盾先生，你是在夫子自道了！“左倾幼稚病”固然不能说“投机分子”不能不负责任，但是，加上全称肯定，那就不免是坐在编辑室里的“主笔先生”的话了。而且，讲到不熟悉政治情形的话，我又想到“都曾幻灭”的话来。茅盾先生的离开武汉，是很早的（据茅盾先生和云小姐谈虱子的信可以推知），那时大屠杀还没有开始，英勇的抗斗的起始是在茅盾先生在牯岭偕同云小姐看瀑布的时候，大概是因着在匡庐主观的看法，说是“都曾幻灭”罢……

总之，茅盾先生说的不错，“如果读者所得的印象而竟全部不是那么一回事，那就是作者描写的失败了”，假使要这样说，茅盾先生的技巧确实是有些地方是失败的。我们也可以用另一个原则来说明。就是：

批评者只能从作者所表现的一切加以批判。因此，他所得到的结果，不一定与作者的原意相同，并且批评者的阶级的立场也未必是作者的阶级的立场。所以，我认为《幻灭》是嘲笑小资产阶级对于革命的“动摇”，是攻击投机分子的两个批判。从《幻灭》《动摇》两篇所表现的看去并没有什么错误！

我这样说，并不是要茅盾先生承认他在创作时“嘲笑”“攻击”的意思，茅盾先生的创作的态度在《从牯岭到东京》一文里，说得已经是很明白的了。他说：“《幻灭》等三篇只是时代的描写，是自己想能够如何忠实便如何忠实的时代描写”，“人物对于革命的感应是合于当时的客观情形”。虽然他郑重的声明，“未尝依了自然主义的规律开始创作生涯”，然而，从任何方面去看，他都还是在用着自然主义的方法。于此，我们可以找到：

茅盾先生推动情热的方法，是守着自然主义原则的消极推动法！

4

大概是因为守着自然主义的基本法则的缘故，所以，我们的茅盾先生表示这样的不满：“如果嘴上说得勇敢些，像一个慷慨激昂之士，大概我的赞美者还要多些罢；但是我素来不善于痛哭流涕，剑拔弩张的那一套壮士气概，并且想到自己只能躲在房里做文章，已经是可鄙的怯懦，何必再不自惭的偏要嘴硬呢？我就觉得躲在房里写在纸面的勇敢话是可笑的，想以此欺世盗名，博人家说一声‘毕竟还是革命的’，我并不反对别人去这么做，但我自己却是一百二十分的不愿意。”茅盾先生这样的煽动有力的句子，当然是会博得很多的人喝彩的。可是关于这一点，我不想去过问。我要说的就是茅盾先生这种说法，仍然是“推己及人”的主观的看法。不错，茅盾先生是十个月不出大门，然而，其他的作者，似乎并没有这样，并没有这样的“可鄙的怯懦”，并没有这样的“躲在房里做文章”，他们的战斗的事迹，在政治的和经济的高压下依旧是不屈的反抗，不断的努力，这是公开在读者的面前的。他们始终如一的在压迫与摧残的底下进行着他们的工作，他们并没有“一出大门，便上东京”；他们依旧的尽着他们应当尽的责任，每天都在都市的街衢上，并没有关在房里“缠绵幽怨，激昂奋发”。茅盾先生的这种说法，不但“对于革命有点欠理解”，而且“对于革命文艺家的行动与革命的关系也不很明了”，大概是因为在国内深居不出，出门后又一直径往东京，对于一切的事实有点模糊的缘故。不然，是决不会发出这样不理解事实的议论的。

这样，我对于茅盾先生津津自诩的所谓“客观的真实”，就觉得有加注解的必要了。茅盾先生所表现的诚然是“客观的真实”，所发的议论也确实有“客观的真实”的依据。然而，茅盾先生所说的“客观的真实”，不是我们所说的客观的真实。

茅盾先生所说的“客观的真实”是有他自己的立场的。他的立场，是依据他的理论，是属于不长进的——是幻灭动摇的——革命的小资产阶级的。因此，他说的“客观的真实”，只是站在他自己的阶级的立场上所看到的真实！

我们对于茅盾先生加以考察，这是应该有的一种基本的认识。

三、《幻灭》、《动摇》的时代推动论
——标语口号文艺宣传留声机器

1

这里，我们转入标语口号，文艺宣传，和留声机器三个问题来讨论。关于标语口号文学一问题，在其他关于批评的文字里，我曾写过一些零碎的意见，现在且转抄于下：

> 所犯的毛病，正是托洛斯基（Trotsky）所说，在无产阶级文学初期所不可避免的毛病，就是口号标语似的。这是没有办法的事。因为我们现在所提的口号，都是我们所要求的解放自己的口号，这些口号就足以象征现代革命青年的要求。所以诗歌的标语化，口号化，是必然的事实，必得经过的一个阶段。我们要问诗歌为什么要有这样的现象，我们得先认识革命的阶段是怎样的一个现阶段。这虽然是应该避免的现象。不过，我们总希望后此的诗歌能渐渐的离开标语与口号的一般形式。（《与冯宪章书》）
>
> 虽然被许多人讥刺为口号标语，其实，这种宣传的创作，并不是易于做的。没有相当的技术的修养的工夫，结果是很容易走入三条歧路，一是变成定型的标语口号，二是变成夹叙事的议论文章，三是生硬做作的裂痕。（《平地风波评》）
>
> 宣传文艺当然不能说一定要全篇充满了宣传的标语或口号，然而，绝对的避免口号标语，一定要根据所描写的事实，让题材客观的去动人，去宣传，那也就未免太不了解文艺的社会的使命了。所以，在革命现阶段“标语口号文学”（注意！我不是说标

语口号）在事实上远不是没有作用的，这种文学对于革命的前途是比任何种种的文艺更具有力量的。不过，我们对于这种文艺的创作，所要注意的有特殊的三点，那就是在《评平地风波》里所说的宣传文艺的“三条歧路”了。总之：宣传文艺的重要条件是煽动，在煽动力量丰富的程度上规定文章的作用的多寡。我们不必绝对的去避免标语口号，我们也不必在作品里专门堆砌口号标语，然而，我们必定要做到有丰富的煽动的力量的一点。这里所说的煽动的力量，不一定是指技巧的煽动，当然内容的具有煽动性也是必要的，宣传文艺的条件就是要鼓动，要起煽动的作用。（《关于前田河广一郎戏剧的批评》）

关于以上所征引的几节，我觉得有补充说明的必要，那就是“标语口号文学”一术语是沿用的，这个术语是含有对于无产阶级的宣传文学的讽刺的意义。其实：

文学之于宣传的关系是必然的，无论哪一个阶级的文学作家都是替他们自己的阶级在宣传。同时，在创作里也有他们自己阶级的口号存在。不过，他们因为有长期的历史的背景，会使用巧妙的装隐法，大部分是采取着暗示的方法罢了。

因此，在无产阶级的文艺运动的初期，作家由于技巧修养的缺乏，只把核心的意义写了出来，只把要求的内含具体地写了出来，多少免不了带着浓重的口号标语的彩色的技巧幼稚的作品，遂被他们目为“口号标语文学”。这种术语的产生，固然是含有恶意的攻击，可是，在事实上也是必得经过的阶段，必得经过这一个“标语口号”的时代，然而，资产阶级作家指的不是这一点，他们的术语的意义是指着整个的无产阶级的宣传文学……

进一步说，初期的无产阶级文学，就是有的在技巧上已有相当的好处，也不会使资产阶级作家满意的。因为无产阶级作家的创作，不是无所为，不是创作消闲艺术，他们的创作有新的内容，新的意识，新的要求，这些都不是资产阶级作家所同意而觉得新奇的。所提的意见，在他们看来，当然是“不入耳之言”而必得加以攻击。事实上他们也许并不是不知道这种幼稚现象是必经的阶段，是向上的过程，是历史的必然的过程，不过，“明知故昧”罢了。

再就“标语口号文学”这术语的本身方面说，加上这个术语的资产阶级作家的动机固然是不好，它的本身却含有宣传文学的本质意义。因为：无产阶级文学不是无产阶级的消闲艺术，是一门斗争艺术，是一种斗争的利器！它是有它的政治的使命的！创作的内容是必然的要适应于政治的宣传的口号与鼓动的口号的！所谓“在适当的时机，提出适当的标语，使民众呼应这个标语，使这标语表现于事实上”（Stalin）。它所要求的不仅是文艺的形式的本身价值，虽然无产阶级作家并不肯忽略创作的技术的形式。

……

归结一句话，资产阶级作家的谩骂，提出“标语口号文学”一名辞来谩骂，其结果，即使他们不是明知故昧，也不过是证明他们还是不曾了解文艺的阶级的使命，证明他们没有注意到历史的事实：没有明瞭自从社会有了阶级对立以来，阶级艺术便从民众艺术变成特殊阶级的消闲艺术，以后又随着阶级斗争之发展而变迁，同时艺术的形式也是与实际生活以及阶级地位相关系的历史的过程罢了。所以，这一个术语，虽是资产阶级作家用为谩骂的工具，用来反应无产阶级的“宣传文艺”的术语，在事实上只做了无产阶级文艺运动初期的不可避免的一部分不健全的技巧的创作的说明，事实上是阻止不了无产阶级斗争文艺的发展的。

然而，我这些零碎的意见，并不和茅盾先生的意见冲突，——我要声明，这里所说的茅盾先生是幻灭以前的茅盾先生——他提倡无产阶级文学很早的，至早是在三四年以前。那时的茅盾先生对于技巧的幼稚病是怎样的意见呢！他在《论无产阶级艺术》里说的是“一个年龄幼稚而处境艰难的阶级之初生的艺术，当然有不免内容浅狭的毛病，而所以不免浅狭之故，一因缺乏经验，二因供给题材的范围太小”。（文学周报合订本第一册）而在192期《文学周报》里，茅盾先生又曾译这一句话，“文学与艺术作为宣传的工县，唯在革命之前是有力的有用的。那时需要文艺来唤醒群众。”（F·Rubiner：《关于烈夫的通信》）在今年，在《欢迎太阳》一文里也似乎用过原谅初期幼稚的话。不过，这些零碎的意见，我想不必多抄，且引一节茅盾先生在1926年3月27日在汉口《中央日报》上为最近自杀了的青年文艺作家顾仲起先生的诗集《红光》做的序言中的一节，来作整个的说明：

> 红光本身是慷慨的呼号，悲愤的呓语（？），或者可说是标语的集合体。也许有些行不由径的批评家要说这不是诗，是宣传的标语，根本不是文学。但是，在这里——空气极端紧张的这里，反是这样奇突的呼喊口号式的新诗，才可算是环境产生的新文学。我们知道俄国在十月革命以后，新派革命诗人如马露考夫斯基等的著作，正也是口号的集合体。然而，正如托罗斯基所说，这些口号的新诗，不但是时代的产物，环境的产物，并且确为十月革命后的新文学的基石。并且，在变动的时代，神经紧张的人们已经不耐烦去静聆雅致细乐，需要大锣大鼓，才合乎脾胃。

读者诸君！茅盾先生在过去几年的指导理论，我已经引出一部分来了，我能怎么说呢？不仅是我，恐怕读者诸君也不免于模糊罢？以上的理论正是我们的茅盾先生用自己的鞭来鞭抽他在《从牯岭到东京》里所发表的主张，不，我想茅盾先生是不会这样说的，他要说，他是在用《从牯岭到东京》的鞭子在鞭抽他的过去的思想。对了，我想茅盾先生一定是这样作结论，而且会附带的说明：

他的从无产阶级文艺立场退到小资产阶级的立场，从认为必然的初期的无产阶级文艺的缺陷，而变为以这不完全的状态作为他的攻击无产阶级文学对象，是自己的进步！

可是，被茅盾先生自己用鞭子抽出的理论，他帮助我们证实了这种且看着标语口号的创作正是无产阶级文学初期的必然现象，以及这种且看着标语口号的创作正是“新文学的奠基石”。其他，如我在前面所说，也多补充之点。根据幻灭前的茅盾先生的话和我们的关于这问题的说明，对于“标语口号文学”这问题已经有了不少的解释。

以下我们转入文艺与宣传的一问题来讨论。

2

在说到文艺与宣传的一问题之前，还有一个必得说明的问题，那就是未来派文学在俄国的失败是不是为着他们制造了大批的“标语口号文学”了，关于这个问题，傅克兴君在《创造月刊》上解释得很好，“未来派的作品根本没有站在普罗的立场上，只是些小资产阶级智识分子卖弄些文学上的专门曲艺，非是专门家不能了解他们的好处，他们不能把握大众是应当的”。未来派的失败并不是为着标语与口号，实在是因为未来派文学为大众所不能了解，不是无产阶级文学。正等于表现派的文学一样的不是无产阶级文学的缘故。

3

关于文艺与宣传，根据上面所说，也可以讲大体也曾解释明白了。这种文艺，就是宣传文艺，最低限度在无产阶级胜利之前是有用的，这里，我想再引一两节辛克莱（Upton sinclair）的话，把文学与宣传的关系做一个具体的说明：

一切的艺术是宣传。普遍地，而且不可避免地是宣传；有时无意识地，然而，常时故意地是宣传。

各种宣传的目的，在使这宣传的贯彻；主要之点，须在不知道这是宣传而被感动，所以在宣传之上施一层新的装隐法是必要的。

假使茅盾先生以这样的立意做文，那是对的，无产阶级文艺作家谁都应该承认这失败的原因，承认改造的必要的。无如我们的茅盾先生“在小资产阶级群众中植立了根脚”，忽略了他以前所能以了解的“应用文字的武器，组织大众的意识和生活，推进社会的潮流刀的无产阶级文艺的意义。他忘却了宣传的文艺也有它的组织大众，推进大众的责任，他同时忘却了文艺的阶级意识宣传的必然作用。

总之，我对于茅盾先生“有革命情热而忽略于文艺的本质”和“把文艺也视为狭义的宣传工具”二语，根本上就认为不对。

第一，无产阶级作家谁都没有忽略了文艺的本质。作品有时陷于标语口号集合体的形式，完全是由于他们在技巧方面修养工夫的缺乏，不是他们有意的。这一点：根据茅盾先生在《论无产阶级艺术》里的议论，他不是不知道，他应该采取推进的批评的方法，不应该一概抹煞。

第二，狭义的宣传工具一点，我觉得根本不能成立。假使要说文艺不能为某一个阶级去宣传，那么，茅盾先生大可以去提倡罗曼罗兰（Rolland）的民治主义的民众艺术去，做各阶级联合的诉苦运动好了，何必专门去替小资产阶级诉苦呢？——难道这不是狭意的宣传么？茅盾先生并没有“缺乏文学修养”，何以也“会不知不觉地走上了这条路”呢？

讲到“被许为最有革命性的作品却正是并不反对革命文艺的人们所叹息摇头了”的一句话，我认为茅盾先生犯了论理学上所谓“不周到"的毛病。茅盾先生应该指出这些“不反对革命文艺”的人们是怎样的人物；因为革命文艺反映到资产阶级里，他们是会根本摇头的，虽然他们也要说革命；就是映到民族资产阶级智识分子，以及进步的贵族的面前，他们也是要摇头的，虽然他们也大谈其革命。茅盾先生所说的摇头人物，根据他们只会“不反对”，只会“摇头的”意识上看去。恐怕是不出于上列的人物之外罢。果真是他们摇头，我认为对于无产阶级文艺前途是丝毫不足忧虑的，因为他们根本上就不需要无产阶级文学，他们自有他们的以幻灭动摇推动时代的茅盾先生的创作做“欣赏”的读物的。至于当初之所以注意，那不过是为好奇心所趋使，看看是什么东西，以及是否代表“自己人们”说话而已，这样，等到他们发现无产阶级文艺真精神时，他们怎能不摇头呢？这一点，我不需要多说了，在这一章里，我已经写了不少，不必再精细地说明了。

4

最后，我们回到所谓“留声机器”问题。这个口号是麦克昂君在《创造月刊》上提出的，这个警语是非常正确的。我们可以先看他自己的解释：“留声机器不消说是一个警语，这里所含的意义用在现在就是辩证法唯物论。”他又解释它的战斗的过程说：

当一个留声机器——这是文艺青年们最好的信条。你们不要以为这是太容易了，这儿有几个必要的条件：

第一，要你接近那种声音（接近工农群众去获得普罗的精神）；

第二，要你无我（克服自己旧有的资产阶级的意识形态），

第三，要你能活动（把新得的意识形态在实际上表示出来，并且再生产地增长巩固这新得的意识形态）。

不要乱吹你们的破喇叭（克服你们快要蜕变的布尔乔亚的意德沃罗基）当一个留声机器罢！（战取辩证法唯物论！）

请参看《创造月刊》一卷八号麦克昂《英雄树》，《文化批判》三期麦克昂《留声机器的回音》及二期李初梨《怎样的建设革命文学》。

但是，我们的茅盾先生对于这个主张是认为不满意的，他“就不能自信做了留声机器吆喝着：这是出路，往这边来是有什么价值”。他当然是不愿意当一个留声机器，正如麦克昂君自己所说，“不当一个留声机器——这在有产者或小有产者意识十足或者尚未完全Aufheben（蜕变）的人是十分中听的一个标语”。不过，关于这问题的答辩，我不想说什么话，我认为引用傅克兴君的话来说明是更恰当

的。下面就是他的答辩这个问题的原文了：

这个问题是麦克昂君提出的，并且在《创造月刊》上有过他的解释。由字面上讲，有点机械化的误会，其实用很具体的名词来代表辩证法的唯物论。这是他的卓见。这句话即是讲：革命文艺家应该用辩证法的唯物论的眼光。来分析客观的现实，把这客观的现实再现于他的作品。即是讲革命文艺不可不立足于客观具体的美学上。如果革命文艺真真站在客观的具体的美学上，才能真正同旧文学根本对立，才能真真化为普罗文学。

我们要知道旧文学所以成为统治阶级的文学，并不是因为描写过封建地主资本家等，而是因为它所反映的意识形态，是利于统治阶级拥护他们的阶级利益的意识形态。譬如茅盾君的幻灭，虽然描写几个小资产阶级，但是因为他所描写的幻灭，只是机械的客观描写，除描写的幻灭以外更无其他目的，很明显地反映了资产阶级的艺术至上主义。在这革命潮流剧急发展的时期，很容易为统治阶级削弱革命底势力使一般小资产阶级迷离彷徨，所以它的效果确是反动的。

革命文艺要成为无产阶级文艺，也断不是因为描写了工农，为工农诉苦；就是因为它所反映的意识形态，是促进工农的解放，为工农谋利益的意识形态。这种形态使群众一天天地明了统治阶级的罪恶，一天天组织化，革命化，对于统治阶级是根本没利的。

茅先生或许是因为物质的环境的原故，根本不能了解留声机器的奥义，而觉得是一种凌辱。那是当然的。至于茅先生要觉得有价值的，在革命文艺上不得不有反对的评价了。

茅先生也许是要革命的，那么你先要完全弃掉你自己阶级的利益，努力获得无产阶级的意识罢！

——《小资产阶级文艺理论的谬误》

四、所谓文艺的天然对象

——并论其他的关于茅盾先生文艺的主张

1

茅盾先生说，“中国革命是否竟可抛开小资产阶级，也还是一个费人研究的问题。我就觉得中国革命的前途还不能全然抛开小资产阶级”。茅盾先生又说道，“什么是我们革命文艺的读者对象？或许有人要说，被压迫的劳苦群众。是的，我很愿意我很希望被压迫的劳苦群众能够做革命文艺的读者对象。但是，事实上怎样呢？请恕我又要说不中听的话了。为劳苦群众而作的新文学是只有不劳苦的小资产阶级智识分子来阅读了。”

根据茅盾先生上面的两节话看去。茅盾先生似乎并不是站在小资产阶级的立场上说话，他不过是不愿意完全抛弃小资产阶级，不过是对“在题材方面太不顾到小资产阶级”的文艺表示不满罢了。然而，事实究竟如何呢？只要稍稍注意他所说的一切，就可以看到茅盾先生说话的方式虽然不痛快，可是他是隐约的有着固定的程序的。

茅盾先生说话的程序，可以分为三段。第一段是说“不能完全抛弃小资产阶级”。接着就有了第二段：“小资产阶级占全国的人数十分之六”。第三段才露出真实的面目，他根本上把无产阶级抛在一边，绝口不提。只大倡其小资产阶级的文艺论了！这是茅盾先生“真面目的暗示的渐露法。”

每个阶级都有他们自己的文艺，我想茅盾先生是没有理由说他的这个主张专对文艺一方面而言。假使这么说，那是根本不通。茅盾先生！再不要扭捏吧，老老实实的提出“反对无产阶级文艺，提倡小资产阶级文艺”的一个口号来罢！你是“天然的”承认自己是小资产阶级的代言者了！

2

“图穷而匕首见”，茅盾先生的主张事实上也不必再掩藏了。我们认识了他的基本态度，他的真实的面目。我们找出了对方的立场，我们再讨论他所说的一切，这是比较更容易下手的。不过。要请读者诸君认取：

我们这一次的战斗是和与鲁迅一班人的战斗不同的，这一次的战斗是无产阶级文艺战线与不长进的所谓革命的小资产阶级的代言者的战斗！

这好像是一个插话，是要再提一提我们的对方，认取我们的敌人究竟是哪个阶级的人物。

3

然后，我们就可以回转来讨论其他的问题了。茅盾先生说：“现在的新文艺劳苦群众并不能读，即使你朗诵给他们听，他们还是不了解。”“说是因此须得更努力作些新东西来给他们么，理由何尝的不正确，但事实总是事实，他们还是不能懂得你的话，你的太欧化或是太文言化的白话。如果先要使他们听得懂，惟有用方言来做小说，编戏曲。但不幸方言文学是极难的工作，目下尚未有人尝试”。因此，他虽“不说竟可不作此类的文学”，“但事实总是事实”，他只认得小资产阶级是，“事实上的读者对象了”。

茅盾先生的话，说来何尝没有理由，何尝不是事实，不过目前的新文艺作品，劳苦的工农究竟能否诵读，是不完全如茅盾先生所言。事实是各地工人自五卅以后，因为斗争的关系，无论在意识上在教育上已然是很进步的了。农村小资产阶级和农民也是有了相当的觉醒，不是几年前的工人农民了。这样，何以见得他们中就没有一部分人能接受新文艺呢？何以能读“滩簧，小调，花鼓戏”而不能读茅盾先生所说的“标语口号的集合体”的文学呢？（注意！这是抛开了工农的经济与时间而说）何以要站在小资产阶级的立场上写为小资产阶级诉苦的东西给他们看呢？事实既为我们证实了小资产阶级不能领导革命，只能跟着劳苦的工农走，我们站在无产阶级的立场上写些东西给他们看，使他们知道革命的前途是怎样前途，工农的要求，是怎样要求，工农的优点在什么地方，工农和小资产阶级的关系如何切要，使他们同情革命，岂不是更应该的么？总之，我们尽量的设计使文学能以大众化这是对的，必然的要站在小资产阶级的立场上写革命文学，事实上是不需要的。进一步说，革命文学必然的要求适合于大部分小资产阶级的口味，是不可能的。就如站在小资产阶级的立场上所写定的茅盾先生的小说罢，这些小说是否适宜于他们的口味，根本上就成问题。因为你要他们“欢喜”，我们根据他们自己的阶级情状去看，只有不违背传统思想的东西是适宜的。我们果真能这样迎合他们的要求去创作么？去创作革命文学么？假使根据他们的阶级事实，我们这样的去做，那么，老实不客气的说，我们不但不必说革命，更不必谈革命文学了。不如听其自生自灭，让他们仍旧的做愚民政策下的愚民好了。

4

说到这里，我想起一个根本问题。我觉得茅盾先生对于“革命文艺”的意义还不曾了解，他以为“革命文艺”专门是供给劳苦的工农的读物，所以他发那样的议论。其实，“革命文艺”的事实并不如他所说，并不是“最可痛心的矛盾现象”，也并不是“能力的误费”，也并不是“作品的对象是甲，而接受作品的是乙”。所以，在这里，我不能不把“革命文艺”的意义说明一回：

关于无产阶级的革命文艺，它的作品的意识与情绪必然的是无产阶级的意识与情绪。它的取材是没有限制的。无产阶级，小资产阶级，大资产阶级，帝国主义，统治阶级，贪污豪绅……各方面都可以取材。只要题材能以推动影响小资产阶级，使他们能理解革命，同情革命，加入无产阶级来革命。只要题材能以唤醒无产阶级的意识，使他们觉悟，使他们自己组织起来，使他们自己解放自己。它的技巧，是不妨采用讽刺的，暴露的，鼓动的和教导的四种形色。它是无产阶级解放的武器之一，它的目的是鼓动，是指示出路，不是诉苦。它的读者并非局限于无产阶级。

至于说到小资产阶级革命问题，这是一个很大的问题，不是这一篇文章所能讨论完尽的。我只能在这里简单的说明，我们并没有说小资产阶级全都是不革命的，不过，我们敢以决定，小资产阶级是没有能力领导革命的，无论你是从政治方面考察，抑是从经济方面考察。茅盾先生，你太看重小资产阶级，这是你的错误，小资产阶级就是从十分之六跑到十分之八，他们在事实上也不会自己革起命来呢！说到“题材方面太不顾到小资产阶级”问题，我对茅盾先生的话是不能理解，因为我们已有的革命文艺创作里的人物并没有多少的工农群众，我们对于题材所不满的正是小资产阶级人物太多。我想茅盾先生的意思或者是如此：“革命文艺的题材太不注重小资产阶级的小商人，中小农，破落的书香人家，太注意小资产阶级的智识分子”，假使这样说，那就对了，革命文艺实在有这种缺陷，然事实上可用不着“太”。然而，这一点并不是“我们的作家只忙于追逐世界文艺的新潮”，忘记了这样的“主要材料”。关于这一点，我还是要引用茅盾先生自己的话来答复他自己，“茅盾”先生实在太“矛盾”了。

茅盾先生在几年前论无产阶级艺术道：“作者缺乏经验，除劳动者生活外便没有题材，这果然是无产阶级艺术现今内容浅狭的缘故了。但是，无产阶级作者观念的褊狭——即对于经验的材料所取的态度之褊狭，也是个重要的原因。此等褊狭态度之显而易见者，即是作家每喜取阶级斗争中的流血经验做题材，把艺术的内容限制在无产阶级‘作战’这一方面。此事原不足怪。一个方始打断了镣铐而解放了自己的阶级，怎能忘记‘作战’呢？一个尚受四周的敌人的恐慌而时时需要自卫的阶级，又怎能不把‘作战’视为全心灵的主体呢？所以，此时的无产阶级作家把本阶级作战的勇敢视为描写的唯一对象，正是自然的事，或者竟是无产阶级初期的必然现象。可是以后，这个观念一定嫌太狭小；无产阶级作家一定要抛弃了这个狭小的观念，而后无产阶级艺术的内答乃得丰富充实”。今日的中国无产阶级文坛的现象正类乎此；何以我们的茅盾先生对苏俄的这种情形予以十二分的原谅，而对中国的无产阶级艺术，竟有这样的相反的态度呢！这当然是在阶级斗争尖锐化的过程中的必然的现象，所谓革命小资产阶级终于脱离了革命的战线了。

5

茅盾先生又说，“小资产阶级是文艺的主要材料”，这个显然是站在小资产阶级的立场上说话，我们可以把他的小资产阶级的文艺建设论抄下，并在一起来说明一回。

> 为追逐革命文艺的前途计，第一要务在使它从青年学生中间走出来，走入小资产阶级群众中，在小资产阶级群众中植立了脚跟。而要达到此点，应该先把题材转移到小商人，中小农等等的生活。不要太多的新名词，不要欧化的句法，不要新思想的说教似的宣传，只要朴素有力的抓住小资产阶级生活的核心的描写。
>
> 文艺的技术至少须先办到几个消极的条件——不要欧化，不要多用新术语。不要从正面说教似的宣传新思想。

这是茅盾先生的最后面目，前面的一段都是为反衬这个主张而有的。第一，他主张革命文艺应该站在小资产阶级市民中植立脚跟。第二，他主张不要欧化，少用新术语，要通俗，要适应于小资产阶级的市民的技术。第三，他主张要描写小资产阶级市民生活的核心。第四，创作要替小资产阶级市民“诉苦”，使他们“欢喜看”，附带的主张“不要从正面说教似的宣传新思想”。

关于这些问题，我的意见是：把无产阶级的革命文学的基础植立在小资产阶级的市民中间，这是很显然的笑话，无产阶级文学只是要在小资产阶级的群众中发生作用，它事实上是不能建设在这样的础石上的。所以，茅盾先生所说的革命文艺，我们老实不客气地讲，他的立场是“小资产阶级的”！第二的问题，原则可以说是对的，文句当然应该通俗，不过也有事实的问题，那就是遇到有不是一个单句所能说尽的意思怎么办呢？（这也就是中国语的大病根）我们应该说在可能的范围内求浅显通俗，但这种标准是不能以小资产阶级的市民做对象的。然而，茅盾先生如此说。所以，他的立场还是小资产阶级的文艺立场。第三的一点，口号的本身已为我们证实了他的立场，是错误的，文艺的目的不只是写出生活的核心就算完全的，它是具有巨大的作用的。仅只写出生活核心的一句话在以前虽然可以成立，但不是无产阶级文学的意义，是为资本主义所麻醉了的资产阶级的艺术的意义。可是茅盾先生又似乎不曾忽略这些地方。他也曾好几次提出“诉苦”问题，这个问题当然和上一条一样的错误，无产阶级文艺不是诉苦的，是要推动群众，使社会变革的，只有小资产阶级的特性是不安于现实，很多的又没有勇气去革命，结果只好“诉苦”，“诉苦”，终结也还是“诉苦”了事。茅盾先生说的革命文艺是那一种的革命文艺于此可见。讲到“欢喜看”那更是笑话。无产阶级文艺目的不会是要人欢喜看的，只有资产阶级的艺术是专门供人欣赏，顽弄的。不要采取正面的宣传的问题是必要的，然而也要根据事实的情形，假使某一篇创作的目的是要正面鼓动，那也只好从正面下手，应该避免的当然是要避免，不过，我们不希望全是术语口号的集合体的创作罢了。

6

根据上面的话，我们可以断定茅盾先生的目的并不是要推进无产阶级文艺的发展，“图穷而匕首见”，他的目的只是打倒无产阶级革命文艺运动来提倡小资产阶级的革命文艺运动罢了。历史的事实告诉我们，小资产阶级是不能领导革命的，这个阶级的本身也就是可革命可不革命的，无论从那一方面看去，他们都没有独立的建设他们自己阶级的革命文艺的可能性。这在前面我已经略有说明，这里。再引用傅克兴先生的话来做一回重复的答辩：

> 茅先生以为资产阶级有资产阶级文学，无产阶级有无产阶级底文学，全国几乎十分之六，是属于小资产阶级的中国，应该有小资产阶级的文学，这可是滑稽了。小资产阶级介在两大对立阶级之间，物质的环境好，他会升做资产阶级去压迫工农；并且平日也希望他的阶级上升，千方百计的剥削工农，或做资产阶级的走狗，附属在资产阶级的阵营内；如果物质的环境不好呢，他自己降为无产阶级，是无产阶级的兄弟；一样会打倒资产阶级，附属无产阶级里面。所以在阶级社会内向来没有独特的位置。至于他的意识呢，为物质的生活条件所规定，除了动摇幻灭狐疑伤感而外，并没有特别的地方。我们要拿这种意识形态创设真正小资产阶级的文学吗？那真是有害的能力的误费！

小资产阶级不能领导革命，小资产阶级的革命文学不能成立，于此可见。而根据世界历史的事实，以及几年来政治的演变，以及工农群众力量的日渐发展，小资产阶级经济的日趋破产，我们是可以看到被茅盾先生所看重的现在的小资产阶级对于革命究竟处在若何的地位。同时，我们也可以看到，中国革命的前途必然的是社会主义的。我们在这样的环境之下，读者诸君，姑无论事实上能否成立，我们要提倡小资产阶级的革命文艺究竟有什么依据，又有什么意义呢？要么就滚到无产阶级的阵营里来，要么就滚到资产阶级的怀抱里去，事实上没有小资产阶级革命文艺的一条路可以给于大众走的！这样的口号，在事实上不过是暴露思想革命而又没有勇气去革命的小资产阶级的聊以自慰兼以骗人的丑态罢了。“小资产阶级革命文艺”云乎哉，一个滑稽的，只能博得幻灭动摇的堕落的革命小资产阶级同情的口号而已矣……

五、从东京回到武汉
——关于新写实主义问题

在《从牯岭到东京》一文的大体上，我已经逐一的加以批驳，在这儿剩下的问题，就是一个所谓新写实主义的问题了。关于这个问题，我们的茅盾先生解释得很有趣。他说："新写实主义起于现实的逼迫，当时俄国承自党内乱之后，纸张非常缺乏，定期刊物或报纸的文艺栏都只有极小的地位，又因那时的生活的紧张的，急变的，不宜于弛缓迂回的调子，那就自然而然产生了一种适合于此种精神律奏和实际困难的文体，那就是把文学作品章段字句都简练起来，省去不必要的环境描写，和心理描写使成为短小精悍，紧张有刺激性的一种文体。因为用字是愈省愈好，仿佛打电报，所以最初有人戏称为电报体，后来就发展成为新写实主义。"新写实主义果真是这样的产物么？仅只是要节省紧张吗？不知茅盾先生何所据而云然。至于我们所说的新写实主义实是因为：

"新写实主义是无产阶级写实主义！"

新写实主义至少有这样的几个特质：

第一的特质是承继以前的写实主义的。就是新写实主义作家的态度，是彻头彻尾的客观的现实的。要离开一切主观的构造来观察现实。但作家所取的立场应该是无产阶级的立场！

第二的特质是新写实主义作家他们必然的是克服了资产阶级写实主义的自然科学的写实主义，而获得与个人相反的社会的观点，把一切个人问题也用社会的观点来观察的方法，去和那把社会的问题也归于人的本性的认识方法对抗，同时，也不像小资产阶级站在阶级妥协的立场，而认定社会发展的推进力，不在阶级的调和，而在公然的或隐然的斗争的事。

第三的特质是，新写实主义的作家必然的是获得了明确的阶级的观点，是站在战斗的无产阶级的立场的。他们是用无产阶级前卫的眼光在观察这个世界，而把它描写出来。

第四的特质是，新写实主义的取材是舍弃了对于无产阶级解放的无用的偶然的东西，而采取其必要的、必然的东西。它的题材的对象，描写劳动者，也描写农民，小市民，资本家——凡与无产阶级解放有关系的一切东西。他们用无产阶级的现在的唯一的客观的观点去描写，总之问题是在观点，是在题材。

我们所说的新写实主义是这样的写实主义，并不是节省纸张的新写实主义。我们所说的新写实主义是无产阶级的写实主义，我们所提倡的写实主义，不是为茅盾先生所想的，所崇拜的，所依据为创作的路的资产阶级写实主义。我们所说的：

“新写实主义是无产阶级的战斗艺术！是无产阶级解放运动的一种武器！”

这样的内容反映到它的技巧，那是必然的要在可能的范围内尽量的求普遍化，通俗化！简练的技巧于是便有必要了。这里所说的简练，并不是要为茅盾先生所说要如打电报，要变成文言文，因为这里所谓简练不是指的单一的语句，而是整个的描写的方法。就是说那些不必要的描写，我们应该尽量的抛弃，不必像旧写实主义的创作，在描写时一定顾到他们的三个基本条件，而它的基本对象也并不是小资产阶级的市民，茅盾先生关于新写实主义技巧的两个问题，根本上是没有讨论的可能性的。

呜呼！茅盾先生的走入歧途已经不成问题，事实已经很明白的放在我们的眼前了。我们为着无产阶级文艺前途的发展而战斗，我们“在事实上”不能不揭穿，批驳他的主张，使革命的青年不致因他的甘言蜜语为他所惑。同时，我们认为每一个唯物论看谁都应该是一个勇于检点自己的错误的人，无论何如，茅盾先生曾经相信过无产阶级的唯物的哲学的，如果他能以翻然悔悟，那我们指出他的错误，也就是希望他能把革命的现状重行考察一下，把自己的理论重行检定一回，认取自己的错误，勇敢地回到无产阶级文艺的阵营里来，依旧的为着无产阶级文艺胜利的前途而战斗！茅盾先生！小资产阶级革命文艺的主张不必继续下去了，还是稳定起来罢！革命前途的事实是明明的在昭告我们，只有加入无产阶级而战斗这一条路是我们的唯一的出路！

1929年1月3日

附记：关于新写实主义系根据林伯修译的藏原惟人的《到新写实主义之路》（《太阳月刊》停刊号）立论。傅克兴君的《小资产阶级文艺理论之谬误》（《创造月刊》二卷五号）可资参证，希望读者参看。茅盾先生原文载《小说月报》十九卷十号及小说集《追求》的末尾。

补记：本文写成后，《创造月刊》六号出版。载有李初梨君关于《从牯岭到东京》一文的批驳，与本文颇有关联，且有补本文之不足处，亦希读者参阅。又，《认识》半月刊第一期上潘梓年先生的《到了东京的茅盾》一文，同样有参证的必要。

（选自《茅盾评传》，伏志英编，现代书局1931年12月出版）

《子夜》的艺术思想及人物

韩侍桁

一、作者的企图

《子夜》不只在这1933年间是一部重要作品，就在“五四”后的全部的新文艺界中，它也是有着最重要的地位。

它是一部伟大的作品，但它的伟大只在企图上，而并没有全部实现在书里。

它虽然有着巨大的企图，但它并没有寻到怎样展开他的企图的艺术，据作者自己在后记上说，“我有了大规模地描写中国社会现象的企图”，但他的构思却只有一年，他自己以为是“比较的长些”了，实际上还是差得太远的。

因为这过大的企图，结果后倒创造了一个英雄，而且这书也就成了这个英雄的个人的悲剧的书了。

这也可以说是我们的作者的聪明的地方，他晓得无论是多么大的企图，在小说里也必要置下读者的注意的中心点的，使这中心点成为全书的桥梁，而展开他的巨大的企图。

不过他置这中心的重力是太过重了，使他的英雄成了过分理想化的人物，读者们无论在哪里总忘不掉这个人，不能不关心着这个人的事业的前途，其他那对于他的企图有着更重要性的场景或人物都全部成了陪衬。

所以我们若说这书是描写一个新兴的民族思想的企业的资本家在帝国主义压迫下的个人的悲剧，那是颇为正确的。

然而，由这个人的悲剧的线索，作者也能展开了更大的场面，介绍了不同阶级的人物。虽然这些场面或人物是以极轻的比重被描写了过去。这极轻的比重并不只是由于篇幅的计算，而也是由于故事之吸引读者的趣味的比较。

例如，这书里有描写农村崩溃与农民暴动的场面，有阶级斗争工厂罢工的场面，有操纵金融的交易所的场面，有资本家的家庭的纠纷或生活的场面等等；这书里的人物，有企业的资本家，有封建社会的“僵尸”，有新兴的小资产阶级的知识分子，有各式各样的资本主义社会的女性的人物等等。但除去他的那位英雄的表现之外，我们在许多场景许多人物的表现上，都觉得非常地不够而不真实。

结果由这书中所显示的作者的“大规模地描写中国社会现象的企图”，由读者看来，成了一种未曾实现的希望。而更因为这希望是远远地超越着作者的能力之上，这书不能成为写实的，但带了极浓厚的罗曼蒂克的色彩。

二、吴荪甫

全书中所表现的人物，只有两种，一种是理想的，一种是被讽嘲的、可以称为写实的成分都很少，成为这书中的英雄的两个人物，企业家吴荪甫与工厂管理人屠维岳，是理想化了的，其余的人们都多少像是显示在谑画中的人物似的。

吴荪甫，这个新兴的企业家，是过分地理想化了；只有在像西欧那样资本主义社会中，这种人物才是可能的，在将走上资本主义的路的半封建的中国社会里，他是并未存在。然而作者既把这么一大部书的中心，放在他一个人身上，作者不能不把他理想化。

吴荪甫，有着巨大的资产，坚强的意志，超人能干，藉着作者自己的话来说，他是有着一双企业的铁腕，他想用他这一双铁腕和那不可抗争的帝国主义的工业托拉斯的侵略奋斗，同样他也使用他的铁腕压迫无产阶级的斗争。他是具有浓厚的民主主义思想者，他以企业作着为民族打开生路的工作，作者所告诉给我们的，也只是这个人在其事业上有着巨大的野心，物质的享乐与金钱的欲望反倒不能使他感到怎样的兴味。这个人是为了权力，为了名誉，为了民族的发展而生存的！因此作者不只称他为“铁腕”，而更称他为“权力的铁腕”。

在他的事业之前，他轻视了家庭的爱的生活，使一个美丽的妻手里总在拿着一本从前的爱人所赠的《少年维特之烦恼》和一朵干枯了的花瓣过着幽怨的生活；在他的事业之前，他疏忽了一个时髦的交际花对他明显表示了的那性的挑拨或诱惑。在生活里，他只有事业，没有幸福，没有享乐，甚至没有睡眠。只是在他的事业快到完全崩坏之前，他的意志消沉起来的时候，我们的作者才设下了一幅场景，告诉我们说他也是像其他的资本家一样地，有着堕落的享乐。

他梦想使那农村经济破产的故乡的镇市，变成一个工业发达的新城市，他创办种种的事业，当铺，钱庄，油坊，电厂……同时在上海他开办了一家丝厂，更因为要避免金融界对于工业界的压迫，他联合工业界的巨子设立一个益中信托公司，而且藉着公司的财力吞并了八家的小工厂。

因为受了那金融界的巨子赵伯韬的一时的利用，使他在投机事业上也伸了手，可是结果这位赵伯韬就成了他的敌人，分外迅速地使他的事业崩溃了，以至破产。

这个英雄的失败，被描写得像希腊神话中的英雄的死亡一般地，使读者惋惜。

只要以作者所给予这个人物的许多优美的条件看来，我们就可以明白这个人物是怎样被理想化了，而在实际上是怎样地不可能。不过就是由这样的人物，作者展开了描写中国社会的企图；以其在家乡的企业，述说了农村暴动的情况；以其投机的事业，描写了交易所的场景；以其开办的裕华丝厂，描写了工厂罢工的阶级斗争，以其个人的家庭，介绍了各式各样我们现社会中的人物。

然而，就因为这铁腕是过分地理想的，所以那以他为中心而牵动的许多场面，虽然其本身作为中国的社会现象（请不要忘记这是作者的企图！）是非常重要的，而在这书里便成了附属的东西，正好如舞台的美丽的背景一样，只在主角没有出台的时候，它们仿佛才是重要的。农村暴动的结果，只是告诉我们他在家乡企业的损失，工厂罢工的失败，只是证实了这个铁腕的用人的手段，帝国主义的金融操纵，只是为了打倒这个英雄的巨人！

三、屠维岳

在吴荪甫开设的裕华丝厂方面，为解决屡次工潮，作者没有方法使这位铁腕的自身发挥他的才干，于是就制造了另一个英雄，屠维岳。他完全是吴荪甫的替身，像舞台上或影剧上的一个剧子扮装的两个角色。

丝厂起了罢工是暗潮，那位懦弱无能的工厂管事人莫干丞被招到这位“权力的铁腕”的炯炯的眼光的面前了。为了减轻自己的责任，这位弱者一口咬定了屠维岳有挑拨工潮的嫌疑。

于是这位屠维岳——只在名字上在职业上和吴荪甫有着不同的英雄，便被介绍了进来。他第一次出现在书里和“铁腕”的那场对话，是非常地激动的，同时也便是作者表现这个人物的主要的篇幅。铁腕在这个职员身上，发现到杰出的才干，于是想利用他了。在他们这一场的对话之后，屠维岳“加薪五十元整”，得到工厂总管的职位，坐着厂主的汽车胜利地回到工厂去。

这时，作者便可以在这段书收尾的地方安心地讲：

“吴荪甫满脸是得意的红光，在他的尖利观察和估量中，他断定厂里的工潮不久就可以结束。”

的确的，就因为有了这样的人物，罢工风潮，其后虽然仍有无数的小风波，而终归不能不失败了，不能不失败在这个英雄的资本家的走狗的身上。

然而这个人物又是怎样不真实的英雄呢？一个从乡下拿着“老太爷的一封信”而便在工场里作了“两年又十天”的职员的这青年，没有叙述他是受了怎样的教育，也没有叙述他的生活的环境，而一旦被招到那位“能干”的化身的“铁腕”的面前，能够那样爽快地回复了一切的问题，甚至能使他说出这样的话来：“无论什么人总是要生活，而且还要生活得比较好！这就是顶利害的煽动的力量！”这要没有坚强的阶级自觉的意识，或者至少若是没有充分对于时代与社会的理性的认识，这场对话中的人物该是怎样地不真实吧！

可是他就这样成了资本家奴仆，而且成了永远的奴仆，这使我们自然地想起诸葛亮明知汉室江山无望而因为感激三顾茅庐之恩不得不出山来的那封建的故事了。在这个人物中，是有着比“铁腕”更多的矛盾，更多的不真实性。

但，为了介绍这样的一个人物，为了显示他的英雄的才干，一切关于描写工场事件的中心的兴味，便不得不被牵引而归结到这个人物的身上来，那成为时代之大事件的阶级斗争就成了非常薄弱非常朦胧的陪衬了。

四、谑画

这两个英雄的人物，无论如何，还是能牵动读者的兴味，全书的主力是放在这两个人的表现上，最鼓动的场面，最激动的对话，全给了他们。此外的人物，那就完全是戏谑的了，作者不但不能把他们表现成为真实的，连从他们之上认识真实性的能力都没有了。这些人物不是泥人，便是小丑。

开头第一章便是“铁腕”的父亲吴老太爷到上海来。吴老太爷是这样的一个人物：

> ……三十年前，吴老太爷却还是顶括括的“维新党”。若祖父两代侍郎，皇家的恩泽不可谓不厚，然而吴老太爷也是一个主角。如果不是二十五年前习武骑马跌伤了腿，又不幸而渐渐成为半身不遂的毛病，更不幸而接着又赋悼亡，那么现在吴老太爷也许不至于整天捧着《太上感应篇》吧？然而自从伤腿以后，吴老

太爷的英年浩气就好像是整个儿跌丢了；二十五年来，他不曾跨出他的书斋半步！二十五年来，除了《太上感应篇》，他就不曾看过任何报！二十五年来，他不曾经验过书斋以外的人生！第二代的“父与子的冲突”又在他自己和荪甫中间不可挽救的发生。

而且如果说上一代的侍郎可算得又怪癖，又执拗，吴老太爷正亦不弱于乃翁；书斋便是他的堡寨，《太上感应篇》便是他的护身法宝，他坚决地拒绝了和儿子妥协，亦既有十年之久了！

为了适应作者的巨大的企图，古老的时代的人物是必要介绍进来的，而且必然地赶快给他作一个收束，吴老太爷就代替了这个职位。

无论如何，吴老太爷虽然已经有二十五年患了半身不遂的毛病，与世界隔绝了，他总还是一个活人，一个没有新的生理上的病症的活人。上海，无论是一个怎样的魔窟，也不曾马上就把一个活人杀掉的。然而吴老太爷从船上下来，坐在到吴公馆的汽车上，听着物质文明的一切“机械的骚音”，看见路上的“红红绿绿的耀着肉光的男人女人的海”，使得他目眩，耳鸣，头晕，使得他那“刺激过度的神经像要爆烈似的发痛，直到他的狂跳不歇的心脏不能再跳动！”特别是当他看见他教养了多年的金童玉女（他的两个孩子——四小姐和七少爷）一到上海马上就受了诱惑，使他于目眩耳鸣头晕之外，更感到道德的反感，于是一到了家他马上就伸腿瞪眼断气了。他的廿五年的诵读《太上感应篇》的休养力，是一点都没有了。

不管作者在这一章书里使用了怎样地心理的描写，不管他怎样搬出原则的论调给读者听，吴老太爷的死是不自然的，是不庄重的。从这里我们看出作者是在作着观念论的游戏！

作者自己也晓得吴老太爷的死会给读者留下一种愕然的感觉，所以他两次藉着那位诗人范博文的口里说出他的巧辩的话语：

> 然而我的眼睛就要在这怪事中看出不足怪，吴老太爷受了太强的刺激，那是一定的。你们试想，老太爷在乡下多么寂静，他

那廿五年足不窥户的生活简直是不折不扣的坟墓生活；那书斋，依我看来，就是一座坟！今天突然到了上海，看见的，听到的，嗅到的，那一样不带有强烈的太强烈的刺激性？依他那样的身体，又上了年纪，若不患脑充血，那就当真是怪事一桩！

对于作者，吴老太爷的死只不过是一种象征，“内地还有无数的吴太爷。”“那是一定有的。却是一到了上海就也要断气。上海是——”上海是专门“风化”像吴老太爷这种人的地方，于是他使那个诗人再辩论地讲：

> 我是一点也不以为奇。老太爷在乡下已经是“古老的僵尸”，但乡下实际就等于幽暗的“坟墓”，僵尸在坟墓里是不会“风化”的，现在既到了现代的大都市的上海，自然立刻就要“风化”。去罢！你这古老社会的僵尸！去罢！我已经看见五千年老僵尸的旧中国也已经在新时代的暴风雨中间很快的很快的在那里风化了！

以吴老太爷作力“五千年老僵尸的旧中国”的象征，而使其风化，这立意是可取的，但他也同样需要真实性，需要艺术的苦心，以他当作一个丑角色，赶快就把他打发开去，这于他的“企图”都有极大的害处。

和吴老太爷同样地，有曾家父子，冯家父女，有火柴工场主人周仲伟，有诗人范博文，都是些谑画似的人物。特别是范博文，作者使他到处说着丑角色的话语，作着丑角色的行为。无疑地，作者是以一个人作为资产阶级的诗人——或是一切有诗的气质的人——的代表而描绘了，而一切典型的写法，势必难度夸大，因此致成滑稽，或者也不免的吧，但无论怎样的人物，总有他的真实性，捉不到他的真实，把他的性格以及行为都写成小丑似的，那是有失严肃的写作的态度的。

不但对于这些人物，作者表示了戏谑，而且在书中尽可能地，由人物的口里，作者表示出对于各种“主义”的讽嘲，但因为那是极不适当地硬插进来的，给人以极不快的感觉。当然我们可以设想，这里也有作者所默默地承认着一种主义，但从任何处我们都不能明确地捉握到，在他描写那几个革命青年工作时的场景上，我们觉得每一个人的思想和行为都在受着作者的非难，就连那较好的革命的女性玛金，也不像就是为作者所赞许的人物的。

五、性欲的场面

因为人物上除掉那少数幻想的英雄外，便全是一些谑画似的人物，而且因为作者不能艺术地表现出他的巨大的企图，于是把所有的公式的，理论的，术语的长篇大套的言谈装进在人物的口里，而这书便不能不成为干燥无味的东西了。为调和读者的兴趣，我们的作家，也像现今一般流行的低级的小说一样地，是设下了许多色情的人物与性欲的场面。

全书中除去主人公的夫人和他的旧情人雷参谋的恋爱是取了一种不同的方式外，其余的男女的关系是多少都带了一些性欲的挑逗的味道。像交际花徐曼丽，青年寡妇刘玉英以及那毫无明确的意识的可怜的少女冯眉卿，几乎专门是为着性欲的场面而制造了的。对于这些人物，作者是怀着一种坚固的而并不十分正确的观念，即，一切资产阶级的妇女，必定是放荡的，而资产阶级的生活，必定缺少不了这些色情的女人的点缀。

但纵算这种色情狂是资产阶级的事实，那也无需在书里那么夸大地写的，因为资产阶级的主要罪恶并不是在这里的。例如，赵伯韬和刘玉英在旅馆里的那一场，当客人李玉亭走来时，使这个青年寡妇毫无羞耻心地几乎完全裸体地走出来，给客人观望观望——同时也就是给读者们观望观望的，这样的描绘还不足够么；

“……那浑身异香的女人早就笑吟吟地袅着腰肢出来了。一大幅雪白的毛巾披在她身上，像是和尚们的袈裟，昂起了胸脯，跳跃似的走过来，异常高耸的乳房在毛巾里面跳动……”底下，又何必“伸手就在那女人的丰腴的屁股上拧一把”，或者就势推拨着女人的下身，要她“袅袅婷婷地转一个圈子”呢？

再如，冯眉卿既已经莫名其妙地和大块头的资本家赵伯韬开了旅馆，睡了一夜，也就够了。又何必在清晨使她穿着睡衣走到凉台上来，让风吹起她的衣服，“露出她的雪白的屁股”！

以吴荪甫那样铁似的人，埋头于事业，牺牲了一切家庭的幸福，抛弃了一切的可能的享乐的资产阶级一种典型，作者也使他演了一场不合理的性欲狂。但我们想，能打动了这个人的女性，该是怎样能够诱惑的魔鬼吧，可是又不然。只因为铁腕的事业的过于烦累，心情过于暴躁，使他“全化为一个单纯的野蛮冲动”，于是来者虽是一个一向也未提及的老妈子，也就不免于难了。我们直到读了448页的书，也不晓得吴公馆里有这么一个“脸上有风骚的微笑，身上有风骚的曲线和肉味”的妈子，可是为使我们的英雄，因为事业的烦躁，变得野蛮的冲动，破坏一件东西，这王妈就被创造了出来。

这种心理的写法，使我想起法国曾经流行的自然主义的手法，——即极有害的手法。

同样这种手法使用，有那劣绅之子曾家驹从血涡中逃生之后奸杀锦华商店的青年主妇的一个场面。但在这场面里，血与恶恨是更多过于性欲的味道，而事件也含着较深的意义，所以它也具有更多的真实性。

不只资产阶级随时随地作着性欲的挑拨，那女工阿珍就是在罢工事件的最紧张的当中也总还忘不掉抛眉眼给屠维岳；那革命的女性蔡真就在罢工的计划已经失败大家极为惴惴的时候，也会嬉皮笑脸“突然捧住了女工陈月娥的面孔和她亲一个嘴”。更甚的是，他无论如何也是革命青年之一份子的苏伦却在他们的激烈的议会之后，想到强奸玛金。这些几乎使我们想作者神经的健全是有着可怀疑之点的了。

六、布景与描写

因为把《子夜》当作一本严肃的书籍，我非常仔细地读着一字一句，可是有时一再返还的看，也还难以得到深刻的印象，作者的文章就是有着这种并不简洁而不灵活的毛病，同时他还时常浪费他的笔，写了许多不必要也不能给人以深刻的印象的描绘。在每一章的开场，在每一种事件的开头，他都照例放下一个背景，自然作者是非常留意这布景的性质或气氛，想适应他所描写的事件的性质与人物的心情，而发生着强烈的效果，但在最多的场合，他的布景的描绘好像都不大能使人注意，不能留下深刻的印象。描写场景，不是这作者的拿手，他好像是在极紧张的场面上，才能发挥出他的才干，他是不能够静静地写的。

补救着这种缺欠，他使用了过多的心理的分析或描写，然而这些也是同样地没有成功，有时反倒麻痹了文章的力。因为在文章风格上，我们的这个作家，完全用了平铺直叙的写法，有很少的时候响起清新的调子，这固然是作者的忠实的，不肯取巧的地方，可是再加上过多的心理的分析，这文章就不免迟钝而使读者厌倦了。侥幸这本书的场面是比较地多，否则将一定有许多相同的地方会无意中出现的。

同时，他的心理的描写，虽多，而又零碎的并不精细。冯眉卿那么一个没有经验的女孩子，没有经过任何心理的苦斗，是不会那么容易和大块头的资本家睡在一个床上的；吴荪甫的妻的秘恋，像是非常隐讳，我们究不能十分理解这个女性的心到底是怎样；特别是吴荪甫的妹妹四小姐在城市生活中感到痛苦的那心情的解释，——这不但粗糙，甚至可以说是有着误谬之点的了。

四小姐，是那位多年诵读《太上感应篇》跑到上海马上就死掉了的吴老太爷的玉女。这少女在乡下的生活，虽然作者很少分析，但我们可以想象得到，那是非常地灰色，非常地不自由，感到强烈的压迫的生活。一到了上海，看见那么许多新鲜的充满了力的生活的形态，不可避免地，会在她的心里，燃烧起热烈的青春的火焰，而对于乡间的死生活起来一种极强的反感，这才是现代都市生活的真正的诱惑力！

她开始要作成一个活人，她开始模仿都市生活的一切。所以当她从轮船上下来，坐在汽车上的时候，她马上就感到自己的乡气了，她对她二姊说：

“二姊，我还没见过三嫂子呢。我这一身乡气，就惹她笑痛了肚子吧。”

这对于衣服的不满，不过是想成为一个人的模仿的开始，她紧接着讲的话，便更是表示了对于乃父的激烈的反抗了。

“可不是。乡下女人的装束也是时髦得很呢，但是父亲不许我——”

她虽然没有明白地讲出来，但已经非常明白，这玉女一到了上海便算永远地离开她的帝君了，那在乡下受来的《太上感应篇》的教育是完全粉碎无余了。

可是当她在生命力灼热的上海住了几个月之后，作者又使她再拿起了《太上感应篇》，而关在自己的屋里修行了，直到遇见一位救星张素素小姐，她才得救，而逃开了家庭到外面去求学。

四小姐，因为过了灰色的乡下生活，而且受了乃父的《太上感应篇》的教育，突然来到这么繁华诱惑的上海，就是转变，也感到困难，而必经过一番痛苦的内心的斗争，这也是极自然的事，但《太上感应篇》绝不会再对她发生怎样的吸引力，她将在寂寞中，在孤独中，摸索着她的路，用不着再要那位张素素来牵引的，她环境中的一切人物无形中将都是她的引路人。

这种境遇的女性到了上海，只有两条路，不是跑向放荡的堕落的生活，便是努力求得知识而变一个十足的资产阶级的贤淑的女性的典型，那《太上感应篇》在她的心里早就成了过去的古董。

在这里我想结束了我的话语：《子夜》是一本巨大的企图的书，而因为那成为全书的牵线主人公被写得过分地理想化，结果成了一本个人悲剧的书了。从艺术的观点，这书时常使用着旧的手法，在许多场合上有着自然主义的方法的使用，而在更多的场合，是充满了罗曼蒂克的气氛。拿他当作新写实主义的作品而接收的人们，那是愚蠢的。在思想上，他是非常地隐晦，只有从他的讽嘲的人物或主义上，我们可以反面地去猜想，至于艺术的表现出来的时候，他多少含有观念论者的嫌疑，从其描写性欲的场面上看来，这嫌疑是有着充分的根据的。

不过，这书虽有一切缺点，它是新文艺界值得一读的书籍，就从这书出版后的卖销的数目来讲，已经证实这书在现今的价值。它的不可磨灭的功绩，是在这书给我们贫乏的文艺界中输入了一种新的眼见，它的材料至少是从来未被取用过地新鲜的，而且它的一切缺点，也是一个首创者的光荣缺点，它的缺点将成为无数未来的作家们的有益的借鉴。

我不希望这书成为一本孤立的书，如能克服了它的一切错误，而在其上迈进，或者会是我们的新文艺界的一个伟大的希望吧。

最后，我必须声明，我不是从无产阶级文学的立场来观察这书以及这作者，如果那样的话，这书将更无价值，而这作者将要受更多的非难。但我相信，在目前的中国的文艺界里，对于我们的作家，那样来考察的话，是最愚蠢，最无味的事。

（原载《现代》第4卷第1期，1933年11月）

《子夜》与革命的现实主义的文学

冯雪峰

关于《子夜》的意义

我曾在几种重要的杂志上留意过关于《子穆》的批评，可是非常可注意的或者正确的批评却差不多还没有；最近，韩侍桁先生在《现代》杂志上发表了一篇《子夜的艺术思想及人物》，自然其中可以使我们首肯的地方是完全没有的，但有一节话我却不能不提及。因为那些话我以为恰正反映了目下我们仍不得不去注意，分析，了解以及与之战斗的一些人们的意识，同时又恰正和《子夜》的真的价值与意义的问题直接相关联的了现在，我就从韩侍桁先生的话说起罢。——

韩侍桁先生，大家知道，是和其他与他差不多的先生们（在最近的以前曾盛行以"第三种人"自称或被称的）一样为了显示他的"公正"起见，说话的曲折是他的文章的特色。例如他开口就允许《子夜》是一部"伟大的作品"，甚至"在五四后的全部的新文艺界中，也是有着最重要的地位"的；但接着却是"它的伟大只在企图上，而并没有全部实现在书里。"——这在我们是不懂的，为什么仅仅"企图的伟大"，就能取得"伟大的作品"的荣誉？但是这且不说，最能表示他的本意的是在他说：

> 最后，我必须声明，我不是从无产阶级文学的立场来观察这书以及这作者，如果那样的话，这书将更无价值，而这作者将要受更多的非难，但我相信，在目前的中国的文艺界里，对于我们的作家，那样来考察的话，是最愚蠢，最无味的事。

这是什么意思呢？这是说，为了爱护“我们的作家”起见，并且为了聊以满足我们中国现在的文艺起见，韩先生不从高的标准——即在现在是“最愚蠢”、“最无味”的无产阶级文学的立场来考察，而取了有利于《子夜》与作者的另一种的他的“公正”的立场。这是说，《子夜》如果从无产阶级文学的立场来考察，则它“将更无价值”了。直截了当的说，《子夜》是与无产阶级文学无关的，它够不上算是一部革命文学作品，……可是，这是真的么？《子夜》果真算不上一部革命文学的么？《子夜》与茅盾真的能够从革命的，无产阶级的文学里面拉开去的么？

自然，这是无论如何都不可能的。首先，我就不得不要“最无味”地指出来，韩先生对作者的好意与“公正”就是十分可疑的。因为如果看见过韩先生那些要证明中国普罗革命文学不能成立的文章，如果看见过韩先生应着杨邨人先生而树起的那小资产阶级文学之旗，那就掩瞒不了这个“公正”的真意——拆穿的说，无非想证明公认的革命作家的茅盾并非革命作家，于是茅盾就一定降低了作家的地位，这样也就证明了普罗革命文学不能成立，如此而已。至于文艺评价可以随意有高的和低的标准，而对于一部自己认为有价值的作品，却又相信如果从无产阶级文学的立场来看就会无价值起来，也就足见这位批评家的批评的靠不住，他对自己的评价的无坚信了。

在这里，就正要谈到《子夜》本身的革命价值之前，先说一说它在我们文学上的意义的必要了。并且这在我，不但是为了要对韩侍桁先生证明一件事，而且要对许多人证明一件事的。什么一件事呢？也还是先引用韩侍桁先生的话罢，他说过，“《子夜》在五四后的全部的新文艺界中，它也是有着最重要的地位”，这是要承认他说得对的。但所谓“五四后的新文艺”是怎样的东西呢？韩侍桁先生却不能正确地理解了。

所谓“五四后的新文艺”，许多人，像韩先生这类人，最愿意时常说起的，不会是一个混统的“黄金时代”，或一匹无疵的锦绣，但那主要的势力，它的一贯的主潮，却自始就是革命的，战斗的现实主义的，一贯地或远或近地跟着社会的前进的战斗势力而发展的。换言之，中国十几年来的新文学虽仍是很薄弱，但它已有一个一贯的主潮，在“聊胜于无”地反映着十几年来中国无产阶级所领头的那一贯的战斗的情势。只有这个，才是“五四”战斗精神的一个小小的文学的传统。四五年来的普罗革命文学运动，是一个崭新的运动，因为它第一次意识的接受了无产阶级的革命政治势力的领导，更意识的而向着现实而立着鲜明的新的文学口号，并且重新参加进非智识阶级的分子来。但它也不是一个新的运动，因为它秉承着十几年来中国战斗文学的传统，它先有这个历史的基础，它是从《新青年》与鲁迅一直到后来的一切社会的，现实的，前进的文学势力之更有自觉的发展。总之，中国“五四后”的十几年来的新文学，那主潮是社会的，革命的，现实主义的，前进的文学，而不是“现代评论派”，“新月派”，“××××派”，……或者现在的乏力的“第三种文学”等等所代表的那些僵尸与鬼影。在现在，普罗革命文学早已是中国新的文学的主潮，早已取得新的文学的领导者势力，也是当然的，——可惜的是，直到现在，所有“第三种人”以至一切文学上反动的人们，竟还不能明白这一个分明的事实。对于目前的我们的文学运动，他们仿佛总愿意相信这是暂时的病态的现象，于是就想要树起各种各样的文学的旗帜，并且也就时常要好像很可怀念似的提起“五四”，仿佛要挽回另一个的“五四”后的文学的“正统”。

说到《子夜》，因此，它一方面是普罗革命文学里面的一部重要著作，另一方面就是“五四后”的前进的，社会的，现实主义的文学传统之产物与发展。中国普罗革命文学如果不能承继“五四后”的前进的现实的文学的这个传统，如果没有这个基础，那么它在现在恐怕还没有力量产生出像《子夜》这样的作品，但最重要的是在如果“五四后”的文学传统不向普罗革命文学的方向发展，如果它不与革命的现实更接近或者竟与之背离，那么这个传统现在就绝对不能有《子夜》似的产物。因此，只有证明了《子夜》是一部重要的革命文学的时候，韩侍桁先生才能够论定它是在“五四后的全部新文艺中也有着最重要的地位”；只有这样才不至于陷入谬误，因为韩先生现在还不能无顾忌地以同样荣誉去送给那和《子夜》站在相反的阶级的立场的“名著”，是非常明白的，其次，即在所谓“第三种文学”中也仍分明地没有可以接受同样的荣誉的作品。总之，现在的中国，文学的情势正在证明只有普罗革命文学才能够使“五四后”的中国文学发展，而《子夜》似的巨著，是只有普罗革命文学才能拥有的。所有现在中国的一般的进步的文学都要趋向着这个主潮而发展，同时那些文学的价值，不管那作者还不曾加入革命文学的团体，现在也还是属于革命的。

冯雪峰

《子夜》不但证明了茅盾个人的努力，不但证明了这个富有中国十几年来的文学的战斗的经验的作者已为普罗革命文学所获得；《子夜》并且是把鲁迅先驱地英勇地所开辟的中国现代的战斗的文学的路，现实主义的创作的路，接引到普罗革命文学上来的“里程碑”之一。

（原载《木屑文丛》第1辑，1935年4月20日，原文署名：何丹仁）

重读《夜读偶记》

巴人

凡是一本好书，总是叫人一口气读得下去的，而且读了一遍还想再读一遍，这不论是作品或理论文章都是一样。茅盾的《夜读偶记》，对我说来，就是这样的一本好书。《夜读偶记》在《文艺报》发表的时候，就是一篇最吸引我的文章，每期到手，总首先看它。这回重读，真的是一口气读完的。

像这样一本理论书能够这样的吸引人，其原因何在呢？这问题颇引起我的思索。震于大作家之名吧，但总得“名”符其“实”。“实之不至，名将焉归”——拿不出“货色”来的东西，什么“老招牌”也没有用。为的是自己的朋友吧，这也许有一点，知其人也就容易理解其文章，但也未必尽然。文章终竟是客观存在，吸引人不吸引人不是主观代替得了的。于是我探索到它之所以吸引我的是这么两点，第一，这书战斗性强，还二，这书的理论是从实际出发的。

战斗性强的文章，总是有所为而为的。茅盾写《夜读偶记》的动机，是由于何直的《现实主义——广阔的道路》这篇文章引起了国内对社会主义现实主义创作方法的争论，并且之后，文艺界袭来了一股修正主义的文艺思想的逆流，因而写作的。我记得在文艺界反右斗争告了结束的一个大会上，茅盾曾经发表过一篇简短的演说，《夜读偶记》里的论旨，在那篇演说中透露过。文章本身是战斗中的产物。在《夜读偶记》的最后，茅盾提出自己写这篇文章的目的，主要是要解决这样两个问题：创作方法和世界观，现实主义与反现实主义的斗争。诚然，文章所涉及的方面是这两个问题，但其目的，我以为可以归纳成一句话：为了反击修正主义，保卫社会主义现实主义。全篇文章精神贯彻着这一点。文章之富有战斗精神也在于此。

《夜读偶记》书影

茅盾是在这样的基础上作为他文章的出发点的：任何种类的文学作品，在阶级社会里，都是反映着社会的阶级斗争，因而也是为阶级斗争服务的。在这里就有为人民大众利益服务的文学和为统治，阶级利益服务的文学。两者之间进行着一系列的斗争。茅盾把前者称之为现实主义的文学，后者称之为反现实主义的文学，但他又指明：文学现象是极为复杂的，在分析具体作品时，却不能简单化来对待。同时，他又指出：文学上还有浪漫主义的一派，积极的浪漫主义是和现实主义异曲而同工的，直到最后，他又强调了革命的浪漫主义是社会主义现实主义有机的构成部分。而所谓反现实主义的派别，也是多种多样的，其主要的特征是脱离现实（或逃避现实）没有人民的生活内容（或从事歌功颂德）的形式主义。为了保卫现实主义，保卫社会主义现实主义，茅盾就从中国文学发展上来论引这种文学上的形式主义，给予细密的解剖；之后，更从前世纪末开始迄今为止的欧洲的象征主义，未来主义和“现代派”等给它挖出一个社会的、思想的根株来。文章写到这里，笔锋所至，已经不仅是针对着国内，而且也针对着国外的修正主义文艺思想的逆流了。

作为一种创作方法来展开讨论时，茅盾既反对把现实主义仅仅看作是一种艺术的表现方法，也反对死扣住恩格斯的“正确地表现出典型环境中的典型性格”这个定义。在他以为，一个作家的创作方法，不能不与他的思想方法，他对事物的认识和看法，他的立场有密切的联系。并且，从某一点上看，这个包括立场、观点和方法（思想方法）的世界观对作家的作品起有决定作用的。在我们社会里，作家思想改造之重要性也在于此。但《夜读偶记》也不是简单地来解决这个问题的，而是经过一系列的复杂的分析来解决这个问题的。有的作家基本上是唯物主义的，但他的历史观却是唯心的。因而带来了创作上的历史的局限性。有的作家的政治态度是反动的，但他的认识论却有唯物主义的反映论的因素的，因之，他的作品是现实主义的，有进步意义的。对具体的作家和具体的作品就得进行具体的分析。在《夜读偶记》中特别出色的分析是对“现代派”的思想根源和社会根源。这对当前国际上反动的文艺思潮，像用照妖镜一样把它们的原形完全暴露出来了。这是给一切修正主义文学一个致命的打击。其次，《夜读偶记》对我国当前出现的所谓“高级的概念化、公式化”作品的分析也是有见地的；他指出这不是由于作者没有生活，而是由于作者马列主义思想水平不高，在认识生活过程和创造过程中，不能去粗取精，进行高度的艺术概括。我以为这一点是切中时弊的。此外，它在驳斥一味强调艺术的特殊性而想把文学从现实斗争中脱离开去的倾向，也给以有力的驳斥。

上述几点只是我随便提到的一些论点。在《夜读偶记》中有不少警辟的论点，是值得我们深思与发挥的。但它总的论点，则是把创作方法，至少包括这样的三个方面：即作家对生活的态度和立场，作家对生活的认识和看法及作家的艺术表现手法。没有前两者，也就没有后者。我以为把创作方法仅仅看作是艺术表现方法的观点是错误的，而一味强调文学艺术的特殊性的论者，就是以这种观点为基础的。《夜读偶记》之富有战斗性，就在于它不避被人讥笑为“庸俗社会学”，敢于把世界观与创作方法密切结合起来，而念念不忘文学的社会教育和斗争的任务。

但如果像我上述那样抽象地，原则地来叙述一番理论，《夜读偶记》是不会那样吸引我的。《夜读偶记》的出色之处，还在于作者有广博的文学史和哲学史的知识，每解决一个问题，总是从历史的、现实的情况出发；我记得，恩格斯说过：学习哲学没有别的办法，只有熟读哲学史。我以为，要提高文艺理论也没有别的办法，只有熟稔文学史和熟读作品。理论以知识为基础，没有知识，空谈理论，理论是提不高的。《夜读偶记》可以纠正像我这样的所谓批评家的弊端。但《夜读偶记》出色之处还在于作者不摆起一套理论的架子，用漫谈的形式，说到哪里就写到哪里，看来结构好像十分松散，但贯彻着一个中心思想，贯彻着作者对三十多篇文章的感触，是有所为而发的。而作者文章的生动，说理的婉约，见解的警辟，尤为一般理论批评工作者所不及。我以为《夜读偶记》也可以作为我们理论批评文章文风枯涩的针砭的。从它那从实际出发、古今中外论列文学的动向这一点上说，倒很有点像俄国大批评家的别林斯基那样的气魄，是颇为纵横捭阖的。作者从事文学工作的开始，本来是以冬芬等的笔名搞文学理论批评的，之后，从事于创作，而现在又发挥他文学理论批评之所长；这是可喜的现象。《夜读偶记》可以说，是我们文艺理论批评上一大收获。

有人不同意北大学生写的《中国文学史》中那种现实主义和反现实主义的简单的论述，而归因于《夜读偶记》，但谁要是细读了《夜读偶记》，文章本身的分析，就不是简单地对待这问题的。比如，他对于韩愈与前后七子的复古运动的分析，对于有些“现代派”作家政治上的进步立场以及他在文学上的转变等等，作者都充分运用了“两点论”看问题的方法。何况文章的目的，如果像我说的，是为的反击修正主义者，保卫社会主义现实主义，因而对浪漫主义，特别是对积极的浪漫主义论列不多，那也是可以理解的。其实，在《夜读偶记》里的很多论点，都是很概括的，有不少论点，是足以发人深思，而引导理论批评工作者去发挥和争论的。我希望作者继《夜读偶记》之后，还有其他引申，发挥的论文出现。

（原载《读书》1959年第14期）

对《夜读偶记》的一个质疑

郭志今

茅盾同志的《夜读偶记》发表以后，受到了读者广泛的重视。作者告诉我们，它所论述的问题，主要是两个：创作方法和世界观的关系，现实主义与反现实主义的斗争。但实际上远远地超出了这个范围。它涉及了文学上的很多重要问题，对古今中外各个文艺流派作了扼要的考察，可以说是一本文艺思潮概论。引证的材料丰富，有很多精辟的见解。

关于它的优点，是大家所知道的，我不多谈，只想对本书所论述的主要问题之一——现实主义与反现实主义的斗争问题，提出自己的看法，就教于大家。

现实主义与反现实主义斗争这个公式能否概括文学发展的历史，这是1956年以来大家所关心的问题。《夜读偶记》对这个问题的答复是肯定的。我觉得还有值得商榷的地方。

在《夜读偶记》的论述中，作者把思想倾向和创作方法混淆起来了。这从作者对《诗经》汉赋等的分析中可以看出。我们知道，作为上层建筑的文学艺术，是表现一定阶级的思想倾向的，因而阶级斗争不能不在文艺领域内反映出来，形成文学上的思想斗争。这种斗争，同现实主义与反现实主义斗争是两个不同的概念。前者指的是文学的思想倾向，即作家的世界观；后者指的是创作方法。两者虽然有联系，但究竟不是同一个东西。其实，在文学史上，和反现实主义斗争的也不只是现实主义，积极浪漫主义就是一支不可忽视的力量。欧洲19世纪初期的浪漫主义运动就是突出的例子。在我国，虽然没有浪漫主义运动，但是，像陈子昂，李白这样的浪漫主义诗人，对于齐梁的形式主义诗歌的否定，也足以说明这个问题。我以为，在考察文学史的发展规律的时候，除了注意文艺界思潮外，更重要的是去具体的分析各个时代的文学作品，然后找出规律来。因为文学史和文艺思想史毕竟不同，离开了作品，就无所谓文学史规律，虽然这两者有其密切的关系。《夜读偶记》在论述现实主义与反现实主义斗争时，比较侧重于文艺运动的分析，而对于作品，除了《诗经》、汉赋外，只是一笔带过。

为了说明我产生这种看法的根据，摘引作者以下两段文字。茅盾同志在提出“前后七子”的作品没有反映多少现实后，写道：

继承而且发展现实主义传统的光荣任务，包括“前后七子”在内的明朝士大夫阶层的文人们并没有很好地担承起来。正像宋、元两朝一样，这个任务由人民中间的无名作家来完成了。……阶级社会中产生两种文化的理论，在这里又得到了事实的证明。

在第33页，作者又说：

在阶级社会中，反映了阶级斗争的两种文化的斗争，一方面是壁垒森严，而另一方面则又极其错综复杂。人民的文艺活动所特有的创造性和活力……使他们（指进步的文人学士——引者）学习人民的文学，从而使得现实主义的影响扩大起来；但是，这也同时常常反过来影响着人民的文学活动，缓和了表现在这方面的思想斗争，阻滞了现实主义的迅速发展。

在这里，作者显然是以阶级社会的“两种文化”的斗争，来解释现实主义与反现实主义斗争的。这种看法是值得考虑的。列宁在“民族问题的批评意见”中说：“每个民族文化里面，都有哪怕是不大发展的民主主义的和社会主义的文化成分，因为每个民族里面都有劳动的和被剥削的群众，他们的生活条件必然地要产生民主主义的和社会主义的思想体系。但是在每个民族里面也都有资产阶级的文化，（而且在大部分的民族里还有黑帮的教派的文化）……”列宁在这里所说的是资本主义社会的两种不同阶级文化的不同思想倾向。把这个著名的原理加以引申，去阐述阶级社会的文化思想、艺术思想上的阶级斗争，是可以的。不过，我们应该看到，文化思想、艺术思想上的阶级斗争，虽然对创作方法有影响，但决不就是创作方法。因此，用作为思想倾向的两种文化的斗争来解释作为创作方法的文学上的现实主义和反现实主义的斗争，是不妥当的。这样会造成概念上的混乱。”事实上我们从作者的论述中已经看到这种概念模糊的地方。“在阶级社会初期，阶级斗争就反映在社会中的被剥削阶级所创造的文艺作品中，而由于被剥削阶级的阶级本能及其斗争的性质规定了它对于文艺的要求和任务，因而它的这种文艺就其内容来说是人民性的，真实性的，就其形式来说是群众性的（为人民喜见乐闻的。）这就产生了现实主义的创作方法。”然而，我们知道，仅仅内容是人民性的、真实性的，形式是群众性的，并不是现实主义作品所特有的，有很多积极浪漫主义的作品也同样具有这些条件。

作者对于《诗经》的分析，实际上就是“两种文化论”的具体运用。他把《诗经》分为两大类：一类是“变风”、“变雅”，另一类是全部的“颂”，小部分的“风”，以及大部分的“雅”。并且从“为谁而作”这一点出发，说第一类是表达被统治阶级意志的，属于现实主义；第二类是为统治阶级歌功颂德的，属于反现实主义。这样的分析未免有些简单。第一类作品，即所谓“变风”“变雅”这一类“为事”“为人”“有所为”而作的诗篇，也不能全部把它归入现实主义的范围。比如“魏风”的“硕鼠”，诗人以硕鼠影射统治阶级，对统治者发出了怨恨与控诉，表现了对没有剥削的社会理想——“乐土”的追求：“硕鼠硕鼠，无食我黍！三岁贯女，莫我肯顾。逝将去女，适彼乐土。乐土乐土，爰得我所。”这样的诗，说它是积极浪漫主义的作品，也未尝不可。至于第二类作品，就作者所举出的“载芟”、“良相”（均为“周颂”）、“大田”（“小雅”）来说，虽然这些诗的篇章，结构和造句都很呆板，文学语言干枯，但却真实地描写了当时的农业生产过程，也不能把它划入反现实主义而加以否定。再说，以“为谁而作”来划分现实主义和反现实主义，也是不妥当的。因为现实主义的作品，是为人民服务的，但并不是所有为人民服务的作品都是现实主义的作品。大家知道，屈原的诗歌是公认的积极浪漫主义作品，然而，它同样是为人民服务的。这样的例子在文学史上是屡见不鲜的。

从文学史事实看，现实主义和反现实主义斗争这个公式，并不能概括丰富复杂的全部文学史。积极浪漫主义在文学史上也自有它辉煌的一页。周扬同志说：“毛泽东同志提倡我们的文学应当是革命的现实主义和革命的浪漫主义的结合，这是对全部文学历史的经验的科学概括……”（“新民歌开拓了诗歌的新道路”，《红旗》创刊号）可见，作为创作方法，积极浪漫主义和现实主义一样，在中外的文学史上都是“古已有之”的。《诗经》是中国的第一部诗歌总集，虽然它的现实主义倾向特别强烈，但是也不能说没有积极浪漫主义的成分，楚辞不用说是积极浪漫主义作品；就是一向被认为是现实主义作品的汉魏乐府，也有或多或少的积极浪漫主义的东西。例如“陌上桑”，我们似乎很难说它的创作方法是现实主义的，以后如曹植、阮籍、陈子昂、李白等的诗歌，《西游记》、《封神榜》等小说，《牡丹亭》、《长生殿》等戏剧，都是不朽的积极浪漫主义杰作。在欧洲，从古希腊开始也就存在着现实主义和积极浪漫主义两种倾向。我们看到：不但有较强的现实主义倾向的《伊利亚特》，而且有较强的浪漫主义倾向的《奥德赛》，不但有基本上属于现实主义创作倾向的索福克利斯，而且有基本上属于积极浪漫主义创作倾向的欧，里庇底斯，就是一向被认为是现实主义作家的莎士比亚，他的《暴风雨》也是一积极浪漫主义的作品；至于浪漫主义运动前后的歌德、席勒、司各德、拜伦、雪莱、雨果……等积极浪漫主义作家的作品，就更不用说了。由此可见，积极浪漫主义的作家和作品，在文学史上有着光辉的地位，假如我们把文学史归结为现实主义和反现实主义的斗争，就必然会以现实主义来代替积极浪漫主义，从而贬低浪漫主义在文学史上的地位。诚然，从对反映现实和对现实的态度而言，积极的浪漫主义和现实主义有着相同的一面，但是，作为创作方法它们毕竟是不同的，谁也不能代替谁，我们无需把积极浪漫主义归入现实主义。茅盾同志也指出："积极的浪漫主义，可以说是和现实主义异曲而同工（当然这不能误为现实主义和浪漫主义可以混同）……"既然是"异曲同工"，那我们就不但要研究其"同"，而且要研究其"异"，对于学术研究来说，这一点是十分重要的。可是，虽然作者在括号内特别注明"不能误为现实主义和浪漫主义可以混同"，而接着却写道："如果因为中国文学史上还没有像法国十九世纪前期那样的浪漫主义运动，而无视于中国文学史上很鲜明地存在着的现实主义和反现实主义的斗争，是不合实际的。"这里似乎是把法国十九世纪前期的浪漫主义运动，也看作是现实主义和反现实主义斗争。就是说，在这里，现实主义和浪漫主义被"混同"起来了，并且以前者代替了后者。由于作者只着眼于现实主义和积极浪漫主义的相同点，而忽视其不同点，于是在具体论述时便把积极浪漫主义作品摈弃在一边了。

由于作者用现实主义和反现实主义斗争这样一个不符合文学史事实的公式来概括文学史的发展，因而不能有分别地、实事求是地对待那些并非表现反动阶级思想的作品，而把它划到反现实主义文学的范围内去。他说："还有一种反现实主义的文学，也曾经在各个历史时期出现，不过不一定居于正宗，的地位。这就是游仙诗而后的所谓山林隐逸一派的作品。它们是逃避现实的。这两种的反现实主义文学，前者通常出现于封建皇朝的强盛时期（初唐盛唐是例外），后者通常出现于封建统治削弱、政治黑暗，社会变乱的时期"，这样的论断未免太简单一些。对于那些所谓游仙诗和山林隐逸一派的作品，我想还需要具体分析。假如把这些作品不加分析地划入反现实主义，从而把它和反动文学一起否定掉，未免太简单了。比如陶渊明，他有相当一部分"山林隐逸"的作品，反映了他的逃避现实的态度。然而，在那黑暗的社会中，他不与统治阶级同流合污，而“拂衣归田里”，隐逸于田园，却不失为一种反抗，尽管这是消极的反抗。我指出这一点，无非是想说明：对于这类作品，我们还应该慎重，否则对于正确地继承文学遗产是不利的。正是这样，所以作者在肯定“阶级社会内，文学的历史基本上就是这样的现实主义与反现实主义的斗争”以后，也不得不补充说：

> 但是，这并不等于说，阶级社会内一切的文学作品和文学作家都可以这样简单地划分为若非现实主义的，就必然是反现实主义的了。……在文学史上出现了既非现实主义但也不是反现实主义的作家和文学作品，也就是说，出现了既非现实主义但也不是反现实主义的创作方法，例如浪漫主义，以及像波特莱尔那样的被称为颓废主义的作家和作品（连同他的创作方法）。这些非现实主义的作家和作品，有进步的，也有反动的……

这一段话应该说是完全正确的。然而，这样一来，上面的论点便不能自圆其说了，也就是说，自己推翻了自己的结论。

（原载《读书》1959年第14期）

诱惑与困境
——重读《子夜》

徐循华

一、问题的提出

当我重新读完茅盾的长篇小说《子夜》十九章，我的心里升腾起一种说不清的复杂的感觉：惋惜、遗憾，甚至有些困惑。我不否认茅盾是一位杰出的现代小说家。他那艺术家的天赋和小说家的才华从他出手不凡的《蚀》三部曲中就已显露出来。然而，在读《子夜》时，我总觉得它的作者与《蚀》的作者不像出自同一位茅盾之手。两部作品给读者的艺术感觉与审美效应如此悬殊、简直判若两人的现象还似乎少有。这不能不被看作一个“矛盾”观象！而以往的文学史家和绝大多数的文学研究者一般都持这样的观点：《子夜》是茅盾创作道路上的里程碑，也是他的小说创作进入成熟的新阶段的标志。

不错，《子夜》与《蚀》相比的确是“转变”了。《子夜》摆脱了洋溢于《蚀》中的苦闷情绪。作者不再沉湎于个人的迷惘与苦痛中而是登高俯瞰，将视角投向整个的动荡不安的中国社会和国民广泛关注的民族命运。茅盾告别了脆弱的小资产阶级青年知识分子方罗兰、章秋柳、静女士和孙舞阳他们，毅然从《蚀》沉郁压抑的小说世界中挣脱出来，营建构筑了一个崭新的小说世界：《子夜》——30年代中国社会的“全景图”。可问题是，作家的“世界观”的转变能不能标志着艺术创作的“成熟”。“转变”其实也未必尽人心意。尤其对于一个小说家来说，在变化的过程中也许会有意或者无意地失去了他既有的独特审美个性呢！

当我反复琢磨过《子夜》的“后记”、“再来说几句”还有

《〈子夜〉是怎样写成的》这三篇茅盾的创作谈后，我勾引出一个疑问：假如没有1930年的那一场激烈的中国社会性质的论战，茅盾会不会有兴趣动笔写《子夜》？倘若没有那一场论战，茅盾的《子夜》又会不会呈现另一番格局、与今天我们读到的《子夜》不同的建构风貌？一场理论论辩，居然诱发了一个作家的创作欲望，以至于他要“用小说的形式”“给以形象的表现”，“进而达到这一目的”：问答了托派，中国并没有走向资本主义发展的道路，中国在帝国主义的压迫下，是更加殖民地化了①。这种现象发生于已经写出《蚀》那样令人心颤感人肺腑的小说的茅盾身上，我总觉得有些奇怪。同一个茅盾，在写《蚀》时，“波浪似的起伏的情绪在笔调中显现出来，从第一页以至最末页”②，而到了《子夜》中却显得如此拘谨冷静和沉着，彻底地收敛了《蚀》中沸沸扬扬的激烈情绪，这是为什么？

与《蚀》或后来的长篇相比，《子夜》究竟是不是“成熟的”或者“成功的”作品？

二、《子夜》的困境

还是让我们走进茅盾构筑的《子夜》艺术世界吧。

茅盾自己也认为他擅长于写长篇。《蚀》已经证明了他写长篇的才能。而《子夜》的开头两章更显示了他的优异的小说家的才华。开头两章中铺开了全部的人物关系，显示了他对生活广度和和阔度的把握能力。宏观的历史背景与人物活动场景有条不紊地呈现在读者面前。这样宏大的场面与巨大的规模也只有茅盾这样的大手笔才能做到。我不得不折服于茅盾的艺术才华。

然而，我又不免为茅盾感到担忧。因为我也明显地感觉到了蓄意涂抹在作品中的作者本人的意念。比如，茅盾在第一章中写到吴老太爷的猝亡。乍一看，这是一个绝妙的构思，这个事件引出了第二章中

①茅盾：《子夜怎样写成的》。
②茅盾：《从牯岭到东京》。

重要人物的出场。但是也许是过于机智，有时也难免弄巧反成拙。茅盾居然让笔下的人物替他点破了吴老太爷猝死这一情节背后隐含着的隐喻空间。在第一章结束时，范博文两次对众人大发议论，吴老太爷好像是“古老的僵尸”，从农村“坟墓”中走出，一进入现代文明的都市后就为和太阳空气接触便“风化”了。这分明是茅盾要向读者表白的个人见解。这么一来，我真正感觉到吴老太爷之死是茅盾蓄意制造的一起“人命案”了。茅盾曾在一篇文章中指出这一情节是“双关的隐喻”。可我反而觉得这一作法有些不高明。

这样的败笔在后面的章节中多次出现。比如在第六章中曾家驹掏出他视为珍宝、又脏又皱的国民党党证在吴公馆中炫耀时，杜学诗愤然抨击道：“见鬼！中国都是被你们这班人弄糟的”。这明明又是茅盾满腔愤怒的泄漏。

根据茅盾原来的创作计划，他打算将《子夜》写成一部农村与都市的交响曲，包括“农村的经济情形，小市镇居民的意识形态，以及1930年的《新儒林外史》”，而据他说是“因为天气的酷热”损害了他“身体的健康而不得不缩小了原来的计划，只偏重于都市生活的描写”[①]。但我怀疑这是一种微妙的托辞，其中隐含着作者的苦衷。当我读到《子夜》第四章时，我就感到茅盾的原定计划注定要落空。茅盾很明显地表现得笔力不逮，对农民暴动写得很浮泛，农民形象的描摹更显得粗疏浅显。茅盾后来也承认这种人物的描绘“非当时作者的能力所能胜任”。在创作《子夜》期间，茅盾曾发表了《春蚕》、《秋收》、《残冬》这三个短篇构成的“农村三部曲”，将本拟写入《子夜》中的部分内容独立了出去，我们觉得这犹如割弃了一个“累赘”。因为“农村三部曲”写得并不很成功，尤其是“三部曲”中的后两篇概念化倾向十分明显，说它们是失败之作也不为过分。

茅盾是一个聪明的作家，但他本来就是一个出色的明智的文学评论家。一旦他意识到自己的创作陷入窘境，对农民形象无力把握以至无法作出深刻的描绘、在第四章“写下的东西越看越不好”时，他果

---

①茅盾：《子夜·后记》。

敢地改变了原来的计划，割弃了农村部分的“乐章”，于是《子夜》中的农村部分只留下了一节茅盾不忍割弃的“前奏曲”。第四章在《子夜》中极不和谐协调。茅盾后来称之为“半肢瘫痪”，我倒觉得更像一个人被截去了一条腿似的。

我并不因为茅盾改变原定计划而感到可惜。我反而为他的明智的决定感到庆幸！当我看到后面第十三章第十四章和第十五章中他对工人形象苍白无力的描绘时，我才真正为茅盾感到遗憾了。很显然，茅盾不仅仅不熟悉农民生活，更不熟悉工人的生活。对工人的刻画尽管他费了许多的笔墨，花了很大精力，也写了很大的篇幅，但还是免不了陷入困境。《子夜》中的工人形象几乎被读者和研究者公认是最不成功的。写到罢工运动领袖蔡真、玛金、苏伦等人时，茅盾连最起码的想象力也无从发挥了，他不知道这些人平常说什么活，不得不借助于自己从政治宣传的小册子上学到的政治观点让这几位工人领袖展开激烈的思想斗争和路线斗争。在十三章、十四章和十五章里，作者写了一串又一串毫无个性的对话。给我的感觉是，一片争吵声！茅盾在《子夜》中塑造的这些工人形象和蒋光赤在《短裤党》、《少年漂泊者》等篇中的工农形象在我的印象中重叠起来，他们是何其相似！

于是，茅盾将一只脚从“光赤式的陷阱[①]”中拔了出来，割弃了农村部分的题材，随后又将另一只脚陷入进去。他眼睁睁地陷进了概念化的困境中不能自拔了。

每一个作家都有着自己的体验人生、表现生活的视角，他的经历与体验必须是属于他自我的。只有当他从这一属于自我的独特的审美视角出发，他才能发现别人未曾发现过的独特的世界，创造出别人未曾创造过的美。只有这样，在他抒发自己的审美感受时他方显得从容、舒缓，行文也分外潇洒流畅。他创造的美也才具有独特的审美价值和艺术魅力。但是，一旦他偏离了自己的审美视角，闯入他并不熟悉的领地，明明缺乏这个领域的审美感受与生活体验却非要捉笔耕耘

①所谓“光赤式的陷阱”，语见丁玲《我的创作生活》一文，意指不尊重自我的什么体验，而从非审美的理念出发演绎生活，从而导致作品的概念化倾向。

时，无论他是多大的手笔，也会觉得力不从心，对他所要涉猎的审美对象也只能浮光掠影了。也许是因了茅盾的那股子倔犟劲与对于自己“分析现实”能力的自信，茅盾坚持了对工人斗争的描写计划。然而，艺术女神是公允严厉的，她没有让茅盾获得成功。

是的，在读第一、二章时，我确实为茅盾制造的宏大声势与壮阔之美而高兴过。然而，到了《子夜》的终篇部分，我隐隐感到作者笔力的不支，他似乎没有耐性再写下去了，十九章本来是吴荪甫最倒霉也最能体现这个人物的个性的关键，茅盾却掷笔收场了。他似乎连最后的创作热情都没有了。没有了创作激情的维持与驱使，他便急匆匆地从《子夜》不和谐的世界中逃脱出来，他疲惫不堪地收兵终场了。这样匆忙的没有高潮的结尾给人灰溜溜的感觉，从整体上看《子夜》有点“虎头蛇尾”。这难道不是一个大大的缺陷吗？

以往人们一向认为，《子夜》成功地描绘了20年代民族资本家形象。可我重读《子夜》时并不觉得如此。实际上，无论是谓“光赤式的陷阱”，语见丁玲《我的创造生活》一文，意指不尊重自我的审美体验，而从非审美的理念出发演绎生活，从而导致作品的概念化倾向。茅盾笔下的吴荪甫、赵伯韬、杜竹斋，还是周仲伟、朱吟秋、孙吉人、唐云山等资本家，这些人物给读者的印象也很浮泛空洞，并不深刻，也没有魅力，甚至并不能激起读者的审美兴趣与阅读欲望。这些腰缠万贯的大亨们常常在一起信心十足地山谋划策，筹划民族工业发展的前景和方案。他们惴惴不安地做股票投机，气势汹汹地压制工人的骚动，像吴荪甫甚至紧张得很少与夫人交流感情以至于佩瑶这位美丽的女人终日闷闷不乐，他曾说自己过日子“简直是打仗的生活！脚底下全是地雷，随时会爆发起来，把你炸得粉碎！”而其他的资本家又何尝不是这样呢？合上《子夜》，这些资本家给我的印象差不多重叠起来，除了吴荪甫，其他人在我的印象里模糊不清了。

透过这些风尘仆仆的资本家的紧张活动，我却对茅盾提供的另一个信息即国家时事的变迁动荡诸如军阀大战与红军活动有了初步印象。但我总觉得这有些不谐和。如果说这些资产阶级大亨关注时局与自己利益有关还情有可原的活，那么，第九章中吴芝生、张素素的参加“五卅”纪念活动就有些不合情理了。我理解作者的一片苦心，为了反映“五卅”纪念活动，反映工人群众的斗争热情，作者不得不让他笔下的人物走上南京路通过他们的眼光来反映这一最大的政治运动过程。可我总觉得没有这个必要让张素素冲入熙熙攘攘的示威人群中去。她们是茅盾要求并被硬拉入示威者行列之中的。

我曾多次犹豫过，说《子夜》有如许的败笔与缺陷，甚至还要进一步说《子夜》是一部失败的艺术品，这是否有些轻妄了？

我面临着这么一个问题：为什么《子夜》自出版至今，从瞿秋白的欢呼赞扬声开始，却没有人提出异样的声音？

对此，我们不能忘记茅盾本人的解释：“《蚀》与《子夜》在发表时，曾引起了轰动，其原因，评论家有种种说头，但我总以为我敢涉足他人所不敢写而又是人们所关注的重大题材，是原因之一，例如直接反映1927年大革命的作品，除了《蚀》，似乎尚无其他的，在30年代，以民族资产阶级及买办资产阶级作为描写对象的，也只有《子夜》”[①]。

我上面已说过，作家会因他对生活把握的独特审美角度而创造出一个新颖的他人未曾发现的美的艺术世界。读者一旦看到这样的新奇世界，好奇心的驱使足以让他去一睹风采。茅盾回忆当年《子夜》初出版时的反响，连许多资本家的太太小姐们和舞厅的舞女们都争购争阅《子夜》，就因为茅盾写到了她们的生活[②]。

应当承认，中国现当代作家一向注重反映重大的政治生活内容尤其是人们关注的历史性事件。比如，蒋光赤反映上海工人武装起义的小说《短裤党》。尽管艺术上极为粗糙，但这篇小说在以往的文学史中地位颇高。“政治标准第一，艺术标准第二”的教条界定了研究者的批评尺度与价值标准而不可能作出美学的评价。如对丁玲的《桑干河上》、周立波的《暴风骤雨》等小说的艺术局限人们总是一笔带

①外文版《茅盾选集·序》。

②茅盾：《我走过的道路·〈子夜〉写作的前前后后》。

过，似乎很忌讳谈论局限性，但人们又往往是将评判的目光集中于作品的思想局限。

由以往人们对《子夜》、《桑干河上》、《暴风骤雨》、《创业史》、《山乡巨变》甚至《金光大道》，直到前些年喧哗一时的张洁的《沉重的翅膀》和柯云路的《新星》的评论，我产生了这样的想法，许多年来，中国作家都将创作热点聚集于人民大众广为密切关注并且更渴望得到答案的、与人们的利益切身相关的重大现实生活问题上。一旦这样的作品在期待中出现，马上产生“轰动效应”。奇怪的是，作为特殊身份的读者的文学批评家们面对这种曾引起轰动的作品往往表现得茫然与困惑，因为这类作品知名度较高，使给研究者带来了无形的心理障碍：既是名作，受到过人们的欢迎，那么就不能谈缺陷和局限性问题。更何况以往的文学评论与文学史研究绝大多数也仅仅从社会学角度出发，形成了批评的“定势”，以至今天有人要从自己审美感受出发对《子夜》作出比较适当的美学价值评判也只能限于“窃窃私语”，而“不足为外人道也”，仿佛这里有一种难言之隐。这种情况很难说是正常的。

三、纯洁的诱惑及其他

那么，究竟是什么使得已写出《蚀》那样优秀之作的茅盾在《子夜》中却陷入了重重的艺术困境呢？

茅盾写作《子夜》期间曾发表过一篇重要的文学论文《我们所必须创造的文艺作品》，可将它作为评价《子夜》的窥孔。茅盾认为“立在时代阵头的作家应该负荷起时代所放在他们肩头的使命”，这个使命的“最低限度，必须艺术的表现出一般民众反帝国主义斗争的勇猛，……必须指出只有民众的加紧反抗斗争，然后沪战中士兵的血不是白流，然后可以打破帝国主义者共管中国的迷梦”！

这就可以解释茅盾为什么要硬着头皮去写工人罢工和蔡真、玛金等人的路线斗争了。在茅盾的思想里，删削了这些，就无法完成自己的"历史使命"了。那他何必写《子夜》呢，有什么意义？

茅盾的文艺主张一向如此，坚持文艺为人生，作家必须承担起"指导人生"的使命。我们可以纵观一下他不同时期的相同文艺观。"自来一种新思想发生：一定先靠文学家做先锋队，借文学的描写手段和批评手段去'发聋振聩'，……中国文学家应有传播新思潮的志愿"①。"文学是有激励人心的积极性的。尤其在我们这时代，我们希望文学能够担当唤醒民众而给他们力量的重大责任"②。"描写现代生活的缺点，搜求它的病根，然后努力攻击那些缺点和病根，以求生活的改善。这便是现代文学家的责任"③！茅盾写《子夜》时仍念念不忘"文艺家的任务不仅在分析现实，描写现实，而尤重在分析现实，描写现实中指示了未来的途径"④。这些文章的字里行间，澎湃着茅盾内心的强大而热烈的政治激情。茅盾是一个政治意识尤其强烈而又有着良好艺术直觉的小说家。不难发现，茅盾是一个有着远大政治抱负的作家，他甚至就是一位用文字来为他的政治理想服务的社会活动家。他曾"真诚地自白：我对于文学并不是那样的忠心不贰。那时候，我的职业使我接近文学，而我的内心的趣味和别的许多朋友——则引我接近社会活动"⑤。茅盾并不是甘愿全心全意地献身文学事业的人，他并不像西方的卡夫卡、普鲁斯特那样狂热地虔信缪斯女神。照茅盾本人的说法，写《子夜》不过是以它来参加社会性质的论战表明自己的态度罢了。这不是有"传声筒"的嫌疑吗？

朱自清在评价《蚀》与《子夜》时曾指出，"前一本是作者经验了人生而写，这一本（指《子夜》）是为了写而去经验人生的"。"这本书（《子夜》）是细心研究的结果，并非'写意'的创作"⑥。而《子夜》的艺术困境不正由于作者"细心研究"、肢解了

---

①茅盾：《现在文学家的责任是什么？》。
②茅盾：《社会背景与创作》。
③茅盾：《"大转变时期"何时来呢？》。
④茅盾：《我们所必须创造的文艺作品》。
⑤茅盾：《从牯岭到东京》。
⑥朱自清：《〈子夜〉》。

自己的审美感受造成的？按照既定的理性的先验框架去构建小说人物世界而非从审美冲动的逻辑起点出发进行创作，非审美的政治意识与审美意识的冲突导致了《子夜》的艺术缺陷。难道不是这样的吗？

胡愈之

当一位作家抛开了自己已经具备的把握现实世界的审美视角，弃自己的生活经验于一旁而不顾却单纯地从某种先验的政治观念出发来构筑自己的小说世界时，他怎么可能获得成功呢？当一个作家在创作过程中一直为理性的框架所束宥制约着时，他又怎能宁静地深化并观照自己的审美感受？直到晚年，茅盾还谆谆教导人们要用唯物辩证法的矛盾规律指导自己去观察生活、分析生活，要反复地将自己的生活感受去印证矛盾的对立统一规律从而使之符合辩证观点。让理性的意念去驾驭感性的体验，让政治的激情统领审美的感性冲动，这是中国作家小说创作的一大通病，也是他们审美素质匮乏的表现。茅盾也不例外。

我们都知道茅盾有好几部长篇的创作计划未能如愿完成。《第一阶段的故事》、《霜叶红于二月花》、《锻炼》等，都是如此，这莫非是政治家人格战胜了艺术家的人格，从而放弃了自己的创作冲动吗？艺术的审美冲动被政治激情缓冲以至淹没了，他始终不能平静下来回味并深化自己的生活体验与审美感受，政治家的激情在他心中不安地躁动着使他无法安宁。于是，强烈的政治意识一直是一种纯洁的诱惑伴随了茅盾的大半生。茅盾的生前好友胡愈之先生认为，茅盾一生以“革命”为事业而以文学为方式、手段[1]。我认为我们应该正视

①见《忆茅公》一书中胡愈之的文章。

这一残酷的悲剧现实，以此为研究茅盾作品的出发点。同时，这也是研究其他中国作家及其作品得失的逻辑起点。当我冒昧写下一上面这些文字后，我不禁困惑起来。对茅盾《子夜》这样的“名作”，不少研究者分明早就意识到了它的重大的艺术缺陷，也明明在心中觉得它不是一部成功的艺术杰作，但是他们为什么总是含糊其辞不愿公开自己的观点呢？在思想解放了的今天，我们早该大胆地将许许多多隐藏于各自心中的真实观点真诚地公诸于世了！毫无疑问，真诚的文学批评与文学史研究态度有助于推动现代文学史研究使之进入一个辉煌的崭新时期。

1988年5月初稿

暑假修改于海安镇

9月三稿于华东师大

（原载《中国现代文学研究丛刊》1989年第1期）

评《子夜》所谓“主题先行”

——对“重写文学史”的一点看法

庄钟庆

前些年，中国现代文学研究界某些论者在“重写文学史”的口号下，对中国现代著名作家作品进行重评，茅盾也是重评的重点作家之一，其中《子夜》是重评茅盾的重点，几篇重评《子夜》的文章，几乎不约而同地非难《子夜》是“主题先行”，究竟这是怎么一回事？

所谓“主题先行”，通常指的是“四人帮”推行的不是从生活出发进行创作，而是依据其极左路线的需要，选取材料，确定主题，安排人物，构思情节的形式主义创作方法。周扬在《继往开来，繁荣社会主义时期的文艺》一文中指出：“四人帮”在文艺上传播的诸如“‘三突出’‘主题先行’之类的谬论和帮八股的恶劣文风”，给党的文艺事业造成了严重的灾难。茅盾在《漫谈文艺创作》一文中也指出：“四人帮”“搞什么‘主题先行’，让作家们闭门造车，”这是他们为了篡党夺权制造阴谋文学而肆意违反毛泽东同志关于创作方法的正确论述。倘若将“四人帮”搞的“主题先行”强加给《子夜》，那简直是不伦不类。

有的论者说，《子夜》的“主题先行”，指的是“作者先认识中国是什么社会性质”，然后搜集材料，进行创作。这个说法符合实际吗？茅盾关于《子夜》的创作过程有过相当多的论述，只要不带任何偏见，而是全面地、完整地了解他的前后自述，不难发现，上述的说法是完全站不住脚的。

茅盾在1939年《〈子夜〉是怎样写成的》一文中相当明晰地表述《子夜》的创作过程。他说早在1930年春由日本回上海后，因眼疾，神经衰弱等病，不能读书作文，每天访问亲友，其中有革命党，自由主义者，企业家，公务员，商人，银行家。从他们那里听到很多社会现象。当时便打算用这些材料写一本小说。后来，病好了，能看书，“看了当时一些中国社会性质的论文”，便把所“观察得到的材料和他们的理论一对照”，更增加他写小说的兴趣。1955年在《关于文艺创作中一些问题的解答》中，他又说，《子夜》中人物的举动风度，是他平时都看到的，“有些事情是在写书的两年前看到的”，“总的来说我写这本书是渐渐积累生活经验，慢慢酝酿人物，并不是先有题目后找材料的”。

可见，《子夜》的创作是茅盾以熟悉的生活为基础，然后在马克思主义观点指导下，择取自己感受较深，且能表现主题思想的部分，构成题材，同时，概括了许多活人创造出人物形象。这种“源于生活，高于生活”的创作方法，是符合文学创作规律的。那种认为《子夜》是“先认定中国是什么社会性质”，然后再去搜集材料进行创作的说法，是不符合事实的。据此，说《子夜》是“主题先行”，自然是心造的幻影。

我们并不讳言，过去文学界曾流行过“从主题出发也可以写出好作品”，“先有题目后找材料”，“领导出题目，群众出生活，作家出笔头”等等主观主义创作方法。这些违反创作规律的做法，不是从生活中产生主题与人物，而是先有主题思想而后去找人物和材料。这就必然产生出一大批公式化，概念化的作品。对此，茅盾深有体会地说，他在创作《三人行》时，“犯了出题目作文章的毛病”（《关于文艺创作中一些问题的解答》）。因之，“作品不真实，人物概念化”（《茅盾选集·茅盾》）。

如果说，那种认为《子夜》是根据某种理论而搜集材料进行创作的所谓“主题先行”论，是有些人由于对《子夜》创作过程不甚了解造成的，那么，有些论者一再指责《子夜》是“主题先行”，恐怕别有意图。有人说，《子夜》“预先如设置好主题”，“有了这么一个明确的政治目标”即“是为政治的”，作家“有意识地在演绎，印证某种政治观念。”换句话说，《子夜》“主题先行”指的是主题“是为政治的”，因之，作品成了某种政治观念的演绎。为了论证这个观点，这位论者引用了朱自清有关《子夜》的一段评论作为依据。他说朱自清认为《子夜》“是为了写而去经验人生的”，《子夜》是细心研究的结果，并非‘写意’的创作。”据此，这位论者认为《子夜》“按照既定的理性的先验观念进行创作，”导致“非审美的政治意识与审美意识的冲突”，造成了《子夜》艺术上的缺陷。

应该指出，朱自清确实说过《子夜》是“为了写而去经验人生的”。这个说法如上面所说的并不是符合实际的。茅盾写作《子夜》“不是为了要写那样的生活就去看那些生活”。（茅盾《关于文艺创作中一些问题的解答》）然而朱自清并没有引出由于“理性的先验”或“政治意识”造成《子夜》的艺术困境的结论。相反，他认为《蚀》和《子夜》都是大规模的分析的描写，“真能表现时代”的作品。由此看来，企图借助朱自清有关《子夜》的论述，从政治上、思想上、艺术上否定《子夜》的价值，那是落空的。

主题“有明确的政治目标”，或“为政治”，作家便就是“有意识去演绎，印证某种政治观念”。这是“单线思维方式”，经不起事实的反驳。鲁迅说自己的创作是“遵命文学”，即为革命创作，难道是在“印证某种政治观念”吗？难道他的创作不是出色的吗？

文学有明确的政治目标，难道就会导致“非审美的政治意识与审美意识的冲突”吗？众所周知，审美意识有其独特性，然而，同政治意识又是相互联系的，优秀的革命文学作品往往两者有机结合，并不是矛盾的。《子夜》在政治意识与审美意识融合方面所取得的成就，不少论文已做了精辟分析，指出《子夜》的成功在于人物的塑造是同时代环境，阶级关系以及主题需要结合一体，丰富多彩的艺术画图，融合着历史的特点及思想追求，因而作品中人物的命运及艺术美的创造能够在读者中唤起强烈的美感效应。可是在某些论者笔下，却因为作者有了鲜明的政治倾向，《子夜》艺术上便成了缺陷，这不清楚地说明了他们是怎样对待文学与政治的关系吗？

所谓“主题先行”在某些论者看来，指的是作品有“明确的政治目标”，同革命的政治有着联系的主题。凡属这些方面，均在否定或贬损之列。《子夜》是“主题先行”的“模式”的开创作品，之后出现的《太阳照在桑干河上》、《暴风骤雨》、《创业史》、《山乡巨变》、《李自成》（二、三卷）以及《沉重的翅膀》、《芙蓉镇》等一系列优秀作品，或“注重于政治观念的演绎”，或成为“政治风云录”，或“改革风云录”。总之，凡与革命政治斗争有干系的作品，包括战争题材，土地革命，土改运动，互助组，对“四人帮”反革命集团的斗争等方面的内容，不管其艺术成就如何，均被某些论者列为“主题先行”，加以嘲笑。

革命文学必须服从革命斗争的需要。服从革命的群众的政治，不是配合一时政治任务或图解政策，它要求作家深入现实生活，从自己生活经验中形成有利于人民根本利益的主题，并通过具体生活形象表现出来，决不是像某些论者所说的那样，只是凭借先验的政治观点，选择主题，进行创作。

某些论者之所以否定文学与革命的关系，并非偶然。新时期，党中央提出文艺“为人民服务，为社会主义服务”的口号，代替“文艺为无产阶级政治服务”的口号。某些论者却借党中央调整文艺政策之机，否定文艺与政治的关系：一方面把历史上与革命政治有联系的优秀作品扣上“主题先行”加以贬损、非难，另一方面鼓吹新时期的文学脱离时代，脱离政治，搞乱社会主义文艺方向。

否定文学与政治的关系，否定文学与革命的关系，这些并不是“新”理论。早在30年代鲁迅就批评过梁实秋等人在这些方面的错误主张。他明言“政治先行，文艺后变”，无产阶级文学“是最高的政治斗争的一翼”，主张“以文学帮助革命”，文艺可“用于革命，作为工具的一种”等。《子夜》由于具有鲜明的革命政治倾向，便遭到反动派的查禁。

有些论者指责《子夜》是“主题先行”，还另有所指。有人说：“写《子夜》时，党或党的社会科学家已经提供了‘正确’的观点，作家只要把这个观点当作作品主题形象化，通俗化，科学化就行了。

实际上，《子夜》现在这个主题，问题很多”，“因为作品没有提出给读者要思考的问题”等等。这种似是而非的论断，不难分析清楚。这位论者认为《子夜》所谓观点“正确”，只是“实际上这个主题、问题很多”在这位论者看来，《子夜》主题“问题很多”，主要在于以形象批判托派提出中国已经是走上资本主义发展的道路的命题，而茅盾这个见解，是他运用马克思主义观点观察中国社会现实得出来的，符合中国国情，同毛泽东同志对于当时中国社会性质的论述是一致的，且经受了历史的检验，证实是正确的，可是，在那位论者看来，却是“问题很多”，并认为，“正确”都是简单的，“没有提出读者要思考的问题”。这就使人联想起发表这种言论的时日，正是社会上刮起为资本主义“平反”的妖风，这不是很值得回味吗？

在某些论者看来，马克思主义不仅是“简单”，而且是“机械论”。有的人说，茅盾在创作《子夜》的“30年代系统地研究了‘社会科学’理论，力图用阶级的，经济的，政治的关系阐释对象，众所周知，这一理论在中国传播过程中一度忽视了人的能动力量，从而具有机械性质”。有的人说得很干脆，把茅盾创作《子夜》时运用的马克思主义观点诬为“简单化、机械化了的辩证法”。

指责马克思主义对于《子夜》创作的指导作用，并非孤立现与审美创造。而成了一种简单的机械的反映，政治观念的演绎，文学创作“进入了一条死胡同”；作家（写作者）总是以“被理性观念固定化了的机械的眼光看待一切”，即便到了新的历史时期“这种单一的思维方式依然未变”。《子夜》就是这种思维方式的发端，它的创作模式是“主题先行论”的必然结果的“人物观念化的塑造方法”，“斗争化的情节结构方式”。在这种模式的影响下，几十年来的革命文学，社会主义文学的优秀长篇小说都受到《子夜》模式的束缚，有着“根本缺陷”，长篇创作前景并不乐观。30年代以来到新时期的长篇优秀小说在某些论者的笔下还有什么成绩可言？如此“新观点”，并非独创，不过是应和那种认为“从30年代到现在我们文艺批评大体上是庸俗阶级斗争论和直观论”的论调而已。

从解剖所谓《子夜》是“主题先行”入手，不难看出某些论者“重写文学史”的意图并非从总结编写中国现代文学史中引出有利于繁荣社会主义文学的经验着眼，而是从指责中国革命文学传统开始，进而非难《讲话》以来的文学成就，直至社会主义文学。只有这样，某些论者才能按照他们鼓吹的文学主体性或自我表现的“现代文学批评理论”的思路，“一步一步走下去”，才不至于使“重写”成了“主观构造”的“空想”。我们不禁要问：如果按此办理，“重写文学史”将引向何方？

（选自《茅盾研究》第6辑，《茅盾研究》编辑部编，
北京师范大学出版社1995年2月出版）

且说"文学大师"

陈辽

何谓"大师"?《辞源》语词分册上说：大师，指享有盛誉的学者或艺术家，如艺术大师。过去，人们把齐白石、徐悲鸿、张大千等大画家，梅兰芳、周信芳、程砚秋、盖叫天等大表演家，聂耳、冼星海、黄自等大音乐家，称为"艺术大师"，是恰如其分的。因为他们经受了时间的、实践的检验，不愧是艺术大师。

如今有人编《20世纪中国文学大师文库》了，这是件好事。但何人是"20世纪中国文学大师"?何人能进入"文学大师文库"?却是应当认真研究、仔细选定的。据报纸报道，该"文库"的排名次序是：鲁迅第一，沈从文第二，巴金第三，金庸第四，老舍第五，郁达夫第六……茅盾落选。这就值得商榷了。

现代作家的传统排名顺序是鲁迅、郭沫若、茅盾、巴金、老舍、曹禺，这绝不是由哪一个人主观臆断、随便编排出来，而是由他们在现代文学史上的地位和艺术成就所决定的。一代宗师茅盾的作品，不仅有重大的思想价值、社会价值，也有很高的审美价值。他的散文和短篇小说多篇被收入中学教材，他的长篇小说、都市文学《子夜》，作为我国民族资本主义兴衰的现实主义历史，至今还无人超越。据茅盾研究专家叶子铭教授谈，欧美学术界对中国现代作家的排名次序是鲁迅、郭沫若、茅盾、老舍；日本的《20世纪文学》亚洲部分中，中国作家提了两位，就是鲁迅和茅盾。怎么可以把茅盾排除在"文学大师"的行列之外呢?

将沈从文排在第二位并不恰当。沈从文的长篇小说《长河》、中篇小说《边城》、短篇小说集《月下小景》都写得很好，在30年代就走红，但他的作品有名家之美，而无大家气派。金庸于50年代初受梁羽生新派武侠小说的影响，开始创作新武侠小说，品位较高，拥有众多的读者。他的代表作《书剑恩仇录》、《射雕英雄传》、《天龙八部》、《倚天屠龙记》等，具有浓厚的浪漫色彩和象征意味，其成就必须肯定。但作为通俗文学作家，金庸的成就和影响，还不能与创作了《啼笑姻缘》、《八十一梦》等一百几十部长篇小说现代通俗文学家张恨水比并。把金庸排在老舍之前，很不合适。老舍的《骆驼祥子》、《四世同堂》、《茶馆》的艺术成就和影响力难道还及不上金庸？

过去文学界受“左”的思潮影响，对一些作家如沈从文、徐志摩、张恨水、金庸不很重视，在文学史中很少论列，这是应该纠正的。但是也不能从一个极端走到另一个极端，把他们抬高到不适当的地位，甚至把茅盾拉下来，由沈从文、金庸取代郭、茅的位置，那就近乎荒唐了。这实际上仍然是一种政治偏见，离开了作家所处的时代和历史背景，也没有真正以审美价值来评价一个作家。“文学大师”的称号和排名次序毕竟不是少数人说了算的。

（选自《茅盾研究》第7辑，《茅盾研究》编辑部编，
文化艺术出版社1999年6月出版）

伟大也要有人懂

曾镇南

1994年，王一川等先生编了一套《二十世纪中国文学大师文库》，给一些小说家"重排座次"，选了9位作家为大师，依次为鲁迅、沈从文、巴金、金庸、老舍、郁达夫、王蒙、张爱玲、贾平凹。①这件事引起了广泛而热烈的讨论。

对此，我也愿略陈管见，以就正于时贤。

一

首先有一个问题，即作家可不可以进行比较？作家在文学史上的成就，地位的高低，影响的大小能不能有等差地论定？

我的回答是肯定的。

有的作家认为，"作家是无法比较的"②；也有的作家表示："我反对这种提法。这种排名本身就存在偏颇。作家的作品各有风格，不能用一种标准去强求。"③持这种看法的作家也许是出于对批评界、研究界的浮浅轻佻的不满，觉得比较高低、排名先后、徒滋纷扰，无助于创作；也有人在私下议论说，王一川等此举，不过是为了立异鸣高、惊听回视罢了，借此得虚名，能有几时久？不用去理它，任其自唱自息吧。

我认为，不能一律否定文艺批评和文学史研究中的作家相互比

---

①王一川：《我选二十世纪中国小说大师》，《文学自由谈》1994年9月。
②李国文：《小说是梦》，《新民晚报》1995年1月2日。
③张英：《王蒙访谈录》，《山花》1995年第1期。

较和作家成就、地位的有等差的论定。诚然，对不同作家的艺术风格强为轩轾是行不通的，但即使在风格学研究的范围内，仍然可以比较异同，否则就没有“比较文学”一说了。至于从总体成就上论定不同作家在文学史上的地位高低，那正是严肃的批评家和文学史家本分的工作和任务。托尔斯泰就提出过这样的希望：“早就存在着千万卷书并被人阅读，如果批评界做它所当做的事情的话，那就好了：即从各时代各民族写出的作品中挑出最好的，并且按其优秀的程度分成第一等、第二等、粗劣的和不值一顾的，并说明为什么这么划分。”[①]他还认为，正直的批评界的目的“在于提出和向人们指出无论过去或现在的作家中一切最好的东西”[②]。

不过，由于世界文学史的历史范围和地理疆域实在是太大了，人们在推举世界范围内各时代各民族写出的最好的作品时，在论定最伟大的作家时，还是习惯于把问题限定在不同的时代（古代、近代或当代）和不同的地域（洲别或国别、西方或东方）里去进行。

有意思的是，人们在推举最伟大、最具有世界文学史意义的作家时筛选极严，悬的甚高，因此在世界文学史上享此殊荣者一向很少。恩格斯之论但丁、莎士比亚、歌德、巴尔扎克；列宁之论托尔斯泰；毛泽东之论曹雪芹、鲁迅，都既着眼于他们在自己的时代和国家的文学中的地位，又着眼于他们在人类文学发展史上的意义。至于在世界文学史上仅次于这些第一等的人物而在他们本国文学中也还称得上伟大和杰出的作家，因为数量太多，可以被划在同一等级中的，往往不是一两个，而是一连串名字。过细的分等和过于确定的先后排列名次，为明智的文学史家所不取。实际评判起来往往是宜粗不宜细的，但这并不意味着对他们无法进行比较和定论，这只要看各个国家各个时代那些伟大和杰出的作家，公认的名单总是相对稳定的就清楚了。

列宁指出：“在分析任何一个社会问题时，马克思主义理论的绝

---

①托尔斯泰1894年致索波茨柯的信，《托尔斯泰论文学》第193—194页。
②托尔斯泰1901年为封·波良茨的小说《农民》写的序言，同上书，第195页。

对要求，就是要把问题提到一定的历史范围之内。”[①]实际上不仅是以马克思主义理论为立脚地的批评家和研究者在比较和论定作家时是这样做的，一切自觉或不自觉的尊重客观实际而且多少有点历史感，多少洞悉一些文变与世情，兴废与时序的隐秘关系的批评家和研究者，也在不同程度上这样做着。

在一个国家内，在特定的历史范围内，对不同作家的成就和地位作出最终的科学的论定，往往是一个反复研究、反复考量的历史过程，通向论定的道路，总是弥漫着论争的硝烟。恩格斯认为：“任何一个人在文学上的价值都不是由他自己决定的，而只是在同整体的比较当中决定的。”[②]这种比较，常常是在不同意见的激烈争论中进行，并牵动阶级社会中不同阶级、阶层、派别甚至不同文学流派的利益和趣味。从表面上看，参与争论的人似乎见仁见智，各有是非，聚讼纷纭，难以统一，让局外人颇兴“死后是非谁管得，满村听唱蔡中郎”（陆游诗语）之叹；但从根本上看，每次论争的硝烟一散，尘埃落定，归根结底，总还是公论皎然，差等有序的。正如鲁迅所说：“一有文人，就有纠纷，但到后来，谁是谁非，孰存孰亡，都无不明明白白。因为还有一些读者，他的是非爱憎，是比和事老的评论家还要清楚的。”[③]所谓公道自在人心，也是这个意思。

这样看来，为自己国家、自己时代的不同作家的成就和地位的高低而争论，正是文艺批评和文学研究最正常不过的现象。对此不能一律抹煞，以为多此一举，或嗤之以鼻，而是要看一看他们的说法有没有道理，是否符合实际。对王一川等人的意见，自然也应该这样对待。他们按照自己的文学见解和审美标准，提出自己的排名表，这件事本身并没有错。至于排得如何，能否征信于人民和历史，那则是另一个问题。

---

①列宁：《论民族自决权》，《列宁选集》第2卷，第512页。

②恩格斯：《评亚历山大·荣克的“德国现代文学讲义”》，《马克思恩格斯全集》第1卷第523—524页。

③鲁迅：《且介亭杂文二集·再论“文人相轻”》。

二

王一川先生在谈到他的评选标准和理由时说："回顾过去，我们习以为常的定论，其实包含政治和学术上的种种偏见，这使得二十世纪小说的本来面目，它的大师风貌往往被遮盖或歪曲了。"[①]他想"打破以往偏见，改以审美标准"[②]为评选依据，也即"基本着眼点将不应再是作者的政治身份、态度或倾向在其文学作品中的折光，而是他创造的艺术本身的审美价值"[③]。

王一川先生在这里摆出了自己衡文的"圈"，可以说叫"美的圈"吧。这样的"圈"，实际上在过去就有人摆出来过了，现在他想再来运用一次，那也是可以的。鲁迅说过："我们不能责备他有圈子，我们只能批评他这圈子对不对。"[④]那么，就先来看他这圈子对不对吧。

我愿意在这里质直地说，王一川先生摆出的这个"圈"是不对的。

王一川先生强调审美标准，看重文学自身的审美价值，也可以说看重文学作品的艺术性，这意见，如果是为了纠正我们过去在文艺批评和文学史研究中曾有过的忽略文学作品的审美特性、忽略艺术性的研究与分析的弊病，那么是不能说一丝合理成分也没有的。但据他的阐述，他强调的审美价值或审美标准，是针对并排除这样一种政治与学术的偏见，即考察"作者的政治身份、态度或倾向在其文学作品中的折光"这样一个"基本着眼点的"。也就是说，是排除了对艺术的折射、熔铸在文学作品中的作者的政治思想倾向、作者对时代的认识与感情等等社会历史因素的。也可以说，在王一川先生看来，美学的标准是可以脱离历史的标准而单独存在的。

这种纯美学的排除历史和社会因素、排除政治倾向的"圈"，摆

---

①②③王一川：《我选二十世纪中国小说大师》，《文学自由谈》1994年9月。
④鲁迅：《花边文学·批评家的批评家》。

在那里似乎很高雅，很圣洁，但只要一运用起来，就会立刻破绽百出的。

让我们看看王一川先生怎样把他的“圈”应用在鲁迅身上吧。

这里且不说关于鲁迅“不但是伟大的文学家，而且是伟大的思想家和伟大的革命家”[1]，鲁迅“是在文化战线上，代表全民族的大多数，向着敌人冲锋陷阵的最正确、最勇敢、最坚决、最忠实、最热忱的空前的民族英雄”[2]。这一我所服膺的科学评价是不是如王一川先生所指责的那种歪曲鲁迅，把鲁迅“打扮成‘政治革命家’、‘造反英雄’”[3]的“政治与学术偏见”，也不说摒弃关于鲁迅既是文学家，也是思想家、革命家的判断单单把他当作小说家来评价是否能正确、全面估量他的小说的价值和地位；就单说王一川先生对鲁迅小说的“精神含蕴”的说明吧。

王一川先生说：“惟有鲁迅小说才能把二十世纪中国文化的病症揭示得如此深刻、传神、令人震撼、具有‘永久的魅力’。”[4]这里虽然用“中国文化的病症”这一抽象概念取代了鲁迅尽毕生之力与之鏖战的封建主义文化这样的“政治概念”（其实是揭示了具体的历史内容的科学概念），但毕竟承认了鲁迅的小说深刻地表现了战斗的文化批判精神。证之以鲁迅自己关于时时想对旧文明加以袭击的自白，可以说这是没有大错的。但是，鲁迅小说所描写的“中国文化的病症”，难道不正是集中地表现在统治着未庄的赵贵翁、鲁四老爷、赵太爷和假洋鬼子等封建主义和帝国主义文化的代表人物身上吗？难道不正是曲折地表现在帝国主义和封建主义文化的精神虐杀下呈现种种精神病态的狂人、祥林嫂、阿Q等艺术典型上面吗？鲁迅反帝反封建的文化批判精神，他的进步的政治倾向性、浓郁的战斗热情，不正是艺术地折光在鲁迅的小说中，成为他小说的灵魂和生命吗？别林斯基说过，作为艺术作品，小说应该成为“精神和智慧的容器”[5]；鲁迅

---

①②毛泽东：《新民主主义论》。

③④王一川：《我选二十世纪中国小说大师》，《文学自由谈》1994年9月。

⑤别林斯基：《诗的分类和分型》，《别林斯基论文学》第180页。

也有“巍峨灿烂的巨大的纪念碑底的文学”应该成为“时代精神所居的大宫阙”的说法，可见，批评家对小说的价值和地位的科学论定，是必须置身到产生这些小说的时代和文化中去，把握住当时的时代精神、历史主潮才有可能的。离开这些，小说的审美特征、艺术性等也是说不清的。王一川先生摆出纯审美的“圈”，但一具体到具体作家的评价，如鲁迅，则又不能不把小说的思想文化主题或“精神含蕴”纳入视野，也就是说，不能不自己钻出自设的“美的圈”，而把“文化的圈？”（其实是历史的“圈”、政治倾向的“圈”、前进的时代的精神的“圈”，不过他不愿正视罢了）也摆出来了。这种自相矛盾的结果是“美的圈”的幻灭。

王一川先生似乎也感到他摆出的“美的圈”不足以毫无滞碍地论定他着意贬抑或竭力抬举的作家，用此便采取实用主义的态度“看人下菜碟”了。对鲁迅、巴金的评价，“美的圈”不够用，便兼论其文化批判精神和“浓烈而直露的人道主义之爱与憎”[①]了；而对张爱玲的评价，则回避她曾写过的《秧歌》、《赤地之恋》等“无艺术性可言的概念化的小说”（夏志清语），回避她的强烈的政治倾向而用含混抽象的语言把她打扮成在对“男女悲剧的性本能—无意识渊源的深刻挖掘”中营造唯美的“冷月意象”[②]的唯美主义作家了。为了抬举金庸小说中的所谓“中国古典文化神韵”，便偏离“美的圈”，原谅了他的现代武侠小说中大量的“雷同、复制或拖沓”[③]；而对茅盾却持论独苛，祭起极严极纯的“美的圈”，几乎把他按入地下，说他的小说“诚然不乏佳作，但总的说欠小说味，往往概念痕迹过重，有时甚至‘主题先行’”[④]，简直一无是处。这种对茅盾一系列现实主义的浑厚的力作（《子夜》、《春蚕》、《秋收》、《残冬》、《腐蚀》等）视而不见、极力排斥的态度，难道不正是一种最狭隘的“政治和学术偏见”吗？

这种左支右绌、逞臆妄评的判选方法，说明王一川先生摆出的

---

①②③④王一川：《我选二十世纪中国小说大师》，《文学自由谈》1994年9月。

“美的圈”，是虚伪而狭隘的。

我国的现当代文学史研究，是一门在马克思主义指导下已取得巨大成绩、并形成了若干基本的公论和定评的学科。在我国现当代文学的发展历史上，逐渐形成了一个相对稳定的、大体上反映客观实际的作家排名次序，这就是人们习惯说的鲁、郭、茅、巴、老、曹，当然，这其间还应穿插进冰心、叶圣陶、郁达夫、丁玲、艾青、臧克家、钱锺书、沈从文、赵树理、孙犁等杰出作家；这样一个名单和大致的次序，是时代和人民长期筛选的结果，不是任何个人凭私见就可随意增删或变乱的。即以对茅盾的文学史地位的评定而论，且不说他早期的卓越的文艺理论活动的功绩，和《幻灭》、《动摇》、《追求》三部曲的创作；30年代《子夜》一出，便奠定了他在现代小说史上的仅次于鲁迅的地位。瞿秋白当时就预言将来的文学史写到1933年必然要记录《子夜》的出版这件大事；鲁迅也将《子夜》视为足以显示左翼文学实绩的力作，喜形于色地在书信中向友人推荐；就连“五四”时受到过茅盾的尖锐批评的《学衡》派代表人物吴宓，也称誉《子夜》是茅盾“结构最佳之书”，“人物之典型性与个性皆极轩豁，而环境之配置亦殊入妙”，“笔势具如火如荼之美、酣恣喷薄，不可控搏。而其微细处复能宛委多姿，殊为难能可贵”[1]。《子夜》的广阔的生活画面、深刻的思想内蕴、丰赡的艺术华彩和它塑造的吴荪甫这一高度个性化和概括化的典型人物，征服了广大读者，甚至征服了昔日的论敌。

因此，郁达夫在30年代回答“中国目前为什么没有伟大的作品产生”时，便独举鲁迅和茅盾。他说：“在目前的中国作品之中，以时间的试练来说，我以为鲁迅的‘阿Q’是伟大的。以分量和气概来说，则茅盾的《子夜》也是伟大的。”[2]这几乎是当时进步文艺界大

①丁尔纲：《闻茅盾被（大师文库）除“名”有感》，《文艺理论与批评》1995年第2期。

①郁达夫：《中国目前为什么没有伟大的作品产生？》，《郁达夫文论集》第583页。

多数人的公论。

半个世纪后，茅盾逝世，孙犁曾作《大星陨落》一文悼念他，其中谈到《子夜》，说："这部作品，奠定了中国新的长篇小说的基础。作家视野的宽广，人物性格的鲜明，描写手法的高超，直到今天，也很难说有谁已经超越了它。"[①]

我以为，郁达夫、孙犁前后对茅盾小说的成就和地位的论定，是实事求是的不刊之论。想轻易就动摇它，那是徒劳的。王一川先生颇为自信的"美的圈"，恰恰在对茅盾的评价上，最集中地暴露了他的狭隘、小气和非审美的固陋。

鲁迅在评论《儒林外史》时说过："《儒林外史》作者的手段何尝在罗贯中下，然而留学生漫天塞地以来，这部书就好像不永久，也不伟大了。伟大也要有人懂。"鲁迅还说过："以学者或诗人的招牌，来批评或介绍一个作者，开初是很能够蒙混旁人的，但待到旁人看清了这作者的真相的时候，却只剩了他自己的不诚恳，或学识的不够了。然而如果没有旁人来指明真相呢，这作家就从此被捧杀，不知道要多少年后才翻身。"[②]在评论王一川先生的"重排座次"说时，尤其在读到他对茅盾的苛评和对别的作家似是而非的抑扬时，不知怎的，我不断地想起了鲁迅这两段话。

是的，"伟大也要有人懂"。要想论定伟大，没有诚恳的态度和广博精深的学识是不行的，没有在深入研究客观对象的基础上形成的明确的判断力和表达的才能也是不行的。我们还是老老实实地为人为文吧。

三

从王一川先生这次的提出"重排座次"得到的荒谬结论，我们可

---

①孙犁：《澹定集·大星陨落》。
②鲁迅：《花边文学·骂杀与捧杀》。

以得出什么教训呢？

首先，我觉得这件事已经异常明白地昭示人们：世界上并没有绝对意义上的为艺术而艺术的纯审美的创作，也没有纯审美的文艺批评与文学史研究。对一个严肃的、郑重的文学史研究者来说，马克思主义的立场、观点、方法是不能轻易舍弃的，至少是不能怠慢的。只有运用唯物史观这个最便捷、最明快的哲学去观察社会，研究历史，把握住一定范围内的时代主潮和时代精神，才能把作家置于这个大的时代背景上予以论定。对于过去时代的文艺作品，我们也同样要以政治标准和艺术标准统一的观点予以评判，“必须首先检查他们对待人民的态度如何，在历史上有无进步意义，而分别采取不同的态度”[①]，“我们既反对政治观点错误的艺术品、也反对只有正确的政治观点而没有艺术力量的所谓‘标语口号式’的倾向”[②]。在现在，忽视艺术、忽视文学作品审美特征的倾向仍然应该反对，应该警惕，但更成为问题的是，有不少研究工作者缺乏正确的历史观点、缺乏对中国新民主主义革命史的基本常识。他们或明或晦地拒绝关于新民主主义的一套理论和历史分析，而热心于所谓纯审美的分析方法，其实是陷入了一种似新实旧的政治偏见中去了。这是在文艺批评和文学史研究领域里思想混乱、学术水平不能提高甚至倒退的一个基本原因。

其次，我觉得在文艺批评和文学史研究中要处理好尊重已有的学术成果和标新立异的关系。应该承认，为了推动文化和学术发展，有时候，标新立异是有一定的积极意义的。鲁迅曾辩证地指出统一战线、团结与标新立异的关系，他说：“我以为在抗日战线上是任何抗日力量都应当欢迎的，同时在文学上也应当容许各人提出新的意见来讨论，‘标新立异’也并不可怕。”[③]在文学研究史上，不乏有见地的研究者标新立异推动了学术发展的例子。例如：五四时期的先驱者们对《红楼梦》等古典小说的价值和地位的重新估定和阐发，这在封

①②毛泽东：《在延安文艺座谈会上的讲话》。
③鲁迅：《答徐懋庸并关于抗日统一战线问题》。

建主义的文学史家看来，就是标新立异，惊世骇俗的了。又如鲁迅对“以公心讽世之书”《儒林外史》的极高评价，这一评价发前人所未发，却一语定谳，再无异辞。再如孙犁对纪昀的《四库全书总目提要》和《阅微草堂笔记》的高度评价，也是异于前人，堪称独唱，但极大地打开了人们认识纪氏的成就和地位的眼界，渐为识者所接受。可见，立异标新并不可怕，也不能一概贬抑，只要是出以公心，持论有据，实事求是，切中鹄的，那么，这样独具慧眼的见解就会传播开来，成为公论。

不过，这里需要注意尊重前人已取得的学术成果，刘勰曾提出学术研究的一个重要原则，那就是：“及其品列成文，有同乎旧谈者，非雷同也，势自不可异也；有异乎前论者，非苟异也，理自不可同也。同之与异，不屑古今，擘肌分理，唯务折衷。”[①]这里说的“折衷”，是切当公允的意思。学术上的“同乎旧谈”与“异乎前论”，都要服从于客观事物的“势”“理”。不问“势”“理”，一味地守旧谈或创新论，都是不可取的。我国治学传统中有学术乃天下之公器的说法，为什么说是公器？因为学术研究追求的是对客观事物的实事求是、公允切当的认识，这就需要研究者摒除私心偏见的遮蔽，在对客观事物的反映中努力做到量之若衡，照之如镜。尚镕说：“盖文章者天下之公物，非可以一二小夫之私意为欣厌，遂可据为定评也。”[②]这是值得一切研究者深长思之的。

喜欢片面强调标新立异的研究者总是以高张研究者的主体性，强调研究者个人的审美好恶为借口。研究者都会有个性，有已见，有私爱，这是难免的。但研究者评论作家、作品，既然是天下公物，既然研究者的见解也只有被人民群众接受才能实现学术价值，那么，研究者就必须承认，归根结底，人民永远是作家够格或不够格的最后的裁判者。阿·托尔斯泰说过：“人民，就是艺术的法官。至于批评的使

---

①刘勰：《文心雕龙·序志》。

②尚镕：《书魏叔子文集后》，《中国历代文论选》（下册），第47页。

命，则是作人民的高度艺术要求的一个表达者。这是不是把批评的作用缩小呢？一点也没有，批评总得比个人的爱好要站得高一些，看得远一些。”[①]文艺批评与文学史研究之所以是科学而非个人的主观私见，就因为它含有反映客观实际，反映人民进步要求和审美趣味的内容。在人民这个艺术的法官面前，我们还是谦虚一点，别过分钟爱自己的私见吧。

最后，从这一次关于王一川先生为中国现代小说家重排座次的讨论中，我们还可以得到一个对发展学术争鸣极为重要的教训，那就是：不能因为学术上容许“多元共存”、“标新立异”，便废除必要的批评和反批评。近年来学术界流行“多元共存”的说法；这里且不论对“元”的概念如何理解，我领会倡言者的意思，不外乎是说文学创作与学术研究中应允许不同世界观、不同文学观念、不同方法论、不同流派的学术观点并存。这个意思本来很不错，和我们历来提倡、向往的“百家争鸣”也差不多。但由于缺乏必要的批评与反批评，缺乏必要的思想交锋，“多元共存”、“多元互补”的局面似乎有变成一片糊涂泥的烂泥塘的危险。大家彼此客客气气，或井水不犯河水，或相互揖让、相互尊崇，虽非一道同风，却“咸与多元”，共同维系着一个热闹而混乱的局面。我看这实在不是好办法。

鲁迅在指出标新立异并不可怕的同时，也指出：“我以为文艺家在抗日问题上的联合是无条件的，只要他不是汉奸，愿意或赞成抗日，则不论叫哥哥妹妹，之乎者也，或鸳鸯蝴蝶都无妨。但在文学问题上我们仍然可为互相批判。”毛主席也指出过：“我们的文艺批评是不要宗派主义的，在团结抗日的大原则下，我们应该容许包含各种各色政治态度的文艺作品的存在。但是我们的批评又是坚持原则立场的，对于一切包含反民族、反科学、反大众和反共的观点的文艺作品必须给以严格的批判和驳斥。”[②]在现在，在党的基本路线的大原则

①阿·托尔斯泰：《在导演人员工作会议上作的报告》，《论文学》第134页。
②毛泽东：《在延安文艺座谈会上的讲话》。

下，在团结、鼓劲，繁荣文学创作为人民服务，为社会主义服务的大目标下，我们当然是赞成容许创作和批评中的“多元共存、多元互补”（姑且袭用这个提法吧）的局面存在的，但这不等于各“元”之间就不能开展批评与反批评，开展认真严肃的学术论争。无边的、一味的宽容不可取，无论哪一“元”的倡言者实际上都不准备实行或不可能实行，因此它实际上也并不存在。不同见解之间的互相批评或批判，从来也没有停止过，只不过顾忌、避讳、曲笔、暗射太多太多，参与争论者自己心知肚明，而读者却反而被导演着陷入“三岔口”了。这种让读者反串“三岔口”的现象其实是不正常的，最有害于团结的。鲁迅早就指出过了：“文艺必须有批评，批评如果不对了，就得用批评来抗争，这才能够使文艺和批评一同前进，如果一律掩住嘴，算是文坛已经干净，那所得的结果倒是要相反的。”

鲁迅总是言必有中的。让我们在“咸与多元”的同时也“咸与论争”吧，当然，这论争这“相互批判”，必须是充分地摆事实，讲道理，与人为善、明辨是非的，最终目的是为了达到发展和繁荣社会主义文学，不能重复过去无限上纲，互相砍伐，两败俱伤的错误做法。

本着这种信念，我对王一川先生的“重排座次”提出了如上的批评。我自忖是认真的，我也欢迎并期待着王先生的认真的反批评。

1995年4月7日

（选自《茅盾研究》第1辑，《茅盾研究》编辑部编，
文化艺术出版社1999年6月出版）

谈论人物应坚持求实态度

——写在读《我与茅盾的一段情缘》后

如玉

读了《百年潮》1997年第4期秦德君的《我与茅盾的一段情缘》后，感到其中有三处内容明显失实。

（一）写到茅盾在大革命失败后的情绪，说他到日本后已沉沦得不能自拔，似乎全靠秦德君的帮助和鼓励，才振作起来。

1927年北伐失败后，茅盾由于对革命形势突然逆转、革命低潮骤然到来缺乏足够的思想准备，再加上大革命失败后党内“左”倾盲动主义造成的严重危害，使他产生了一些悲观消沉情绪。但是，这种情绪只是一时的思想认识问题，并非根本的立场信念问题，在他思想中并不占主导地位。而且，他思想中占主导的积极面——包括长期形成的革命信念和理想——始终在对消极面进行斗争，并不断加以克服。这足以说明，为什么他在这段时间（1927年8月至1928年6月）创作的《蚀》三部曲，尽管有这样那样的缺陷和消极因素，但对小资产阶级知识分子以及其他阶层人物的种种表现，包括幻灭、动摇、追求、转向，还是作了比较合理的批判描写，从不同侧面反映了历史的、生活的真实，受到了大多数读者的欢迎和肯定；这也足以说明，为什么他在1928年2月能以完全健康、昂扬的基调，创作出短篇小说《创造》。用象征手法展示了革命低潮后前景光明的必然趋势；这更足以说明，为什么他能经过将近一年的反思，终于1928年7月写了《从牯岭到东京》的长文——这既是大革命以来他的创作和思想的总结，也是他克服悲观消沉情绪的标志。

茅盾克服这段时间产生的上述消极情绪，应当说是自我完成的。如上所述，他当时完全具备克服这种消极情绪的思想基础，同时一直在不断地进行自我反思、自我思想斗争，这是任何外因无法替代的。而秦德君在文章里却说茅盾到日本后“失魂落魄”、一蹶不振，只是由于她的拯救才使茅盾重新振作起来。无论从当时茅盾的实际表现或是思想状况看，秦德君引茅盾称她是大风大浪里的“救生藤”这句死无对证的话，是十分值得怀疑的。茅盾于1928年7月3—5日到日本，《从牯岭到东京》是7月10日动笔，16日写竣的，距刚到日本才几天，所以可以说，此文的基本思想内容，在刚到东京时就已经形成，那么，秦文所提及的茅盾种种消极反常情绪，包括“救生藤”之类说法，从何而来？

（二）秦德君为了证明茅盾因沉沦得不能自拔而产生“动摇”和“转向”，竟说有一次茅盾对秦德君和吴庶五说，他“想到蒋介石那边去，有个秘书职位就可以了”。这瓢污水，如果是泼向某个一般参与大革命的张三或李四，也许还不能轻易否定；现在竟洒到茅盾身上，未免就太离谱得令人咋舌了。茅盾一贯忠于党的事业，大革命期间曾于1927年4月至7月担任《汉口民国日报》总主编。此时正值蒋介石发动“四·一二”反革命政变，凶相毕露，茅盾就在该报接连发表了二十一篇政论，公开揭露、抨击蒋介石反共反人民反革命的嘴脸，其中绝大多数都署了真名“雁冰”。《汉口民国日报》名义上是国民党湖北省党部的机关报，实际上可以说是我党主办的第一张正式日报。茅盾的这些政论在当时会产生多大的威力和影响，是可想而知的，蒋介石不会不受到震动。大革命失败后，茅盾又是蒋介石的通缉对象。蒋于1927年6月发布的通缉令中，就将沈雁冰与陈独秀、毛泽东、恽代英、周恩来等一起列入193名捕捉对象。茅盾正因受到了通缉，先是蛰居上海家中一年，后于翌年化名逃往日本隐居。

根据以上情况不难判断，茅盾根本不可能有投靠蒋介石的思想。同时按常理推断，假如茅盾真要向蒋投靠并自首变节，他何必要在家里隐匿一年并逃亡日本，又何必要通过别人去投靠呢？

（三）通过杨贤江之口编造茅盾是“叛徒”之说。秦德君在文章中说，她同茅盾1930年4月从日本回上海寄居杨贤江家不久分手后，杨贤江曾对她说，“茅盾是个被开除的叛徒”，她上了茅盾的当。这句话的不可靠性是非常明显的。1928年茅盾东渡日本不久，在上海的中共中央曾于10月9日发出一封致中共东京市委的复信，其中谈到茅盾只是“脱离党的生活一年余”；“如他现在仍表现得好，要求恢复党的生活时”，可经重新介绍的手续，“允其恢复党籍”。这同“茅盾是个被开除的叛徒”，完全对不上号。如果茅盾是个叛徒，已被开除，党中央就不会写这封信，不会要东京党组织考虑恢复他的党籍问题；茅盾到日本后，杨贤江也不会那样热情对待茅盾，还让茅盾搬到京都后与其同住。另据日本1995年3月出版的《中国近代文学研究》（中、日文）第四号发表的钱青一文——《茅盾流亡生活中的一段插曲》，钱青曾就所谓杨贤江称茅盾是“叛徒”一事问过浙江老作家陈学昭。陈称，茅盾与秦德君由日回国后住在杨贤江家时，杨正住在医院治病，不可能与秦对话；即使见面，杨也不会那样说。所以，人们完全有理由认为杨贤江的“茅盾是……叛徒”之说纯系子虚乌有。

1998年1月

（原载《百年潮》1998年第3期）

我与茅盾的一段情缘

秦德君[①] 口述 刘淮 整理

我和茅盾在日本有过一段恋情，至今记忆犹新。

我们最初相识是在1922年。那时，我随李大钊、陈愚生由北京赴上海，到我党创办的上海平民女校工作。学校分文学部和工作部，让学生半工半读。我在工作部负责管理车间的织袜机和织毛巾机，并培训学生操作。沈雁冰（茅盾）、陈望道、施存统等是文学部的教员。但我那时同茅盾仅仅认识而已，没有什么交往。

1923年春，我经邓中夏介绍加入了中国共产党，后被党派到冯玉祥的西北军中工作。1927年初参加北伐，任国民革命军第二集团军特别党委委员和女子宣传队队长。行军途中坠马，腿部受伤。养伤期间，发生了“四一二”反革命政变。大革命失败了，我也失落了组织关系。伤愈后，我曾到武汉、南昌、南京等地寻找组织。后在我的老师汤用彤夫妇帮助下，我化名“徐舫”，又到上海去找党，住在陈望道家里。我求他帮助我办理手续去苏联学习，但他劝我先到日本进学校，这样可以领取“庚子赔款”中的留学生学费，而且日本也有中国共产党的组织，可以在那儿接关系。我同意了。他便写信给在东京研究绘画的他的前妻吴庶五，托她为我进行安排。陈望道还说，沈雁冰用“茅盾”笔名发表的《幻灭》、《动摇》、《追求》三部曲，引起左翼文人在报章杂志上对他的批判，使他很苦闷，也想去日本，正在找同伴。

---

①秦德君（1905—1999），著有《火凤凰：秦德君和她的一个世纪》一书。茅盾流亡日本期间，曾与她有一段爱情生活。她所撰有关这段生活的回忆录，有不实之词，已受到不少学者质疑。但茅盾未留下这方面的回忆文字，故此文仍有参考价值。

茅盾与秦德君

第二天早上，听见门铃响，我从门缝里一看，是茅盾。他穿着深灰色的绸料长袍，黑色平底鞋白袜子，瘦瘦小小的，再加上又浓又黑的八字胡须，活像个算命先生。天气并不热，他手里却紧紧捏着一把黑折扇。我打开门迎他进来落座后，没怎么寒暄就开门见山地商定了行程，我请他代买船票。没坐一会儿，他就走了。

1928年7月初我们从上海出发的时候，茅盾叫了汽车到陈望道家来接我。这时，他的八字胡不见了，浅灰色的毛料西装穿得笔挺，黄皮鞋擦得锃亮，和那一天的模样完全不同了，一副留学生的派头。

他化名“方保宗”，我仍化名“徐舫”，搭的是日本人的小商轮。乘客大约10人，只有我一个女客，而且除了我和茅盾，都是日本人。在船上，茅盾常常约我到舱外凭栏眺望大海，一边兴致勃勃地谈他的著作，他的经历，他对国内文学界各家各派的看法，而最后常要说到他个人生活的不幸。他说，他是在襁褓之中由父母之命、媒妁之言订的亲。尽管他十八岁那年就反对这个包办婚姻，但母亲不同意，反倒大张旗鼓地用花轿把儿媳妇抬进门来。由于这位媳妇脾气不好，茅盾感到很难相处。

那时候，他在甲板上给上海的郑振铎等人写信，还喜形于色地拿给我看。我发现信上总写到我。我的穿戴、动作、语言，甚至我后脑勺的一绺白发被海风吹得翻滚成灰色，也生动地描写在信笺上。他还常在甲板上跟我逗乐。有一天发现我有一盒“秦德君”字样的名片，他就拿过去一张一张丢到海里，还丢一张嚷一声：“秦德君跳海了！”把一百张名片丢得一张不剩。

他个子小，我管他叫“小淘气”。他叫我“阿姐”，尽管他比我大十岁。

一路上风浪不大，我们轻松愉快地到了神户。那时我觉得他为人不错，但还说不上怎么喜欢，也没感到他在追求我。只是觉得两人都是共产党员，志同道合，彼此谈得来，也信得过。我压根儿不知道他当时已经脱党，他也从来没跟我说起过。

从神户上岸，坐火车到东京我们就去白山御佃町“中华女生寄宿舍”找到吴庶五。吴原来不知道茅盾要来，所以只替我租了房间，只好临时想办法介绍他住进了附近的“本乡馆”。住下来以后，我就进了“东亚预备学校”，学习日文。茅盾独自颇感寂寞，朝朝暮暮往我们女生寄宿舍跑。但学生寝室不许会客，大家共用一个会客室，茅盾嫌别扭，后来就主要是我和吴庶五去“本乡馆”看望他。

茅盾对于上海文艺界批评他的“三部曲”“消极”、“反动”，一直想不通。一天，吴庶五在一个餐厅请我们吃饭时，茅盾竟说他想到将介石那边去，有个秘书职位就可以了。我们知道他这不过是气话，也就没跟他叫真。他那时没职业，没钱花，小说又受到批判，所以很灰心，时常要发发牢骚。每当他流露出消沉、悲观的情绪时，我总是耐心地规劝他，跟他一起分析革命低潮很快就会过去，鼓励他振作精神，朝前看，向前进。我还鼓动他跟我一起到苏联去。茅盾很受感动，说他就像沉沦在大风大浪里，好不容易抓到了我这样一根救生藤。

从此，茅盾的心情逐渐开朗，再不像原来那样失魂落魄了。他高高兴兴地给上海《小说月报》写了一篇《从牯岭到东京》的文章，兴奋地拿给我看。其中写道："我看见北欧命运女神中间的一个，很庄严地站在我面前，督促引导我向前。她的永远奋斗的精神，将我吸引着向前！"当我读到这里时，他顾不得旁边有人，突然紧紧地抱住了我，激动地说："北欧命运女神中最庄严的那一个，就是你啊！就是我亲爱的阿姐啊……"他还买来一本英文版的北欧神话，给我讲了书中命运女神的故事。他还说，北欧命运女神也象征苏联，他已下定决心和我一起去苏联了。他还画了一张去莫斯科的路线图，说我们必须先到京都找杨贤江办理组织手续。

当时，杨虎城、谢葆蓂夫妇也在东京。谢葆蓂是我任陕西省立女子模范学校校长时期的学生，1927年初同我一起参加北伐。胜利会师中原后，她和杨虎城结婚，我是女方的主婚人。他们夫妇以及其他北伐战友邓飞黄、郭春涛等，都表示愿意资助我去欧洲。但我不太愿意接受资助，想自力更生。

这时，我同茅盾的关系有了进一步的发展。

我每天提着书包上学时，一出门，就看见茅盾那笑吟吟的脸。他为我提书包，扶我上电车，一直送我到学校门口。中午，他又在学校门口等我，然后一起去吃饭。下午我没有课，我们就总在一起。一般是去看电影，有时也去游公园，逛夜市。无论在什么场合，他都紧紧拉着我的手，唯恐我在人群中走失了。经过这样频繁的接触，我觉得他博学多才，性情随和，对我关怀体贴，就也渐渐对他产生了感情。（现在有些书刊上，说我因茅盾是名人，疯狂地追逐他，那不是事实。事实上，在我们的关系发展中，一直是茅盾主动的。）

大约在1928年12月初，我们俩一起离开东京，到京都找杨贤江，准备办理去苏联的组织手续。我和杨贤江是1921年在北京参加少年中国学会会议时认识的。后来他和邓中夏、恽代英等去四川演讲，我们也见过。他和茅盾更熟，因为曾同在上海当编辑，他在中华书局，茅盾在商务印书馆。我当时以至后来很长一段时间，都不知道杨贤江已经脱党，茅盾也没对我说过，因此，我一直以为见到杨贤江，我和茅盾就算是接上组织关系了。

到京都后，我们就住在杨贤江家里。他和夫人姚韵漪带着儿子，一家三口，雇个下女，日子过得还不错。我们一到，茅盾就和杨贤江关起门来密谈，连我也不让听。没想到，此后茅盾就闹开了病，接二连三地说眼疼、牙疼、心口疼、肚子疼……我当然很着急，百般照顾他，就这样住了下来，茅盾也不再提去苏联的事了。我们就是在那段时间开始同居的。他说他不爱他的妻子，要和她离婚，永远和我在一起。

长久住在人家家里总不好，我们必须另找房子住。正巧，从上海去京都政治避难的"红色青年"高尔松夫妇、弟弟高尔柏夫妇和周范文夫妇，还有帝国大学的留学生漆湘衡夫妇、袁文彰等，在杨贤江家附近租住着一排平房，其中还空着一套，我们就去租住了。我当时一心就是要好生护理茅盾的"疾病"，让他的病快点好，我们好去苏联。但后来的事实证明，这不过是一场美梦罢了。

同住的这些青年人大都靠卖文度日，对茅盾很是欢迎，因为经他介绍寄出的稿子不仅容易刊登，而且稿酬从优，还提前支付。由于茅盾常是把文稿集中起来同时寄出，稿费也往往同时收到。每当此时，我们就集体出游。春天到郊外赏樱花，秋天到岚山摘红叶，或去奈良登三笠山，临猿泽池。每次出游，茅盾都带着相机，兴致勃勃地到处拍照，根本不像什么病人。但他为什么总说自己有病呢？我不明白，也没多想，因那时我完全沉浸在幸福与欢乐之中了。我们的住房虽然简陋，但门前道旁便是樱花，盛开时如云似霞。我和茅盾在读书、写作之余，常常携手并肩，散步在花前月下，互叙衷情。茅盾向我表达的真挚的情和爱，使我的心亦如樱花般怒放，但愿天长地久，永不分离。

有一回，我们乘坐高空电车，中途发生故障，电车悬挂空中，乘客们都惊慌起来。可这时，茅盾却露出一张充满激情的笑脸，紧握我的手，凑近我的耳朵说："阿姐，就这样掉下深谷里解决了，够多么幸福啊！"把我吓了一跳——这是什么幸福呀！难道他真的不想活了吗？他是否有什么不能对我说明的隐情呢……我一时脑子发木，想不清楚。

这一时期，茅盾的心情仍然有些郁闷。他想写一部新小说来扭转“三部曲”文坛上给自己造成的影响，只是苦于没有题材。于是，我搜索枯肠，把友人胡兰畦抗婚出逃、参加革命的经历在脑子里过了一遍，对他详述了一番，说我认为从“五四”浪潮里涌出来的青年有许多动人的故事，是很好的素材。茅盾大感兴趣，当即决定以胡兰畦为模特儿，写一部长篇。他不仅没见过胡兰畦，而且胡在四川经历的山山水水、城市乡村，他也没见过，我都尽可能具体、详细地给他描述。他每写好一部分，便由我誊清，同时顺手把人物的语言改成四川话。小说终于写成了，这便是他的《虹》。这个书名也是我起的——四川的气象常有彩虹，变化多端，具有迷人的魅力。顺便说一句，《幻灭》、《动摇》、《追求》三部曲合而为《蚀》的名称，也是我提出的。我说，幻灭之感，如日月之蚀，是暂时现象，也是必然现象，茅盾非常赞赏。

《虹》在上海《小说月报》连载，轰动一时。后来又出了单行本，销路很广，茅盾可说是名利双收了。但小说实际上只写了原计划的一半，以后没能继续完成。

当时，杨贤江和高氏兄弟等虽都以卖文为生，但多是搞翻译，而且不翻译文学作品，都未能成为茅盾在文学上的知音。因此，茅盾情切切地想在文学上培养我，经常和我谈论什么自然主义、浪漫主义、现实主义等等，还说我有当作家的天才。我自然受到了熏染，开始研究日本的“普罗小说”并翻译了一些，由茅盾寄到上海发表。“秦觉”、“辛夷”就是我的笔名。茅盾还说把我的经历串联起来，就是一部很好的文学作品。他还常给我命题作文，甚至不顾当时文坛仍在批判他的“三部曲”，硬要我写一篇赞扬其中女主人公章秋柳的文章，经他加工后寄给《小说月报》发表了。我还在他的授意下，违心地写过一篇批评梅兰芳接受美国博士头衔的文章，发表在《文学周刊》上。

这时候，我怀了茅盾的第一个孩子。因为经济拮据，也因为我仍想去苏联，觉得有孩子是个累赘，我们决定回国去做人工流产。茅盾把我护送到神户上船，回到上海后，我先从叶圣陶那里取了一笔稿费作住院费，叶夫人胡墨林还热情地为我缝制了几件衣服，然后由先期回上海的吴庶五陪我到四川路福民医院做了手术。1929年9月，在返回日本的海船上遇到张光人（胡风）和朱企霞夫妇。茅盾到神户来接我时，我给他介绍了胡风夫妇，他们就这样交上了朋友。

1929年冬，日本搞了一场“大检举”。在日本的中国共产党组织被一网打尽。漆湘衡、袁文彰以及经常来往的沈起予都被捕了，流亡京都的“红色青年”纷纷回国。但茅盾坚决不肯走，只要我一提起回上海，他就抱着我痛哭流涕。

高原町变得冷清寂寞了，我们就迁到热闹些的一所二层楼房。房租比高原町高好几倍，但环境不错，楼下有花园，园里的无花果树果实累累。茅盾很爱吃无花果，总是笑眯眯地求我上树摘给他吃……虽然我俩情深意笃，有自己的小天地，但异乡的孤寂，加之通货膨胀，生活日感拮据，不得不作归计。

1930年4月初，我们回到了上海。先住了三天旅馆，后搬到早已回国的杨贤江家里。我们一起到景云里去看望了鲁迅，他让我俩都参加了“左联”。我们还去看望了茅盾的母亲和他的卢表叔，到郑振铎家里和商务印书馆的旧友欢聚……为了生活，他写文章，我继续搞点翻译。经茅盾联系，开明书店和我签约翻译一部日文《中国戏曲小说史》，预支稿费500元，临时解决了生活费用。这时，我又怀了第二个孩子。茅盾原来的妻子孔德沚开始常来我们这里哭闹，加上茅母坚决要求他俩恢复由她一手操办的婚姻关系，使一向十分孝顺的茅盾变得左右为难，忧心忡忡。

茅盾对我的态度也逐渐有了微妙的变化，常常欲言又止，心神不定。每次孔德沚一来，他就躲得远远的。可有一天，姚韵漪告诉我，她在先施公司看见茅盾和孔德沚带着孩子买东西，看起来蛮好的。果然，以后孔德沚就常来给他送吃的穿的，茅盾还去接送她。这时，上海的小报上还出现了一些骂我的文章。

我心想，自己一个革命女子，何必讨这份闲气！于是就向茅盾提出分手。茅盾先是不同意，后又同意暂时分手，但要同我订一个“四年之约”：他以四年写作的稿费支付与孔德沚离婚的费用，然后我俩再图百年之好。经过他的反复劝说，我最终同意了，还约定四年后团圆时，再续完《虹》的后半部。于是他拽着我到附近照相馆合照了一张6英寸照片，说是作为暂时分手的纪念。这是1930年8月的事。

当时，我们还一起去向丁玲告知了我们的决定。丁玲坚决反对，认为这不公平。但事已至此，咋能反悔呢？最后，茅盾带我到福民医院做流产手术。他扶着我上手术台时，泪流不止。他在医院陪了我三天，含泪告别时还要我写个简历给他，说要为我联系过组织生活。

一星期后，我回到杨贤江家我们的房间里，眼看四壁萧条，人去楼空，倍感凄凉。我顾不上多想，急于下楼去找杨贤江，问我的组织关系怎么办。他沉重而又惘然地沉默很久，慨然叹息说：“北欧命运女神上当啦！茅盾是个被开除的叛徒啊……”

天哪！这真是晴天霹雳，我顿时感到天昏地暗，心如死灰。我转身回房，顺手拿了两瓶安眠药，随即打开晒台上的自来水龙头，用手接水，把200片安眠药全部送进了肚里……我哪里知道，杨贤江的话并非实情，组织上从来没有给过茅盾那样的结论和处分啊！

当我苏醒过来，发现自己躺在红十字医院的病床上。原来，是我大哥秦希文烈士的儿子秦国士把我送到医院来的，我已不知不觉地在这里住了一个星期了。我看看胳膊上打强心针的创口，肿得像个皮球。秦国士一边蹲在地板上给我揉肿块，一边劝我回四川忠县老家去。我觉得，自己在上海也实在待不下去了。经济上，没有了来源；政治上，失去了党的关系；生活上，又惨遭不幸；再加上当时小报上的风言风语，我已身心交瘁了——回家吧，回到妈妈的怀抱里去吧！

出院以后，我就很快启程回川。那天，秦国士背我上船的时候，茅盾前来送我，还带来些路上吃的东西，一副依依不舍的模样。我当时只看了看他，没有说话。

宽阔的长江江面上，船儿逆水而上。我受尽折磨的灵魂与身体都奄奄一息，沿途屡屡昏迷与休克，不得不先后在武汉、宜昌、万县住进了医院。在万县，路费耗尽了，只好让侄儿由陆路回家要钱来接我。我到家时，已是秋凉季节了。

我离家已12年。这次不是荣归故里，而是穷途末路归来，虽然妈妈很心疼我，照顾我，但当家的二嫂子不欢迎我，甚至逼我立刻走人。再加上堂弟秦梦舫在外扬言，说我是从苏联派回来搞“赤化”的，要加害于我，更把一家人闹得不得安宁。我不得不又离家出走。辗转到重庆后，我终于心力不支，染上了多种疾病，不断地发高烧，卧床不起。本家哥哥秦仲高把我接到他家养病，但百般医治无效，家里已在准备我的后事了，后来请来一位活佛，用他从西藏带来的药物，才把我从死亡线上救活过来。这已是1934年10月了。

此前，茅盾接长不短地给我写信，我也经常给他回信。但是从他的来信中，我发现他根本没收到我的信，显然是都被他的家人扣下了。我病重时，他一连来了几封信，本家嫂嫂替我回信，告知我已危在旦夕。此后，他只来过一封信，说他已搬家，但并未写明新址，从此杳无音信。

我一病四年，恍如隔世、回忆往事，肝肠寸断。所谓“四年之约”，所谓“百年之好”，已统统化为泡影。我愤而撕毁了与茅盾分手时的合影，烧毁了他给我的一堆信件——各奔前程吧！

可是，在抗日战争、解放战争期间，由于我一直从事进步文化活动，仍有多次同茅盾不期而遇。第一次是1938年的一个阴雨天，在重庆天官府7号，郭沫若领导的文化工作委员会的大门口，我穿着玫瑰红晴雨两用衣正要进门，冷不防同正从里面出来的茅盾撞了个满怀。我们不约而同地都站住了。我的喉头梗塞了，不知说什么好，他则低下了头。他还是那般消瘦，那般憔悴，我倒有些可怜他了。我想，他大概以为我早死了，现在居然活生生地站在他面前，其惊诧可想而知。类似的尴尬场面，以后曾一再重演。

上海解放前夕，我受命做国民党军队的策反工作，不幸被捕。坐老虎凳，灌辣椒水，上电刑……各种严刑拷打都没有使我屈服，敌人一无所获。1949年5月，我被判死刑。行刑前夕，才被神速来到的解放军解救出来。但是，许多朋友都以为我已经牺牲了。5月28日诗人柳亚子六十寿辰时，在北平中山公园“上林春”的宴席上，他写了一首诗，说明是“闻德君同志噩耗而作的悼亡诗”：

宗风真衍秦良玉，
说部能开沈雁冰。
玉貌锦衣犹在眼，
秋坟向杰忍传灯。
东坡儋耳谄客误，
一妹南都血尚凝。
猛忆渝州初识面，
含光佳侠气飞腾。

1949年8月，第一届全国政治协商会议筹备会期间，我住北京饭店二楼17号房间。一天清晨，我到阳台上活动锻炼，忽然发现三楼的阳台上站着茅盾。我当时百感交集，难以自持，转身回到房里，久久不能平静。可是就在筹备会议期间，有一天会上突然宣布我是“叛徒”，说我在国民党监狱中有出卖组织的行为，因而撤销我的政协委员资格，令我接受审查。我奋起抗辩，向统战部申诉，都无济于事。直到1950年，组织上才给我做出“没有出卖组织”的结论，安排我在教育部工作，并参加政协。从第二届到第七届，我一直担任政协委员。这些年，我和茅盾又曾多次碰面，但均无任何交往。

1951年我申请恢复党籍时，写了跟茅盾同路去日本的经历。组织上拿到文化部找他核实，要他写个证明。他说他不是党员，不便证明我是党员，因此只写了“秦德君当时的政治思想是进步的”。

十年浩劫，我被莫名其妙地投入秦城监狱，一关八年，受尽苦楚，腿也摔断了，直到1975年才被释放出狱。

1983年3月茅盾逝世。治丧委员会给我发来了参加遗体告别和追悼会的通知，但我思前想后，还是不去的好，免得触景伤情，平添惆怅。

我和茅盾在一起的日子，正是他在人生道路上，从悲观、动摇转向积极进取、追求光明的关键时刻，也是他后来成为文学巨匠的新的起点。我把以上这些鲜为人知以及有所误传的事实真相写出来，也许对研究茅盾生平和创作的学者们，不无参考价值。那么，我这九十二岁老妪窗前灯下的心力，也就不算白费了。

（原载《百年潮》1997第4期）

指误一则

陈福康

秦德君女士在日本《野草》杂志上发表《樱蜃》，其中提到：“郑振铎主编的《文学周报》出专刊骂梅兰芳，因为美国赠送梅兰芳‘文学博士’学位而惹起他们这些有红眼病的文人的‘醋海风波’。茅盾也要我赶浪头，写一篇骂梅兰芳的文稿寄给郑振铎；可是我并不吃梅兰芳在美国获得文学博士学位的醋。但由于茅盾在我耳边嗡嗡嗡地逼得我非写不可，我也就言不由衷地给梅博士一调羹醋。静言思之，不禁哑然失笑。”

读至此，我也不禁哑然失笑。因为，郑振铎等人当年批评梅兰芳，并不关“吃醋”之事，而是为了批评旧的艺术观，态度是很严肃的。再说，《文学周报》的那期专刊，出版于1929年1月，而梅兰芳得美国博士学位则在1930年，这个“醋”又何从吃起？

（选自《茅盾研究》第7辑，《茅盾研究》编辑部编，
文化艺术出版社1999年6月出版）

论列

试论茅盾的“农村三部曲”

丁尔纲

茅盾的“农村三部曲”——《春蚕》、《秋收》、《残冬》是彼此有机地联系着，而又可以各自独立的一组描写农村生活的短篇小说。描写半封建半殖民地的中国农村，是茅盾短篇小说的主要主题之一。而“农村三部曲”则是其中最杰出的作品。

作者用了现实主义传神的笔，给我们描出一幅旧中国江浙农村的全景。在这里，作者痛心地写出中国农民依以为命的农桑事业的日趋衰败，农民境遇的日趋悲惨。在全面地揭示了造成农村困难破产的原因的同时，作者也写出了农民的反抗情绪怎样随着苦难的加深而增高，农民是怎样的克服了封建迷信宿命论观点的束缚，统一了内部的分歧和矛盾，因而觉悟逐步提高；反抗由无力到有力，由无组织到有组织。由偶尔的一次转入持久的斗争。你可以感到作者怀着多么强烈的恨，来鞭挞帝国主义和旧中国的统治阶级；怀着多么强烈的爱，来歌颂、鼓舞承继了历代农民的革命精神，逐渐成长起来的反抗的农民。作者肯定地说：这一点点熊熊之火，将燃成燎原之火，将燃化为红色政权。这就是这一幅由血和火织成的图画的总的主题。这总的主题在反映农民觉醒和斗争的发展过程的三篇小说中。从不同角度上体现了出来。

作者把这个庞大的主题，放在1932年“一·二八”事件前后，由初春到残冬的农村背景上。

《春蚕》写的是比较富裕的农民老通宝一家如何逐渐地破产。去年秋收虽好，“可是地主、债主，征税、杂捐，一层一层地剥削来，早就完了。现在他们唯一的指望就是春蚕，……”老通宝一家像全村的农民一样，怀着美丽的幻想，不惜借债买桑，日夜奔忙，希望春蚕丰收，换到钱归还旧债和新债，赎回当铺里的夹衣和夏衣，也饱一饱久经饥渴的肚皮。老通宝忐忑不安地祈求上苍，唯恐天老爷不给好命运。幸而春蚕丰收了，“二三十人家都可以采到七八分，老通宝家更是比众不同，估量来总可以采一个十二三分。”

但是，春蚕的丰收给老通宝带来的不是幸福，而是“白赔上十五担叶的桑地和三十块钱的债！一个月光景的忍饿熬夜还都不算！”因为茧价大跌，而且几乎所有的茧厂都不开门。可见使老通宝及其他农民破产并失去土地的不是什么上天，而是一种他们不易理解的力量。小说深刻地发掘了这个原因，由于帝国主义经济的侵入，通过他的掮客——买办资产阶级，以金融控制中国工业，并直接和中国丝厂竞争，因而使中国丝厂破产关门；勉强开工的丝厂茧厂，又多用日本较便宜的茧子。因此老通宝的茧子当然卖不出去。因为春蚕赔账而气累成疾的老通宝如果知道这些，他将会更痛恨洋人！因为仅从帝国主义摧残了在第一次世界大战间隙中发展起来的中国民族工业，导致农村破产这一点来说，已经是令人发指了！

在帝国主义、官僚资本主义与封建势力压榨下，农民破产是必然的。他们对温饱生活的幻想正像吹起来的肥皂泡，虽然五光十色，然而总要破灭。这样，在饥饿线上挣扎的农民当然要反抗了；他们的锋芒，首先指向剥削阶级。不过尽管作者已经指出这种半封建半殖民地的社会无论如何非改变不可，可是，当时老通宝他们并没有意识到这一点。

如果说在春蚕方面的亏损孕育了农民的反抗情绪，那么在《秋收》这篇小说中，这种反抗情绪已经转化为行动了。满脑子封建意识，安分守己的老通宝还可以忍受这个失败，然而许多农民却忍受不了！他们聚集起来，以“吃大户”的方式向统治者开火了！深入骨髓的贫困迫使纯朴的农民铤而走险。

反抗是中国农民的革命传统，因此小说也注意表现了太平天国起义在农民当中的深广影响。而且小说也侧面写出党所领导和建立的红色政权的影响（“原也听说别处地方闹‘长毛’闹了好几年了”）。这不仅揭发了矛盾的社会根源，也追溯到矛盾的历史根源，从而指出这是整个社会制度的问题，应该从根本上解决。不过这场斗争是自发的，它的口号也不过是“有饭大家吃”。

这个斗争胜利是不容易取得的。固然以多多头等为领导的农民群众的态度是坚决的，斗争是勇敢的，反抗是激烈的，但是农民内部也存在着矛盾和分歧。由于封建思想传统的影响，一部分农民对“吃大户”这一方式不容易马上接受，自私的心理也妨碍他们的团结和一致。不屑说老通宝是反对的了，就连愿意参加的四大娘夫妇，因为大家吃了自己的米，也还是连哭带喊呢！当他们和大家一起，重新从镇上弄回米来时，他们才体会到农民是应该同甘苦共患难的。由于斗争的胜利，连老通宝也默认了多多头是对的，农民内部矛盾的分歧，基本上统一了。

农民虽然迫使镇上的乡绅们暂时让了步，弄得了一些粮食，但只能救目前的急，不能根本解决问题。他们还不得不种田。可是除了老通宝之外，谁都知道借债种田，简直是替债主作牛马，然而他们只有在田里打算半年的衣食，甚至还债！

又是彻夜的不眠，又是和天灾斗争，好容易又丰收了；“但是镇上的商人却也生着眼睛，他们的眼睛就只看见自己的利益，就只看见铜钱，稻还没有收割，镇上的米价就跌了！”谷贱伤农，由于资产阶级的重利盘剥，农民“幻想的肥皂泡整个儿爆破了！”而“讨债的人却川流不息地在村坊里跑！”

春蚕的失败使老通宝得了一场大病，现在这秋收的幻灭则送了他一条命。

《秋收》对照地写出了老通宝和多多头所代表的农民的两种不同的道路。安分守己，光靠勤俭生产是“山穷水尽”的死路，最有反抗才是“柳暗花明”的生路。但经验证明：那种漫无目标的斗争也不解决问题。以多多头为首的反抗农民，接受了教训，在探求新路，酝酿新的斗争，于是在小说《残冬》中一场更尖锐更激烈的斗争就展开了。

《三部曲》的前两部，只是从帝国主义，资本主义对农村的压榨来探索农村破产的原因，没有正面揭露农民和地主的矛盾。这个农村的基本矛盾是在带有总结性的《残冬》中展开的。然而作者并非一般化地写地主剥削（因为这是有口皆碑的），而是通过张财主发现祖坟上树少了，强逼全村农民赔偿这一件事，突出地描写地主阶级的淫威和残酷的剥削。他逼得农民惶惶不安，只好自动地给他看树，以免树少了给自己带来灾难。作者更揭露了地主勾结官府，坐地分赃，而官府又勾通强盗的罪恶事实。

帝国主义的轮船从中国的内河到大海，一船船载走从人民身上挤来的血汗，资产阶级张开血盆大口吮吸剩下的血肉，地主阶级刮地皮更是不遗余力，而“政府”手持钢刀保护着这些强盗的利益。农民贫困破产已经非常普遍，连较为富裕的老通宝一家也到了不得不骨肉离散各自谋生的地步。小农经济解体了，农村破产了！革命情绪已经饱和，不少一部分受传统的封建迷信宿命论思想束缚的农民，在期待着真命天子下凡。而另一股新的力量以多多头他们为代表，开始有组织地进行武装斗争了！“哈哈！你就是甘么真命天子么？滚你的罢！”是的，他们已经摒弃了一切幻想，离开了自发的斗争的道路，脚踏实地地从事新的革命了！这正是红色政权蓬勃发展的时候，这支农民力量当然也是反对三个敌人的革命队伍的一个组成部分。这一点点星星之火，已经成为燎原之势了。作者对这些农民英雄唱出热情的赞歌，并且乐观地宣告：这儿不久也会和井冈山一样，挂上红旗。作者告诉我们说：“冬”既然是“残冬”，难道离春天还会远吗？

从《农村三部曲》中不难看出：打倒三个敌人是我们革命的基本任务。而且小说不只攻击了统治者，歌颂了革命，同时也教育了农民，鼓舞了革命。主题这样深刻的“农村三部曲”，它的党性之强，在当时影响之深，是可以想见的。

这深刻的内容是通过人物形象的刻画来实现的。“三部曲”中主要刻画了两种类型的农民，一种以老通宝为代表，另一种以多多头为代表。从对事件的重要性方面说，老通宝是《春蚕》的主角，在《秋收》的事件中渐渐退居次要地位；多多头在《春蚕》中是次要人物，在《秋收》中逐渐重要起来，在《残冬》中他已是主要人物了。这一个演化的过程本身就反映了农民阶级的逐渐觉悟和逐渐成长。

生在清末，和高门大户有密切联系的老通宝是受封建观念毒害很深的典型的旧式农民。他父亲勤俭忠厚，他自己是规矩人，安分守己、勤俭刻苦是他处世哲学。在贫困的煎熬下他虽然感到痛苦，但是他承认这一切制度是合理的，保守而固执地遵循着它，不敢也不肯越轨一步，总是逆来顺受。他的这些行动，无形中支持了统治阶级。他也不甘屈服于贫困，他也有自己的希望，他把一切希望寄托在农桑事业上。他实现自己希望的方式固然是靠自己的。“力气”，想尽方法来挣扎；但另一半却是靠天命，因此他又相信鬼神。这一切都把老通宝紧紧地按在统治阶级给他安排定了的轨道上，他只能迈着笨重的腿，像驯服而又坚韧的老牛似的踯躅着！一任统治阶级从自己身上挤奶割毛甚至吃肉，不反抗也不想反抗，贫困压得他直不起腰来，他的命运是悲惨的。

他也知道自己悲惨命运的形成是由于“铜钿都被洋鬼子骗去了”，因为“他自己也明明看到自从镇上有了洋纱，洋布，洋油，——这一类洋货，而且河里更有了小火轮船以后，他自己田里生出来的东西一天一天不值钱，而镇上的东西却一天一天贵起来。他父亲留下的一分家产就这么变小，变做没有，而且现在负了债。”因此他痛恨洋鬼子，“听得带一个洋字就好像见了七世冤家！”然而老通宝不但不想法反抗，而且以他惊人的毅力和容忍。来不断地吹起一个个希望的泡沫。可是生活是无情的。老通宝的希望的泡沫不管是如何的花花绿绿，在阶级斗争如狂飙一样的社会里，一个一个都泯灭了！接二连三的打击向他身上逼来，一直逼得他失去了土地，甚至失去了生命！自己的失败，多多头他们的胜利，使老通宝不得不否定自己的看法，承认多多头的路是对的，但这已经太迟了！

老通宝这形象一方面概括了勤劳、坚韧、善良、忠厚、永不失却信心、永远有充沛的生命力的中国农民的优秀品质，——他以这些博得了读者的热爱，另外也概括了无数代在封建淫威下默默地忍受，无声无息地死去的农民的悲惨命运。他的一生就是对统治阶级的一纸愤怒地控诉书，这里面画下了统治阶级狰狞的面目。老通宝使你同情也使你痛心，使你不能不为挽救无数善良的老通室而起来斗争！当然，如上所说，老通宝的悲剧给农民留下了惨痛的教训：企图以勤劳取得生活的美满就是等死，只有反抗才是活路。

多多头是在农民中的另一种类型。虽然作者不像写老通宝那样正面刻画他，但这些侧面的描写，已足以使多多头活现在我们的面前。“他很高兴地工作着，他觉得这也是一种快活。”他富有同情心，而且没有受传统的封建思想影响；全村只有他一个人把荷花当成人看待。他不迷信，也不受老通宝那些清规戒律的束缚。他是清醒的，农民的命运他看得很清楚。而因他常常一句话就揭露了社会的本质。他说：“单靠勤俭工作，即使做到背脊骨折断也是不能翻身的”，“规规矩矩做人就活不了命”。他敢于反抗，他坚持反抗的主张，并勇敢地投身进去。他领导了抢米风潮，进行了勇敢的斗争。他言行一致，忠实于同志。当抢米的群众要吃他家的三斗米时，他一点私心也没有，他对哥哥说：“你有门路，赊得到米，别人家没有门路，可怎么办呢？你有米吃，就不去，人少了，事情弄不起来，怎么办呢？——嘿嘿！不是白吃你的，你也到镇上去，也可以分到米呀！”他把自己的命运和大家的命运结合在一起，无私地为大家斗争，不惜牺牲一切。总之，这是一个彻头彻尾的“新人”，他是中国农民的希望之花，只有多多头们才能掌握自己的命运。当他意识到无目标的风潮不能解决问题，根本问题在于阶级的压迫、社会制度的统治时，他就和自己的同志——陆福庆、李老虎等，一起抛弃了自发的斗争形式，进行自觉的武装斗争，大胆地向代表中外统治阶级利益的“政府”挑战，首先拔除了人民的眼中钉——三甲联合队。这个崭新的农民一步步成熟起来，走上了彻底叛逆的道路，他像一条淙淙的小河，活泼激动地流入革命的大海。

这样的新人和顽固的老通宝的性格，当然是会尖锐冲突的。作者正是通过典型性格的冲突，反映了农民在革命问题上内部存在的矛盾，反映了这冲突如何在错综复杂的革命斗争中得到了解决，使农民内部趋于统一，团结一致举起了革命的大旗。塑造这个典型的意义不仅概括了成长中的新农民，而且在于给农民指出了一条革命的出路，并以多多头的英勇斗争和革命乐观精神来鼓舞农民。

作者在主要人物老通宝、多多头周围，又浮雕了一系列的次要的典型人物。黄道士是老通宝的耳报神，在他和老通宝的思想共鸣，促成老通宝性格以及故事情节发展的同时，从他身上，从别人对他的信任上，我们又可以看出生植在农村的封建迷信、宿命论思想是如何的根深蒂固。他的性格和老通宝的性格相映生辉。他们会给革命带来困难，但这些困难是可能克服而且必须克服的。

出场不多的陆福庆、李老虎是多多头的影子，在本质上他们和多多头是一样的，可惜他们的性格刻画得还不如多多头鲜明。比起来六宝和荷花的性格倒是明朗得多。六宝率直、泼辣是和她的能干、接受新事物快（如对抢米风潮的态度）同样突出，由于他爱着多多头，因而和婢女出身为大家贱视的荷花构成了小说的一个次要矛盾。站在六宝身后的是封建思想体系对奴婢人格的蔑视。尽管六宝没有糟践人权的意思，但她和有这类思想的人一起。无意中糟践了人权和人性。荷花开朗、乐观、坚定、泼辣，也相当能干，她是一个被侮辱被损害的女性。她作过婢女，受过无数的欺凌，因此也对统治阶级有更深沉的仇根。她大胆地揭露了和张财主勾结的“局长”，她敢于参加“吃大户”的斗争。同时她也具有农民的主要优点：勤劳、善良、敢反抗。但是人们不把她当人看待，“白虎星”这绰号和她结下了不解之缘，使她欢笑中带着哭声。笑脸里藏着忧容。她和六宝等构成的次要矛盾，不只反映了农对现实生活的复杂，也揭示了封建宗法思想对农民的毒害。不克服这些，农民阶级的团结不会牢固。一直到多多头进行武装斗争前夕，六宝和四大娘还看不起她，但大家已经承认她是自己人了，因为这时农民的阶级觉悟更高了。

农民对“起来反抗”的态度各各不一，阿四夫妇尽管个性不同，任他们起初都抱观望的态度。在多多头的影响下，他们终于也跳上了革命的船，但他们还没有成为尖兵，只是“摇摇船”而已。然而不可否认，在党的教育下，他们可能而且必然会成为革命的主力。

作者没有正面刻画反面人物，但你完全可以感到他们的存在。而且一个个无不是青面獠牙，血盆大口。张剥皮的残酷毒辣你不憎恨吗？“局长”的阴险，“三甲联合队”的猖獗你不气愤吗？作者固然也没有提供“洋人”的形象，但是难道你没有看见他们把沉甸甸的铜钱一袋一袋送到开回国去的轮船上吗？

《三部曲》的人物塑造得是那样的成功，许许多多的形象各有着绝然不同而又非常鲜明的个性。你完全可以感到他们不同的声音和笑貌。他们的一言一笑，一举一动都用各人独特的方式，在读者心中留下了生动的印象，使你为他们而喜，为他们而悲。然而这也并不是偶然的，因为作家驾驭了多种多样的刻画人物的方法和技巧。

这就是二十年后的今天，无数的读者仍然激动地读着《春蚕》、《秋收》、《残冬》，而且百读不厌的原因。也正是因为这一点，我们的文学史家才在自己的现代文学史著作中给这一组三部曲和它的作家茅盾留下了重要的篇幅。

（原载《处女地》1957年6月号）

且说《春蚕》

唐弢

《春蚕》出版于1933年5月，比《子夜》迟四个月。《子夜》发行以后，读书界传出消息，说是续集定名《黎明》，不久即可问世。惹得很多人前往书店探问。我知道作者尚未动笔，一时不会出版，有一次，到开明书店买书的时候，也情不自禁地问了一声：《黎明》来了没有？回忆当时这个举动，一方面，固然是急于想读一读第二部，另一方面，也反映了长夜待旦、积恼欲吐的心情。我们不仅渴望茅盾先生的《黎明》早日写成，同时也渴望时代的“黎明”早日来到。可是售书员没有回答我，却从书架上取下一册黄色布纹纸封面的书来，这就是刚刚出版的《春蚕》。作为年轻时候曾经期待过的“黎明”的替身，直到如今，我还好好地保存着它。

《春蚕》初版本收《春蚕》、《秋收》、《小巫》、《林家铺子》、《右第二章》、《喜剧》、《光明到来的时候》、《神的灭亡》等八篇小说，书末附有短跋。作为书名的短篇《春蚕》，论故事情节和《秋收》《残冬》有连续性。当时《残冬》尚未脱稿，而《秋收》却已犯忌。在1934年2月这次禁书中，《春蚕》便和《子夜》遭受了同样的命运。“检查老爷”对这个短篇集也有一条批语，说道：“《秋收》后半篇有描写抢米风潮之处，《喜剧》P208有不满国民革命言论，均应删改；又《光明到来的时候》一篇不妥，应删去。”习惯于黑暗的动物，对于他们，光明的到来当然是不妥的。其时再版早已印成（1933年10月），只得把这三篇重新抽掉，在书脊加印“订正本”三字。因此所谓“订正本”的《春蚕》，不但成了一本薄薄的小册子，连页码也有三处不相衔接了。

电影《春蚕》

我不知道现代文学史上对《春蚕》的评价怎样。我自己，还清楚地记得初读《春蚕》（包括《秋收》《残冬》）和《林家铺子》时候那种激动的心情。在我看来，《春蚕》对于农村生活的描写，比起“五四”时期的小说来，的确向前跨进了一大步，也给同时期描写农村的作品以一定的影响。30年代初，中国农村经济急剧崩溃，作为1932年的一个特点，叫做“丰收成灾”。“丰收”而会“成灾”，今天的青年恐怕是很难理解的，然而事实却又的确是这样。那一年，粮棉蚕畜，每一项都有很大的收成，于是官僚资产阶级就和帝国主义勾结起来，乘间进行残酷的剥削，想尽办法压低价格，造成一个“谷贱伤农”的局面，使农民在丰衣足食的幻想面前，依旧不得不卖儿鬻女，以“逃丰”来代替逃荒。当时，选择这一题材的作品不少，只是能够以艺术力量给予较深的概括的，《春蚕》而外，不过叶圣陶的《多收了三五斗》、夏征农的《禾场上》、叶紫的《丰收》、洪深的《农村三部曲》（剧本）等几个而已。作家有责任去反映人民生活中迫切的问题，却没有理由把自己束缚在一个狭隘的主题里面，随俗浮沉。茅盾先生在艺术构思上，保持着独特的风格。他在《跋》里说过：“我很知道我的短篇小说实在有点像缩紧了的中篇——尤其是《林家铺子》；我是这样写惯了，一时还改不过来。”在丰富的生活内容上构成严谨的布局，寓精练于从容裕如之中，作者有他自己的特点。举凡这些，我觉得都应该放到文学史上去总结。还有值得一提的是：和今天的电影《林家铺子》一样，1934年，《春蚕》也曾由夏衍（当时化名蔡叔声）同志改编，在明星影片公司拍成电影，虽然物质条件、技术水平和目前相差很远，但这却是第一个被搬上银幕的新文学作品。当年鲁迅先生就把《春蚕》的放映，看作是国产电影从“耸身一跳，上了高墙，举手一扬，掷出飞剑”中挣扎出来的一个进步的标志。回想起来，短篇而有足够的情节可供改成电影，似乎这一点也和作者所说“缩紧了的中篇”有关。

“丰收成灾”这个名词已经被打入历史的冷宫了，事实还是值得我们深思的。有两种社会制度。在一种社会里，连续遭了三年灾荒，而且是百年来未有的大灾荒，人们仍然能够平安地度过；在另一种社会里，农业生产获得大丰收，粮黄棉白，大多数人却依旧只能颠沛流离，死亡相继。重读《春蚕》，我们可以从中领悟出许多重要的道理。

（原载《书话》，晦庵著，北京出版社1962年版，晦庵即唐弢）

谈《子夜》的结构艺术

叶子铭

在文学创作中，作品的结构工作是一项具有重要意义的工作。清代戏剧理论家李渔，曾经把文学作品的结构工作，比成工匠之建宅，裁缝之缝衣。一个杰出的建筑师，善于把散乱的木材、砖瓦、水泥建造成一座宏伟的建筑物；一个精巧的裁缝，善于把各种颜色的布料制裁、缝织成一件美丽的衣裳；一个优秀的艺术家，也善于把各种人物事件、矛盾冲突、环境场面组成一幅完美的人生图画。在艺术创作中，结构是表现作品主题、展示人物性格的重要艺术手段，是构成作品形式美的重要因素之一。结构的好坏，直接影响作品主题表达和人物性格的刻画，影响作品的艺术感染力量。因此，历来的优秀艺术家都十分重视作品的结构工作。他们在长期的创作实践中，积累了许多丰富的经验。研究、总结这些经验，对于探索作家的艺术风格、提高艺术组织的能力和促进文学创作的发展，都会有一定的帮助。在这方面，我国“五四”运动以来许多优秀作家的创作，也有许多宝贵的经验，值得我们研究和吸取。茅盾的《子夜》，就是一个比较突出的例子。

《子夜》是茅盾的代表作，也是我国现代革命文学的一部重要著作。这部作品无论在内容或形式方面，都有许多显著的特色。这里想专就其结构艺术方面，谈一点自己的看法。

当你读完《子夜》这部作品，必然会发现这样一个特点：在这部作品中，先后出现的大大小小的人物有八十多个，线索纷繁、矛盾复杂，反映的生活面十分广阔。这里既描写了投机市场瞬息万变的斗争，民族工业的暗淡前景，都市资产阶级社会醉生梦死的生活；

也描写了工人阶级的罢工斗争，农村的革命暴动等等。但是，所有这些复杂的生活内容，都集中在两个月的时间内表现出来。换句话说，作者不是在一个较长的历史时期内来展示这些复杂的生活内容，而是截取社会发展过程中的一个“横断面”，集中地来加以表现。这一特点（时间短、容量大），就给《子夜》的结构工作提出十分艰巨的任务。摆在作者面前的，至少有这么两个问题：一、如何在短时间内把矛盾冲突迅速地展开；二、如何把众多的人物事件、复杂的矛盾冲突联结成一个完整、和谐的统一体。可以说，在小说中，作者对这两个问题的处理是相当成功的。作者表现了他的高度的艺术组织的才能，巧妙地把这些复杂的人物事件、矛盾冲突，连结、组成了一幅30年代初期半殖民地半封建社会的中国都市生活的图画。

那么，人们不禁要问，它的成功秘密究竟在哪里呢？要回答这个问题，我们还得沿着作品所展示的内容，先来具体地研究一下作者是怎样来进行布局工作的。

首先，在典型环境的安排上，作者抓住了时代的主要特征，根据生活的真实和主题的需要，创造了一个适宜于人物活动和矛盾展开的典型环境。作者把小说的背景安排在1930年5、6这两个月的时间内，这正是中国社会危机日趋严重，各种矛盾冲突表现得最为集中、尖锐的时期。从国际上看，1929年年底资本主义世界爆发的空前规模的经济危机，也于1930年春迅速地波及中国。以英、美、日为首的各帝国主义国家，为了摆脱自身的危机，加紧对中国进行经济侵略，使得中国人民与帝国主义的矛盾更趋尖锐化。从国内看，1930年4月，冯玉祥、阎锡山与蒋介石之间爆发了大规模的军阀内战。帝国主义的侵略与军阀内战，促使中国民族工业和农村经济的破产，加速了都市和农村阶级斗争的发展，使国内的阶级矛盾更形尖锐。《子夜》的故事，就是在这样的环境下展示的。作者选择了上海这一典型的大都会，作为人物活动的具体环境。他以民族工业资本家吴荪甫为中心，安排了三个展开矛盾冲突的主要场所：一、吴公馆；二、交易所；三、裕华丝厂。这三个主要场所的安排，一方面是基于作者的生活经验，一方面也是适应着艺术表现的要求的。例如，交易所的特点是多变，它有利于迅速地展开矛盾斗争，有利于表现各方面的关系，如军阀混战与投机市场的微妙关系，民族工业资本家与买办金融资本家的矛盾斗争，农村阶级斗争与都市金融市场的曲折关系等等。作者为什么要选择丝厂作为民族资产阶级与工人阶级的矛盾斗争的主要场所呢？这就与作者的生活经验，作品主人公的安排有密切的关系。关于这一点，茅盾自己曾经作过解释。他说："本书为什么要以丝厂老板作为民族资本家的代表呢？这是受了实际材料的束缚，一来因为我对丝厂的情形比较熟悉，二来丝厂可以联系农村与都市。1928—1929年丝价大跌，因之影响到茧价。都市与农村均遭受到经济的危机。"[①]当然，这一点后来在《子夜》中并没有得到充分的表现。但如果我们把《子夜》与农村三部曲联系起来读，就可以看得很清楚。《子夜》里的吴荪甫与《春蚕》里的老通宝，这两个不同阶级的人物之间，有着密切的联系：吴荪甫的丝厂倒闭了，老通宝的"蚕花"再好，茧子终归还是卖不出去。就这个意义上说，我们可以把农村三部曲看成是《子夜》的姊妹篇。它比《多角关系》，更能生动、有力地表现出30年代初期都市与农村之间的联系。以上是就作品的典型环境的安排，来看作者是怎样进行作品的总布局的。

其次，我们着重地来分析一下《子夜》的情节安排。

我们知道，在叙事性的作品中，作品结构的主要工作，就表现在情节的安排上。古希腊的文艺评论家亚里斯多德在谈到悲剧的结构时，把它分为头、身、尾，即开头、中间、结尾三个部分。"所谓头，指事之不上承他事，但引起他事发生；所谓尾，恰与此相反，指事之必然的或或然的上承某事，但无他事继其后；所谓身，指事之承前启后者。"[②]这样一种划分，基本上也符合一般叙事性作品的情况。就《子夜》看，序幕、开端、发展、高潮、结局，情节的各个构

---

①《子夜是怎样写成的》。

②《诗学》，罗念生译：《文艺理论译丛》，1958年第2期，第9页。

成部分都具备。在结构上，也可以把它分成三个基本部分，即开头、中间（或称主体）、结尾。下面我们就来分别就《子夜》的开头、主体、结尾三个部分的结构，做些具体分析。

《子夜》开头部分的结构，包括序幕和开端，即第一至第三章。在进行具体分析之前，我们还得回到前面提出的两个问题：一、如何迅速地把矛盾冲突展开；二、如何把各方面的人物事件、矛盾冲突联结起来。《子夜》开头的结构，首先就碰到这两个问题。小说一开始，作者就紧紧抓住这两个关系到整个故事展开的关键性问题。他在全书的矛盾冲突展开之前，巧妙地安排了一个戏剧性的序幕——吴老太爷的死。这个人物本身与小说所要表现的内容并没有什么直接的关系，但他的出现却对以后矛盾冲突的展开起着重要的作用。这种作用，主要表现在两个方面。第一，点明时代的特点。作者通过吴老太爷的出走，侧面地反映了30年代初期农村革命风暴的到来，通过吴老太爷的暴卒，象征着老朽的封建社会的微弱生命力——尘封的“古老僵尸”进入现代的大都会就“风化”了。第二，引出小说的矛盾冲突。作者借吴老太爷死后的丧事，把小说里的主要人物，主要矛盾迅速地引了出来。

紧接着序幕之后的开端（第二、三章），主要就担负着提出矛盾的作用。这个部分的结构，是相当巧妙的。作者借吴老太爷的丧事，安排了一个特定环境——灵堂。这种环境的安排，在艺术表现上起了两个很显著的作用。第一、正是借助于这样一种环境，作者才有可能迅速而自然地把《子夜》里的主要人物都集中在一起，并通过他们的言谈、举动，通过他们之间的错综复杂的关系，把小说里的几件重要线索都提了出来，为以后矛盾冲突的迅速展开埋下伏线。在这一点上，作者是费过一番心思的。作者说过：“第二章（其实第三章也应包括在内——笔者注）是热闹场面。借了吴老太爷的丧事，把《子夜》里面的重要人物都露了面。这时把好几个线索的头，同时提出然后来交错地发展下去在……结构技巧上要竭力避免平淡。……”在第二、第三章里，作者就集中地描写一群军、政、工、商等界的吊客在吴府灵堂上的活动。他们带来了各个方面的消息，揭示了都市生活中的种种矛盾。作者通过他们的活动，把小说里的三条主要线索的线头都提了出来。一、通过赵伯韬组织秘密“公债多头公司”和吴荪甫、孙吉人、王和甫等组织企业界联合银团这两件事，把民族资产阶级与帝国主义和买办资产阶级之间的矛盾斗争的线索提了出来，它成为以后故事发展中的一条贯串始终的主线。二、通过账房莫干丞报告工人怠工情况，点出了民族工业资本家吴荪甫与裕华丝厂女工的矛盾斗争的线索。三、通过费小胡子的电报，埋下了双桥镇农民暴动的线索。此外，小说中的一些次要线索，如吴荪甫与朱吟秋的矛盾，吴少奶奶与雷参谋，林佩珊与范博文等的恋爱线索，也同时露了头。在所有这些线索当中，作者又通过吴荪甫这个中心人物，把其他各类人物、各种矛盾、各条线索都联结起来，形成了一个严密的结构。第二，灵堂这一特定环境的安排，在艺术上还产生一种效果，即借灵堂气氛，烘托出中国民族工业的暗淡前景，为小说定下了基调。作者正是通过这群吊客的言谈举动，表现出他们内心的矛盾、苦闷，表现出民族工业的暗淡景象。摆在这群企业家面前的，也是一个“死”或“活”的问题；在帝国主义经济侵略和内战的破坏下，他们也面临着如吴老太爷一样的命运——被“破产”和“死亡”的阴影笼罩着，只不过是各人的程度略有不同而已。在小说里，作者抓住了这一特点，着意地刻画这群人物的心理状态。弹子房的活剧，可以说是他们的没落、颓唐的心理状态的集中表现。作者借范博文的口说道：“你知道么？这是他们的‘死的舞蹈’呀！农村愈破产，都市的畸形发展愈猛烈，金价愈涨，米价愈贵，内战的炮火愈厉害，农民的骚动愈普遍，那么，他们——这些有钱人的‘死的跳舞’就愈加疯狂”。这种没落、颓唐的心情，与整个灵堂的气氛相互映照，一明一暗，烘托出民族工业的暗淡前景。

从以上的分析，可以得出这样的结论。《子夜》开头部分的结构，是紧紧围绕作品的主题，运用借题牵线、烘托对照的手法，把小说里的主要人物和主要线索都提了出来，为矛盾冲突的迅速展开打开局面；同时，又以主角吴荪甫为中心，把各类、人物、各种矛盾、各条线索串连起来，形成一个严密的结构。

主要人物、主要线索提出以后，如何把矛盾冲突进一步展开呢？从结构上考虑，可以有这种方法：一、以一条线索为中心，三条线索同时交叉发展（我们不妨称之为“网状的结构”），二、以一条线索为中心，先后展开其他线索；或者说，以一条线索为中心，其他线索平行发展（我们不妨称之为“连环式的结构”。在我国古典章回小说中，常常采用这种结构方法）。在《子夜》里，作者是把两种方法交叉起来运用的。下面，我们再来具体地研究一下《子夜》主体部分的结构。

《子夜》主体部分的结构，包括第四章至第十六章。小说里的矛盾冲突，基本上都在这个部分里展开。由于它的内容复杂，线索纷繁，所以结构上更需要做细致、妥帖的安排。在这方面，作者有得有失，但基本上还是处理得相当成功的。从第四章到第十六章的结构，基本上可以分为两个部分，即包括情节的发展，高潮部分。第一部分，包括第四章至第八章，是承开端之后矛盾冲突的发展，在结构上采用三条主要线索交叉发展的方法。第二部分，包括第九章至第十六章，是矛盾冲突逐步发展到高潮的阶段，在结构上则改用两条主要线索先后发展的方法（其中农村的一条线，因作者中途改变了计划而没能得到发展）。前者可以说是一种“网状的结构”，后者可以说是一种“连环式的结构”。作者之所以要采用这种结构方法，是有一定的道理的。因为，如果单纯采用多线交叉的方法，则各方面的矛盾不可能得到充分的展开；同样的，如果单纯采用多线先后发展的方法，则不可能把开端里所提出的几条线索迅速展开，前后势必要拉长，结构容易松散。因此，作者把两种方法结合起来运用，在开端之后就用多线交叉的方法，使各方面的矛盾冲突发展到一定程度；然后再采用两条主要线索先后发展的方法，把小说中的两个主要盾（民族资产阶级与帝国主义，买办资产阶级的矛盾）集中地、深入地展开，使作品的主题和主要人物的性格得到充分的表现。

在第一部分里，作者把开端里所提出的三条主要线索明朗化，并以吴荪甫与赵伯韬的矛盾冲突为主线，把其他两条线索交错起来写。这部分的中心内容是，描写吴荪甫与赵伯韬的初次交锋：民族工业资本家吴荪甫等组成益中信托公司，企图以此为大本营来实现他们的发展中国民族工业计划；而买办金融资本家赵伯韬在美国金融资本的支持下，则企图通过"公债多头公司"的阴谋，实现对民族工业的支配。结果，当吴荪甫发现这一阴谋以后，就凭着他那果断，灵活的手腕，跳出了赵伯韬的圈套，取得暂时的胜利。这一矛盾冲突，就构成第一部分结构的主干。与此同时，作者又展开了其他两条线索：一是双桥镇的农民暴动，一是裕华丝厂女工的怠工斗争。前一条线索，表现了农村与都市的联系，后一条线索，表现了民族资产阶级与工人阶级之间的矛盾斗争。作者就把吴荪甫放在这三条线索的中心，表现他在半殖民半封建社会里错综复杂的矛盾斗争中的奋斗、挣扎，从而表现出其性格特点。此外，小说中还穿插了两条次要线索，一是围绕在吴府周围的一群资产阶级青年男女的生活和爱情纠葛，一是公债市场的投机者，土财主冯云卿的悲剧。通过这两条线索，展示了都市社会的种种丑剧。由于作者能紧紧抓住作品的中心，围绕着中心人物来安排情节，所以虽然线索纷繁交错，却仍然能形成一个统一的结构。但是，在这部分里，结构上也有一个缺点。由于作者中途改变计划，放弃了农村的一条线，而又舍不得把已写成的描写双桥镇农民暴动的第四章删掉，结果，虽然作者后来也曾用虚线的处理（借费小胡子的报告和电报，交代双桥镇形势的发展），来补救这个缺陷，但从全书的结构上看，第四章就显得很突出，成为一个可离可合的部分。

在第二部分里，作者改用两条主要线索先后发展的方法：第九章至第十二章描写吴荪甫与赵伯韬的矛盾冲突进一步尖锐化；第十三章至第十六章描写裕华丝厂女工的罢工斗争。作者围绕着作品的主题安排故事情节，一环紧扣一环，一浪接着一浪，层层推进，步步进逼，把中心人物吴荪甫逐步推向矛盾斗争的顶点。从结构上看，这两个部分是一前一后，相互勾连，形成两个连环式的结构。

第九章至第十二章里，集中地描写吴荪甫在赵伯韬的层层包围下，遭到了第一次的沉重打击。作者抓住了两条线索，描写吴荪甫与赵伯韬，吴荪甫与朱吟秋的连锁矛盾。“吴荪甫扼住了朱吟秋的咽喉，赵伯韬又从后面抓住了吴荪甫的头发”。形成了一幅“大鱼吃小鱼，小鱼吃虾米”的图画。作者就通过吴荪甫在这一尖锐的矛盾冲突中的种种表现，进一步揭示了中国民族资产阶级的软弱性和利己主义本性。在这一斗争中，吴荪甫这一人物形象的刻画逐步加深，性格上开始发生了很大的变化——由冷静果断、刚愎自用变得暴躁犹疑、丧失信心。

这里，我们还可以发现《子夜》结构艺术的另一重要的特点，即作者善于运用虚实处理的方法，来展开故事矛盾冲突。比如，蒋、冯、阎的南北大战这条线索的发展，就是用暗（虚）线的方法，由作品中人物的对话和叙述人的语言表现出来的，我们虽然看不到对军阀混战的直接描写，却能够感觉到他对小说中的矛盾冲突和吴荪甫的命运起着重要的影响。又如以吴荪甫为中心的一条线，作者多用明（实）线，直写（赵伯韬的后台老板，美国金融资本家始终没有出场）。在线索比较复杂的叙事性作品中，如能恰当地运用这种结构方法，不仅不会影响主题的表达，而且可以减头绪，省笔墨。

从第十三章起，作者暂时抛开了吴荪甫与赵伯韬的矛盾冲突这条线，把笔头转向另一面。他通过吴荪甫为了弥补自己在公债市场上所遭受的损失，增加工时，削减工资，加紧对工人群众的压榨，重新引出了第二条线索：裕华丝厂女工的罢工斗争。第十三章至第十五章，就集中地描写吴荪甫如何通过屠维岳，先软后硬地破坏、镇压裕华丝厂工人群众的罢工斗争，进一步揭示了吴荪甫性格的狠毒的一面，表现出民族资产阶级的反动性。这部分的线索比较复杂，但主要有两条：一是以屠维岳为首的资本家走狗破坏罢工运动的活动，一是以张阿新、何秀妹、陈月娥为首的共产党员，在地下党的领导下如何团结女工，掀起了以裕华丝厂为中心的闸北丝厂总同盟罢工的斗争。在前一条线索当中，作者还表现了黄色工会内部的桂长林派与钱葆生派的勾心斗角；在后一条线索中，还表现了共产党员玛金与以克佐甫为代表的“左倾”领导路线的斗争。此外，在第十六章里，作者还安排了一个小插曲，描写火柴厂工人与资本家周仲伟的斗争，表现了罢工运动中的另一种类型的斗争情况。但总的说来，在《子夜》里，这是一个比较薄弱的环节，缺点也较多。

从以上的分析，我们又可以得出这样的结论：《子夜》主体部分的结构，是采用多线交叉发展，然后两条主线先后发展的结构方法，并运用虚实处理，烘托对比等手法来安排情节场面，从复杂、尖锐的矛盾冲突中，进一步展示吴荪甫性格的特点。

从第十七章至第十九章，是《子夜》的结尾部分。在这三章里，集中地描写吴荪甫所苦心经营的事业最后总崩溃，两个多月前的发展民族工业的雄图终于成了泡影。作者根据吴荪甫性格发展的逻辑，在高潮之后又安排了一个余波：吴荪甫在孙吉人的鼓动下，倾尽家产，投入公债市场，与赵伯韬作“背水之战”，企图作垂死挣扎。但最后在势均力敌、两相对峙的情况下，由于杜竹斋的“背盟反叛”而宣告彻底破产。结尾部分的结构，有一个较突出的特点，即作者运用了前后照应的手法安排情节、场面，与开头部分相呼应，造成强烈的艺术效果。例如，第十七章“黄浦江夜游”的场面，描写吴荪甫等在公债市场上惨败之后，在黄浦江上寻欢作乐，发泄他们的没落颓唐的情感，它恰好与开头第三章“弹子房的活剧”前后照应，形成强烈的对比，突出地表现出吴荪甫的悲剧和民族王业的暗淡前景。又如第十七章里吴荪甫与赵伯韬在夜总会里的会谈，与第二章里金融界三巨头在吴府花园假山的会谈，这两个场面，也是一前一后，一头一尾，形成强烈的对照。这两个场面的安排，对于矛盾冲突的展开和吴荪甫性格的刻画，起了很大的作用。此外，如开头写吴老太爷的死与结尾写吴荪甫的出走，也是一个明显的例子。总之，作者在结尾部分比较多地采用这种前后照应的布局方法，在艺术上产生了很大的效果。从全书的结构看，可以说是开得好，收得好；起得好，落得好。这样一开一合，一放一收，就使得全书波澜起伏而又有条不紊，形成一个完整、统一的结构。

经过以上对《子夜》各个部分的结构作了具体分析之后，我们就可以回答前面所提出的问题：《子夜》这样一部人物众多、线索纷繁、内容复杂的作品，为什么能组织得有条不紊，浑然一体。其成功的秘密究竟在哪里呢？我认为，主要地就在于作者能严格地遵循着结构艺术的一条最基本的规律，即根据主题的需要，根据中心人物性格发展的逻辑，来安排各种人物事件、矛盾冲突和环境场面，因而能从复杂的内容里突出中心，从纷繁的线索中见出主次，做到波澜起伏而有条不紊。同时，作者又善于根据矛盾冲突的各种不同发展阶段的情况，运用借题牵线，烘托对比，虚实处理，前后照应等等艺术手法，来巧妙地安排故事情节，做到引人入胜而不落陈套。如果借用李渔的话说，就是做到了“立主脑”，“密针线”，“脱窠臼”。我想，这就是《之夜》结构艺术上的最主要的成功经验。

（原载《江海学刊》1962年第11期）

《子夜》与1930年前后的中国经济

孔令仁

茅盾所著《子夜》，是一部具有深刻意义的优秀的长篇小说，并不是一部经济史，但毫无疑问，茅盾在动手写《子夜》之前，曾经搜集了大量社会经济资料，来作为创作这部巨著的基础。因此，在《子夜》一书中所写的上海资产阶级的经济活动才能那样具体、生动，分析当时的社会矛盾才能那样深刻、准确。读一下《子夜》，对理解、研究中国近代经济史是极有助益的。本文拟就《子夜》与经济相牵连的若干问题，做些粗略的分析，以就正于专家和读者。

《子夜》的情节是围绕着主人翁吴荪甫展开的。吴荪甫是茅盾用全力塑造的一个民族资本家的典型代表，他游历过欧美，学会了一套近代资产阶级经营企业的本领，他野心勃勃，“富于冒险的精神、硬干的胆力”①，是个具有18世纪法国资产阶级性格的人物。三四年前，他在他的故乡双桥镇以一个发电厂为基础，开办了宏昌当，通源钱庄、米厂、油坊等营业，建立起他的“双桥王国”来。但是仅有十万人口的双桥镇，对吴荪甫来说活动的天地是太狭窄了，于是他又在我国最大的工业城市——上海开办了一个用新式机器生产的裕华丝厂。不久，又和他的“同志”孙吉人、王和甫等合组了益中信托公司，一口气吞并了七、八个生产日用品的小工厂。他渴望着他的事业能够蓬勃发展，“高大的烟囱如林，在吐着黑烟；轮船在乘风破浪，汽车在驶过原野”（130页）。他梦想着他所生产的灯泡、热水瓶、

①茅盾：《子夜》，人民文学出版社1977年版，第83页。以下凡同《子夜》原文，只标页码，不再加注。

阳伞、肥皂、橡胶套鞋等产品，能够畅销于全中国的穷乡僻壤，而那些从日本移植到上海的同类小工厂则都受到他的致命打击。然而，在那半殖民地半封建社会的年代里，吴荪甫的这种希望发展民族资本主义的雄心壮志，只能在现实面前化为泡影。

1929年，资本主义世界爆发了空前严重的经济危机。工业危机、农业危机、信用危机和金融紊乱交织在一起，使资本主义世界的各个经济部门陷于一片大混乱的漩涡之中。帝国主义各国为了转嫁危机，都加紧了对殖民地和半殖民地国家的经济侵略活动，而那时的中国正是它们进行经济侵略的主要对象。

商品倾销是帝国主义各国进行经济侵略的重要手段。由于帝国主义的商品大量运销于我国，致使我国进口额猛增，出口额迅速下降。例如，1928年我国的进口额为1,863,000,000元，出口额为1,544,000,000元；但至1931年，我国的进口额就增至2,233,000,000元，出口额下降至1,417,000,000元[①]，入超达八亿元以上！不仅如此，那时中国的货币是采取银本位制，由于世界市场的银价日趋跌落，影响到我国货币的汇率一落再落。如1928年中国国币一元与美元在纽约的比率是0.63625，至1930年下降为0.41313，1931年更降为0.305[②]。在这种情况下，入超愈增，中国按银两支付对外贸易的逆差就愈处于不利的地位，给中国人民带来了更加沉重的灾难。

按说，外币升值，外国货就贵了，应该影响到它在中国的销路，这岂不是中国民族工业发展的大好时机吗？但实际并非如此。《子夜》借雷参谋和一个绰号叫“红头火柴”的火柴厂老板周仲伟的一段对话，道出了当时民族资本主义工业的一个重要部门——火柴业的苦衷：

雷参谋望着周仲伟，很正经地说：

①中国人民大学编：《中国近代经济史》下册，人民出版社1978年版，第3页。
②据银行学会编印：《民国经济史》，第521页。

“大家都说金贵银贱[1]是中国振兴实业推广国货的好机会，实际上究竟怎样？”周仲伟闭了眼睛摇头。过一会儿，他才睁开眼来愤愤地回答：

“我是吃尽了金贵银贱的亏！制火柴的原料——药品，木梗，盒子壳，全是从外洋来的；金价一高涨，这些原料也跟着涨价。我还有好处么？采购本国的原料罢？好！原料税，子口税，厘捐，一重一重加上去，就比外国原料还要贵了！况且日本火柴和瑞典火柴又是拼命来竞争，中国人又不知道爱国，不肯用国货……”

但是周仲伟这一套提倡国货大演说只好半途停止了，因为他瞥眼看见桌子上赛银烟灰盘旁边的火柴却正是瑞典货的凤凰牌……

原来软弱、可怜的中国民族资本工业，从原料到包装都是仰赖于帝国主义的，外国的原料贵了，中国货就得水涨船高，非贵不可。改用本国原料吧，各种苛捐杂税又多如牛毛。生产出来的产品成本就更高。这怎样能竞争过外国货呢！

周仲伟说“中国人不知道爱国，不肯用国货”，这是他的偏见，情况并不如此。自五四运动以后，日本货就受到中国人的抵制，而抵制日本火柴尤为突出。1919年日本运销中国的火柴为13,778,508罗（每罗12打，每打12盒，共144盒），至1920年骤减为6,036,648罗，减少了一半还多[2]，这完全是中国人民抵制的结果。“九·一八”事变以后，中国人民抵制日货的怒潮更炽，当时有的国产火柴盒上印上“振兴国货，挽回利权”的商标，使销路大为开阔。更有一些爱国华侨商人，向国内订购大批火柴，贴上自印的“国耻纪念牌”、“火

---

①当时外国货币多采用金本位制，中国货币用银本位制。所以“金贵银贱”的实际意义是指外币升值，我国货币贬值。

②青岛市工商管理局史料组编《中国民族火柴工业》，中华书局1963年版，第19页。

山”等商标，来抵制外国火柴。这都给中国的民族火柴工业造成了一度有利的发展形势。

在产生《子夜》的年代——20年代末和30年代初，帝国主义各国为了摧垮我国的民族工业和中国人民的抵制运动，都对我国采取了削价倾销商品的政策。那时在我国倾销火柴最厉害的，要数瑞典。摆在吴府客厅里的凤凰牌火柴，不过是向我国倾销的二十几种火柴中的一种。据查，瑞典生产的一等火柴在上海的售价一箱（一箱约为50罗）为29.50元，而上海生产的一等火柴最低售价为32.50元，瑞典一箱火柴要比中国便宜三元；瑞典生产的二等火柴在上海的售价一箱为26.50元，而上海生产的二等火柴的最低售价为28元，瑞典的一箱火柴要比中国便宜一元五角，在杭州、汉口、汕头、广州等地，瑞典火柴每箱都比同级国产火柴低二至四元①。瑞典火柴不仅售价低，而且火柴的质量也要比中国火柴高得多，凤凰牌火柴的木梗经过防灼剂处理，燃烧后成勾黑色炭杆，不致烧损衣物，因此为吴荪甫这类高级消费者所乐用。当时，瑞典火柴在我国市场上泛滥成灾，1929年瑞典火柴的进口量为168,253箱，占我国江苏、安徽、江西、浙江、福建、广东、河北七省火柴总产量比重的41.02%；1930年瑞典火柴的进口量为170,164箱，占我国江苏等七省火柴总产量比重的48.07%②。可见瑞典火柴在我国倾销的程度是何等惊人！

在帝国主义商品倾销的狂潮下，我国的民族火柴工业当然只能有破产之一途。据调查统计，在1929年全国各地破产倒闭的火柴厂有：江苏、上海九家，浙江三家，河北三家，山西四家，吉林三家，辽宁三家，广州十三家③。在这种情况下，《子夜》中的周仲伟老板，不管他的手腕多么灵活，剥削工人的办法多么巧妙，最后还是逃不脱帝国主义的魔掌，终于沦为日本帝国主义垄断资本的一个买办了。

开火柴厂的周仲伟命运如此，开丝厂的吴荪甫的命运当然也不会

①《中国民族火柴工业》，第28页。
②同上，第29页。
③同上，第30页。

更好些，只不过他的垮台经历要曲折复杂一些罢了。

在国际市场上，由于外丝的竞争和金贵银贱的影响，使华丝的价格大跌。下面以我国向美国的出口情况为例①：

中国生丝出口指数与美国华丝市价指数

（1927—1932年）

年份	生丝出口（公担）	指数	每磅华丝市价（美金）	指数
1927	96.768	100.00	5.24	100.00
1929	114.898	118.74	4.56	87.02
1930	91.583	94.64	2.80	53.44
1931	82.364	85.11	2.61	49.81
1932	47.306	48.89	1.57	29.95

从上表可以看出，由于华丝的价格在国际市场上一落再落，已使商人无利可图，这自然使华丝的出口量一减再减。在国际市场上和华丝竞争最激烈的是日丝。日本丝商在其政府奖励、扶植下，他们的商品在国际市场上仍可畅销无阻。《子夜》中说；“这两年来，日本政府奖励生丝出口，丝茧两项，完全免税，日本丝在里昂和纽约的市场上就压倒了中国丝。”（44页）这话并非向壁虚构。史料称：“去年（1927年）各国蚕茧丰收，丝价大落。日本政府有鉴于此，曾经商同银行拨款借免利巨款，俾资救济，又将一部分存丝故意削价出售，所有损失，由政府及中央丝商协会补助之。一方面笼络外商，不购他国之丝，一方面贬价售出，借以压倒华丝，于是华丝销路，一落千丈”②。可见日本丝商不仅免税，而且能得到政府的巨额补助，因此他们的丝才能压价外销，排挤华丝。国民党政府和日本政府正相反，它不仅不对我国的丝商进行补助，反而增加丝经类商品的出口税。据1931年公布的税则说：“白丝由每担征银十两增至十五两，灰丝由二

①下表据严中平等编：《中国近代经济史统计资料选辑》，科学出版社1955年版，第82页。

②章有义编：《中国近代农业史资料》第3辑，三联书店1957年版，第410页。

两五钱增至七两五钱，黄丝由七两增至十两五钱，同宫丝由五两增至七两五钱”[①]。当时有人评论说：“按丝经为吾国对外贸易之主要货品，近年受日丝侵略，衰落不堪，为提倡对外贸易计，固已早失征收出口税之理由；今乃非但不减轻税率，且增加甚巨”[②]。我国的丝经出口贸易就是在反动政府这种摧残之下，大幅度地衰落下去的。

20世纪30年代的杭州西湖

在国内市场上，我国的缫丝工业也遭到日本的生丝、特别是廉价的人造丝的摧残。1924年输入我国的人造丝仅二十四担，至1931年激增至二万一千四百余担？此外还有人造丝的纺织品四千七百担[③]。那时我国的丝织厂大多都要掺用日本的生丝和人造丝来进行生产。这是有原因的。《子夜》中的五云织绸厂老板陈君宜说：

在这里陈君宜说“丝价已经不小”，和《子夜》另一处说“丝价低落，洋庄清淡”似乎有矛盾。其实并不。那时国产丝因为受到日丝倾销的排挤，丝价的确一直在跌落。如1927年湖丝一担平均售价为1,160元，至1931年下跌到每担七百元以下[④]，1932年在上海，“丝价惨跌，各商咸感成本太高，罔不脱售”[⑤]。由于国产丝税重、成本高，所以它再落价还是比日丝贵得多。陈君宜说国产丝价不小，就是指它比日丝要贵。总之，从陈君宜的话来看，价钱比较贵、税又重是国产丝难以畅销的重要原因，价钱较便宜、税较轻是日丝能够排挤国产丝的主要原因。

再以我国的丝纺织重要基地杭州为例，在那里进口的人造丝也在抢夺天然丝的地位[⑥]：

①②章有义编：《中国近代农业史资料》第3辑，三联书店1957年版，第418页。
③同上，第418页。
④彭泽益编：《中国近代手工业史资料》第3卷，三联书店1957年版，第392页。
⑤同上，第396页。
⑥同上，第5页。

杭州丝织业加用人造丝原料数（单位：担）

年份	天然丝	百分比	人造丝	百分比
1924	3,000	100.00		
1925	2,500	89.5	291	10.5
1926	2,300	81.4	530	18.6
1927	790	49.3	795	50.7
1928	720	43.0	954	57

《子夜》中的“浪漫诗人”范博文也指出了这种情况：“上月我去杭州，看见十个绸机上倒有九个用的日本人造丝。本年上海输入的日本人造丝就有一万八千多包，价值九百八十余万大洋呢！而现在，厂丝欧销停滞，纽约市场又被日本夺去，你们都把丝屯往栈里，一面大叫厂丝无销路，一面本国绸反用外国人造丝！这岂不是中国实业前途的矛盾！”（153页）

这的确是一个矛盾！为了解决这类矛盾，各资本主义国家竞相采取保护关税的政策，增加进口税。在1930年前后改计关税者达二十四国，关税之高为历史上所罕见。关税高了，进口的外国货就贵了，本国货自然就有销路。国民党反动政府为了欺骗人民，自1928年起也陆续与美、德、英，法等国重新修订了关税条约，至1930年5月，中日间的关税条约也重新签订了。但这些条约，其实质仍不过是以前的“协定关税”的翻版。因为在这条约中，都毫无例外地规定着中国的税率不能超过1925年列强关税会议所定的税率，这也就是说，我国的关税仍将停留在1925年以前的低水平上，这当然根本无法阻止包括日本人造丝在内的外国货在我国的倾销。

日丝的倾销，对我国民族缫丝业的摧残是极为严重的。史料称：在1930年因为“日本丝贬价出售，华丝无法竞争。故丝业之衰败为数十年所罕见。上海丝厂106家中，年终时停业者约70家。无锡丝厂70家中，停业者约40家。广东丝厂“情形之困难，亦复相类[1]；其他“苏、镇，杭、嘉、湖各厂，十之八九，均已停闭”[2]。1931年，四

---

①②陈真编《中国近代工业史资料》第1卷，三联书店1957年版，第59页。

川“因受日丝之滥价倾销，华丝一蹶不振，重庆丝厂多因而宣告停业”；“湖丝销场阻滞，丝厂陆续宣告破产，而停业者不下二十余家”[①]。这类资料不胜枚举。这些工厂的倒闭，与日本倾销人造丝关系尤密，所以茅盾曾在他的一篇短文《人造丝》中愤慨地指出：人造丝带有“火药气”！这并不是因为人造丝的制造过程与制造无烟火药相似，而是因为“这些人造丝都是进口货——东洋货”！[②]

……

精明强干、心狠手辣的吴荪甫虽然暂时能够吞并一些小厂，但他却无力挡住帝国主义倾销的洪流，也不能改变当时民生凋零、购买力低下的萧条状况，因而他便不能为自己的产品开拓销路。吴荪甫的伙伴王和甫曾感慨的说过：“出了一身大汗拉来的款子，放到那八个厂里，货出来了，却不能销，还得上堆栈化栈租。”（438页）在这种情况下，他吞并工厂愈多，背的包袱就愈重！困难也愈大，吴荪甫的破产垮台是必然的，更何况这时美国金融资本的买办赵伯韬正准备从背后捅他致命的一刀。

赵伯韬是美帝国主义的奴才，是上海滩有名的“金融巨头”、“公债魔王”。他始终认为：“中国人办工业，没有外国人帮助都是虎头蛇尾。”（321页）由于“美国的金元想对外开拓”，因而赵伯韬酝酿了一个大阴谋，他想由政府用救济实业的名义发一笔数目很大的实业公债，借机帮助美帝国主义来吞并民族资本主义工业。赵伯韬向吴荪甫提出了“合作”的条件，实际上是想把吴荪甫的企业置于他们买办资本的卵翼之下。赵伯韬也估计到吴荪甫不会乖乖就范，他早就对李玉亭说过，以吴荪甫的财力最多能维持三个月，三个月之后他就会调度不灵了，那时“银钱业对他稍稍收紧一些儿，他就受不了！”（277页）果然，当吴荪甫拒绝“合作”后，赵伯韬就把早已准备好的绞索套在他的脖子上了；益中公司的一些老户纷纷提去款子，连吴荪甫的姊丈也退出了益中。原来接洽好的元大的十万银子也

①《中国近代工业史资料》第3卷，第396页。
②《茅盾文集》第3卷，第246页。

突然变了卦……。赵伯韬经济封锁的绞索在起作用了。它使吴荪甫陷于不能自拔的困境，他不得不把自己弄到手不久的八个厂子又全部顶给了外商。

朱吟秋的垮台，吴荪甫把八个厂子出顶，都是和金融界不肯通融有重要关系。当然，金融界卡朱吟秋脖子，是和吴荪甫的捣鬼有关系，而金融界卡吴荪甫的脖子，则是和赵伯韬的捣鬼有关系。但当时的情况，也确实是金融界不愿向企业家贷款。这是因为当时工业萧条。向企业贷款不仅利息低，而且对收回资金也无保障，所以金融界宁愿把资金用来做公债、地皮等投机生意，也不向企业家贷款。这种情况正如朱吟秋所说："从去年以来，上海一埠是现银过剩。银根并不紧。然而金融界只晓得做公债，做地皮，一千万，两千万，手面阔得很！碰到我们厂家一时周转不来，想去做十万八万的押款呀，那就简直像是要了他们的性命；条件的苛刻，真叫人生气！"（43—44页）金融界做公债的情况下面再说，这里先讲做地皮。

金融为什么愿意做地皮？当时人分析说原因有三：一是"确实性"，即地产绝不会腐坏或被盗窃；二是"活泼性"，易于脱手，且可作抵押；三是"收益性"，当时上海租界的地价不断上涨，收益甚大[①]。总之，做地皮既保险，而又能赚大钱，所以金融界才对它趋之若鹜。如当时上海银行联合准备库的财产共值五千万元，其中房地产占82.6%[②]；浙江兴业银行由房地产获得利润，1930年为230,376.90元，1931年为624,484.06元[③]。数目是相当惊人的。从1926年至1930年，上海地产的价值共增值二十亿元，而其中半数是在1930年增加的[④]。地产如此飞涨，从事地产投机的金融界当然都发了横财。在这种情况下，再加上赵伯韬之流从中操纵挑拨，金融界就更不愿向企业家放贷款了。

---

①中国现代史资料编辑委员会翻印：《抗战中的中国经济》，第282页。

②张郁兰：《中国银行业发展史》，上海人民出版社1957年版，第86页。

③杜若双：《中国金融界高额纯利之来源》、《申报月刊》三卷七号。转引自《抗战中的中国经济》，第284页。

④《中国银行业发展史》，第96页。

放赵伯韬套在绞索上的吴荪甫，当然不甘心失败，他反抗着，挣扎着，最后终于钻到公债投机市场上去寻找出路了。

自蒋介石在南京建立起来法西斯独裁政权后，他为了掠夺民财，为了筹措内战经费，曾以关、盐、统税为担保，接连发行了大量公债。据统计，仅1937年至1931年，短短数年中蒋政权发行的公债就达十亿零五千八百万元[①]。这些公债大多以五、六折的扣头由银行承包，而政府还本息时则按十足归还，因此可获高额利润。银行不但可拿公债券充作发行钞票的准备和储蓄存款的准备，还可将公债抛到证券市场上搞投机。据23家重要银行投资有价证券的统计，1920年为54,301,131元，至1930年时上升为222,311,189元，在十年中突增至四倍[②]！这些有价证券由，绝大多数就是蒋政权发行的公债。由于当时政局不稳，一般人对蒋政权的前途捉摸不定，所以公债在市场上的价格经常有大幅度的涨落。譬如说在军阀混战中，中央军胜了，消息对蒋政权有利，公债就涨；反之，公债就落。在这种情况下，政局的动荡、无稽的谣言、“大户”的操纵等原因，都能够把公债哄涨哄落。因此，进行公债投机，一时间就成了冒险家最乐意从事的赌博。

在所有公债中，关税、裁兵、编遣三种最为投机者所热衷。这三种公债发行量甚巨，仅1929年2月至1930年8月，一年多时间蒋政权就发行这三种公债达二亿六千万元[③]。这三种公债在市场上的起伏变化也最激烈，故从事这三种公债的投机者往往今日拥资巨万，明日即成白手。《子夜》称此三种公债为“棺材边”，这是谐音，也是比喻投这三种公债的机冒险性极大，犹如困在“棺材边”。但正因为其富有冒险性，所以才能格外吸引赌徒们在它上面打主意。《子夜》中所描写的公债投机市场的活动者如赵伯韬、吴荪甫、李壮飞之流，当时主要都是做这三种公债的。按说发行裁兵和编造两种公债是为了“实行

---

①千家驹：《旧中国公债史资料》，财政经济出版社1955年版，第19页。
②《中国银行业发展史》，第80页。
③据千家驹：《旧中国公债史资料》统计。

裁兵及抵补编遣期内预算不敷”[1]，也就是说目的是用于弭兵。其实完全不是如此。《子夜》中的人物李壮飞揭露：“我们大家都做编遣和裁兵。政府发行这两笔债，名义上是想法消弭战争，但是实在呢，今回的战争就从上头爆发了。战争一起，内地的盗匪就多了，共产党红军也加倍活动了，土财主都带了钱躲到上海来，现金集中上海，却好让政府再多发行几千万公债。然而有钱就有仗打，有仗打就是内地愈加乱作一团糟，内地愈乱，土财主带钱逃到上海来的也就愈加多、政府又可以多发公债——这就叫做发行公债和打仗的连环套”。

证券市场上的公债买卖，以票面五千元为最低限额。买卖双方都不必亲临现场，而由经纪人从中代办。《子夜》中的陆匡时、韩孟翔就是这种经纪人。不论为买为卖，都不必马上拿现款，只须预付一笔保证金，一般是买卖万元者保证金为四百元，到期再进行“交割”（交割即结算，交割期由证券交易所预先公布，一般在25号以后某一天）。在交割期以前，买卖双方可随意转买转卖。买者系看涨者，当时被称为“多头”或“买空”；卖方系看落者，当时被称为“空头”或“卖空”。公债买卖和其他投机市场一样，虽以买空卖空为特点，但到交割期，负者就必须如数付款，赢者即可得现金。转眼间有人倾家荡产，有人腰缠万贯。

上海进行公债投机的中心是华商证券交易所。此交易所在1921年由范季美等人组织成立，《子夜》中所描写的公债投机活动，就是以这个交易所为背景。那时。无论是银行、钱庄、工厂老板、商店经理、各式寓公、少奶奶、交际花、流氓恶棍乃至达官贵人，大多都要到这里来一手，胆小的“套套利”，胆大的则把全部身家性命孤注一掷地统统押在这种买空卖空上，真是热闹非凡。为什么会出现这种肮脏的繁荣呢？这是相当时社会工业不振、游资太多有关。有人估计，在1930年前后，全国流通资金集中到上海来的约有半数以上[2]。因此，“资金既充斥于都市，而内地则因战事匪患，工商业无从发达，

①《旧中国公债史资料》，第178页。

②张公权：《中国经济目前之病态及今后之治疗》，载于《银行周报》，第767号。

20世纪30年代的上海

以致都市资金苦乏运用之途，则咸投资政府公债……公债之交易极为繁盛”[①]。

从事公债投机的人虽多，但能够左右这种投机事业的，无疑是那些既有经济势力、又有政治后台的少数大亨们。如1926年发生的著名的“九六公债风潮”，就是由当时的中国银行经理张公权勾结总税务司安格联操纵左右的，在这次风潮中许多人上当破产，而张公权却发了横财[②]。《子夜》对此也有很生动的描写。那天在吴老太爷的灵堂上，传来了中央军惨败、西北军大胜的消息，引起各项公债库券一齐猛跌，使吊客们为之骚动。“公债魔王”赵伯韬是有名的“大户”多头，在这一阵跌风中，他本来是要大赌特赌的，但他竟然能联合杜竹斋、吴荪甫等人凑了四百万，组织“多头公司”，花了三十万，运动西北军向后暂撤三十里。因此，在交割期到来的最后一天，公债的价格又被哄抬起来，几乎涨停板。这伙大亨们从中大捞了一把。

吴荪甫是办实业的，他有发展民族工业的雄伟计划，对公债投

①《中国银行十九年度营业报告书》，转引自《旧中国公债史资料》，第30页。
②参考许念晖：《上海证券交易所概况》，载《文史资料选辑》，第24期。

机本来不感兴趣。对那些热衷于做公债、地皮的资本家，他常嗤之以鼻。但他从“多头公司”捞到了好处后，也认为公债投机是发财的一条捷径。特别是当赵伯韬把他逼得走投无路时，王和甫向他提出：“我们把办厂的资本做公债吧！再和老赵斗一斗！”（526页）吴荪甫更动心了，他决心背水一战。他不但把所有能够搞到的资金全部搜罗来做了公债，还把他靠以立足的裕华丝厂，自己居住的花园洋房全部都抵押出去。这样，民族资本家吴荪甫和买办资本家赵伯韬就在公债的赌场上相遇了，一场生死大搏斗展开了。当然，他们的胜负是不难判断的。最后，有帝国主义撑腰的赵伯韬获得了大胜，吴荪甫一败涂地，逃往牯岭“避暑”去了。

赵胜吴败，说明了在半殖民地半封建的社会条件下，要发展民族资本工业是不可能的，获得胜利的只能是帝国主义侵略势力。要发展民族工业，就必须推翻半殖民地半封建的社会制度——这就是《子夜》这部文学作品利用丰富的经济资料通过纷繁复杂的故事情节的生动描写所要告诉人们的结论。

（原载《文史哲》1979年第5期）

《子夜》与《金钱》

曾广灿

1933年，当《子夜》初问世的时候，瞿秋白同志一面给予很高评价，一面又指出，这部小说“带着很明显的左拉的影响（左拉的《Largent》——《金钱》）”。这个“影响”指什么呢？瞿秋白同志没有点明，作者茅盾也感到茫然不解其所指。

那么《子夜》到底受没受左拉《金钱》的影响？这要首先看一看茅盾与左拉的关系。

我们知道，左拉是自然主义的大师。他的创作是在他的实验主义理论指导下进行的。他主张去描写所碰到的任何一件事、一个人，并尽力给所写的人物涂上现代自然科学的色彩。左拉说：“一旦材料收集好，小说……也就自然成功了。作品的趣味并不在于这事件异乎寻常，相反的，事件愈平凡，愈寻常，也就愈典型。”很显然，左拉的创作方法是排斥现实主义、否定艺术创作的典型化过程的。因此，他的创作大多只能抓住事物的外表方面，而不能探得事物的内部联系，甚至歪曲事件及人物的社会本质，常常把人物的犯罪行为归之于兽性、遗传等生物学原因，在社会人生的看法上陷入资产阶级唯心主义。

“五四”以后，随着西方各种理论思想涌入中国，左拉及其理论主张也被介绍到中国来。那时作为青年革新家的茅盾，因为急于寻求一种改造现时的武器，对中外名著及学说进行了广泛的研读，同时接触了左拉的作品、理论。1920年初，茅盾在他最早的文学论文《小说新潮栏宣言》中提出：“中国现在要介绍新派小说，应该先从写实派自然派介绍起。”他并在这篇为《小说月报》部分改革而写的“宣言”后面，还拟订了介绍写实派（即现实主义）和自然派（即自然主义）作品的计划表。1921年《小说月报》彻底革新变成“文学研究会”的机关刊物之后由茅盾主编，开辟了“自然主义论战”专栏，以提倡自然主义。由此可见，在“五四”之后的一二年内，茅盾在思想认识上是信奉着自然主义的。

茅盾当时为什么信奉自然主义呢？从当时反对文坛上的流弊出发，自然主义的“实地观察”和所谓“纯客观描写”有其一定的积极作用。此是其一。“五四”时期，文坛上有泾渭分明的新与旧、革命与保守等的界限，阵垒清楚。但在“新”派战阵中，当时实在还没有人能把文学上的现实主义与自然主义界限划分清楚，当然更难见到有影响的真正比较系统的马克思主义文艺理论著作及文章。像“创造社”这样进步、革命的新文学团体，那时还在提倡着唯美主义呢。所以，那时的茅盾同时主张着写实主义和自然主义并不奇怪。而且当他解释自然主义的时候，又常常实际上说的是现实主义的特点。例如，他把现实主义的文学大师巴尔扎克视作“自然主义”的先驱者，又把自然主义描写的所谓纯客观真实性理解为既能表现人生的“个别性”，又能表现全体人生的“普遍性”等等。事实上，茅盾即在热情倡导“自然主义运动”时，他阐述现实主义文学主张及译介外国现实主义作家作品的文章，比鼓吹左拉自然主义的文章要多到不知多少倍。这说明，1920年前后的茅盾，虽可以说他同时是“一个‘自然主义’和旧现实主义的倾向者”（茅盾语），但其文学思想和理论的主导倾向不是自然主义，而是现实主义的，而且其中明显地渗透着“五四”思潮的新因素。这是其二。还应当看到，茅盾在信奉、鼓吹自然主义的当时，就已看到过自然主义的“危险性”，写下《曹拉（即左拉）主义的危险性》一文。

那么，能否说自然主义对茅盾没有消极影响呢？当然不能。首先，他热心提倡自然主义，说明他那时并没有清楚意识到自然主义的弊病；其次，直到1925年五卅运动时期，马克思主义文艺理论在中国已有相当传播，而茅盾自己也写出了《论无产阶级艺术》这样阐述无产阶级文艺观点的长篇论文，但就在这篇文章中，他还称左拉关于劳动者生活描写的小说是“无产阶级生活描写的‘圣书’”，说十九世纪后半期描写无产阶级生活的作品之所以增多，是因为“自然主义的兴起”等，这显然是不正确的；再次，在创作上，茅盾曾自谓，他鼓吹过左拉，但在开始创作时则更接近于托尔斯泰。这话是符合实际的。然而，在其处女作《蚀》三部曲及第一个短篇小说集《野蔷薇》（1929年7月出版）中表观了浓重的自然主义色彩，却也是毋庸讳言的事实。

对茅盾来说，自然主义影响又是什么时候才不发生作用了呢？党成立前夕，茅盾已开始与早期具有初步共产主义思想的人交往。党成立后，革命的实践和革命文化宣传工作使他头脑中自然主义旧地盘逐渐缩小。在大革命的高潮中，茅盾的文艺思想水平达到了当时所能达到的时代高度。但旧思想印痕的消除毕竟需要，花费时间和气力，作为一个革命者的茅盾，他在理念上接受了马克思主义，但一时还没有化为自己的血肉。因此，1927年大革命失败使茅盾的思想情绪曾一度陷入矛盾、苦闷之中。但他很快自拔，又迈出革命的新步伐。在创作上，有意识地改变基调，扩大题材，试用马克思主义的世界观指导创作。尤其到1930年参加左联的实际工作之后，他的无产阶级立场变得坚定了。当1931年动手写《子夜》时，他就十分自觉地认识了前期文艺主张和创作的局限、错误，因而自觉与自然主义决绝，运用革命现实主义进行创作了。从文艺主张来看，自1930年以后连续发表的《中国苏维埃革命与普罗文学之建设》《我们所必须创造的文学作品》《我的回顾》《我们这文坛》等一系列文章，表明茅盾的文艺思想在进入30年代以后，即在《论无产阶级艺术》基础上，克服错误成分，将正确部分更加系统和完整化了。

自然，这不等于说《子夜》在思想和创作方法上没有欠缺了，不是的。事实上，自然主义的部分阴魂在《子夜》中仍未能全部摆脱干净。比如某些色情描写的细节，对于革命者“左”倾错误的表面化的客观主义的描写等。这也许是瞿秋白同志肯定《子夜》受左拉《金钱》影响的一方面依据。《子夜》与《金钱》还有题材上的部分相似之处，例如描写资产阶级，描写交易所金融投机市场等。但假如据此说一部书受了另一部书的影响，显然是没能从本质、从主导倾向上来对两部作品加以比较，而是着眼于表面上的类似了。

《子夜》与《金钱》是两个国度、两个时代、两部性质完全不同的作品。它们至少有如下几方面的差别：

1.作者的立场观点不同。左拉是自然主义的开山大师，立场是资产阶级的。茅盾是革命的文学家，他写《子夜》时已具备了无产阶级立场、观点。这是使两部书思想高度和客观效果不同的根本原因。

2.两部书尽管题材上有某些相近，但所描写的范围和揭示的思想不同。《金钱》反映的是法兰西第二帝国时代资产阶级的内部倾轧和斗争，笔锋不离巴黎交易所金融投机市场，它从一个方面描写和揭露了当时法国资产阶级的腐朽和嗜利本质；《子夜》所描写和反映的则是20世纪30年代半封建半殖民地中国社会现实的各个方面。上海交易所投机市场只是作品描写的一小部分，是表观人物和主题的一个环节。不说《子夜》所涉及的社会矛盾是多方面的，单是小说所着力描写的中国民族资产阶级与买办资产阶级（及其后台老板帝国主义）的斗争，与《金钱》所写的走向腐朽没落的法国资产阶级之内部争斗相比，其时代、性质都是完全不同的，此其一。《金钱》暴露的是资产阶级的金钱崇拜、唯利是图和腐败没落的本质，对下层劳动者没有描写歌颂；《子夜》则除深刻揭露资产阶级的反动本质外，更主要的是通过围绕中国特定历史阶段民族资产阶级的命运和种种矛盾斗争的描写，回答了中国社会发展方向这个大问题。它为完成这一巨大主题展现出广阔的社会生活画面，这个描写比《金钱》深广得多，丰富得多。无论从题材选择，对人物事件的处理态度，其鲜明的无产阶级倾向性都是《金钱》所不能比拟的，此其二。《金钱》止于对资产阶级一定程度的暴露，对于未来是没做任何回答的；而《子夜》则正确回答了中国没有也不可能走向资本主义，对于未来做了有力地令人可信的暗示——黑暗即将过去，无产阶级及广大劳动人民正在用“暴力”迎接光明的到来。作品以极其明朗的革命乐观主义精神告诉人们，未来的中国绝对不是吴荪甫之流的工业大王们的“国”，而是属于作品所热情肯定和赞扬的工农大众的了。这种革命理想主义的表现更是《金钱》所没有的。

3.《子夜》塑造了一个地道的半封建半殖民地中国30年代的民族工业资本家典型吴荪甫。这个人发展工业有雄心，有胆略才干，也不乏残酷压榨、剥削工人、农民的手段。但他生不逢时，终不能扭转中国的历史命运。在帝国主义、买办资产阶级侵夺、压迫下，民族工业破产，中国没有走向资本主义，而是一步步更加殖民地化了。作品通过对吴荪甫形象的塑造，有力地表明了这个思想。《金钱》的主人公是一个叫萨加尔的金融投机家。因此，吴荪甫形象所揭示的典型意义在《金钱》里根无法找到。

4.从创作方法来看，《金钱》是左拉自然主义创作方法结出的果实，《子夜》则是一部革命现实主义的巨著，是中国30年代无产阶级革命文学的重要收获。

此外，从作品的客观效果上看，《金钱》不过帮助人们对资产阶级腐朽本质有所认识，《子夜》则不仅帮助读者认识资产阶级的本质，而且以其深广的革命的思想内容和高度艺术力量影响和鼓舞着众多的读者，发挥了打击敌人、教育群众的积极战斗作用。

由以上几方面粗略比较可见，《子夜》与《金钱》是根本不同性质范畴的两部作品。茅盾早年信仰过左拉的自然主义，在思想感情上有过烙印，又曾在处女作《蚀》三部曲中有过较明显的表现。这个影响，此后虽几经作者努力摆脱，但因为主观动机和客观效果往往不能相一致，即作家主观愿望为一事，而客观表观又为另一事；客观表现（指作品的客观思想）往往不尽如主观所希冀，所以写《子夜》时作者虽有意识与自然主义决裂，作品却仍未能彻底摆脱尽自然主义的影响。但这个影响和缺点已经很小，对《子夜》来说实在可以说是白璧微瑕了。至于说《子夜》还存在着思想、艺术乃至创作方法上的不完备，那原因是多方面的，却不能简单归之于自然主义的影响了。

（原载《齐鲁学刊》1980年第4期）

茅盾对中国现代文学的历史贡献

王瑶

茅盾研究，现在已经出版了好些专著；我们看看近三十年来关于现代作家的研究文章和著作，除了鲁迅之外，最多的就是茅盾。当然茅盾研究也仅仅是开始，许多著作还处于一般叙述和介绍的阶段，我们希望通过这次会议能够推动这一课题的深入开展，使它达到更高的水平。但在中国现代文学史上，除了鲁迅，研究比较深入的作家就是茅盾。一个作家，对他有兴趣的人多，研究他的文章或著作数量大，这本身就说明了他的历史地位。从文学史的发展情况看，历来就是如此。这同当代的作家作品有所不同，当代某一作品由于各种原因而在一定时期引起人们的讨论和兴趣，也可以发表许多不同观点的文章，但这并不一定说明这一作品的历史地位；但如果当作历史观象来考察，一般地说，对一个作家的研究著作的多寡总是和这一作家的历史地位相适应的。为什么宋朝有那么多人对杜甫感兴趣，甚至称为“千家注杜”，这本身就说明了杜甫在唐诗发展中的贡献和地位。同样，在现代作家中研究茅盾的文章和专著比较多，也说明他的作品为人们所喜爱，是一位经得起时间考验，为人民大众所欢迎的作家。

大会让我谈谈茅盾在中国现代文学史上的历史贡献，尽管我对茅盾并没有研究，但既然教了多年的中国现代文学史，就无法回避自己对这一问题的看法。因为既要讲这门课，那么对一个作家不论你讲得多或讲得少，甚至根本没有讲，都意味着对他的一种评价；好像我们参观一个历史博物馆，有的人的照片老大，有的人的照片小，有的人则没有，这些都意味着对历史人物的一种评价。就中国现代文学史讲：我以为把茅盾当作有重大贡献的少数作家之一，是有充分根据的；这个根据不仅是党中央最后给他的历史性评价，而且也包括人民对他的作品的喜爱的程度。既然如此，我们就应该让他的文学遗产在我们攀登文学艺术高峰的过程中起到应有的作用，而为了做到这一点，我们就必须对他进行深入的研究。

怎样研究茅盾？我觉得，鲁迅很早就提出了这个题目。据许广平回忆："有时遇到国外友人，询及中国知识界的前驱：先生（鲁迅）必举××（指茅盾）以告。"[①]1936年1月鲁迅曾请胡风给史沫特莱准备关于茅盾的材料，要求从这几个方面来谈："一、其地位，二、其作风：作风（style）和形式（Form）与别的作家之区别。三、影响——对于青年作家之影响，布尔乔亚作家对于他的态度。"[②]我觉得鲁迅提出的这些要求对于我们今天仍然有很大的指导意义，它告诉我们研究茅盾这样一个重要作家应该注意的地方。我们知道，鲁迅不仅是文学家，而且也是文学史家，他评论作家常常是用历史的观点来评论的。他写《中国新文学大系·小说二集导言》，指出最早发表了创作的短篇小说的是鲁迅，并不回避自己。他指出他的小说由于"表现的深切和格式的特别，颇激动了一部分青年读者的心"，"显示了'文学革命'的实绩"。讲文学史当然要讲作品，没有作品就没有实际成绩，就不能显示文学发展的历史意义，鲁迅对茅盾的估价，也是用文学史家的眼光来看的，所以要求考察其地位、风格和影响。我们必须把茅盾的作品放在历史过程中加以考察，从他和同时代作家的比较以及他对于后代作家的影响，不同阶级、不同流派的作家对他的态度和评价，来研究他的历史地位和历史贡献。

其实茅盾自己也是常常用文学史的眼光来考察问题的。刚才周扬同志讲到，作为批评家的茅盾，贡献是卓著的。比如，在《读〈倪焕之〉》一文中，茅盾注意到鲁迅作品反映农村生活的深刻性，但同时又指出：《呐喊》中所反映的是"老中国的暗陬的乡村，以及生活

①《欣慰的纪念·鲁迅和青年们》。

②《鲁迅全集》第13卷，第284页。

在这些暗陬的老中国的儿女们，但是没有都市，没有都市中青年们的心的跳动。”“在《彷徨》中，有两篇都市人生的描写：《幸福的家庭》和《伤逝》……弹奏着‘五四’的基调的都市的青年知识分子生活的描写，至少是找到了两个例子。然而也正像《呐喊》中的乡村描写只能代表了现代中国人生的一角，《彷徨》中这两篇也只能表现了‘五四’时代青年生活的一角；因而也不能不使人犹感到不满足。”此文写于1929年，茅盾正是历史地考察了新文学运动以来十年间的创作成果而指出它的不足的。鲁迅写的是短篇小说，它的目的就在“借一斑略知全豹，以一目尽传精神”[①]因此无论写农村或都市，它反映的只能是生活的“一角”；但茅盾从文学作品应该反映动荡的社会生活的全貌和带有“史诗性”的要求出发，他感到不满足。这时正是茅盾开始创作的时候，我们可以由此体会到他的创作思想或意图，他从开始起就把注意力集中于现代都市生活以及都市中富于敏感的青年知识分子的“心的跳动”。在由帝国主义入侵和资本主义生产发展所引起的社会变动中，包括阶级关系和意识形态的变动，都市生活不仅首当其冲，而且有着全国性的巨大影响，并必然由此导致农村生活的变化。特别是经历了大革命的洗礼之后，这种特征尤其显著。茅盾着眼于表现动荡的社会全局和它的发展趋向，因此必然会重视在大工业和新思潮冲击下的、急骤变动着的半殖民地半封建的现代都市生活。这里社会矛盾最为集中和尖锐，现代思潮和革命活动也特别活跃，因而相应地也引起了不同阶层的人们的生活方式和精神面貌的变化。可以说，在作品中深入地反映都市生活是现实本身向文学提出来的历史任务。从现代文学的发展看，不仅茅盾一个人，差不多同时期，老舍、巴金都注意到都市生活。但同样写都市生活，每个作家又有各自不同的特点。老舍关心在半殖民化过程中市民阶层的命运；巴金主要刻画不同类型的青年知识分子形象；而茅盾，在五四以来现代文学的形象的画廊中，主要提供了新民主主义革命时期三十年来民族资本家和

①《三闲集·〈近代世界短篇小说集〉小引》。

城市的"时代女性"的形象。茅盾所塑造的这两大系列的形象，在文学史上有十分突出的历史地位。冯雪峰曾指出："要寻找从1927年到抗日战争以前这一时期的民族资产阶级和买办资产阶级的形象，除了《子夜》，依然不能在别的作品中找到。"茅盾的作品，如果不是以他写作的前后，而是以他反映社会生活的前后来看，从《霜叶红似二月花》中的轮船公司经理王伯申这样同封建传统势力有尖锐矛盾冲突的早期民族资产阶级，到《子夜》中的吴荪甫，《多角关系》中的唐子嘉（30年代初与帝国主义及买办资产阶级存在矛盾、政治上坚决反共的资本家），到《第一阶段的故事》中的何耀先，《锻炼》中的严仲平（抗战初期有爱国心而易于动摇的资本家），再到《清明前后》中的林永清（抗战后期与国民党矛盾日益尖锐，最后投身于党所领导的民主运动的资本家）；这一系列形象相互联系而又带有不同的时代特征，随着社会矛盾的变化，作家表现的角度和侧面也有所不同，但这个形象系列构成了中国民族资产阶级思想和性格的发展史，这是茅盾在艺术领域独有的贡献。

关于写五四以后的时代青年，这并不是茅盾一人独有的领域。在茅盾开始创作以前，就出现了许多描写时代青年的作品。和茅盾差不多同时出现的如大家熟悉的丁玲的《莎菲女士的日记》里的莎菲，蒋光慈《冲出云围的月亮》里的曼英，都是写时代女性的。茅盾在《读〈倪焕之〉》里举了五篇五四时期"用现代青年生活作为描写的主题"的作品：郁达夫的《沉沦》，许钦文的《赵先生的烦恼》，王统照的《春雨之夜》，周全平的《梦里的微笑》，张资平的《苔莉》。茅盾指出，这些五四时期描写青年生活的有影响的作品，"只描写了一些表面的苦闷"，"没表现出'彷徨'的广阔深入背景"，"缺乏浓郁的社会性。"茅盾的创作思想，开始便是从广阔的社会背景和时代精神来表现时代女性的苦闷的，因而在艺术成就上有了新的突破。他把五四以后的时代女性，放在中国革命的巨大历史冲突中，而不是单纯从个人爱情的冲突来表现他们的心的历程，他们的不同命运。从《虹》中的梅行素在"五卅"运动中的走向集体主义；《蚀》中静女士、孙舞阳、章秋柳在大革命中的幻灭、动摇和追求；《子夜》中的林佩瑶、张素素在国民党统治下的都市生活中陷于苦闷不能自拔；《锻炼》里的严洁修、苏辛佳在抗战初期爱国热潮中的迅速左倾，以至《腐蚀》里的赵惠明、《清明前后》里的黄梦英在抗战后期的政治低气压下走向堕落而又痛苦地挣扎；茅盾笔下的一系列年轻的知识女性形象都有鲜明的时代特点，具有巨大的思想深度和历史内容，显示了他的艺术成就的一个重要方面。为什么《蚀》三部曲发表时引起了那么大的反响呢？一个重要的原因，就是这些反映时代女性生活的作品具有强烈的时代性和社会性，使我们读了以后有一种历史感。这是其他作家的同类题材作品所难以企及的。

另一类形象是《春蚕》等作品中所写的农民。五四以来的文学创作，从鲁迅开始，很多作家都写了农民形象，茅盾在《王鲁彦论》中曾将鲁彦笔下的农民形象同鲁迅小说里面的农民作了比较：用茅盾的话说，鲁迅小说里的农民：是“老中国的儿女”，而王鲁彦笔下的农民“却多少已经感受着外来工业文明的波动”，“正是工业文明打碎了乡村经济时应有的人们的心理状况”。由于都市的影响波及到了农村，所以人物的心理状态都有些焦躁不安的情绪。这说明，茅盾注意人物，不只注意他们的思想感情，而且注意这些感情与时代、社会的联系。《春蚕》等“农村三部曲”主要就反映了资本主义的工业文明，怎样把中国农村的自然经济破坏了，农村破产，不同年龄的两代农民的不同心理感受和命运。残酷的现实使年轻一代的农民对传统的生活信条提出了怀疑：“规规矩矩做人，就能活命吗？”应该说，虽然农民形象不是茅盾创作中的最重要部分，但他还是写出了时代特点和生活中的新的因素的。当我们考察现代文学史三十年来创作上的主要成就的时候，在丰富多彩的形象的画廊里面，就突出地显示了茅盾塑造的几组光彩耀目的形象系列，这是他对中国现代文学的重大历史贡献。——这是我要讲的第一点意思。

第二点，在丰富和发展以鲁迅为代表的新文学现实主义传统的过程中，茅盾做出了杰出的贡献。

茅盾的作品，对于鲁迅所开创的中国现代小说的表现形式作出了新的开拓，大大提高了中国现代小说反映复杂生活的可能性，也就是发挥了文学作品的功能和潜在力量。五四以后的现代小说，以鲁迅的作品为代表，首先是在短篇小说领域取得了突出的成就。为什么短篇小说首先得到发展呢？这是有社会原因的。鲁迅在《〈近代世界短篇小说集〉小引》，中曾谈到：首先是因为短篇小说在反映现实生活上有它的优越性，它反映得比较快，从一个片段就可以让人们感受到巨大的问题；而且由于读者忙于生活，因此它的兴起是有其社会基础的。五四时期新文学还处于开创时期，鲁迅就说，当时“中国于世界所有的大部杰作很少翻译，翻译短篇小说的却特别的多”，所以初期作品多是短篇小说是可以理解的。长篇小说的创作需要更多的生活和艺术的积累，一时还没有成功的作品出现。新文学第一个十年，我们所看到的长篇小说很少，只有王统照的《一叶》，张闻天的《旅途》，张资平的《冲击期化石》等很少的几部，而且应该讲艺术上是不成熟的。直到20年代末和30年代初，才出现了突破，接连产生了像茅盾的《蚀》三部曲，老舍的《老张的哲学》，叶圣陶的《倪焕之》，巴金的《灭亡》，以致后来茅盾的《虹》、《子夜》；而《子夜》就是现代长篇小说发展趋于成熟的一个标志，是带有划时代意义的标志。瞿秋白同志当时就指出：“1933年在将来的文学史上，没有疑问地要记录《子夜》的出版，……这是中国第一部写实主义的成功的长篇小说。”[1]瞿秋白同志的话，到现在已经过了半个世纪，但事实证明它经得起历史的考验，因为它准确地说明了茅盾在现代文学史上的地位。

每个作家都有自己喜欢的文学体裁，鲁迅喜欢短篇小说，甚至翻译也着重译短篇，后来译《死魂灵》是因为找不到合适的短篇才译长篇的。有的人喜欢诗，有的人喜欢戏剧，当然也有擅长多种体裁的作家，但一般地讲，十八般武艺样样精通是很难的；一个作家总

---

①《〈子夜〉和国货年》。

有一种自己最感兴趣、最擅长的文学形式，茅盾最喜欢的形式就是长篇小说。为什么他对长篇小说那么有兴趣呢？这和作家的创作意图和创作构思有关；他从来就注意要反映时代精神，反映社会的全局及其发展，反映社会的尖锐矛盾和重大题材。因此，他所构思的小说的容量就很难用一个短篇容纳进去。他在《我的回顾》一文中谈到他创作长篇小说的缘起时说："那时候，我觉得所有自己熟悉的题材都是恰配做长篇，无从剪短似的"，"总嫌几千字的短篇容纳不下复杂的题材"；"1928年以前那几年里震动全世界、全中国的几次大事件，我都是熟悉，而这些'历史的事件'都还没有鲜明力强的文艺上的表现；……我以为那些历史事件须得装在十万字以上的长篇里才能够抒写个淋漓透彻。"这些话不仅说明长篇小说的大量出现是适应时代的需要产生的，而且也揭示了茅盾长篇小说的一个基本特点，即无论在题材的选择或主题的开掘上，他都注意它的时代性和重大性。他自觉追求作品要具有广阔的历史内容和鲜明的时代特点，追求能反映时代脉搏及其发展方向的重大题材；如果用一句话来概括，就是史诗性。我们如果把他的作品按所反映的时代顺序排列起来，从五四前后到全国解放，中国新民主主义革命时期三十年间的历史风貌、动荡的社会现实，在他的作品里都得到了鲜明的反映。在《外文版〈茅盾选集〉序》中他曾说："《蚀》与《子夜》在发表时，曾引起了轰动，其原因，评论家有种种说头，但我总以为我敢涉足他人所不敢写而又是人们所关注的重大题材，是原因之一。例如直接反映1927年大革命的作品，除了《蚀》，似乎尚无其他的；在30年代，以民族资产阶级及买办资产阶级作为描写对象的，也只有《子夜》。这并非30年代的作家中没有才华如我者，而是因为作家们的生活经验各不相同。"《蚀》和《子夜》这样的作品所以引起了社会上强烈的反应，不仅因为它的题材的重大性为人所周知，而且它写的是人们所普遍关心并希望得到答案的现实问题；但因为事情太大，距离又近，所以很难写，这就要求作家具有正视社会现实的勇气和责任感。就像前几年人们希望看到写"文化大革命"的作品那样，希望有作家敢于写出生活的真实来。

而茅盾一开始就有那么一种精神，一种作家的责任感，所以《蚀》三部曲一出现就引起那么大的轰动，不能完全从艺术成就上来解释。我并不是低估它艺术上的成就，但更重要的是大革命刚刚过去了，中国革命从城市到了农村，在新的社会动荡面前，人们强烈要求对所经历的重大历史性事件得到真实的反映和说明，而《蚀》就适应了这一要求。就现代文学史来考察，全面反映那场大革命的，确实只有茅盾的作品。这除了生活经历这个条件以外，作家有勇气表现社会所需要的和人们所关心的重大题材，不能不说是这部作品的一个特点。《子夜》也是如此，茅盾在谈到他的创作意图时说“我是打算通过农村与城市两者对比，反映出那个时候的中国革命的整个面貌”①，“大规模地描写中国社会现象”②。他的作品总是在题材和主题上注意它的史诗性，这样的例子很多。比如《霜叶红似二月花》，茅盾在新版《后记》中说：“本来打算写从五四到二七年这一时期的政治、社会和思想的大变动”。而《锻炼》则原计划写整个抗战八年，要写五部连贯性的长篇，他“企图把从抗战开始至‘惨胜’前后八年中的重大政治、经济，民主与反民主，特务活动与反特斗争等等，作个全面的描写”③。虽然这两部作品都没有照原计划完成，但就他的全部创作看来，他的这种“史诗”式的创作意图是得到了实现的。他眼界开阔，看得深远，对创作的要求一向很严格。他要求“在横的方面”，要洞察“社会生活的各环节”；“在纵的方面”，要透视“社会发展的方向”④。应该说，这正是革命现实主义创作所应具有的基本条件。恩格斯称赞巴尔扎克的《人间喜剧》“给予了我们一部法国‘社会’的极堪惊异的现实主义的历史”，认为他从中“所学到的东西也比当时所有历史学家、经济学家和统计学家底全部著作合拢

①《茅盾选集·自序》

②《〈子夜〉后记》。

③《〈锻炼〉小序》。

④《〈茅盾自选集〉序》。

起来所学到的还要多”[①]。这里深刻地指出了现实主义作品的巨大艺术力量，而茅盾正是把它作为自己意识的追求目标的。他的整个作品为我们提供了一部从五四前夕直到解放战争胜利前夕的中国社会革命的通史，简直是一部“编年史”。现代中国的社会风貌及其变化，各阶级的生活动向及彼此间的冲突，在茅盾的作品里都得到了比较充分的艺术反映。王若飞同志的一篇文章，题目叫做《中国文化界的光荣，中国知识分子的光荣》，在文中他代表党中央对茅盾文学业绩作出了很高的评价，其中说：“他的创作年代正好是中国民族和中国人民解放事业大变动的时期，中国这个大时代的潮汐都反映在茅盾先生的创作中。”[②]茅盾这种自觉追求主题和题材的重大性、史诗性的创作特色，对于现代乃至当代长篇小说的创作是有重大影响的，而且可以说开创了一个好的传统，这就是注意作品的社会性，努力把握时代的脉搏和精神，展开广阔的历史画面，写出历史发展的趋向。可以说自《子夜》以后，这已经成为许多革命作家共同的艺术追求、长篇小说的一个传统；这个传统应该说是茅盾开创的。后来出现的一些著名作品，如写土改的《太阳照在桑干河上》、《暴风骤雨》，直到当代的长篇《创业史》、《红旗谱》、《青春之歌》、《保卫延安》、《上海的早晨》等等，都可以说是具有“史诗性”的作品。它们的题材都具有巨大的历史内容，作家都希望能够勾画出一定时期的历史的轮廓，能够从一个侧面写出那个时代的某些主要特点。茅盾所开创的这一长篇小说的创作特色，大大丰富和发展了现代文学的革命现实主义传统。茅盾既然企图反映巨大复杂的生活内容，必然也要求文学的表现方式有所发展。所以，无论在结构形式或者人物性格塑造上，他和鲁迅的风格是不同的。鲁迅写短篇，多用白描手法。茅盾的作品则着重表现人的社会关系和人物性格的多面性与复杂性。茅盾有部小说题名《多角关系》，其实他的每部作品都是描写人与社会、人与人之

①《给哈克纳斯的信》。
②延安《解放日报》，1945年7月9日。

间的多角关系的；他从不同的角度来展现人物性格的复杂性，因此他笔下的人物形象有一种立体感，是油画型的。因为他首先要表现的是时代生活的复杂性，所以写人物性格，也从不同角度来多方面予以表现。他的许多谈创作体会的文章，都讲不能够只站在一个角度观察人，要跟着他一直深入到他最隐秘的生活。他注意写大事件，但并不忽略小事件；不仅写人物性格的主要特征，而且也注意写人物所独有的细微的小特点。"细节的真实"是现实主义创作的必要条件，茅盾就说，"你写一个优柔寡断的人物，……你固然要从一些大事件上烘托出这'人物'的性格，然而也极需要从许多小事件上烘托出来"[①]。他十分重视生活的真实，善于从多方面的错综复杂的社会关系及其变化中写出人物的性格和发展，这些特点和经验都是丰富了五四以来的现实主义传统的。除了人物性格的塑造以外，在布局结构等表现方式上茅盾的作品也有许多新的创造。在《〈子夜〉是怎样写成的》一文中，他不但谈了他对全书的构思和布局，而且提出了"在结构技巧上要竭力避免平淡"，"把好几个线索的头同时提出来然后交错地发展下去"。这就使他的作品与鲁迅小说的结构布局有所不同。鲁迅写的是短篇，多采用单纯严整的结构，布局很紧凑；而茅盾则追求比较宏大复杂的结构，人物众多，情节线索纷繁，但又是严密完整的。当然，茅盾的创作也有个发展过程，他的《幻灭》还是以静女士经历为主线的单线结构，到了《动摇》，就是两条线索了。《子夜》虽然没有把农村生活组织进去，但多种线索交织纷繁，充分显示了作者的结构布局上的新的成就；后来一直到《锻炼》的写作计划，他的作品都是规模很大，人物关系复杂，人物在彼此交错中互相影响并向前发展。这种把多种线索交织在一起，从不同的角度来写出人物性格，有利于表现社会生活的复杂性，也便于揭示各种矛盾之间的联系和影响，从而使读者对整个时代风貌有所感受，并可以体会到它的发展趋向。这就是说，即在艺术表现力的探索和创造上，他对丰富和

①《创作的准备》。

发展五四以来的现实主义传统也是有重大贡献的。

由五四开始的现代文学，提倡忠于生活、正视现实，反对“瞒与骗的文艺”，追求用文学来推动社会的改革与进步，这就必然要求作者站在时代的前列，解放思想，重视艺术，勇于揭示社会矛盾和表现自己的爱憎倾向。与这种要求相适应，无论在思想内容或艺术表现上，当然都要求文学具有时代精神、具有现代化的特点。这就是以鲁迅为杰出代表的革命现实主义传统的主要精神。随着时代的前进和发展，不仅人们认识和变革现实的能力在不断深化和进步，反映现实和艺术实践的经验也在不断积累和丰富，所以革命现实主义本身就是一个不停滞的发展着的历史性范畴；而在这个发展的长河中，就凝聚着许多杰出作家的艺术经验的积累。就现代文学史说，茅盾，就是以他的创作成果对这个宝贵传统作出了重大贡献的作家。

最后讲一点，就是上午周扬同志讲过的，茅盾在文艺批评上的贡献。大家都知道，批评家的茅盾是先于小说家的茅盾的，即使在他开始小说创作之后，也仍然是不断地进行文艺批评、考察文学状态的。他是我们五四以来卓有成就的文艺批评家。

我不想更多地从理论上阐述。我觉得，作为一个批评家，能够敏锐地看出一个作家的特点，看出他的贡献，这就是一个很了不起的事情，就像大家熟知的俄国的别林斯基对果戈里那样。我们现代文学最伟大的作家是鲁迅，但正如周扬同志说的那样，认识一个人是需要一个过程的，现在研究鲁迅的文章和书籍很多，但如果历史地考察一下，可以说最早认识和肯定鲁迅的伟大成就的批评家，就是茅盾。1921年鲁迅的《故乡》刚发表，茅盾即在同年八月《评四五六月的创作》一文中指出“《故乡》的中心思想是悲哀那人与人中间的不了解，隔膜。造成这不了解的原因是历史遗传的阶级观念。”并且说他“最佩服的是鲁迅的《故乡》”。1922年《阿Q正传》刚发表前几章，茅盾就断定它是“杰作”[①]。鲁迅《呐喊》出版后，当人们还存

①《通信·答谭国棠》，《小说月报》13卷2号。

在着不同看法的时候，1923年10月，茅盾发表了《读〈呐喊〉》，把鲁迅小说和五四新文学运动联系起来考察，指出《呐喊》在内容上充分体现了五四文学革命“无情地猛攻中国的传统思想的时代精神，在形式上也具有革命的创新精神”，“是创造‘新形式’的前锋”。20年代末，当有人从“左”的方面否定鲁迅时，茅盾在《鲁迅论》、《读〈倪焕之〉》两文中有力地批驳了那种“以为《呐喊》的主要情调是依恋感伤于封建思想的没落”的错误观点。在鲁迅研究的历史上，有些文章是有划时代的意义，具有很高的文献价值的。其中，首先就是茅盾的文章，以后还有冯雪峰的《革命与智识阶级》；瞿秋白的《〈鲁迅杂感选集〉序言》，一直到毛泽东同志的《新民主主义论》。这反映了我们对一个伟大作家的不断认识的过程，而第一个把鲁迅的创作当作是五四新文学的主流的就是茅盾。一个民族没有产生伟大的作家是可悲的，有了伟大作家而不认识他的价值和意义，也是令人惋惜的。因此首先对鲁迅作出比较符合实际的肯定的评价，是茅盾作为文学批评家的第一个贡献。

茅盾对文学批评的第二个贡献，可以说他是现代小说批评或文艺批评的开拓者之一。过去的小说批评，历史上只有评点式，很少有系统的理论和分析。清末文学改良运动提倡“小说革命”，开始认识到小说有改革社会的作用，出现了一些例如梁启超的《小说丛话》之类的评论，但没有摆脱评点派的影响，并且只注意小说内容，不注意小说的特点，仍像一般评点诗文那样评论小说。在五四新文学运动中，开始出现了现代文艺批评，包括小说批评。所谓“现代文艺批评”包括两方面的含义，第一是在内容上紧密配合五四时期思想文化战线上的反帝反封建的革命任务，有它的倾向性和立场，猛烈攻击旧文学，热情倡导新文学。第二是它运用西方现代的文学观念进行批评，注重作品的艺术特点和表现方式。茅盾就是这种现代文学批评的主要组织者和实践者之一。1921年《小说月报》改革以后，他不仅是编辑，而且写了许多文学批评的文章。1921年4月发表的《春季创作漫评》是最早的综述一个时期小说创作的文艺批评文章，它通过多篇作品的考察，鸟瞰式地指出了当时创作的倾向。接着《小说月报》还开辟了“创作讨论”栏，组织作家发表“创作谈”；专设了“创作批评”栏（后改为“读后感”栏），声明特别“收容读者对于创作的批评”。如果我们把现代文艺批评作为一门科学来考察，茅盾的历史贡献是不容置疑的。正是在茅盾的组织和倡导下，《小说月报》通过评论、杂谈、通信、读后感等各种形式，发表了大量的文艺批评文章；影响所及，许多刊物上的文学评论文章也多起来了。而茅盾自己当时所写的一些文章就显示了五四时期现代文艺批评的水平，并且产生了很大的影响。

更重要的，作为一个批评家，茅盾一方面对一些有重大影响的作家作了全面系统的考察，对他们的创作思想、艺术特色进行了细致的分析和评价。另一方面，就是发现崭露头角的“新秀”，对他们热情地加以扶植。我们现在看30年代茅盾写的许多篇作家论，基本上是用马克思主义历史唯物主义观点对作家进行研究和批评的；马克思主义理论修养的深厚，是茅盾的突出特点，这既对他的创作有影响，也影响到他的文学批评。20年代末30年代初茅盾写的作家论，如《鲁迅论》、《王鲁彦论》、《徐志摩论》、《庐隐论》、《冰心论》、《落花生论》，基本上是运用马克思主义观点来考察作家作品与社会生活、时代思潮的关系；对作品的社会意义和艺术特点作出了科学的评价，有许多论点是十分精辟的。如对鲁迅和王鲁彦农村题材作品的不同社会内容和意义的比较；对庐隐“是‘五四’的产儿”的论断和联系社会思潮对她前后期作品的不同评价；对徐志摩“诗情枯窘”的原因的分析，对冰心思想发展过程的分析和对落花生作品中“市民哲学”的分析等，都是严密细致而有说服力的。当然，由于当时的历史条件，这些文章一般都着重于创作思想的分析，但他对艺术特点也并非不重视，在《王鲁彦论》中就强调指出：“小说就是小说，不是一篇‘宣传大纲’，所以太浓重的教训主义色彩，常常会无例外的成了一篇小说的menace活累赘。”这是符合马克思主义的文艺观点的。茅盾的这些作家论，在当时不仅帮助了读者认识作家和作品，而且因为他评论的多数作家还正在进行文学活动，所以也起了帮助作家向前发展的作用。另外一些作家，开始还是初登文坛的青年，茅盾及时地给予扶持，热情地评介他们的作品，对培养新的文学力量做出了重大贡献。如对沙汀（《法律外的航线》），臧克家（《一个青年诗人的〈烙印〉》）、田间（《叙事诗的前途》）、葛琴（《〈窑场〉及其他》）、碧野（《北方的原野》）、郁茹（《关于〈遥远的爱〉》）、于逢、易巩（《读〈乡下姑娘〉》）等等，我们可以开列出一大批名单。这些作家在尚未引起人们注意的时候，茅盾敏锐地看出了他们某一方面的特点和倾向，及时地予以鼓励。历史证明，多数作家是照着他所指出的趋向发展的。

我不想从理论上更多地论述茅盾对文学批评的贡献，我想，作为一个批评家，他能够认识我们时代最有成就的作家，认识他的主要成就是什么；对有重大影响的作家能够勾画出他的发展轮廓，对他的作品进行认真的分析；对新出现的优秀作家和作品能够及时地予以肯定，这个批评家就够伟大的了。如果你再指摘他过去文章的某些论点还不符合今天的观点，这就近于苛求了。我以为仅从上述三点看，作为批评家的茅盾也是有不可磨灭的历史贡献的。

1981年3月31日新华社发的中共中央决定中指出：茅盾是“我国伟大的革命作家”，“为中国人民的解放和社会主义建设事业奋斗一生，在中国现代文学运动中作出了卓越贡献。”我们学习和研究他的文学遗产，一定会对我们攀登新的文学艺术高峰，建设社会主义精神文明，产生深远的影响。我们这个大会，就是一个新的开始。

（选自《茅盾研究论文选集》，全国茅盾研究学会编，湖南人民出版社1983年11月版，原文为作者1983年3月27日在茅盾学术讨论会上的发言）

茅盾和新浪漫主义

孙慎之

1920年初，茅盾在明确提出为人生的文学观后，也开始倡导新浪漫主义。他通过中西文学的比较，认为“西洋小说已由浪漫主义进而为写实主义，表象主义，新浪漫主义，我国却还是停留在写实以前”，因而“要介绍新派小说，应该先从写实派介绍起”①，也要介绍表象主义（象征主义）。不过，这是一种“预备”②，最终目的是为了提倡新浪漫主义。随后，他强调指出：“今后的新文学运动应该是新浪漫主义的文学”③。

从西方文学发展的情况看，新浪漫主义是现代派的先驱。1957年，茅盾在《夜读偶记》中作了这样的解释：“‘新浪漫主义’这个术语，20年代后不见再有人用它了，但实质上，它的阴魂是不散的。现在我们总称为‘现代派’的半打多的‘主义’，就是这个东西。”它的精神实质大体上可以概括为“超现实”，“事实上是逃避现实，歪曲现实，亦即是反现实。”同时他也说明：“也是在这个意义上，‘现代派’和20世纪初所说的‘新浪漫主义’也稍稍有点区别”，因为“当时使用‘新浪漫主义’这个术语的人们把初期象征派和罗曼·罗兰的早期作品都作为‘新浪漫主义’一律看待的。”

茅盾晚年在回顾他跨上文学道路之后最早形成的文艺观（包括提倡新浪漫主义的主张）时说：“这些观点显然强烈地影响了我以后的文学活动。”④

---

①《小说新潮栏宣言》，《小说月报》11卷1号。

②《我们现在可以提倡表象主义的文学么？》，《小说月报》11卷2号。

③《为新文学研究者进一解》，《改造》3卷1号。

④《我走过的道路》。

由上述情况来看，如何认识和评价茅盾当年提倡新浪漫主义旧主张，以及这一主张对他以后文学活动的影响，是值得我们充分重视并进行探讨的问题。

一

茅盾当年为什么主张提倡新浪漫主义呢？原因是多方面的。

首先，是因为他根据西洋文学发展的历史，认为新浪漫主义是最新的文学思潮。在1920年至1922年的文学论文中，他一再指出“古典——浪漫——写实——新浪漫”是“文学进化的通则”（或“次序”）。在《文学上的古典主义浪漫主义和写实主义》[1]一文中，还用“鸟瞰的记述说明文艺进化之大路线”，“用不偏颇的眼光解说这个主义的意义和本身的价值”，指出它们的缺点，并针对文学革命以来普遍重视和提倡写实主义的情况，着重分析了写实主义的弊病。他用辩证的发展观点强调指出：“浪漫思想之所以复活，也是本着进化的原理进行，不无循环的道理。黑格尔说：正反等于合；现在的新浪漫主义与旧浪漫主义和写实主义的关系，正也是如此。”显然，他认为新浪漫主义是继承并发扬了旧浪漫主义和批判现实主义的优点，又克服了它们的弊病的创作方法。

其次，也是更重要的，则是基于他的为人生的文学观的要求。早在1919年，于《萧伯纳》一文中，他就对萧伯纳和易卜生的创作进行了比较，说明新文学应当起到更鲜明地宣传新思想的作用。在《托尔斯泰与今日之俄罗斯》一文中，指出托尔斯泰与易卜生的写实主义的一个不同点，就是“伊柏生言社会之恶，独破其假面具而已，而托尔斯泰则确立救济之法。”这已经表现出茅盾对一般批判现实主义者的局限性的不满，和他对适应中国新的时代要求的创作方法的探求。1920年初，他明确提出新文学家的责任不仅要表现人生，而且要宣传新思想。他说：“中国现在正是新思潮勃发的时候，中国文学家应当

①《学生杂志》7卷9号。

有传播新思潮的志愿，有表现正确的人生观在著作中的手段。”[①]他认为新文学的三要素之一就是“有表现人生、指导人生的能力”[②]。在他看来，写实主义文学有“两个大弊”，“一只在太重客观的描写，二是在太重批评而不加主观的见解。”[③]他认为这好像只是对走错路的人说明去路是错，却不把那一条是大路指给他，这样还会使人彷徨中道，沉闷烦忧，失去对前途的希望。所以茅盾强调：“文学是描写人生，犹不能无理想做个骨子”[④]必须“含有新理想”。这样才能起到指导人生的作用。再者，茅盾反对认为“文学的目的只在美”的为艺术而艺术的观点，但同时也反对只表现人生的假恶丑的一面，认为这并不是全面真实地表现人生。他指出：“自然派只用分析的方法去观察人生表现人生，以致见的都是罪恶，其结果是使人失望，悲闷，正和浪漫文学的空想虚无使人失望一般，都不能引导健全的人生观。”[⑤]在他看来，新浪漫主义文学是能综合地表现人生的，“喊出现代人的烦闷而带新理想新信仰的文学”[⑥]，所以“确有可以指人到正路，使人不失望的能力”[⑦]是“能帮助新思潮的文学”、“能引我们到真确人生观的文学”[⑧]。

再次，和上一点密切相关，茅盾也考虑到了当时中国社会和文学的实际情况的需要。他认为当时的中国是社会黑暗特甚，思想锢弊特甚，一般青年未曾彻底了解新思想的意义。在这种情况下只是提倡揭露黑暗，而不能表现善美、展示光明并指明出路的写实文学、自然主义文学，很难有积极的“反应”，甚至是有害的，并推想其“遗害是颓丧精神和唯我精神的盛行”[⑨]。而且，就文学状况来说，他认

①《现在文学家的责任是什么？》，《东方杂志》17卷1号。
②《新旧文学平议之评议》，《小说月报》11卷1号。
③④《文学上的古典主义浪漫主义和写实主义》。
⑤《为新文学研究者进一解》。
⑥《19世纪末丹麦大文豪约柯柏生》，《小说月报》12卷5号。
⑦《我们现在可以提倡表象主义的文学么？》。
⑧⑨《为新文学研究者进一解》。

为："中国实在连真真的浪漫文学都不曾有过，一向局躅于好古主义的下面，浪漫精神缺乏得很。"而"浪漫的精神常是革命的解放的创新的……这种精神，无论在思想界在文学界都是得之则有进步有生气。"[①]所以，提倡新浪漫主义，发扬"革命的解放的创新的"精神，在思想上，能促进人们的"自觉"，即"个性解放"、"思想解放"，起到反封建的作用；在文学上，能"扫除好古主义的毒"，促进新文学的创造。

最后，茅盾主张提倡新浪漫主义，还和他当时对西方哲学思潮的认识，有密切的关系。他曾说："近代文学多是受着哲学的影响，跟着唯物，新唯心的潮流一同去的。"[②]他当时认为西方文学上新浪漫主义的兴起，其思想条件是"哲学上的新理想主义长足的进步"[③]。而自然（写实）主义的兴盛，只是受着科学万能说的影响的暂时的变态，"科学既然不能解决社会上的问题而气焰一矮，浪漫精神便又复活。"[④]基于这样的认识，他指出："现在中国提倡新思潮的，当然不想把唯物主义科学万能主义在中国提倡，则新文学一面也当然要和他步伐一致，要尽力提倡非自然主义文学，便是新浪漫主义了。"[⑤]茅盾所说的西方哲学上的新理想主义，是指"人格唯心论"[⑥]，即柏格森、倭铿、詹美士的哲学思想[⑦]。说他们的哲学是西方文学上新浪漫主义的思想理论基础，一般来说是符合实际情况的。但是把所谓新理想主义作为新思潮，而且把适应这一新思潮作为提倡新浪漫主义的理由之一，显然是认识上的偏颇，而应作具体分析。五四时代的先进人物中，不少人出于反封建的要求，强调精神的作用，强调主观的能动作用，并从唯心论者那里寻求思想武器，甚至对唯心论者及其理论

①《为新文学研究者进一解》。
②《安特列夫》，《东方杂志》17卷10号。
③《文学上的古典主义浪漫主义和写实主义》。
④⑤《为新文学研究者进一解》。
⑥《〈欧美新文学最近之趋势〉书后》，《东方杂志》17卷18号。
⑦愈之《近代文学上的写实主义》，《东方杂志》17卷1号。

的意义作了过高的评价。1920年初，茅盾写过长篇评介文章《尼采的学说》，和他的上述看法可能是有联系的。尽管文中对尼采的学说采取了分析的批判的态度，但毕竟是称尼采为主张“人生是挣向光明”的“大人物”。恰好是同年，鲁迅也翻译了《扎拉图斯拉如是说》序言，并在译后记中，把尼采的化身扎拉图斯拉称作“认识的圣者”，把尼采称为“理想家”。甚至李大钊在《我的马克思主义观》中也曾说过：“近来哲学上有一种新理想主义出现，可以修正马氏的唯物论，而救其偏蔽。……当这过渡时代，伦理的感化，人道的运动，应该倍加努力，以图划除人类在前史中所受的恶习染，所养的恶性质，不可单靠物质的变更，这是马氏学说应加救正的地方。”茅盾在《尼采的学说》书也有相近的看法：“……马克思的唯物史观，前半截是很不错的，后半截——马氏扩为经济定运论——却错了。”对客观经济规律和主观能动作用的辩证关系，马克思本来有精辟的论述，但茅盾当时和李大钊一样，对这一点还没有理解。因而对所谓新理想主义也就产生了错误的认识，不过，我们也应看到，茅盾当时以批判的眼光，吸取尼采的“从新估定一切的价值”、“精神自由”、“智慧的勇气”等，作为“新思想的滋养品”，在五四时期，还是有反封建的战斗作用的。而这和他强调的“革命的解放的创新的”浪漫精神，显然是相通的。下面还要谈到，茅盾对新浪漫主义的主张，也是采取了批判吸收的态度的。

总起来看，茅盾以欧洲文学发展的历史经验为借鉴，从反对中国的黑暗社会、封建文学的需要，和创造表现人生、指导人生的具有革命的解放的创新的精神的新文学的要求出发，主张提倡新浪漫主义，这在五四时期是有积极意义的，也是深有见地的。这不仅表现了他对“新思潮要借新文学做宣传”的重视，也显示了他对适应新的时代要求的创作方法的探索。当然，我们也应看到，他当时认为所谓“新理想主义”是新的哲学思潮，科学精神和浪漫精神互相消长，甚至一般地反对宣传唯物主义，这显然是他当时思想认识的局限。说“自然（写实）文学”将会造成“遗害”，也失之过分。

二

19世纪末20世纪初在欧洲兴起的新浪漫主义，是一个复杂的文学现象，它“是没有一定的内容的，只是起于自然主义以后的新的浪漫的倾向，就是总括那和自然主义的理智主义相对待的主情的倾向的名称。”①包括象征主义、神秘主义、颓废主义、唯美主义，还有“以人道主义这词来表示的新理想主义的文学”②。这些流派虽然从根本上来说都是资产阶级文艺思潮，但思想倾向以至艺术方法并不一致。就实际情况来看，它们之间不仅像茅盾在《夜读偶记》中说的“稍稍有点区别”，而且茅盾当时对它们的态度也大不相同。他认为对西洋文学“介绍时的选择是第一应得注意的”，因为“介绍西洋文学的目的，一半是欲介绍他们的文学艺术来，一半也为的是欲介绍世界的现代思想——而且这应是更注意些的目的。”③他反对“以艺术为纯艺术的艺术”，所以认为英国唯美派王尔德的作品不能漫不分别的介绍，因为他的“人生装饰观”的思想“和现代精神相反”，不符合“成就新文学运动的目的”④。他曾主张介绍并提倡象征主义，那是因为“它是承接写实主义之后，到新浪漫的一个过程”⑤。对于人们认为是新浪漫主义者的史蒂文生，他则断定“纯乎其为旧浪漫作家”，“决非新浪漫派”⑥；茅盾认为，“主张社会主义甚烈”、“重理想重理智”的法朗士，“也可以称是新浪漫派的前驱”⑦。在他看来，“最能为新浪漫主义之代表之作品，实推法人罗兰之《John Christophe》……其次则如巴比塞之《光明》……即不然，如《沉钟》……亦较旧浪漫小说为精湛矣。”⑧他还曾说过，“新世纪初表

---

①②④汪馥泉《最近欧洲文艺思潮概观》，《学生杂志》9卷10号。

③《新文学研究者的责任与努力》，《小说月报》12卷2号。

⑤《我们现在可以提倡表象主义的文学么？》。

⑥《〈欧美新文学最近之趋势〉书后》。

⑦《对于系统的经济的介绍西洋文学的意见》，《时事新报·学灯》，1920年2月4日。

⑧《〈欧美新文学最近之趋势〉书后》。

象派和神秘派大兴，纯粹写实派势力大减，渐渐有另成新派的现象。到今日已经有法国的罗兰、巴比塞和西班牙的伊本纳兹等立起新浪漫派来了。”[①]由此可见，茅盾当时所认定并且推崇的新浪漫主义，实际上主要是指以法朗士为前驱，以罗曼·罗兰、巴比塞等为代表的当时人们所称的新理想主义。此外也包括霍普特曼的《沉钟》、伊本纳兹的《阿普卡列普的四个骑士》等象征主义作品。

在思想倾向和艺术方法纷然杂陈的，被总称之为新浪漫主义的思潮中，茅盾为什么做了这样的选择呢？这首先是从能否符合“现代精神”，能否符合他的为人生的文学观着眼的。新理想主义，“是以改善人间生活的意志和理想为根基的文学”，“是‘人生的艺术’”[②]。从思想上来看，法朗士、罗曼·罗兰和巴比塞等，都是人道主义者，就世界观来说，也程度不同地受着唯心主义的局限。有人说：“生命——爱——人道：这是新理想主义文艺的‘合语’。所谓生命是精神的生命。人们，不论什么时候，总不能满足于自然主义所给予的物质的解释。人类原也不过是一种物质的存在，但同时也是精神的存在。如倭铿、柏格森等，都高唱精神力。创化着又不绝的发展着的生命——爱护这生命，为这生命而战斗；这是法国文学家罗曼·罗兰的思想。”[③]茅盾也指出：新浪漫主义的文艺主张，“与当世哲学人格唯心论之趋向，实相呼应。”[④]但是，法朗士、罗曼·罗兰、巴比塞，都先后倾向社会主义，都以他们的作品和言论，深刻揭露了资本主义制度的罪恶，反对帝国主义战争，并热情赞颂十月革命的胜利。在20世纪初，他们确实是欧洲知识界著名的进步人物。他们作品中所体现的人道主义精神和社会主义倾向，在中国五四时期显然具有重大的积极意义。

从文学创作的原则和方法方面，茅盾对新浪漫主义也采取了批判吸取的态度。例如，一般认为新浪漫主义的特点之一，是不着重于科

①《近代文学的反流——爱尔兰的新文学》。
②③汪馥泉《最近欧洲文艺思想概观》。
④《〈欧美新文学最近之趋势〉书后》。

学的研究，而强调神秘的直觉的体验。对此，茅盾是反对的。他对法朗士早年与自然派论战时，所表现的反对科学的态度，和对“带神秘性而使我们不明白的东西”的追求，曾明确表示：这“诚然有些不公平”。[①]

特别值得我们重视的是茅盾对于新浪漫主义的根本看法，即：认为它是积极浪漫主义和批判现实主义的优点的结合（“正反等于合”）。在他看来，新浪漫主义既具有“浪漫文学所本有的思想自由，勇于创造的精神”，又具有“写实文学所包有的批评精神和平民化精神”[②]。他所说的浪漫思想的复活，意思是指“革命的解放的创新的”精神的重振，但这是“经过科学的洗礼，俾自由发展不至于太落空际”[③]的浪漫精神，并不是返于旧浪漫主义。针对西方文学理论界流行的新浪漫主义是对于写实主义的反动，和胡先骕的“物极必反”的论调，他强调指出：“余以为浪漫主义对于古典主义纯乎其为反动，而新浪漫主义之对于写实主义则不然，非反动而为进化。谓新浪漫主义为返于旧日之浪漫主义者，吾意唯极端艺术观之文家始为之耳。”[④]他认为新浪漫主义并不是对写实主义的优点的否定，而是“为补救写实主义丰肉弱灵之弊，为补救写实主义之全批评而不指引，为补救写买主义之不见恶中有善”[⑤]。他还曾指出：“经了新浪漫作家的努力，自然主义在文学上的价值更抬高了。许多新浪漫作品都是以自然主义的技术为根底的”[⑥]。正因为这样，他才把“重理想重理智”、“合写实主义与感情主义为一的”法朗士，称为新浪漫派的前驱；而对他早期的反对科学的态度，则进行了批评。另外，在《近代文学的反流——爱尔兰的新文学》、《波兰近代文学泰斗显克微支》等文章中，茅盾也曾分别以“合写实与浪漫为一”、“兼有浪漫和写实的精神”，来肯定爱尔兰新文学家、托尔斯泰、显克微支的

---

①《为新文学研究者进一解》。

②③《文学上的古典主义浪漫主义和写实主义》。

④⑤《〈欧美新文学最近之趋势〉书后》。

⑥《霍普德曼传》，《小说月报》13卷6号。

创作成就。这也可以作为茅盾主张文学创作应把二者结合起来的旁证。由此可见，茅盾提倡新浪漫主义的根本之点，实际上是认为新文学应当采取浪漫主义与现实主义相结合的创作方法。具体说来，他的这一观点有哪些要点呢？

首先是客观描写和主观见解的结合。茅盾认为，艺术“本来不能专重客观，也不能专重主观”。他认为对写实主义的真实地反映社会生活，不能否定。在批评胡先骕攻击“写实文学之专写下级社会罪恶为使人不得艺术之美感”的论调时，尖锐指出：“文学既为表现人生，岂仅当表现贵族阶级之华贵生活而弃去最大多数之平民阶级之卑贱生活乎？空想于‘神的生活’之文学，与写实于‘兽的生活’之文学，其反响于人类理想固如何乎？所谓新浪漫主义的文学，如霍托曼之《沉铃》，色特曼之《往迹》，罗兰之《John Christophe》，岂遂不描写及下流社会之生活耶？”他认为，写实主义的缺点，在于“无健全之人生观以指导读者……决不能咎其揭破黑幕为不合”。在茅盾看来，巴比塞的小说的思想之所以“可说是新理想派”，正是由于它们“大概都含有一种新人生观在文字夹行中”[①]。显而易见，他认为文学作品应当在对社会生活的真实描写中，包含有作者进步的可以指导读者的主观见解。这实际上是要求真实性与倾向性的统一。至于强调“主观”，则是强调革命的倾向性在创作中的主导作用。

其次是“综合地表现人生”，以求对现实生活作“完满无缺”的“忠实表现”。茅盾说：“世间万象，人类生活，莫不有善的一面与恶的一面；徒尚分析的表现法，不是偏在善的一面，一定偏在恶的一面。旧浪漫派文学与自然派的文学就是各走一端丑恶的描写诚然有艺术的价值，但只代表人生的一边，到底算不得完满无缺，忠实表现。”[②]他认为：“现社会现人生无论怎样缺点多，综合以观，到底有真善美隐伏在罪恶的下面”[③]。新浪漫主义则是能综合地表现人

---

①《为母的》译者前记。《东方杂志》17卷12号。

②《新文学研究者的责任与努力》。

③《为新文学研究者进一解》。

生的，这是因为它能“兼观察与想象”。“艺术之至高格，在兼观察与想象而能谐和。”[1]由此看来，茅盾认为，既能揭露生活中的假恶丑，又能展现生活中的真善美，才算达到高度的艺术真实。而且，在他看来，文学的目的，主要应放在后一方面，这样才能使生活和民族的善美的特点发挥光大起来，而这正是文学家的神圣的责任。他指出：“中华这么一个民族，其国民性岂无一些美点？从前的文学家因为把文学的目的弄错了，所以不曾发挥这些美点，反把劣点发挥了。”[2]

再次，是把反映现实和展现理想结合起来。茅盾一再指出：写实文学能抨击矣，而不能解决；能揭露发现社会之黑幕矣，而不能放进未来社会之光明。”[3]新浪漫主义正是补救了这种缺点。他称赞罗曼·罗兰的《约翰·克里斯托夫》为新浪漫主义的大著，主要就是由为它“表现过去，表现现在，并开示将来给我们看。”[4]这评价虽然未必确当，但体现了茅盾对文学的要求。被他称为新浪漫主义代表作的巴比塞的《光明》，也曾得到列宁的高度评价。列宁指出：“正是在战争的影响下，把一个全然愚昧无知的、完全被观念和成见所压抑了的小市民和群众的鼓动者转变成为革命者，这个主题在这里得到了极其有力的、才情横溢的、真挚动人的表现。”显然是体现了现实和理想的结合。

我们知道，尽管罗曼·罗兰等是当时进步的作家，但是，本世纪初最进步的文学显然是以高尔基为代表的无产阶级文学。茅盾也曾一再赞扬他的创作，说“高尔基的特长是勇敢大胆的叛逆文学和对于未来世界的确切信任”[5]，并称他为革命的写实派。这“特长”和茅盾从新浪漫主义吸取的主要观点也是一致的。为什么他当时认为新浪漫主义是最新最好的文学呢？从客观上说，无产阶级文学还没有形成

---

①③《〈欧美新文学最近之趋势〉书后》。

②《新文学研究者的责任与努力》。

④《为新文学研究者进一解》。

⑤《安特列夫》死耗，《小说月报》11卷1号。

影响广泛的思潮；就主观上说，可看出茅盾当时未能摆脱西方学者所提出的那个“文艺思潮发展程序”的限制，对马克思主义虽已初步接触，但尚未完全接受。但是，我们仍应承认，茅盾通过批判地吸取新浪漫主义，而提出的浪漫主义与现实主义相结合的主张，是富有创造性的对新创作方法的探索的可贵成果。

三

1921年1月，茅盾指出：“写实主义在今日尚有切实介绍之必要；而同时非写实的文学亦应充其量输入，以为进一层之预备。”[①]这说明他三个多月前的“提倡自然文学盛行自然文学，其害更甚”的看法，已经改变；但同时“进一层”要“预备”新浪漫主义的主张，仍未放弃。同年二月发表的《翻文学书的讨论》中说：以前“曾说新浪漫主义的十分好，这话完全肯定的弊端，我也时时觉着；现在我个人的意见，以为文学上分什么主义，实是多事”。随后，4月发表的《春季创作漫评》中，他却开始以自然主义作为批评标准了。在《评四五六月的创作》中则明确提出：“到民间去经验了，先造出中国的自然主义文学来。”同年底，他进一步指出，自然主义文学的输进，是校正中国历来相传的以文学为消遣，但凭想当然这两个毛病的对症药。这一变化，是茅盾对中国文学的历史和现状进行了深入研究的结果。但是，尽管这样地逐渐转为提倡自然主义，我们仍可以看到，茅盾主张提倡新浪漫主义的基本观点仍然未变。正是在《自然主义与中国现代小说》这篇提倡自然主义的长文中，他还指出：“新浪漫主义在理论上或许是现在最圆满的，但是给未经自然主义的洗礼，也叨不到浪漫主义余光的中国现代文坛，简直是等于向瞽者夸彩色之美。”1922年11月发表的《“写实小说之流弊”？》中，他仍认为：“要反对西洋写实小说，尽管从学理上反对，只引新浪漫派的理论已

①《〈小说月报〉改革宣言》，《小说月报》12卷1号。

就足够”。可见至少在1922年底以前，他一直认为新浪漫主义较之自然主义、写实主义，是更为完满的创作方法。只是因为实际情况的限制，不能马上采用，必须先走“经自然主义的洗礼”的这一步。我们更应注意的是他提倡新浪漫主义的主要观点，对他的文学活动仍有着强烈的影响。他继续译写了一些评介新浪漫主义作家作品的文章；在文学批评中他高度评价了鲁迅的既揭示了阶级观念造成的人与人间的隔膜，也表现了对新生活的理想的《故乡》。下面主要从他的具体的文学主张上看一下这种影响的表现。

首先，在强调要学习自然主义的“实地观察，客观描写”的同时，并没有否定作家的主观思想在创作中的作用。他批评了那种“没有确定的人生观，又没有观察人生的一副深炯眼光和冷静头脑”的作者，也批评了“采取题材没有目的”[①]的做法。他认为，作家的人格，对创作有很重要的作用，指出：“革命的人，一定做革命的文学”[②]。在《“大转变时期”何时来呢？》这篇重要文章中，茅盾进一步强调：“文学是有激励人心的积极性的。尤其在我们这时代，我们希望文学能够担当唤醒民众而给他们力量的重大责任。”

其次，茅盾不仅坚持“综合地表现人生”的主张，而且进一步发展为要求在社会斗争的表现中，来揭露假恶丑，歌颂真善美。他认为新旧思想的冲突，是当时重大的社会问题。希望通过顽固守旧的老人和向新进取的青年的冲突，“把新旧思想不同的要点，及其冲突的根本原因，用极惊人的文字，赤裸裸地描写出来，像屠格涅夫的《父与子》一般”[③]，希望像显克微支的《炭画》那样，表现“乡民的愚拙正直可怜和‘坏秀才’的舞文横霸”……他在谈到被损害民族的文学形象时说：“在榨床里榨过留下来的人性方是真正可宝贵的人性。……他们中被损害而仍就向上的灵魂，更感动我们，因为由此我们更确信人性的沙砾里有精金，更确信前途的黑暗背后就是

---

①《自然主义与中国现代小说》。

②《文学与人生》。

③《创作的前途》，《小说月报》12卷7号。

光明！”[1]在肯定左拉等人“不想在丑恶的上面加套子”的精神的同时，也指出了左拉“专在人间看出兽性”的偏见。在《乐观的文学》中。他强烈地要求：“我们要有钢一般的硬心，去接触现代的罪恶。我们要以我们那几乎不合理的自信力，去到现代的罪恶眼看出现代的伟大来！”这有力的语句很容易使我们联想起他以前对新浪漫主义的评介。

再次，茅盾在进一步认识到“文学是时代的反映，社会背景的图画”时，也指出文学“或隐或显必然含有对于当时代的罪恶反抗的意思和对于未来光明的信仰”。在五卅运动的革命高潮过去后，青年的烦闷已成为重大的问题。怎样才能使新信仰与新理想重新在他们心中震荡起来呢？茅盾指出了很具体的意见：“现时真应该有一部小说描写出在‘水深火热’之下的青年，不惟不因受了挫折而致颓丧，反而把他的意志愈炼愈坚，信仰愈磨愈固，拿不求近功信仰真理的精神，去和黑暗奋斗！”。这的确是一个把现实和理想结合起来的好方案！这一方案是在1921年7月发表的《创作的前途》中提出的。茅盾当时已是共产党员。他所说的那样的青年当然是指像他和他的战友们那样的革命者。不过，也使我们联想到他以前对《约翰·克里斯朵夫》的评论：“书中的英雄是个极好真理的人。不问环境如何，不问自身以及一己的性命，所知的只是真理。”[2]

从以上粗略的评述，也大致可以看到茅盾主张提倡新浪漫主义的主要观点，在他的文艺思想发展中起了多么大的作用。

1925年，《论无产阶级艺术》和《文学家的新使命》的发表，标志着茅盾文艺思想发展到新阶段。从这两篇文章中自然也可以看到和上述观点的一定的联系，不过，因为通过在马克思主义的指导下的改造，类似的说法已具有了崭新的内容。至此，可以说，茅盾对新的现实主义的理论探索已经基本完成，因而可以完全脱掉“新浪漫主

①《引言》，《小说月报》12卷10号。
②《为新文学研究者进一解》。

义”这件不合体的外套了。至于浪漫主义与现实主义相结合这一基本精神，则因有了新的思想武装，而继续在茅盾的文艺思想中放射着光彩。

（选自《茅盾研究论文选集》，全国茅盾研究学会编，
湖南人民出版社1983年11月出版）

茅盾与童话

孔海珠

一

茅盾从事童话译作，是在商务印书馆的老编辑孙毓修引领下起步的。商务印书馆是以经营教科书为主要业务的。1916年刚参加工作的茅盾，自然被囿在跟学生打交道的圈子里。孙毓修编的《童话》丛书一、二集共九十八本，从1908年开始，前后出版历时十二年（指初版）、这样大型的丛书在中国儿童文学的出版史上是首创的。而且一再重版，据说，当时有好几万孩子读过这套童话。以1908年11月出版的《无猫国》来说，它是从英格兰童话《喜亭吞及其猫》编译改写的，出版后在小读者中引起强烈的反响，前后重印达十五次之多。如今已是高龄的女作家冰心曾在文章中说到自己小时候看的第一本童话就是《无猫国》。茅盾在回忆小学时代的生活时也说："一次国文考试，奖赏了两本童话。《无猫国》与《大拇指》，于是知道有专给小孩子看的'闲书'。"[①]他就读的小学是在家乡乌镇，这个小镇的小学老师以童话作为奖品，可见这类书籍的流传已是非常广泛了。

为什么孙毓修的童话能这样吸引小读者，给他们以深远的影响呢？这和当时的儿童教育有关。辛亥革命前后，在世界进步的资产阶级民主思潮冲击下，教育制度虽然有了不少改革，但"尊孔读经"的文言古书仍然束缚着孩子们，当然没有专门给他们看的"闲书"。孙毓修用通俗晓畅的白话作文，以丰富多彩的内容，给中国儿童品尝异

①茅盾：《我的小学时代》，载《宇宙风》第68期，1938年5月9日。

域儿童文学的精粹，加上用小册子形式出版，配有许多插图，首先使教师们耳目一新，当然就更适时地成为孩子们目系心盼的恩物了。

“孙毓修是中国有童话的开山祖师。”这是茅盾对他开创用白话文编译童话集的公允评价。茅盾进商务印书馆工作时，这套丛书已出版至五十种左右。过了两年（1918年），他也参加了这套丛书的部分编译工作。如果说茅盾早期从事的儿童文学工作受到孙毓修的影响很大，那末，仔细研究他以后两年之中所编译的十七本童话，可以明显地看出他在逐步摆脱孙毓修的思想和文学形式的束缚，而接受时代给予他的极大影响。

五四时期是思想解放的最活跃时期。我国现代儿童文学就产生于五四时期，在这之前，“还没有‘儿童文学’这名称。‘文学’这称号是‘神圣’而又‘神秘’的。”“大概是‘五四’运动的上一年罢，新青年杂志上有一条启事，征求关于‘妇女问题’和‘儿童问题’的文章，‘五四’时代的开始注意‘儿童文学’是把‘儿童文学’和‘儿童问题’联系起来看的。”[①]不久，鲁迅在《新青年》四卷五期上发表了他的第一篇小说《狂人日记》，划时代地发出了“救救孩子”的呐喊，这是对反动统治阶级和封建礼教残害儿童的严厉谴责，也是对整个社会的热情呼吁。从此祖国之未来的儿童问题便进一步受到社会的关注，许多报刊杂志开展了儿童教育新途径的探讨。茅盾受时代的感召，热心地投入到“儿童文学运动”之中去，不断洗炼自己的思想，积极从事儿童文学的写作实践，以突出的成就为这个时期先进行列的一分子，并对开创现代儿童文学的新天地作出了积极的贡献。

二

茅盾的童话，列入《童话》丛书第一集第六十九编至八十九编

①茅盾：《关于“儿童文学”》，载《文学》月刊4卷2期，1935年2月。

（中间有三编是他人的作品）。分编译和编纂两类，这是编者在书的版权页上注明了的。其中究竟有没有茅盾的创作呢？这些童话的材料来源是何处？需要我们进行查考。

赵景深先生对孙毓修童话编译材料的来源作一番考索时，对茅盾童话的来源提示说："《书呆子》和《寻快乐》似乎是沈德鸿的创作。"[①]以后,其他研究者则肯定"茅盾在改编中国民间故事、吸收外国童话和创作童话这三方面都作了尝试，为'五四'时期童话的发展开辟了三条途径。"[②]关于这个问题，笔者在1980年11月曾请教过作者本人，希望他能准确地回忆一下。但由于年代相隔太久，他记不起来。当我把《寻快乐》的故事复述给他听后，他说："好像是有根据的。"沉吟了一下，又说："是编的吧，没有创作过。"当时，我觉得老人家过于谨慎。但回沪后接触到他的其他文章，居然发现了这个故事来源的线索，使我对他的谨慎和实事求是的态度肃然起敬。

在茅盾编译撰写的十七本童话中，以中国历史故事为题材的有五本。它们是：《大槐国》、《千匹绢》、《负骨报恩》、《树中饿》、《牧羊郎官》。其中，《大槐国》是根据唐朝李公佐所撰传奇《南柯太守传》改编，故事谈一个名叫淳于棼的，在槐树下做了"南柯一梦"，醒悟到荣华富贵不过是一场梦罢了。《千匹绢》和《负骨报恩》讲述唐朝吴保安和郭仲翔的患难之交。前一篇说吴保安弃家赎友，千辛万苦，赎出郭仲翔。后一篇说郭仲翔报恩让官，提携吴保安之子。这是有连贯的两则故事，同出《今古奇观》（或《古今小说》）中的《吴保安弃家赎友》。《今古奇观》中的《羊角哀舍命全交》一卷，被改编成《树中饿》，讲述战国时左伯桃、羊角哀胸怀大志，以图报国，但事业未成，两人生死与共的故事。《牧羊郎官》的故事出在《汉书》，说的是西汉时代牧主出身的卜式，牧羊有方，家富资足，生活俭朴，屡以家财捐助朝廷，爱国而不求官的故事。

---

①赵景深：《孙毓修童话的来源》，载《大江》第2期，1928年11月。
②胡从经：《晚清儿童文学钩沉》，少年儿童出版社1982年4月版，第232页。

中国故事《书呆子》，通过两个小学生在看一次蜜蜂分房的过程中，被唤做“书呆子”的学生，由于看了养蜂的书，在危急之中很能干地救了另一个同学，说明爱看书的不等于呆子。编这本书的用意，在卷首作者写明了：“现在学堂之中，有用心读书的学生，同学们便齐声叫他书呆子，笑他，奚落他，好像做了什么不端事情似的，这种情形，莫说是玩笑小事，实是学校中最坏的习气。见地不牢固的人，每因同学们的嘲侮，把勤学之心渐渐抛却，流入浮荡一流去了。在下就为这个缘故，编这本《书呆子》童话，希望小学生看了，不用功的变为用功，用功的更加用功，再不把书呆子三字笑人，那就好了。”整个故事贯穿着养蜂知识，把两个小学生写得栩栩如生，不同于以上几则历史人物故事，而有它的灌输科技知识、鼓励勤奋学习的新思想，对少年儿童更切实用。这则故事的根据是什么？似乎创作的成分颇多，很可能在译介科学知识这方面文字的过程中，受到养蜂知识的启迪而为少年儿童编写的。应该说是一种创作。

《寻快乐》写的是一个十四五岁的少年有几个象征性的朋友——“经验”、“钱财”和“勤俭”。他为了求得快乐，先听信了“钱财”的谗言，成天和“玩耍”厮混，结果身心交瘁，没有得到快乐；后来听了“经验”的忠告，和“勤俭”交了朋友，才真正获得了快乐。这则似乎是讲中国式的故事，却作为“编译”的童话，究竟这童话的来源在哪里？笔者在查阅茅盾其他文章时，发现了线索。在《学生杂志》月刊五卷十期、十一期（1918年10月—11月）上找到了一篇内容雷同的二幕话剧本，题为《求幸福》，署名雁冰，全剧英汉对照。剧中人物有老年、经验、财、声色、邪心、死、真理、幸福。“真理”和“幸福”没有出场，其他剧中人都有对话。剧情是这样的：一个老年人要找回久已分别的好朋友“幸福”，请“经验”帮助。“经验”说，找到“真理”才知道“幸福”在哪里。但老年上了“财”的当，到“声色”家里去找“幸福”，却遇见了“邪”又准备跟“邪”去找“幸福”，直至得到“死”的警告，才回心转意地去找“真理”。很明显，《求幸福》和《寻快乐》虽然形式不同，一个是剧本，一个是童话，但在人物描写和故事结构上有相同的地方，《寻快乐》比《求幸福》的内容更简练，人物更集中，也更中国化，主人公从老年改为一个十四五岁的少年，这样的处理更为合理，也更适合中国少年的阅读和理解，作品的教育意义也广泛得多。《寻快乐》的出版比《求幸福》的刊载稍晚，因为改编须有一定的根据，无怪在版权页上留下了“编译”这两个字。可喜的是，我们不但找到了这则童话的来源，还由此窥见茅盾早期编译作品的艺术风格和思想轨迹。

在十七本童话中，寓言故事有三本：《狮驴访猪》、《平和会议》、《兔娶妇》。每个本子包含好几个短篇，它们大都译自《伊索寓言》和《希腊寓言》，也有几篇例外，如短篇中《学由瓜得》、《以镜为鉴》它们是中国的民间故事，可能是由于故事较短，寓意又较深刻而汇编在一起了。

当时，《伊索寓言》在中国已有流传，如林琴南的文言译本和其他一些介绍。茅盾据以编译的原文，出自英文版《伊索寓言》，因为他经常从英文版期刊和原著中选用适合学生的读物，做些翻译介绍工作。在介绍西洋寓言的前一年，茅盾曾从大量古籍中汲取寓言材料，编就《中国寓言初编》，并计划续编。这项工作的意义远在编译西洋寓言之上，正如孙毓修在《中国寓言初编》“序例”中所说：“译学既兴，浅见者流，惊伊索为独步，奉诘支为导师。贫子忘已之珠，东施效人之目，亦文林之憾事，诚艺苑之阙典。”这也是孙毓修提请茅盾编中国寓言集，以“开风气”的一个动机吧。然而，青年茅盾对西洋寓言的绍介并不以此罢休，这三本寓言集的编译就是明证。

选自格林童话的有四本：《蛙公主》、《怪花园》、《海斯交运》、《飞行鞋》。《蛙公主》是根据《蛙》，《怪花园》根据《狮王》，《海斯交运》据《海斯在幸运中》所编译的；另有《飞行鞋》，这个故事在我国无声电影时期，曾被改编拍摄成电影，在孩子们中间有一定的影响。

此外，《一段麻》是根据爱尔兰女作家玛丽亚·埃寄华斯的《不要浪费，不要妄取》的故事编译的。《金龟》是《天方夜谭》中的一则故事。《驴大哥》是用拟人手法，讲述意大利南方几个小动物团结起来求生存的故事，大约从故事读本中选择而来。

综上所述，十七本童话中编纂的有五本，编译的有十一本，编著（其实是创作）的有一本。考索既毕，我们就有可能来探讨它们的出版给我国童话的发展带来了怎样的意义了。

三

茅盾编译、改编、编著的童话，在我国早期的现代儿童文学贫瘠园地里，是一个新的收获。这些作品，从我国历史故事和小说中取得题材，也从外国文学中吸取营养，或者是旧题新作，或者移彼就此，或者竟创制新篇，为初期现代儿童文学提供了知识性、教育性、趣味性相结合的作品。

茅盾重视作品的教育性。童话是一种有力的教育手段，好的童话往往能把一些抽象的道理和道德观念变得具体生动，使儿童乐于接受。茅盾摄取广阔的题材，以作品明确而有意义的主题，以童话为文学体裁，使少年儿童得到有益的教育。如《寻快乐》的改编是一例，把原来的话剧本改编成童话，能更通俗、准确、形象地表达了如何才能寻到快乐这个主题，对孩子的教育意义也就更加深刻。

寓言，作为一种隐含着讽喻意义的简短故事，它和童话有区别，但寓言的强烈的教育效果和明显的比喻性质，使茅盾把它作为童话丛书的一种，这在当时童话和寓言都不多的情况下，也未尝不可。茅盾编译的三本寓言故事，大都以宣传美和丑的不能调和，弱小者以智慧勇斗强者为内容。这些题材，确然是为儿童文学开了新生面。

编译的作品大多以正面教育为主，有敬重自立，用自己力气挣饭吃的《驴大哥》；人小志大，战胜魔鬼的《飞行鞋》；美丽善良的姑娘最终得到幸福的《怪花园》；谴责不守信用的《蛙公主》等等。编纂的中国历史故事则以历史人物的道德观念，形象地告诉小读者交友之道和为人之本。至于“编著”的《书呆子》一书，则针对孩子的求知欲望，鼓励他们学习科技知识，宣传科学的实际应用价值，表现了茅盾不囿于原作改编，而作了创新的尝试，并得以使这本童话显示出它的时代气息。

表现形式多样化，具有趣味性，是茅盾童话的又一特点。一般地说，童话可分超人体、拟人体和常人体三类。茅盾的童话则三类俱备。超人体童话描写的是超自然的人物以及他们的活动，主人公大都有变幻莫测的魔法和种种奇异的、不平凡的技术、本领等等。《蛙公主》、《怪花园》、《飞行鞋》等都属于超人体的童话。拟人体童话的主人公多半是人类以外的人格化了的有生命或无生命的东西。在这里，它们不仅有生命，而且有思想、感情和性格，像人类一样能说话、能行动。如《驴大哥》、《金龟》、《寻快乐》等。常人体童话里的人物则是普通的人，但他们的性格、行动和遭遇都是极端夸张的，往往具有某种讽刺性或象征性。《海斯交运》、《一段麻》、《书呆子》等篇就属于常人体童话。——多种多样的表现形式，使茅盾的童话丰富多彩，知识性，教育性就寓于童话的趣味性之中。

当然，由于历史的原因，茅盾当年那些童话在今天看起来并非无可挑剔的。十七本童话中，用我们今天的标准衡量，思想意识上观念有些陈旧。如《树中饿》中羊角哀在至友左伯桃墓前自尽这个结局，以及《千匹绢》、《负骨报恩》中也有渲染封建的处世之道和伦理观念。又如寓言《金盏花与松树》，文后编者有这样一段按语；“在下还有几句话道，凡人总有一个分际，身份高的和身份低的同在一起，是合不来的，身份低的再想和身份高的强争，更是无益，须要估量着自己的力量，原谅别人的难处，若是一味倔强，终究是自己吃亏，金盏花和松树一段故事，命意只是如此，看官不要看错了才好。”反映出作者在思想意识上还存留存旧意识的残余。

十七本童话在艺术上有它的特点。

先谈编译的十一本童话。从编译方法上看，可以归纳为两种类型：一种是保持原作的故事和风格，不作大的改动；另一种是把原作经过加工，选取故事的主要情节和人物描写部分，改编成适合中国读者阅读的故事。茅盾把它称为“西学为用”、“中学为体”的编译方法。第一种方法，故事简洁明了，开门见山，如译格林的几种童话，故事一开头就交代了地点和人物，然后直接展开，迅速地把读者带到童话的意境之中。如《蛙公主》开头写道：“从前某国国王，有一位小公主，年才八九岁，面如苹果一般红，发和金子一般黄。有一天……”《金龟》的开头：“从前印度国里，有个皇帝，叫做勃拉买，他的京城就在本那拉，是印度一个有名的城。……”这样的例子还有几篇。读者一看就知道，讲的是外国的童话。第二种方法是经过改写的，如前面提到的《寻快乐》，作者把它改编成一个中国的故事，并在最后这样写道：“勤俭越久，快乐越多，那快乐的味儿也越真。诸位不信，要清早醒来之时，把一日所做的事，彻底一想，便见得此话不错了。”又如《一段麻》，故事通过两兄弟对一段麻线的取舍，教导孩子要爱惜东西，即使是很小一段线，也不要随便向他人索取。这个故事很有教育意义，通过茅盾的改编，更具有中国色彩了。原作是爱尔兰女作家玛丽亚·埃奇沃斯著的《不要浪费，不要妄取》，改编者把它和中国古代朱柏庐治家格言联系了起来，并在讲述故事的行文之中，插上几句道白，例如说：“看官须知做事没恒心，原是小孩子的普通脾气，不算什么，不过随他惯了，长大后便成轻浮躁率、不能忍耐之人，如此便一辈子没有大用了，做父母的须要留心。”这种由编者直接向读者说话的形式，在编译的作品中屡见不鲜，往往用在点明作品的现实意义，教育儿童要培养良好的道德品质上。他这样做，就使翻译作品符合当时中国读者阅读的习惯。

即使是以中国历史故事为题材编纂的童话也具有时代感。如《树中饿》这个故事改动比较大。为什么作较大的改动，编纂者在文中说得很明白：“患难朋友，尚非绝无。最难的是当着一生一死的关头，仍能独为其难，没有一毫幸免的意思。那可算得生死之交了。……看官试看世上患难相共的朋友，后来得志，因为利害关系，不能相容，翻转脸来，变成冤家，如楚汉相争时的陈余、张耳，便是榜样。……”编者为了突出羊角哀和左伯桃的至诚友谊，特意加添了楚汉时代的陈余、张耳的例子来反衬，使小读者更能敬重羊角哀和左伯桃的道德情操。

《树中饿》原作有这样的情节：左伯桃死后无意地被葬在荆轲墓旁。在阴间，荆轲说是破坏了他墓地的风水，于是由争吵而动武。左伯桃抵挡不住，在梦中告诉羊角哀。可是羊角哀在阳间无能为力，于是自刎而死，到阴间去帮助左伯桃，终于把荆轲打败。这显然是荒诞迷信的故事。茅盾通过改编，把羊角哀的自刎处理为：安葬了左伯桃后，羊角哀见诸事已毕，寻思道："我与伯挑本为楚王招贤而来，今观楚王，不过浮慕虚名，未必真能用贤，我一时不慎害了朋友，活着也无趣味，不如就此寻个自尽。"想完，立刻拔出宝剑自刎死了。这样的改编，比原作前进了一大步，树立了一个"人生重义气，徒生空尔为"的形象，把左伯桃、羊角哀两人的不为一官半职求生，但为报效国家的爱国思想表达了出来。为了保留"羊角哀自刎"这个历史故事关目，而把封建旧道德和人生观的"重义气"、"空尔为"作正面渲染，今天看来并不足取，然而，这是六十多年前的作品，反映的是当时所要求的人生哲学，我们不能撇开当时的历史条件而责之过苛。

茅盾在童话的改编上另一个特点是：往往在故事的开头或结尾，用提示的方式来点题。这样做的好处，是帮助儿童理解作品的主题，对儿童读物较为适宜。如《海斯交运》，在故事讲完时，编者直接向小读者谈话："编书人不怪海斯愚笨，只怪他贪心不足，见异思迁。第二，天下的事，终没有十全十美的，只要自己有见识，有耐心，无事不可做到。"也有在故事开头就交代编书意图的，如《牧羊郎官》："在下编这本童话，有两层意思，一要叫看官们晓得立身的根本，并不专是念了几句书，借此得一个官，就算完了事，须要有益于国家，有功于社会。二要叫看官晓得两千年前，已有人从事实业，显著成效，却又挥金如土，屡次报效国家，一无所求，和近日的实业教育、国家主义相合。我们生当今世，安可反不如他。"编者直截了当地借古喻今，用心可嘉。

在改编中，编者常在文前、文后或故事中间，夹着自己的话作为提示，已形成《童话》丛书的一种特点。当然，形式是为内容服务的，当时对儿童文学译本的要求，“不但要能给儿童认识人生（儿童是喜欢那些故事中的英雄的，他从这些英雄的事迹去认识人生，并且构成了他将来做一个怎样的人的观念），不但要能启发儿童的想象力，并且要能给儿童学到运用文字的技术。”①这种编者直接插话的方式，正是为了达到这两个要求的一种手段。

童话作家安徒生

茅盾的童话语言开创了白话童话这个文学样式，结束了过去文言“儿童读本”的时代。虽然十七本中前几本在语言上文言的成分还较浓，这也是很自然的，正反映了新文学改革时期在新旧文体上的交替现象。从第一本童话《大槐国》到一年后编译的《金龟》，又过一年后出版的最后一本童话集《飞行鞋》，它们在思想内容和艺术技巧上，都有很大的提高。《飞行鞋》的译笔流畅，文字生动，完全摆脱了过去的旧文学作品的格调。如在《金龟》中还有“按下……不讲，且说……”这样的句式，在《飞行鞋》中则已完全消除了。

继十七本童话之后，茅盾在繁忙的《小说月报》编务和社会活动中，又曾翻译了两篇童话，即1923年1月刊载在《小说世界》周刊一

①茅盾：《关于“儿童文学”》，载《文学》月刊4卷2期，1935年2月。

卷三期的《皇帝的衣服》和收载在由郑振铎编辑的《鸟兽赛球》一书中的《十二个月》（该书列为《童话》丛书第三集第二编）。此后，虽然还创作和翻译过少年儿童题材的小说，却再也没有创作或翻译童话问世。

茅盾编译、改编和编著童话工作，主要集中在1918年至1920年，这正是茅盾从一个爱国的、革命的民主主义者接受马克思主义的时期。他的童话，也自然地反映了这个时期的时代特征和他本人的思想烙印。因此研究茅盾的童话，对研究茅盾早期思想的发展和他对中国现代儿童文学的贡献，无疑是非常必要的。事实清楚地告诉我们：茅盾在从事文学活动之初，曾为孩子们提供了丰富的精神食粮，他的这种写作实践活动，也为他此后的文学创作作了准备。

（选自《中国当代文学研究资料·茅盾专集》第二卷，唐金海、孔海珠编，福建人民出版社1985年7月出版）

茅盾散议①

胡风

当鲁迅逝世这个消息震动了全国的时候，连国民党的孔祥熙和上海市长之流都不得不送个挽联来，在人民面前表示他们并非人民敌人或进步文化的扼杀者。家住杭州的社会朋友郁达夫都赶来沉痛地送葬。茅盾却在离上海只有三四小时火车路的家乡住着度假，直到丧事过了三四天之后才回上海，空着双手来看一看许广平，表示他也知道发生了这件事。不幸我正在那里，看到他那样难于开口的窘态，就告诉他，丧事情况，胡愈之是知道的。于是他马上拿起帽子来说，“我找愈之去”，匆匆走了。我没有看见过他的追悼文的任何记忆，所以我说不出他自已当时是怎样表示他的心情的。

——《关于三十年代前期和鲁迅有关的二十二问》中的第二十二问，

见《新史学史料》1992年第4期

我是1929年9月和同学朱企霞一起去东京的。上船后遇见了秦德君，她是我在南京上中学时的教员穆济波的夫人，当时见过。1927年大革命时在武昌，我在他们夫妇租住的房子里借住过，1927年底到1928年初又同在南昌。在船上见到后，知道她已离开了穆，这时和茅盾在京都同居。她这次回国是为茅盾讨版税，看朋友。她告诉我，茅盾看了我在《新生命》杂志上发表的小说《三年》，觉得很好，她就向茅盾介绍了我的情况。船到长崎暂停时，茅盾从京都坐火车赶来

---

①此篇为本书编者所摘录。因第二节以下均摘录自《胡风回忆录》，故自第三节始只标页码。

上船接她。他们坐在甲板上谈话，我上甲板时遇见了，只是彼此点了点头，我没有上前去，也就没有谈话。好像是茅盾把她接上岸坐火车回京都去了。

——《胡风回忆录》，人民文学出版社1993年11版第1页

胡风

……在国内读到的创造社的作品，几乎都是大而空的“意识形态”的表演，没有普通人民的感情；茅盾的作品有具体描写，但那形象是冷淡的，或者加点刺激性的色情，也没有普通人民的真情实感的生活。……

——第1—2页

仍旧是由周扬来通知我，要我做左联的宣传部长，他是组织部长和党团书记，书记是茅盾。我再也无法推脱，只好答应了。现据茅盾回忆，当时左联设有常务委员会，鲁迅是常务书记。以前的我不知道，1932年底我回上海时知道的左联情况，1933年8月起我在左联任职时的情况，都没有常务委员会和常务书记。只设有书记处，设书记和组织部、宣传部。

茅盾大约是1931年秋冬间从京都回上海的，那时约在左联成立的两年之后。他能参加左联，据我的看法，大概得力于冯雪峰调解了他和创造社的矛盾。他在盟员间是没有一致的威信的。

我在东京时，茅盾通过秦德君和我通信。他约我去京都玩几天，谈谈，交换关于文学运动的意见。我正是为了避免国内纠纷特别是文

艺界的纠纷才到东京的。我还算不得什么作家。对创造社反对鲁迅的那一种气势颇有反感，对他的引起了创造社的批判的《从牯岭到东京》中的思想和态度，也是格格不入的。我还没有什么定见，能和他谈什么呢？尤其为难的是，我能够向他坦白地说出我的所感所想吗？在回信中我只好不提去不去京都。后来，他又寄了他的中篇小说《虹》来。我去东京前在上海遇见穆济波时，他告诉我，这小说是根据胡兰畦的经历写的。那当然是秦德君告诉他的（胡和秦同是四川人，老朋友）。接到书后，读了几页，那风格和作者的感情就使我读不下去。过一两天硬读了几十页，还是无法读下去。胡兰畦是我认识的熟人，书中以她为模特儿（我不知道是否如此），我当然想看看是怎样写她的，但还是无法读下去。我在通信中也就只好避免谈到他的小说了。虽然如此，还是没有停止通信。他和秦德君回上海后不久就决裂了，茅盾曾在信里说她是"暴君"。记不得是他还是她，寄来了他们分手时照的合影（这照片现在还在）。我写到这些是为了说明，以后无论是在左联，还是在那以后，我和他渐渐弄到格格不入以及他在回忆文章中对我的不实之词，那不是没有思想感情上的原因的。

冯雪峰转到江苏省委去了以后，要茅盾接任书记。这是可以加强他的左翼地位的，虽然担任书记工作就得开会，做些组织工作，不如坐在家里写小说安全，但他也不好推辞了。他当书记除开会外，不做任何具体工作，也不采取积极态度。做了大约半年以后，也就是我担任左联工作的两个来月后，他坚决地辞去了书记不干。那时，他的情形大不同了：他的名字已经常常被人和鲁迅并提；他的长篇小说《子夜》已经出版；他认为他在左联的元老地位已经确立了。

——第20—22页

组织工作决定了以后，我自己需要解决的就是要找个吃饭的职业，也好从韩起家搬出。我不能为了解决生活问题，随随便便写些文章去换稿费。这时，孙科出钱办的中山文化教育馆刚刚成立，陈彬和任出版部主任，出版《时事类编》半月刊，译载各国政治经济文化等时论（陈当时也是“民权保障大同盟”的活动人物，又是红色记者）。韩起的朋友杨幸之（湖南人）在那里当秘书，陈的文章几乎都有是他写的。杨幸之通过韩起拉我到中山文化教育馆为《时事类编》翻译文章。我在书记处报告了这个情况，茅盾、周扬他们都主张我去。这样，我就当上了中山文化教育馆的日文翻译，给每期《时事类编》译一至二篇文章。我提出只上半天班，他们也答应了。但我的工资是翻译人员中最少的，只一百元。

——第25—26页

三、把国防文学派的理论总结成“不是国防文学就是汉奸文学”的公式，这是符合他们的实际的。但质问《红楼梦》、《阿Q正传》、《子夜》是国防文学还是汉奸文学，这是雪峰的一个牵强的提法。《红楼梦》是两百年以前的作品，不能作为例子；《阿Q正传》是五四时期的作品，反映了当时穷苦人民反帝反封建的要求，而且反映了那个国家机器对劳苦人民的残酷迫害，当然无法算是防卫那个国家机器的“国防文学”。至于《子夜》，那时当时的作品，算得上一个作为反问的合用的例子。所以，提《红楼梦》、《阿Q正传》，只能是为了陪《子夜》，为了取得茅盾的好感，为了换得茅盾承认参加了“民族革命战争的大众文学”口号的决定。这是脱离原则，专从调整人事关系着眼的。鲁迅也只好当作抵制对方错误的一个例证，让它留着了。

——第59页

在此期间，曾收到一封未具名的信，看得出是一位女士写的，说是找了我好几年，云云。我猜不出是谁，后来想到可能是秦德君。复信一问，果然是她。年会开过后，遂约她在中苏文协茶室见面。我与她已十几年未见了，但她还是那么年轻，穿着很时髦，一副贵夫人模样。记得1929年在去日本的船上遇到她，知道她当时正和茅盾同居。后来她与我通信，我也和茅盾通过信。1931年他们回上海后发生家庭纠纷，茅盾给我来信，我似乎还去信劝过她。她最后的信上说要回四川去弄钱开书店，从此就断了消息。这次听她说到这十几年来的经历，真是既艰苦又浪漫。现在，她从那军阀家中逃出，和郭春涛在一起，郭管得她很严，几乎不能行动自由。她对茅盾的无情无义又表示了一些怨恨。我不好说什么，只说了几句表示同情的话，并叫她以后不要再约我见面，以免引起麻烦。

——第326—327页

1月25日下午，搭车进城。下车后即到文工会，正好参加冯乃超召开的文艺座谈会的后半截。茅盾、以群带头，矛头集中到《论主观》上面。我认为他批评《论主观》不过是借口，实际上是不满意有的文章批评了他所赏识的姚雪垠，并且以为我批评客观主义是针对他的。他虽然对《论主观》骂了一通，但又说不出道理，这使我很不满意。

——第336页

论《子夜》的“新写实”叙事特征

王中忱

本文所要讨论的《子夜》，是茅盾（1896—1981）于1931年至1932年间创作的长篇小说，写作期间，作者曾将第一章、第二章和第四章交给《小说月报》、《文学月报》等杂志发表，全书由开明书店初版刊行。1954年茅盾曾对《子夜》做过修改删削，以后通行的多为这个修订本，但本文则主要依据开明版的初版本讨论。

开明版初版的版权页上标明的时间是1933年4月，但作家本人曾说：“《子夜》初版印出的时间是1933年2月初”[①]。这有很多证据。如在《鲁迅日记》1933年2月3日条下，记载了当天收到茅盾赠送的“《子夜》一本”。而瞿秋白评论《子夜》的文章，则在1933年3月12日就发表了。在这篇文章里，瞿秋白曾说：“1933年在将来的文学史上，没有疑问的要记录《子夜》的出版”[②]。此后，虽然《子夜》也曾遭到国民党书刊审查机构的查禁，但始终畅销不衰。而在新中国的现代文学史叙述中，《子夜》更是占据重要地位，甚至被视为现代小说创作的典范。历史似乎真的证明了瞿秋白的预言。直到20世纪80年代后期，始有研究者对“子夜模式”进行反省，对茅盾创作《子夜》的方式进行质疑。这些质疑性意见虽然招致很多批评，但随后的“讨论”大多拘泥于对《子夜》地位的评定，严格地说并没有促进《子夜》研究的深入，甚至导致《子夜》研究的冷落。倒是在近些年来兴起的都市文化研究中，特别是在关于上海地域文化的研究中，

①茅盾：《我走过的道路》（中），人民文学出版社1984年5月版。
②瞿秋白：《子夜与国货年》，《申报》1933年3月12日。

《子夜》常常被提及，但也只是作为一个参照，这是颇让人感到不能满足的。本文则拟从文本分析入手，从20世纪世界写实主义文学的脉络中，考察《子夜》的叙事特征。

在现实都市与虚构的文本之间

1933年《子夜》问世的时候，一些批评家已经指出这部小说“大规模地描写中国都市生活”的特点[①]。这自然首先和作家本人的都市生活经验有关。从1916年北大预科毕业后到商务印书馆任职，到1937年底因上海沦陷而南下投身抗战文学活动，茅盾在上海几乎生活、工作了二十年。第一个十年，他主要以理论批评和文学翻译活跃在文坛，第二个十年，则以小说、特别是长篇小说的创作，成为左翼文学的重镇。开始，上海还只是在茅盾的作品中偶然显露一下（如《虹》），但到了《子夜》，这座城市则构成了小说的文本的主要叙事内容。

《子夜》开篇描叙的“天堂般五月”里的上海黄昏风情，仿佛给整部小说涂抹了一层底色，而随后登场的“三辆1930年式的雪铁笼汽车”所经过的路线：沿北苏州路，过外白渡桥，穿过南京路和河南路的交叉口，穿过西藏路，进入平坦的静安寺路……，则都是实有的地名。如果你手里有30年代的上海旧地图，完全可以按图索骥。当然，如果那地图附带了一些相关的说明就更好，那样，你就会清楚，吴荪甫迎接吴老太爷的这条路线，正好在“现代上海城市的核心”租界区域之内[②]，并且，又是金融和商业机构密集的地带，映入吴老太爷眼的五光十色，并非幻觉，而是有现实依据的。由此，你也会体味到，小说写到吴荪甫们的汽车在“在平坦的静安寺路开足了速率”行

---

①瞿秋白：《读〈子夜〉》，《中华日报》副刊《小贡献》，1933年8月13日。另可参见吴组缃《评〈子夜〉》，《文艺月报》创刊号，1933年6月1日。

②参见周振鹤主编《上海历史地图集·前言》，上海人民出版社1999年12月版。

驶时，提到“路旁隐在绿荫里中射出一点灯光的小洋房连排似的扑过来，”也并非随意拈来的闲笔。这些洋房，就是一般所说的花园住宅。据有关资料介绍，上海的花园住宅，早期居住者多为外国人，且多在外滩英国领事馆附近，后随着租界的扩张而向南京路、静安寺路等地扩展，尤其是“1927年以后，由于市场一度出现对高级住宅的需求，一批数量相当可观的花园住宅应运而生”①，居住其中者，富有的中国人比率大大增多。《子夜》第一章写吴荪甫驶在静安寺路上的汽车向左转入一条“浓荫夹道的横马路”，然后开进了“一所大洋房”。显然，这位“20世纪机械工业时代的英雄骑士和‘王子’”的住宅就在这一地带。

把现实都市里实有的地名写进小说，是《子夜》的一个特点。这当然算不上新鲜，一些茅盾熟悉的著名作家，如狄更斯写伦敦，雨果、左拉等人写巴黎，都用过类似手法，但这些地名对我们解读小说却不无意义，它们处于现实都市和虚构文本的交叉点上，是沟通二者的纽带和桥梁。勾勒《子夜》里写到的地理形势，再参照30年代上海的都市空间。我们可以了解茅盾把握这座现代大都市的基本姿态和方式，以及他把现实都市转换为语言文本时的关注重心。《子夜》共十九章，除第四章外，书中人物的活动场景大都在上海展开。从黄浦外滩到南京路，从租界内的高级洋房到闸北的丝厂，《子夜》的取景，没有局促在一街一巷，而是着眼于大规模大跨度展开的都市空间。但《子夜》绝少细致地展开都市风景，许多街巷道路的名字只是一掠而过。茅盾似乎没有雨果那种在小说里为一座城市绘制一幅鸟瞰图的兴致②，也不像同时代的新感觉派小说家们那样，热衷于在大马路的街面、跑马厅的屋顶或百货公司的橱窗里发掘诗情。如小说第九章情节展开的地点在南京路，本是最集中地体现上海都市风貌的繁华

---

①参见陈从周、章明主编《上海近代建筑史稿》，上海三联书店1988年12月版168—169页。

②雨果在《巴黎圣母院》第三卷专辟一章，描写俯瞰巴黎所见的景色，叙述巴黎城市建筑的变迁，被认为游离了主干情节，但以诗情洋溢的酣畅笔墨广为称道。

商业街，游乐场、大饭店鳞次栉比，但在《子夜》里至多只是闪现一下名字（如跑马厅和三大百货公司等），并没有得到具体描写。

但这恰恰可能是茅盾的自觉追求。《子夜》问世不久，茅盾曾撰《都市文学》一文，对当时一些以“消费和享乐”为“主要色调”的“都市文学”表示不满，希望作家能够有意识地从“生产的方面”表现都市的畸形发展和民族工业的没落，描写“在生产关系中”的劳动者[①]。他注重的是由人的活动构成的社会风俗画面，诸如资本家的客厅，机器轰鸣的工厂，喧闹嘈杂的交易所，而非静止的街市风景。《子夜》里出现的上海地名，多为一闪即逝的空洞符号，应该是出自于茅盾有意识的安排。而当某些地点被拿来作为人物命运和情节转换的某种暗示的时候，也就会被赋予比较具体的描绘。如开篇那段颇为有名的苏州河两岸的暮色风情，显然是小说主题和主人公命运的一种隐喻[②]。同样的场所后来在第十一章又出现过一次，不过已经不是软风拂面的五月傍晚，而是夏季第一场台风袭击上海之时，“外滩一带，狂风怒吼，夜来黄浦涨潮的时候，水仗风势，竟爬上了码头。此刻虽已退了，黄浦里的浪头却还有声有势。”而这正当金融资本家赵伯韬图谋从背后扼住吴荪甫、吴经营的丝厂里工潮一触即发的时刻，其对应关系不言而喻。类似的环境和人物情绪、心境、命运的对应性描写，在《子夜》里很多，并且，对应的方式大都比较接近、明显，没有采取隐晦曲折的象征（Symbolic）方式。在以往的《子夜》研究中，曾有不止一个学者谈到这部作品中的象征手法，但却都没有对其象征结构、层次做细致的辨析。事实上，《子夜》的这类手法，严格说基本还处于比喻（allegory）的层面。

在《子夜》里，这种比喻式的表现并不限于空间景致的描写，甚至可以说是贯注全书的一种写作原则。如第一章写吴老太爷受上海五光十色景象的刺激中风而死，就是一个大的比喻，一则讽喻性

①茅盾：《都市文学》，《申报月刊》第2卷第5期，1933年5月15日。

②《子夜》的题目最初曾拟作《夕阳》。见《子夜》（手迹本），中国青年出版社1996年6月版。

寓言[①]，小说又特意安排诗人范博文发表一通所谓封建僵尸来到现代大都市不能不风化的议论，把寓言隐含的意义挑明，使暗喻变成了明喻。

喻体和所指涉的内容的直接对应性，或者说明喻性的原则，导致了《子夜》在整体结构上的求大求全。据茅盾自己说，他最初的构想，就不仅仅是为了叙述几个人物或几个故事，而是想“大规模地描写中国社会现象的企图”，“使1930年动荡的中国得以全面的表现”[②]。追求宏大叙事追求，而又使用对应的比喻手法，自然只能写得“大”而“全”，既要写都市，又写农村，甚至还计划写到红军游击队的活动。后因所欲展现的社会场面太大，“非有一二年时间的详细调查，有些描写便无从下手”。而作为左翼作家的茅盾“却无法储备一二年的生活费以便从事详细的调查”才不得不一再缩小规模（茅盾《我走过的道路》），把小说的主要活动场景收缩到吴荪甫的公馆，把矛盾冲突尽量集中到吴荪甫身上，借事喻意，以小见大。但原来那种贪大的企图的痕迹都留在了小说的文本里。如第四章写的双桥镇暴动，再如关于裕华丝厂工人罢工运动的描写（第十三、十四、十五章），几乎都是有头无尾。瞿秋白在《读〈子夜〉》中说：“《子夜》的收笔，我老是觉得太突然，”认为应该“再写一段工人的罢工和示威”[③]。由此可见，以明喻的方式，表现宏大的叙事，并不只是茅盾个人的追求，而是左翼文学的一个普遍要求。

“新形式”的历史小说

简要概括说，《子夜》正面展开的是工业资本家吴荪甫奋斗、发

①关于比喻和讽喻。周振甫《文章例话》（中国青年出版社1983年12月版）曾做过界定：“比喻本身构不成一个故事，讽喻已构成一个寓言故事，能起到借故来喻意的作用”。二者有区别，但基本结构是相同的，所以本文在有限定的条件下交叉使用。

②参见《子夜》初版本（开明书店1933年版）“后记”。

③参见瞿秋白《读〈子夜〉》。

达、失败的悲剧。这位曾经游历欧美、精明强干并具有丰富的现代企业管理经验的工业巨子，有一个发展实业、建立强大工业王国的梦。为了实现这个梦想，他雄心勃勃地拼搏，也获得了相当的成功，甚至一气兼并了八个工厂，成为同行业的领袖。但是，在公债交易市场上，他受到了买办金融资本家赵伯韬的打压；双桥镇的农民暴动，摧毁了他在家乡经营的产业。他苦心经营的丝厂工潮迭起，处心积虑组建起来的益中公司又因为产品滞销而成为箍在身上的“湿布衫”。三条战线，条条不顺利，“到处全是地雷”。最后终因在公债市场和赵伯韬的角逐失败而破产。

吴荪甫的悲剧，当然是个虚构的故事，但在小说中却被镶嵌在1930年5月至7月这段真实的时间里。并且，这两个月内中国所发生的重大历史事件，如国民党内反蒋介石势力筹划的“北方扩大会议”，共产党领导的红军在湘赣的军事行动等，也都被写进了作品。特别是蒋介石、冯玉祥、阎锡山之间的“中原大战”，几乎贯穿了《子夜》始终。

《子夜》写作之前，茅盾曾系统研究过西方近代小说的历史和写作技巧，其中讨论到小说的故事时间。相对于那种隐没故事时间的作品，他特别指出，“至于标明发生在何年何代的历史小说，那就有了确定的范围，丝毫不能移动了。在这里，作者应该实践他的宣言，把正确的时代情形写出来”[①]。这虽然说的是历史小说，但应该也适用于《子夜》。按照茅盾的看法，像《战争与和平》那样的作品，把真实的历史人物作为次要角色侧面描写，把虚构人物作为主要角色重笔刻画，应该视为一种“‘新形式’的历史小说”，并且，这种历史小说，在表现时代内涵上远比那些演义历史的作品深刻[②]。《子夜》虽然没有把历史人物作为艺术形象刻画，但1930年中国的一些重大历史事件，在小说中占据了不可欠缺的位置，从某种意义上，也可以说

①茅盾：《小说研究ABC》，世界书局1928年8月版。
②参见茅盾《汉泽西洋文学名著》，亚细亚书局1935年4月版。

是一部"'新形式'的历史小说"。只不过因为是当代刚刚发生的事件，而《子夜》又以现在进行时态叙述，所以不易让人产生距离感。

《子夜》文本里的故事时间是1930年5月至7月，而茅盾最初动笔写作大概在1931年初，相隔不到半年，茅盾真的如捷克学者普实克所说，在"现实成为历史之前"就敏捷地把握住了它。但写作时辍时续，到1932年12月完稿，距小说的故事时间就有两年多了。注意到这个时间距离很必要，因为这两年多来，中国又发生了"九·一八事变"、"一·二八"战争等大事件，当然都引起茅盾的关注，但都未能让他产生改变《子夜》故事时间的念头。普实克曾说：茅盾即使在写历史小说的时候，吸引他的也不是过去的历史，"而是那些历史事件所具有的能够说明当代某些倾向的价值"[①]。那么，茅盾坚持把《子夜》的故事时间框定在1930年，是为了说明他所处的"当代"的什么倾向呢?

如前所述，《子夜》故事时间里发生的核心事件是"中原大战"。这场战争，是蒋介石1927年叛变革命之后在南京建立的中央政权和地方军阀势力矛盾冲突的产物，战场波及河南、河北、江苏、安徽、陕西等广大区域，双方动用军队150余万人，是蒋政权建立之后遇到的最大危机。战争于1930年10月以蒋介石一方胜利而告结束，从此南京政府统治逐渐稳定，社会经济也渐次复苏，似乎中国资产阶级将要进入黄金时代。在这样的时候，茅盾通过小说展现"中原大战"背景下资产阶级的悲剧故事，无疑具有政治讽喻的用意，暗示蒋政权不仅不会给中国资产阶级带来光明前景，其自身也面临不可回避的危机。若干年后，作家解释《子夜》何以拟名为《夕阳》时直接道出了政治批判意图。他说：那是"比喻蒋政权当时虽然战胜了汪、冯、阎和桂、张，表面上是全盛时期，但实际上已在走下坡路了，是'近黄昏'了"[②]。由此我们才可以理解，为什么在小说中，会让吴荪甫站

---

①《普实克中国现代文学论文集》，湖南文艺出版社1987年8月版。
②茅盾：《我走过的道路》（中），人民文学出版社1984年5月版。

在北方军阀势力一边这样表达对时局发展的态度："他是盼望民主政治真正实现，所以也盼望'北方扩大会议'的军事行动赶快成功，赶快沿津浦线到济南，达到徐州，"也就是希望以汪精卫为政治代表的北方军阀势力获胜。小说主人公的想法，当然不等同于作家本人的判断，茅盾当然不会把汪、冯、阎和桂、张势力看作是"民主政治"，但在军阀矛盾中，他批判的主要锋芒是指向了蒋介石政权，应该是很明显的。以往的研究者多称赞《子夜》用"社会科学"观点分析社会的力度，甚至由此把《子夜》命名为"社会分析小说"，其实，还应该进一步分析茅盾进行"社会分析"的立场，至少，他没有简单从"社会发展"的观点评判当时的时代，所以才在小说中发出强烈的批判声音。毋宁说，《子夜》首先是一部社会批判小说。

重释"铁军"

基于以上的认识，在此有必要提起对《子夜》第10章一个细节的理解问题。这一章写到益中公司经理唐云山向吴荪甫报告当时的战局，吴颇感震惊，"咬着牙齿嘎声问道：'这是外面的消息呢，还是内部的？'早上听你说，铁军是向赣边开拔的，可不是？"人民文学出版社2000年5月印刷本为此段话中提到的"铁军"做了注释，说："铁军指北伐战争中叶挺所率领的国民革命军独立团，以英勇善战，所向无敌得名。"

倘若确如注释所说，难免让人发生以下两个疑问：一、《子夜》所写的社会事件发生在1930年5月到7月间，此时第一次国内革命战争的北伐早已成为过去，吴荪甫为什么还对"北伐战争中叶挺所率领的国民革命军独立团"的动向表示关心？二、北伐名将叶挺在1927年蒋介石反共清党的时候，站在共产党的立场，举起武装斗争旗帜，先后参与领导南昌八一起义、广州起义，起义失败后，流亡海外。1930年，叶挺正在德国，怎么可能出现在《子夜》所描写的时空里呢？

要解开以上疑问，关键在于搞清"铁军"名称的具体所指。北伐战争中叶挺所率领的国民革命军独立团，被称为“铁军”，这当然是没有疑义的，但“铁军”名称并不限于指称叶挺独立团。北伐战争时期，叶挺独立团隶属国民革命军第四军，军长李济深。独立团有一定独立性，但在1926年7月出师北伐时，“奉命拨归四军十二师（师长张发奎）领导。”[①]此次北伐，第四军整体都表现英勇，战功卓著，被一些报纸称誉为“铁军”。叶挺回忆经历时曾说，北伐攻下武昌时“我的这个团就有大约百分之七十的人伤亡了。张发奎师的官兵也表现得非常勇敢。由于战绩突出，第四军的远征部队被誉为北伐的‘铁军’”。[②]由此可见，“铁军”之名，包括叶挺独立团，但又泛指第四军，尤其是张发奎率领的十二师。

那么，1930年，也就是《子夜》的故事时间范围内，张发奎的部队何在呢？1927年国共分裂，张站在汪精卫阵营，和蒋介石合流，联手反共。1929年，张发奎因反对蒋借军事编遣排斥异己，联合桂系军阀反蒋，组织“护党救国军”，任第三路军总司令。1930年，又和李宗仁一起整编部队，恢复北伐时期番号，任第四军军长。这样的更动，目的显然是想借助当年第四军“铁军”军威，为自己造势。这在张发奎决意反蒋、向部下动员时已经说得很清楚：“本军建立，将届十载，为党国北伐立下大功，以数万人头换得‘铁军’之光荣称号。蒋介石排斥异己，我军若被其缴械，弟兄们、先烈们的血不就白流了吗？”[③]张发奎联桂反蒋，开始出师不利，到1930年2月，被蒋的中央军连连击败。5月，乘阎锡山、冯玉祥发起的反蒋“中原大战”之机，率兵北下入湘，于6月3日（《子夜》里说是6月4日）攻占长沙。但受到中央军的猛烈反攻，6月15日放弃长沙，退守耒阳。

《子夜》第10章的开头，恰恰写到“张桂联军突然打进了长沙”，文中吴荪甫游说杜竹斋放胆投资做“空头”时，主要理由也是他认定“长沙方面张桂军这几天一定也有新发展”，而唐云山来报告

---

①②卢权等著《叶挺传》，河南人民出版社1993年7月版。

③转引自王晓华等编著《中原大战》第105页，江苏古籍出版社1999年8月版。

消息，第一句说的就是“张桂军退出长沙了。”所以才引起了吴荪甫的追问。

综合以上材料，疑问已经可以解开，吴荪甫关心的“铁军”，不是北伐时期的叶挺独立团，而是“中原大战”时期的张发奎部队。以上考证，虽然属于细节，但也从一个侧面说明，细致了解与小说情节相关的社会史事件，对解读《子夜》这种“‘新形式’的历史小说”是非常重要的。

另一种现实主义

谈到历史小说写作，茅盾很称赞法国作家福楼拜，说到福楼拜的《萨朗坡》出现，才有真正的历史小说，在此以前，司各特、大仲马等人的作品“不过是小说，未尝有历史。他们的所谓历史只是主观的杜撰，不是真正的历史。”茅盾特别推重福楼拜在认真查阅文献、亲临现场考察基础上，用“科学的写实的手腕”，客观地再现历史风貌的精神[①]，而《子夜》的写作也取了同样的态度，写到时代风尚、习俗等细节都注意符合那一年代的特点，他甚至还和瞿秋白推敲过吴荪甫应该乘什么车[②]。至于书中人物闲谈时所涉及的社会现象，也都有所依据。可以说，尽管写的是当代故事，茅盾确实用的是福楼拜般的复现历史的严谨精神。

但是，早在《子夜》写作之前，茅盾已经不满足福楼拜等人的传统现实主义，1929年在《读〈倪焕之〉》一文里，特别提出“时代性”作为“新写实”文学的核心概念。茅盾认为，“新写实”的文学，不能停止于纯客观的再现，而要对社会、时代进行分析，理清“时代给与人以怎样的影响”，“人们的集团的活力又怎样将时代推进了新方向，换言之，即是怎样地催促历史进入了必然的新时代，再

①参见茅盾《汉译西洋文学名著》，亚细亚书局1935年4月版。
②茅盾：《我走过的道路》（中），人民文学出版社1981年5月版。

换一句话，即是怎样地由于人们的集团的活动而及早实现了历史的必然”。

这样的文学观，无疑投影到了《子夜》里。政治讽喻，社会分析，和严谨的写实细节混合在一起，构成《子夜》叙事的基本特征。就整体而言，《子夜》的叙述者是个第三人称的全知叙述者，但他有的时候自律很严，把叙述的权利交给文本里的人物，不来干涉。这在第一章各色人物登场时，表现得极为明显，叙述者绝对拒绝出来做介绍人，每个人出场，都只见其面，而不知其名，如那位在轮船局里瘦长子办事员，直到杜竹斋喊他之前，一直被写作“瘦长子”，被喊之后才以“福生”相称。甚至对主人公吴荪甫也同样办法，从登场起到福生称“三老爷”，一直被称为“酱紫色脸的人”，到杜竹斋喊他“荪甫”，才露出名字，并且，在第一章里，因为荪甫父亲吴老太爷在场，并且主干部分是从吴老太爷的视角叙出，所以在涉及到吴荪甫时，竟整章没有一次用他的全名，而只称“荪甫”。观察视点限制的严格到如此程度。

但《子夜》的叙述者又确实是个肆意的介入者，时时进入故事，指点干预。他的指点，可以归纳为这样几类：第一，对人物的定性评价，如初次写赵伯韬，就交代说他是“公债场上的一位魔王”；写逃到上海做寓公的地主冯云卿，则更为清楚地说他“在成千成万贫农的枯骨上”“建筑起他饱暖荒淫的生活。”在初版本上，写到交际花刘玉英刚在赵伯韬浴室走出时，专门加上一句评语：“是妖冶的化身，是近代都市文明的产物！”第二，对事件性质的说明。如第九章开头关于“五卅”纪念活动的说明，和冯云卿钻狗洞行为对比，带有明显的褒贬倾向。而关于丝厂工人的罢工场面则充满感情色彩。第三，自由进出人物的内心。这样的例子更是随处可见。

从世界现实主义文学发展历程看，福楼拜是一个分界。他把客观逼真的细节写实发展成一个原则，而严格要求叙述者深藏不露。西方现代派小说沿着这条路子走得更远，著名作家略萨认为：“说福楼拜是现代小说的开创者是不夸张的，因为他在现代小说和浪漫与古典小说之间划出了一条技术界线”[1]。但也有作家绕过福楼拜另辟道路。如受到卢卡奇赞赏的托尔斯泰。茅盾继承了福楼拜写实的技术，但仅仅把它限制在技术层面，对“历史的必然”的坚信，使他在《子夜》的整体叙事中加入自己的理性分析，赋予了相应的意义。这使得这部小说透彻有力，但也因此显得蕴涵不够深厚。但无论如何，作为茅盾的“新写实文学”的代表作，即使放在世界文学范围内，《子夜》的实践也是具有一定先驱意义的。1988年，日本学者彼田一士选编二十世纪世界文学的十大巨著，《子夜》便赫然在列[2]。其他的九部是：《追忆逝水年华》（普鲁斯特）、《传奇集》（博尔赫斯）、《城堡》（卡夫卡）、《U·S·A》（多斯·帕索斯）《押沙龙、押沙龙》（福克纳）、《百年孤独》（马尔克斯）、《尤利西斯》（乔伊斯）、《没有特性的人》（穆齐尔）、《黎明之前》（岛崎藤村）。

（选自《茅盾研究：第七届年会论文集》，中国茅盾研究会编，新华出版社2003年3月出版）

①略萨：《中国套盒》，百花文艺出版社2000年1月版。
②《二十世纪的十大小说》，日本新潮社1988年11月版。

易性想象与男性立场

——《蚀》与《野蔷薇》中的性别意识分析

李玲

陈建华曾精辟地分析了茅盾笔下的时代女性与现代时间意识之间的关系，指出茅盾的《蚀》、《虹》等早期小说“一再试图构筑‘时代女性’与‘大一统’的理想时间之间的和谐幻想，却一再遭到他的记忆及女身‘欲望语言’的反叛而失败。”①既然“女身‘欲望语言’”有碍于作家整合起理想的时间意识，但他还是不可遏止地把女性形象作为创作的核心点，这背后必有作家潜意识中的性别心理需求在起作用。“女身‘欲望语言’”，无论陈建华在使用这个词时的本意如何，它对于茅盾这样一个男作家而言，实际上可能包含着三方面的意味：一是女性形象中寓含的男性作家对女性欲望的认识和评价态度，二是男性作家在女性形象塑造中所倾注的男性欲望，三是男性作家化身为女人的易性冲动。

这里需要扫除的理论障碍是男性作家的易性冲动问题。弗洛姆曾说“我们必须永远记着，在每一个个人身上都混合着两类特征，只不过与‘他’或‘她’性别相一类的性格特征更占多数而已。”②荣格把男人心理中女性的一面和女人心理中男性的一面分别命名为“阿尼玛”（anima）和“阿尼姆斯”（animus）③。这样看来，任何一个人，如果在心理上要向与自己生理性别相反的性别角色转换，就并非

①陈建华：《“时代女性”、历史意识与“革命”小说的开放形式——茅盾早期小说〈虹〉读解》，见《“革命”的现代性——中国革命话语考论》，上海古籍出版社2000年12月版，第337页。

②弗洛姆：《为自己的人》，三联书店1988年11月版，第259页。

③霍尔等：《荣格心理学入门》，三联书店1987年5月版。

难事。基于这一性格结构，或许人类在深层心理中根本上就普遍潜伏着或强或弱的易性冲动。受两性差别壁垒森严的既有文化传统的塑造，多数人在日常生活中从一而终地扮演着与自己生理特征相一致的性别角色，易性冲动被压抑在潜意识层面中并不自知。作家在创作的激情迷狂中，放松乃至于放弃了对潜意识的压制，哪怕是平时不占性格主流的易性需求就很可能会在不知不觉中释放出来。福楼拜对包法利夫人的心理感同身受，汤显祖觉得自己就是春香，欧阳修、辛弃疾在词中大作怨妇语，屈原选定香草美人而非别的美好事物作为自己人格的象征，这类现象大量存在，过去并未引起我们足够的重视。我们往往以作家具有非凡的想象能力为由，把这类现象视为人类心理中的特例；进一步也仅仅认识到封建君臣关系与男女关系的同构关系，知道封建等级制度下有些男性作家需要借助女性境遇向君王、上司倾诉衷肠[①]，而忽视支持这一现象的人类普遍心理。实际上，作家创作心理之独特，并不在于进入一种完全特异的心理状态中，而是把人类固有的心理潜能从社会文化的压抑中释放出来；君臣关系在文学想象中向同构的男女关系转换，也需要一定的性别认同作为心理前提。作家在创作中把异性心理体验得惟妙惟肖，固然由于两性之间存在着超越性别差异的共同人性，还植根于人类性别心理中普遍的易性需求和易性能力。当代先锋的性文化，实际上已经把人类心理中的易性需求视为常态，而不再把它贬为性变态或捧为创作天才之特殊权利。美国社会学家、激进的福柯主义者巴特勒的社会性别表演

《蚀》书影

①舒芜：《“香草美人”的奥秘》，见《串味读书》，辽宁教育出版社1995年10月版。

理论就认为，性倾向不过是一个不断改变的表演系列，它无需以性感器官为生理基础，每个人都是易性者。①

固然每一个人在心理上都有或强或弱的易性冲动，但在既有性别文化规范之下，多数作家的易性冲动虽然比一般人得到更自由的释放，但并没有最终压倒其固守本性（与其生理特征相一致之性）的心理，而是让其易性冲动与固守本性的愿望互相补充，从而构成创作中性心理复调多元的斑斓色彩。作家塑造异性角色是否成功，往往取决于他在创作的某一层面上心理易性是否充分。优秀的作家在创作异性角色时，总是能够按照异性固有的生命逻辑来赋予创造物以主体性；其与作家自我生理特征相一致的本性特征，在与其易性特征进行对话时，只是增加了作品的内部张力，使其意蕴丰厚，而不会压倒由作家易性特征所带来的作品异性人物形象的主体性。如果作家受阻于自我本性，不能成功地进行易性想象，只是一味地把异性形象当作自我欲望或自我观念的载体，忽视或并不真正了解异性固有的生命逻辑，往往只能塑造出虚假的异性镜像。这类镜像无论何等华美，终不过是玻璃人，缺一口生命灵气。

茅盾身上的男性度和女性度是一个饶有兴味但在既有性别禁忌中又难以充分言说的话题。在传统的性别禁忌中，女性是低于男性的第二性，如果说女人有丈夫气可能是对她的奖赏，如果说男人身上有女性度则只能是对他的侮辱。今天，在两性平等、心理性别选择自由的文化观念支持下，我们应该能够无所贬抑地正视任何人身上的男性度和女性度，能够无所禁忌地探究一个男性作家在何种程度上固守了男性本性、又在何种程度上进行了心理易性，并进一步辨析其男性立场、女性立场中的现代性成分。这样的问题，是关乎人类心理秘密和艺术创造规律的严肃命题。对这一问题的研究，或能从性别意识的角度推进20世纪中国文学现代性的探讨。

---

①参看李银河：《性的问题》第5章，中国青年出版社1999年3月版。

二

茅盾创作对男性立场的固守是十分明显的。这在下文中将要谈及。同时，茅盾在创作中的易性也是相当普遍的，尽管有时成功，有时并不成功。成功与否，主要取决于他在想象女性人物心理时是否能够暂时放下自我的男性立场、尊重女性人物的主体性。尊重人物的主体性，并非膨胀人物的主体意识，使之成为“高、大、全”式的英雄，而是或喜或悲、或强或弱都让人物遵从自身的性格逻辑。人物为女性，则叙述者、隐含作者审视人物时必须不含男性偏见，人物审视世界时必须取女性视角。

以此为标准，茅盾的女性形象塑造中，慧女士——孙舞阳——章秋柳这些“更热情、更合群，对历史方向更具主动性，更符合‘时代女性’的要求”[①]的女性系列，显然不如方太太（《蚀》）、琼华（《一个女性》）、张女士（《昙》）等性格相对弱一点的女性系列来得成功。

在慧女士——孙舞阳——章秋柳这一热情性感的人物体系中，茅盾塑造了一批性格上具有“雄强与脆弱的统一”的时代女性形象，给“五四”之后仍然相当婉约优雅的文坛带来“终于粗暴了，我的可爱的青年们”的审美欣喜[②]；也使潘金莲——赛金花以降的精力旺盛、欲望充足的文学女性系列[③]，在一步步走向正面的途中，借助革命的神力，终成正果，彻底脱去了“祸水”的道德紧箍儿咒。这些在性与革命两方面都站在时代反潮流潮头的女性，面对历史、时间时，她们一方面高居于众男同志之上，总是有比男革命者更为准确的消息和比

---

①赵园：《大革命后小说中的“新女性”形象群》，见《茅盾研究》第2辑，文化艺术出版社1984年12月版。

②赵园的论文《大革命后小说中的“新女性”形象群》对此有精到的论述。

③关于这类女性的论述，可参看王德威《潘金莲、赛金花、尹雪艳一中国小说世界中“祸水”造型的演变》，见《想象中国的方法》，王德威著，三联书店1998年9月版。

男同学们更为高明的洞察力，同时又有比一般男性人物更为焦虑的时间感和更为强烈的颓废冲动。她们的“雄强与脆弱”，均在各自达到极致的状态下形成辩证统一。这把茅盾心理中渴望驾驭社会、历史、生命的愿望和难以把握社会、历史、生命的焦虑都淋漓尽致地表达了出来。这种淋漓尽致的抒写，很可能跟作家在某一层面上把自我易为女性之后的自由状态有关。易性想象释放了作家潜意识中的另一种性别需求，同时也给自我带上一层面具。带上性别面具的自我，凭着超越现实真实之身，自然能够更为无所顾忌地专注于自我愿望、焦虑的自由表达，而无须羁绊于令人烦恼的现实条件和理性束缚，从而在一定程度上带来创作的浪漫主义和心理现实主义色彩。把男性自我渴望“雄强”的愿望，以女性面具表达出来，超越了以往男作家借女身之卑微表忠心的思路，其颠覆封建性别等级秩序的意义不言而喻。

其实岂止时代女性面对社会、历史时“雄强”的性格，是作家自我愿望的外化；即便是时代女性明艳的躯体、旺盛的欲望中所流溢出的生命活力，亦是作家驱逐心中虚无“鬼气”的“身外的青春”，进而亦是作家内心中拯救自我于虚无这一愿望的形象凝聚。然而，令人摸不着头脑的是这类女性对待男性有着绝对矛盾的态度：一方面，她们热衷于以性魅力“颠倒所有的男人”，视男人为性玩偶；另一方面，又对男同志们有着“大姊姊”关怀“弱弟”的母性情谊。

把男性视为性玩偶，是女性对封建男权专制的简单报复，其中仍然缺乏现代人性价值尺度。对此，赵园有尖锐的批评。她一针见血地指出了这些女性心中的男女关系“完全符合受到阶级社会现实限制的思维所能设想的唯一的一种‘世界秩序’：要么是‘主’，要么是‘奴’。”“梅行素、章秋柳的自我扩张，决不可能一丝一毫地改变现存秩序，而女性的解放也不能经由男性的被奴役而取得。”[①]我们还需进一步探究的是这些女性面对自我时的内在矛盾以及作家在设置、解决这些矛盾时所体现的深层性别心理。

---

①赵园：《大革命后小说中的“新女性”形象群》。

"我不能爱你，并不是我另有爱人。我有的是不少粘住我和我纠缠的人，我也不怕和他们纠缠；我也是血肉做的人，我也有本能的冲动，有时我也不免——但是这些性欲的冲动，拘束不了我。所以，没有人被我爱过，只是被我玩过。"[①]能够玩弄男性于股掌之间而自我仍然神采奕奕、风姿潇洒，孙舞阳、章秋柳借助的是自我灵肉分离的法宝。把性接触比作恰如"偶尔喜欢""伸手给哈巴狗让它舔着"[②]，她们在性之中弃绝爱情，严禁自我心灵的投入，只是把性当作即时消费、把男性当作泄欲的工具，因而能够保持住雄强的精神优势，始终居高临下地君临于众男性之上。与女作家丁玲笔下的莎菲女士不同，这些时代女性并没有因与性对象只有肉欲交往、缺乏心灵交流所带来的自我分裂的痛苦。她们的痛苦只是享乐与奋斗之间的人生总体设计上的矛盾，她们有的只是伤害不伤害、可以不可以伤害男性的道德论证，却没有自我在这种关系中是否必定能享到欢乐的疑问、没有这样做对自己是否道德的自审。这种心理设置表明，作家的逻辑前提是女性人物在没有爱的性中享受欢乐是不成问题的。这种前提设置，体现的是作家对女性心灵逻辑的盲视、是作家现代人的观念的匮乏。

传统男权文化把女性视为传宗接代或泄欲的工具，尽管造成灵肉分离，但并不影响男人们在异化状态中把自我确立为社会历史主人，因为男权文化界定中的女性从来就没有进入社会历史生活中，男性世界可以自成体系地构成社会历史。而这一群新女性，欲成为社会历史主人中的一员，就必须与革命的男人们携手共进；彻底睥睨男性就必然放逐自我于仍然以男性为主体的革命历史空间之外。她们不具备传统男性将自己置于纯粹异化状态中享肉体之乐而仍能在一定程度上维持灵相对独立的历史条件。作家解决这些女性睥睨男性世界、又不放弃革命历史空间这一矛盾的做法是，让她们在性方面实行灵肉分离之

①《茅盾全集》，第1卷，第213页，人民文学出版社1984年版。
②《茅盾全集》，第1卷，第347页。

外，在对待易性的态度上再来一次性与革命的分离。她们在性之中践踏男性尊严、在革命之中又关怀男性境遇。性与革命不能两全，方罗兰既被确认为是革命同志，浪漫的孙舞阳除了给他“几分钟的满意”之外在性关系上是止乎礼仪的。似乎时代女性的性兴趣主要在龙飞、朱民生这类她们鄙夷的“姝姝然小丈夫”身上。然而，殊不知“对自我的分割是一种扭曲，会导致人性的丧失。”[①]作者既无法正视这种自我分割中的人性丧失，便只能回避开描写上的困难，不去构筑她们玩弄男性而取得欢乐、灵魂不受损伤的不可能的场景。对章秋柳性活动的正面描写中，作家的人性尺度在一定程度上修正了他对时代女性性丰姿中灵肉极端分离的想象，使得章秋柳对张曼青、史循这两个既是性对象又是同志的男性没有玩弄和鄙夷，但她和他们的性关系仍不是爱的交流，只或是单纯的官能刺激（故需要以刺激的强度取胜），或是激发男性原始生命力从而也拯救自己于虚无的工具。

没有让这些女性整合起一种统一的对待异性世界的态度，想象她们能在自我的一再分割中毫无心理负担地一会儿扮演魔女角色、一会儿扮演圣母角色，只能使这些女性人物失去性格的完整性而背离生命逻辑。茅盾在这一不成功的易性想象中，实际上是让自己的男性心理不断对女性生命逻辑进行干扰，从而造成人物性格支离破碎的尴尬。易性并没有易到女性的生命真实中，只是使得男作家得以回避开“五四”以来敏感的妇女压迫问题，借女性所向披靡的性风姿自由地宣泄了男性对自我无限性魅力、无限性放纵的心理渴求，而免受道德和现实条件的束缚。性感的时代女性，既是作家男性视域中的欲望对象物，也是作家男性自我欲望的化身。她们身上凝聚的是男作家对男权文化性消费、性压迫观念这一集体无意识的继承，体现的是男性作家在性爱意识上对人性观念的背叛。

让时代女性在颠倒一切异性的同时，又具备“大姊姊”关怀“弱

---

①（美）凯瑟琳·巴里：《被奴役的性》，江苏人民出版社2000年10月版，第29页。

弟”的母性情怀，时而让孙舞阳“用了类似哄孩子的口吻”劝方罗兰维护婚姻，时而让章秋柳关心张曼青的恋爱选择，体现的也是作家的男性心理需求。作家借助女性形象的母性化塑造来舒展男性渴望受到关怀、庇护的柔弱心怀。这种柔弱具有男性作为人的生命真实，是男性立场但非男权立场的言说。它曲折地暗示了男性在两性关系中灵方面的基本需求，悄悄瓦解了作家在女性性姿态中寄予的放逐灵的性观念。

总之，男权立场以及非男权立场的男性自我过分强大且自相冲突，阻碍了茅盾在慧女士——孙舞阳——章秋柳这一时代女性系列的塑造中进行成功的易性想象，从而使这些形象成为“狂乱的混合物”，尽管蕴涵丰富的新旧文化代码，却缺乏性格的内在统一性，不能成为真正富有生命力的艺术形象。

二

男性作家在创作想象中把自我易为女性，也并非是如毛毛虫脱壳变为蝴蝶一般幻为完全的异类、彻底割断与男性心理的联系；而是在想象女性的时候，即便借她们来表达自己的人生感悟，也需以不违背女性生命逻辑为前提。当茅盾放弃宣泄男性的性欲放纵渴望时，往往能够自由地沉潜进女性生命逻辑中去深入体验女性心理，从而在领悟异性的生命伤痛中突破男权文化的性别禁忌，在将心比心中取得性别观念的人性化。成功的易性想象，造就了茅盾小说中方太太、琼华、环小姐这类在性爱领域性格强弱比孙舞阳、章秋柳更为辩证、因而也更加真实的女性形象。

《动摇》中的方太太、《一个女性》中的琼华、《自杀》中的环小姐，因为大致上都没有承载茅盾把握社会、历史、时间的渴望，所以没有如孙舞阳、章秋柳那样取得叙述者乃至于隐含作者的仰视，未曾被带上虚幻的神圣光环。但如果我们不是过分执著于社会革命、时代洪流的狭隘尺度，而能以更为宽泛的文化变迁观念来衡量人物意识的话，我们就会发觉这些女性的性爱焦虑中尽管都表现出生命的脆弱，但她们相对于慧女士——孙舞阳——章秋柳而显出的弱质，都是女性渴望获得性爱中的心灵满足而不可得的痛苦，是历史必然要求与这一要求之不可能实现之间的悲剧冲突的结果，是她们比孙舞阳们更具生命真实之处，恰恰体现着现代人的尊严。方太太固执地追问方罗兰“你爱不爱孙舞阳”，着眼点并不在于探究丈夫是否有实际的越轨行为、是否有变异婚姻的企图。她并不执着于守护婚姻外壳，而是执着于两性关系中的情感质量，追求灵的和谐。乡间“女王”琼华，尽管周旋于众“魔鬼”少年中，却始终保持内心的高傲，也是基于对众少年浅薄灵魂的鄙夷，基于与远走他乡的张彦英的心灵共鸣。这些女性尽管没有虚幻的英雄姿态，却已是在性爱中追求人的价值的现代女性。她们的痛苦，有着男权文化中“想做奴隶而不可得”的传统女性所没有的高贵和尊严。以灵的共鸣来设置这些女性人物的性爱逻辑，以人的尊严来设置这些女性的灵魂高度，体现了茅盾在性别意识上颠覆封建男权文化、建设现代人性价值观念的启蒙追求。

成功的易性想象，还使茅盾在相当程度上超越了他苦心构筑的社会历史这一宏大人生追求对女性情感生活空间的压抑。《动摇》中，他尽管在叙述中借“略带滞涩的眼睛，很使那美丽的鹅蛋脸减色不少”这样的外貌描写、借方罗兰对孙舞阳的崇拜，批评了方太太游离于时代洪流之外的暮气；但另一方面，作家又深入方太太的心理，从方太太的视角审视方罗兰不能直面自己的性爱波动这种懦弱的性格、审视孙舞阳靓丽风姿中的放荡意味，对他们形成反批评，从而使女性注重个人情感空间的生命逻辑与社会历史主流形成对话，而没有简单地沦为阐释社会历史进化逻辑的工具。这一点与早些时候问世的《倪焕之》相比就十分明显。《倪焕之》中，叶绍钧借倪焕之单一的男性视角武断地认定金佩璋婚后对家庭生活的沉醉导致了她新女性特质的丧失，并没有让女性人物得到任何为自己辩护的机会。而《动摇》中作者对方太太性爱中心灵逻辑的合理衍化，则在一定程度上为女性个人情感生活在现代意识形态中争得了一席之地。正是由于没有用男性倾心于社会历史广阔空间的立场完全压制住方太太的女性话语，使之得以充分言说，方太太才成为“这部作品中人物主体性描写最成功的一个。”①

“谁曾从丰裕跌落到贫乏，从高贵跌落到式微，那他对于世态炎凉的感觉，大概要加倍的深切罢？”茅盾也如鲁迅一般，对庸俗社会中众生的势利、浅薄、冷酷有深切的感受。对此进行人性批判的时候，他更习惯于把自我的经验变幻为青春少女的人生体验。《一个女性》中的男青年张彦英和少女琼华均可看作是作家自我意识的化身。他们无辜而遭到众“咀虫”少年的伤害，一个不得不远走他乡，一个则在悲伤忿怒中病逝。这里，对青春生命伤痛的描述中，寄寓了作家对病态社会的深切痛恨。其“国民性”批判的立场，尚未被整个“左翼”文学的阶级观念框架中，更具“五四”时期“人的文学”的特质。张彦英仅仅因是遗腹子，在小镇中便受到“人人的唾骂”，受尽屈辱，其形象中凝聚着茅盾自己的身世之感是相当明显的。但作家很快就让张彦英退场，而后继承屈原“香草美人”的思维方式，把受伤害而狷傲的自我易身为纯真少女琼华，从她的视角来审视这“粪窖”一般污浊的小镇社会，又让叙述者以理解、同情的态度审视琼华的种种内心变化和人生变故。人物青春少女心怀所独具的未经世故的特点，使得文本在人物敏感、惊愕、焦虑的心灵体验中产生文学经验异常新鲜生动的“陌生化”效果；隐含作者更为深邃冷峻的审视眼光始终没有对人物立场形成压制，仅仅在认同、理解人物心绪的同时作一些补充。对小镇社会人性污浊的批判，与琼华关于应该爱人类还是憎人类的思想迷惘、与琼华狷傲而痛苦的性爱觉醒连在一起，就已不复是男性作家自我观念的简单衍化了，而处处透着少女情怀纯真狷傲的青春特质，使得作品在完成人性批判的同时，也创造出富有主体性的圆形人物形象。成功的易性想象，使这篇在一定程度上深受冰心《超

①丁帆《〈蚀〉的人物主体性》中对此有精到分析，见《茅盾研究》第3辑，文化艺术出版社1988年7月版。

人》影响的小说，不仅超越了一般男性作家塑造女性形象时的隔膜，也超越了“五四”时期问题小说直接以人物演绎作家观念的艺术幼稚。作家在小说后半部让琼华把爱情渴求指向孤独倔强的张彦英，实际上是借自我的两个化身的相互肯定来慰藉自我。其女性经验的青春纯美与悲剧结局中的一点精神亮色，也使作品的艺术格调没有如鲁迅的《故乡》那样走向中年人的苍凉沉重，而是在犀利尖锐的人性批判中仍带着女性化、青春化的柔美浪漫。

三

茅盾出色的艺术才华不仅在于他比一般男作家更容易自由进入易性境界、在幻为女身的想象中创造出富有主体性的文学女性形象，还在于他同时也擅长于体验、表现男性性爱心理，其心灵中的男性度与女性度，往往形成对话，由此支撑起一个分外廓大的人性空间，并形成小说的复调特色。[①]恰如女性立场有女性作为人的现代人性立场，也有女性想作奴隶或作奴隶而不可得的奴性立场；男性立场，既有男性作为与女性平等的人的现代立场，也有男性压抑女性主体性的男权立场。茅盾作为一个现代男性作家，既有在“五四”启蒙运动中建立起来的现代人性观念，也不免受到传统男权文化的浸染，其男性立场也是复杂矛盾的。

女性立场与男性立场的对话，在茅盾小说中，基本上表现为两种形式。一是同一篇小说中男性人物与女性人物不同性别立场的对话；二是不同小说间男性立场文本与女性立场文本之间的互文对话。前者如《诗与散文》，《蚀》；后者如《色盲》与《昙》之间的对话。

《诗与散文》中，丙少爷与桂奶奶各持自己的性别立场来审视异性世界，隐含作者并没有在二者之间作出是非判断，而是在充分尊重人物主体性的情况下，让两种立场自始至终形成对话。小说取男性视

①对茅盾小说的复调特色，丁帆的《〈蚀〉的人物主体性》有精到的论述。

角进行叙事。反复出现的镜子意象使桂奶奶这个肉感、主动的少妇在丙少爷的男性视阈中显得虚幻化、妖魔化。它折射出的实际是男性主人公对自我本能欲望的恐惧。恐惧，而不是从理智上确认自我欲望，这是基于男性人物心中关于“男女间的关系应该是‘诗样的’——‘诗意’的；永久是合乎空灵，神秘，合乎旋律，无伤风雅”的观念，实际上也就是基于理想女性应该是“端丽温柔”而不应该是“肉感化的”、“现实化的”的观念。由这种观念所产生的对女性欲望的恐惧和男性实际上对肉欲关系的沉醉这两种描述并举，构成人物心灵内部的对话关系。二者相互牵扯，造成丙少爷在桂奶奶面前极为软弱无力的矛盾心态。它逼真地揭示了男性在性爱中面临的灵肉冲突，尽管其以“端丽温柔”、“灵的颤动”作为对异性、对性活动的灵方面的标准还可质疑。“端丽温柔”的标准，含压制女性生命活力的男性霸权意味；丙的“灵的颤动”有时不过只是初次性经验的新鲜、神秘，还不是两性在心灵深处的共鸣。这灵的尺度中，还缺少足够的全面解放人性的现代文化内涵，但它毕竟真实表现了新旧文化交替之际，男性在某种传统性文化观念与生命本能的冲突中的内心煎熬。丙少爷在表妹和桂奶奶这两个女性之间难以取舍的尴尬，也超越了以往才子对众佳人都兼收并蓄的多妻主义的恶德。丙少爷的性爱立场，固然是典型的男性立场，也尚未脱尽男权中心主义的阴影，但毕竟已经展露出男人作为人的生命真实，在一定程度上也体现了男性对女性作为人的尊重。

尽管小说是以丙的男性视角来叙事的，但隐含作者的立场却大于丙的立场，它在丙的男性立场外又包融进了桂奶奶的女性立场。桂奶奶雄辩地批驳了丙压抑肉欲、压抑女性的“诗意”的性爱尺度，骄傲地宣称“你教我知道青春快乐的权利是神圣的，我已经遵从了你的教训；这已成为我的新偶像。”而当窥知丙对表妹倾心时，桂奶奶又决然割断自己与丙的肉体关系。桂奶奶的逻辑是女性对自我欲望肯定的逻辑，也是女性坚持灵与肉统一的逻辑。它实际上否定了丙关于桂奶奶只是散文的、肉体的本质界定。然而桂奶奶对灵肉统一原则的坚持，并没有改变丙心中关于桂奶奶的纯粹肉欲化的镜像。尽管桂奶奶的反驳未对丙形成影响、尽管桂奶奶的形象描述相当观念化，但《诗与散文》中，丙的男性立场与桂奶奶的女性立场均未成为相对立的另一方的附属品，两者的对话构成小说性别观念的丰富空间。

《色盲》与《昙》的互文对话关系，是一个奇特的现象。《色盲》和《昙》其实是同一个故事的两种不同的说法。《色盲》是它的男性视角版本，《昙》则是它的女性视角版本。《色盲》中的林白霜、赵筠秋、李慧芳分别对应《昙》之中的何若华、张女士、兰女士。性别视角一换，故事只剩一个外壳上的相似了，其主题完全不同。两篇作品的男女主人公都是从时代苦闷中感到虚空的青年。《色盲》与《诗与散文》相似，男主人公林白霜面对两种女性无所适从："一个是活泼的，热情的，肉感的，知道如何引你去爱她，而又一个是温柔的，理性的，灵感的，知道如何来爱你。"但人物解决矛盾的办法却不同。林白霜最后决定以游戏的态度同时向两个女性发出恋爱信号，并将承受可能遭到的拒绝视为勇气。这是男性在性爱观念上从人的立场上的退却。游戏即意味着对异性作为人的主体性的漠视，其勇气观念也意味着对批判意味的拒绝。这瓦解了两性关系中灵肉相统一的原则、瓦解了以平等的人的态度对待异性的原则。人物的这一转变，客观上表明激进的现代男性其实是很容易向传统的颓靡者（并非现代的痛苦者、怀疑者）蜕变的。隐含作者充分理解林白霜的困境和转变，始终以认同的态度来表现人物的男性立场。这逼真地展示了男性作家在性爱意识上徘徊于人与非人之间的真实状态。而女性视角版本的《昙》之中，隐含作者除不断地以男性视角感受女性身体的性感外，基本上都是从张女士的女性视角来感知外部世界的。小说细腻地展示了新女性在恋爱婚姻中陷于父亲逼嫁、女友夺爱这一困境中的孤独、苦闷、倔强的心理。作者在易性想象中，对女性生命逻辑的细腻领会，实际上从批判的角度回应了《色盲》中对男性游戏的恋爱态度的认可。把两篇作品看成一个大系统的话，我们可以强烈地感受到茅盾对两性心理出色的感悟能力，可以看到他比一般男性作家有着更自觉的男性立场，也有比一般作家更强烈的易性冲动和易性才能，因而也更具备小说家的秉赋。

茅盾在早期创作中，尽管努力要整合起现代时间意识，但作家的艺术冲动使他每每能超越自己阐释历史的观念限制，而立足于自我的生命体验去表现人性的丰富多样性。其性格中坚定地固守男性本性的立场与强烈的易身为女性的生命冲动这两种性别立场，有时互相对话，构成一个富有张力的艺术空间，成就了一批富有主体性的圆型人物形象；有时则互相压抑，造成了虚幻的女性镜像。其男性性别立场中既有现代人的生命真实，也有男权文化的遗迹。其成功的易性想象，使女性作为人而非仅仅是男性欲望对象物的生命逻辑向男性性别心理生成，有力地改变了男权文化臆造女性镜像、歪曲女性生命真实的局面，有效地弥补了封建等级文化所制造的性别鸿沟，同时也提示我们在人类的性别心理需求中本就存在着普遍的易性冲动，合理的性别文化机制应当充分正视人类的这一心理需求。

（选自《茅盾研究：第七届年会论文集》，中国茅盾研究会编，新华出版社2003年3月出版）

茅盾《子夜》的思想资源

曹万生

茅盾的资本家系列创作是一个谜，谜在它的语境与整个中国现代文学的语境相逆。此前，整个中国现代文学都在个性主义、人道主义的起点上进行思想启蒙，并从思想启蒙的基点上转向政治革叙述。这是鲁迅、创造社、文学研究会、诸社团、革命文学等共同认定的基点及其发展。但《子夜》出来后，中国现代文学的语境发生了极大的变化。在《子夜》看来，现代中国的重心不在精神启蒙或政治革命，而在物质生产与消费，在都市社会的建构；换言之，不是用一种精神的力量去进行国民性批判或者革命文学提倡，而是用一种物质的力量去进行农业性摧毁或者工商王国建构，不是用批判的武器进行批判，而是用武器的批判进行批判，从而改变中国现代社会的实质。茅盾以后，30年代都市文学，与他的思路是一体的，是《子夜》主旋律的分谱，比如新感觉派小说的都市化叙事。对茅盾这一思路及其变化，我们的研究还不深入。

考察茅盾的思想，有助于解谜。茅盾的思想在于对市民——资产阶级社会力量的高度重视，他学术研究的一个重心也在这里。这是茅盾与其他中国现代作家不同的地方，比如与沈从文的根本对立的地方也在这里。这个独特的价值体系，决定了他的都市文学创作和资本家系列创作。20年代市民文学、小资产阶级文学概念，到30年代演变成资本家文学概念；20年代长篇小说《蚀》的创作，到30年代演变成长篇小说《子夜》的创作；这是茅盾市民文学概念在理论上、创作上的历史与逻辑的进程。从20年代后期的小资产阶级概念到30年代初期的资本家概念，是茅盾异于整个中国现代文学史的独立概念和独立创作。茅盾在三四十年代的创作，以资本家、小有产者为主要对象，探讨他们的前途与命运，关注他们的发展与悲剧，体现了他的市民文学意识的变化。《子夜》、《林家铺子》、《清明前后》若干论述可以充分说明这一点。

一、关于《子夜》手稿的思想资源

1932年1月，茅盾《子夜》第一章以《夕阳》为题交《小说月报》1932年新年号，但因商务印书馆被“一·二八”战火所毁，遂未面世。其存稿在夕阳题旁横书有：A Romance of Modern China in transition, In Twilight: a Novel of Industrialized China①。这充分表达了茅盾对资本、工商、都市的倾向性。他把这部小说称为“现代中国变革的罗曼司”，称为“中国工业化的故事”，称吴荪甫为中国的工业“骑士”，这是茅盾真实想法的流露。这个想法很重要地体现了茅盾对当时中国的看法。也就是说，中国现代真正的变革是什么？变革的主要力量是什么？根据这个英文题词看来，他认为真正变革就是工业化，变革的主要力量就是以吴荪甫为代表的工业“骑士”。这是现代文学从来没有过的思想资源，这个思想资源与他一贯的市民意识是分不开的，在文学界大谈个性解放、精神革命的时候，他对这个革命本身是怀疑的，他的短篇小说《创造》、《涛与散文》对个性解放、精神解放万能之嘲弄就是例证。在他看来，这是一个经济基础翻天覆地变化的时候，看到这个基础本身的变化，才是真正变革的眼光。

1927—1936年，中国经济已经发展到“起飞”的阶段，被称为中国经济的“黄金十年”，这是《子夜》创作的中国社会的经济基础。有学者最新研究证明：“1927年南京国民政府建立以后，由于国际形势的变化，使中国又获得了一次短暂的发展机遇。1927—1936年，中国的工业增长率达8%以上，社会经济呈现快速上升趋势。到1936

---

①茅盾：《子夜》手迹本，中国青年出版社1996年6月版，第2页。

年，中国工农业产值达到了近代以来的最高水平，其他各项现代化制度也都初具雏形。据统计，这一时期中国电力工业年平均增长9.4%；煤炭工业为7%；水泥工业为9.6%；钢为40%，被一些学者称为‘黄金十年’。他们认为，当时的中国正逐步走向现代化，如果没有1937年日本发动的侵略战争，中国的工业化步伐必将大大加快，并在20世纪40年代初期就进入‘起飞’阶段。”①，在这个经济高度发展的情况下，中国社会科学界展开了大规模的“中国社会性质”的论战。这个论战的革命史结论是在抗战开始后得出的，当时的经济受到日本侵略而进入低谷。这个事实说明，外部政治对中国经济的破坏与中国经济自身的发展，是两个不同的问题，《子夜》的创作，客观描述的是20年代的中国现实，政治学、革命史研究、外部政治破坏，与《子夜》本身描述的中国30年代“黄金十年”的经济现实，是两个问题。对《子夜》的研究，过去只讨论思想论战、不研究当时的中国经济，所以只是一种政治学研究、革命史研究，而不是一种经济学研究，更不是一种完整的社会学研究。这就造成了茅盾1939年后对《子夜》加述内容对其思想资源的间离与陌生。

《子夜》的创作也能说明这一问题。茅盾在吴荪甫的形象塑造中，有一个由胜利的结局到失败的结局的修改的过程。这件事对于理解茅盾《子夜》创作思想是非常关键的。因为吴荪甫的失败结局，是被许多论者引为论证《子夜》主题的一个重要例证。茅盾在晚年的回忆录中，谈到《子夜》创作时，回忆过《子夜》提纲里吴荪甫与赵伯韬握手言和的两胜结局，以及后来瞿秋白建议“一胜一败”的修改。先看茅盾《子夜》大纲中的结局安排——

最后一章，在亢奋中仍有没落的心情，故资产阶级之两派于握手言和后，终觉心情无聊赖，乃互交易其情人而纵淫（吴与赵在庐山相会）。②

再看瞿秋白建议的修改及茅盾的从命——

---

①杨红林：《近代中国错失四次现代化良机》，《环球时报》2006年6月8日。

②茅盾：《我走过的道路》（中），人民文学出版社1984年5月版，第107页。

1931年4月下旬……秋白在我家住了一两个星期。那时天天谈《子夜》。秋白建议我改变吴荪甫、赵伯韬两大集团最后握手言和的结尾，改为一胜一败。这样更能强烈地突出工业资本家斗不过金融买办资本家，中国民族资产阶级是没有出路的，秋白看原稿极细心。我的原稿上写吴荪甫坐的轿车是福特牌，因为那时上海通行福特。秋白认为像吴荪甫那样的大资本家应当坐更高级的轿车，他建议改为雪铁龙。又说大资本家愤怒绝顶而又绝望就要破坏什么乃至兽性发作。以上各点，我都照改了①。

可见，在《子夜》创作时，茅盾并没有如后来所说——“1930年夏秋之交”养病时看了中国社会性质论战后为了回答托派而作，他的“1930年夏秋之交”，而是写了民族资产阶级与买办资产阶级握手言和的结局。1931年4月下旬后由于瞿秋白之建议修改。1933年4月版《后记》里，没有“回答托派”这一说法。“回答托派”这一说法是1939年在《新疆日报》作演讲时始有的。

二、关于茅盾对《子夜》的两篇后记与创作谈

围绕《子夜》创作，茅盾写过两次后记、一次创作谈。由于时间的推移，因此强调的思想倾向不同。大体上是，在刚创作时则最平，客观叙述了他的“企图大规模描写中国社会现象”但最终偏于城市和资本家写作的思想；1939年开始倾向毛泽东的说法，加入1930年论战的说法特别是加入了“为了回答托派”的说法；1977年，甚至加上了吴荪甫“终于买办化”的说法。但无论怎样，都掩盖不了一个基本事实：30年代中国资产阶级是上海经济变革与工业变革的生力军，他们不能一枝独秀，在中国现代大都市的上海，买办化、民族化的资本主义生产力及其生产关系，是最重要的经济基础。

---

①茅盾：《我走过的道路》（中），人民文学出版社1984年5月版，第110页。

《子夜》出版时，在开明书店的1933年4月再版本中，加印了茅盾写于1932年12月的《后记》[①]，这个后记是第一篇谈论《子夜》创作思想的。后记说："构思时间却比较长些。1930年夏秋之交，我因为神经衰弱，胃病，目疾，同时并作，足有半年多不能读书作文，于是每天访亲问友，在一些忙人中间鬼混，消磨时光。就在那时候，我有了大规模地描写中国社会现象的企图。后来我的病好些，就时常想实现我这'野心'，到1931年10月，乃整理所得的材料，开始写作。所以此书在构思上，我算是用过一番心的。"这里没有一句谈到当时的中国社会性质论战，更没有谈到为了回答托派而作这个非常重要的事实。这个《后记》是小说第一版后三个月所写并发表的，是创作的最初自述。该《后记》写作之时，已经遵从瞿秋白之建议，把当初吴赵两胜言和的结局修改为赵胜吴败的结局。本文认为这篇《后记》是《子夜》创作思想资源最真实的描述。

茅盾1939年5月下旬在新疆应《新疆日报》之邀请，作了《〈子夜〉是怎样写成的》[②]，在这篇讲演里，茅盾对1932年12月的《后记》作了大大的补充与修正。茅盾在这篇影响很大的《〈子夜〉是怎样写成的》里说："看了当时一些中国社会性质的论文，把我观察得来的材料和他们的理论一对照，更增加了我写小说的兴趣。""这样一部小说，当然提出了许多问题，但我所要回答的，只是一个问题，即是回答了托派的：中国并没有走向资本主义发展的道路，中国在帝国主义的压迫下，是更加殖民地化了。中国民族资产阶级中虽有些法兰西资产阶级性格的人……中国资产阶级的前途是非常暗淡的……中国民族资产阶级的动摇性。当时。他们的出路是两条：（一）投降帝国主义，走向买办化；（二）与封建势力妥协。他们终于走了这两条路。"这里增加的所有问题，都是由中国社会性质论战而派生出来的，中心点在于，"回答了托派"那句话——这句话非常重要，因为

①茅盾：《后记》，《子夜》，开明书店1933年4月版。
②茅盾：《〈子夜〉是怎样写成的》，《新疆日报·绿洲》1939年6月1日。

它成为建国以来茅盾《子夜》主题的概括词，写进了所有的文学史，也成为《子夜》“主题先行”的论据。那么，这里有两个问题，《子夜》的创作是否因为看了论战的文章、要“回答托派”的问题而写？这在第一个《后记》，小说的大纲以及修改过程中看，是不存在的。也就是说，是在小说出版六年后，作者自己加述的。那么，作者为什么会作这个加述呢？

这里有一个理论背景是不能回避的。这里也涉及到的是“半殖民地半封建”概念来源的问题。根据目前的史料来看，有如下问题是必须澄清的：

一是30年代开始，且延续了几年的中国社会性质的论战。论争有“新思潮派”、“动力派”、“新生命派”三派。“新思潮派”以王学文、潘东周、刘梦云（张闻天）、李一氓、吴黎平（吴亮平）、杜鲁人（何干之）等为代表，因主要在《新思潮》杂志发表文章，故名“新思潮派”。该派认为中国是半封建半殖民地社会。另一方由两部分人组成，一部分以严灵峰、任曙等为代表，因文章多登于《动力》杂志，故名“动力派”。“动力派”否定中国的半殖民地半封建社会性质，认为帝国主义入侵破坏了封建经济，推动了资本主义经济发展，中国已是资本主义社会。第三方以陶希圣、周佛海等为代表，因文章多发表于《新生命》月刊，故名“新生命派”。“新生命派”同样否定中国的半殖民地半封建社会性，但认为应建立欧美式的资本主义。这个论战在1937年有了逐步明确的结论：“近代以来中国社会的‘半殖民地半封建’性质，经过几番‘论战’，到1937年已有了一个基本的结论，这体现在前述的何干之的总结性评述之中。1937年，何干之的《中国社会性质问题论战》、《中国社会史问题论战》两书的相继出版向人们表明，经过‘论战’，中国社会的‘半殖民地半封建’性质已被当时进步的社会学家、经济学家、史学家所接受，可以说他们在思想学术上已形成了一个关于中国社会性质的共识。”“作为中共在民主革命时期的理论体系，新民主主义理论的成熟，当以毛泽东等中共领袖人物关于该理论基本观点的系统阐述和正式完整发表为标志。”[①]

二是毛泽东开始公开正式使用这一概念的时间。1938年3月，毛泽东在对抗日军政大学第3期部分学员讲话时即强调说：“中国是半殖民地半封建社会，这是最本质的规律。我们要用这个规律去观察一切事务。”[②]。该年5月，他在名著《论持久战》中谈中国政治形势时说：“我们是一个半殖民地半封建的国家。”[③]

上述前情说明，第一，30年代的论争，作为共识的有明确的“半殖民地半封建”社会结论，是在1937年。第二，毛泽东从1938年3月起，在公开场合，开始正面使用这个概念。这就是茅盾1939年5月下旬作出《〈子夜〉是怎样写成的》讲演的理论前提和事实背景。中国社会性质论争的结论和影响，是在茅盾《子夜》出版起码四年以后。因此，本文认为，30年代的中国社会性质的论争及其回答了托派的说法，不是《子夜》创作时作家的思想资源，这些是后来加述的说法。事实上，就是《〈子夜〉是怎样写成的》这篇创作谈，谈到了《子夜》里中国资产阶级的仍然存在，中国的资本主义仍然存在。就作品《子夜》的艺术描写看，吴荪甫的姻亲杜竹斋这个民族资本家就没有失败，由于在公债市场上转多为空，最终成了赢家。他转向做多，也不能说明他就买办化了，这是资本市场的经济规律使然。

1977年，《再来补充两句》[④]，在1939年5月下旬讲演的基础上，更加强调此观点。因为那正是刚刚剧烈地批判过资产阶级的文化大革命一年以后。“这部小说的写作意图同当时颇为热闹的中国社会性质论战有关。当时参加论战者，大致提出了这样三个论点：（一）中国社会依然是半封建半殖民地的性质；打倒国民党法西斯政权（它是代

①郭若平：《新民主主义理论的学理探源——对“中国社会性质论战”有益成果的吸收》，《中共党史研究》2003年第4期。

②逄先知等主编：《毛泽东年谱（1893—1949）中卷》，中央文献出版社1993年版，第57页。

③《毛泽东选集》第4卷，横排袖珍本，人民出版社1967年版，第416页。

④茅盾：《再来补充几句》，《子夜》，人民文学出版社1977年12月版。

表了帝国主义、大地主、官僚买办资产阶级的利益的），是当前革命的任务；工人、农民是革命的主力；革命领导权必须掌握在共产党手中，这是革命派。（二）认为中国已经走上资本主义道路，反帝、反封建的任务应由中国资产阶级来担任，这是托派。（三）认为中国的民族资产阶级可以在既反对共产党所领导的民族、民主革命运动，也反对官僚买办资产阶级的夹缝中取得生存与发展，从而建立欧美式的资产阶级政权。这是当时一些自称为进步的资产阶级学者的论点。《子夜》通过吴荪甫一伙终于买办化，强烈地驳斥了后二派的谬论。在这一点上，《子夜》的写作意图和实践，算是比较接近的。”这里，茅盾把三派观点作了梳理，谈到吴荪甫一伙“终于买办化”，以印证“驳斥了后二派的谬论”。但茅盾也许疏忽了，吴荪甫正是放弃了“买办化”的动摇后，才与赵伯韬来了个鱼死网破的公债斗法，以致最终惨败的。这又是不能自圆其说的例证之一。

本文的研究证明，市民——资产阶级是茅盾一贯醉心的学术概念，也是茅盾都市文学、资本、金融、产业文学创作的价值取向。这与鲁迅的创作的精神启蒙倾向形成中国现代文学的两极思想资源。《子夜》创作时的思想资源不是茅盾后来加述的“回答托派”的问题，而是茅盾心灵中挥之不去的市民——资本家的现代工商业意识。这不仅是一个理论的问题，更是一个事实的问题。因此，真实研究《子夜》的思想资源及其社会经济基础，而不是从茅盾1939年以后的创作谈、后记中寻找答案，可以是今后茅盾研究的一个新路数。

（选自《茅盾研究》第10辑，中国茅盾研究会编，
文化艺术出版社2006年出版）

茅盾

夏志清

上

虽然自1921年以来出任《小说月报》主编起，沈雁冰即已成为现代中国文坛上的中坚分子，但是他真正脱颖而出，大露锋芒，却在以茅盾为笔名在《小说月报》连载发表（1927至1928）他的三部曲《幻灭》、《动摇》、《追求》之后。与同期作家比较，在他奠定写作事业之前，他在写作技巧和生活经验两方面，均曾痛下苦功。茅盾原籍浙江桐乡，在杭州的一间中学毕业后，即进入国立北京大学就读；三年后，因经济困难而辍学。及后进入上海的商务印书馆当校对，旋即升任编辑。在这成长时期内，他在阅读方面，涉猎甚广，尤爱狄更斯、左拉、莫泊桑、托尔斯泰和契诃夫等名家作品。其后，他主编《小说月报》，得有机会对西洋文学作进一步钻研。[①]他除了每月经常综合报导一些国外文学简讯外，还著文介绍现代文学名家；对波兰、匈牙利、挪威、瑞典以及欧洲其他一些小国的文学，尤为关切。同时，他更在该杂志上发表了一些文学批评文章，讨论中国文学界的当前状况，其中论调鞭辟入里，惜稍嫌局限于自然主义的观点而已。

1923年，茅盾辞去《小说月报》编辑职位，投身政治。他早在1921年加入了共产党，不仅热心参与当时共党的劳工运动和宣传工作，还在上海大学教了一个时期书。这间学校是马克思主义信徒的训

①有关茅盾所受的文学教育经过，可参看他自己写的文章：《谈我的研究》，收在《印象·感想·回忆》内。另外还有一篇《我的小传》（见《文艺月报》1卷1期），记叙他童年和少年的事。

练中心，负责人均为共党著名领袖人物。在北伐期间，他在军队政治部担任宣传工作。汉口易手后，他出任当地《民国日报》的编辑。1927年春天，国共分裂，他亦随即退出政治圈子，在牯岭养病。同年8月初，他搬到上海，约有半年光景，深居简出，埋首著作，同时他也脱离了共产党。根据他个人在北伐期之内及以后的经历，写成他的三部曲。后来三部书汇合起来，总名叫做《蚀》。该书涉及范围极广而写作态度认真，比较起来，那些早期由王统照，张资平和蒋光慈所写作品便黯然失色了。1928年下半年，正在日本度假的茅盾，已在本国被公认为中国当代最杰出的长篇小说家了。

自《蚀》一炮而红后，茅盾跟着写了五个短篇，后来均收在《野蔷薇》这集子里。这五个故事的主人公都是年青的女性，她们均处身在新思潮与旧社会的冲突里面。1929年，他另一出色的长篇小说《虹》又在《小说月报》上连载。此书内容虽然离不了共产主义理论的气味，但其心理描写，却有深度。随着在1931至1932年间，又有两个并无多大价值的中篇：《三人行》和《路》。这是描写当时的学生生活的小说，充满着浓厚的共产主义色彩。他第三部重要的长篇创作是《子夜》（1933）。这书虽然有点冗长沉闷，但是很具气势，不愧为自然主义中的力作。左翼文学批评家一直以此为茅盾的杰作。《多角关系》（1935）写1934年时的金融恐慌，故事发生在上海附近的一个小镇。全书规模比《子夜》小得多。从1928至1937年间，茅盾写的短篇小说，除了《野蔷薇》外，还有三个集子，后来差不多都收在开明书店出版的《茅盾短篇小说集》内，分成两册。……

就以讽刺而言，茅盾在《子夜》的表现可说是完全失败的，因为他对书中资产阶级所表现的轻蔑态度，给人轻飘飘的感觉，看不出一点由衷的憎恨。在《蚀》、《虹》两书里，因为茅盾对中产阶级的态度还拿不定主意的缘故，显示出一种近乎自我折磨的真诚。在《子夜》里他就不同了。他好像站得高高在上，对他笔下的中产阶级分子，不屑一顾，因此，也就难怪这些角色变成舞台上的傀儡，不时打诨取闹，谈情说爱，一无意思。唯一的例外是李玉亭。他不断警告共产党的厉害，可以视为即要无路可走的资产阶级知识分子的代言人。可是那位新诗人范博文、留学生杜新箨、“需要强烈刺激”的张素素、吴荪甫的年轻太太（一脑子充满了从教会学校来的浪漫思想）以及其他较年轻的一群，在整个故事里穿梭着。一点个性都没有，连丑角也不如。

茅盾的讽刺手法，用在头脑封建的角色上是较为成功的。这也许是由于他压根儿就憎恨封建思想的缘故吧。因此这些人物在他笔下都是线条分明的，一点也不含糊，而且通常都收到意想的滑稽效果。就拿那位小镇的老乡绅曾沧海来说罢。他欢迎他那不成材的儿子新任国民党党员时的兴高采烈，以及稍后看见小孙儿在那家传主物（一册《三民主义》）上撒尿时那种惊慌失措相，真令人叫绝。那个变卖所有地产，孤注一掷地将现金投进上海公债市场里去的“海上寓公”冯云卿也写得相当出色。他虽是个出名怕太太（姨太老九）的人，可是一到利害关头时，对自己的亲女儿却毫不怜惜，怂恿她作美人计，勾搭赵伯韬，为的只是要套取公债市场的幕后消息。可惜他的女儿实在笨得可以，她所拿回来的资料，反毁了她父亲。

吴荪甫的老父可能是本书中最显著的封建制度的象征。在《子夜》第一章结尾，他刚抵吴荪甫的公馆，便去世了。由于在家乡里，……的祸乱已迫近眉睫，吴荪甫迫得把父亲及幼妹接到城里居住。可是吴老头和资本主义式的生活始终格格不入。当他生平第一次坐在汽车里在五

夏志清

光十色的上海夜市上飞驰时，他还死命地紧握着《太上感应篇》。由于受不了他的女儿和媳妇身上浓郁的香水味，他竟然在车上晕过去。在封建中国及资本主义中国的强烈对比下，吴老头的死虽嫌夸张，但却是言之成理的。而这本《太上感应篇》，也就在茅盾这本剖析资本主义社会面貌的小说中，成了一个代表封建思想模式的象征。但吴荪甫那位来自乡间的妹妹蕙芳对这本道教经典的态度，却是“若即若离”似的。她不像本书的其他女角：她保留了茅盾早期小说中女角的特有感性。她出身旧礼教家庭，自小接受严格的教导，所以对城市里表兄妹的浪漫生活，一方面感到浓厚的兴趣，一方面又觉得恶心不已。后来由于烦闷到了极点，把心一横，将自己关在房里，默诵《太上感应篇》，呼吸着藏香的清芬。但没多久，她被拉去参加大伙儿的野餐，终于加入了他们浪漫不羁的生活。正当她仍在郊外野餐，玩到兴高采烈时，一场骤雨吹进她的房间，雨水把她过去生活的痕迹也冲走了：

> 五点钟光景，天下雨了。这是斜脚雨。吴公馆里的男女仆人乱纷纷地把朝东的窗都关了起来。四小姐卧房里那一对窗也是受雨的，却没有人去关。雨越下越大，东风很劲，雨点煞煞煞地直洒进那窗洞；窗前桌子上那部名贵的《太上感应篇》浸透了雨水，夹贡纸上的朱丝栏也都开始漶化。宣德香炉是满满的一炉水了，水又溢出来，淌了一桌子，浸蚀那名贵的一束藏香；香又溶化了，变成黄蜡蜡的薄香浆，慢慢地淌到那《太上感应篇》旁边。

引文中那些具体的意象，借用了敬神器具的被污渎来象征旧社会的沦亡，是在证明作者在写作上是有很高的造诣和想象力的。可是由于《子夜》太偏重于自然主义的法则，所以我们很不容易看到茅盾作为一个热诚的艺术家的真面目。他在本书的表现，仅是按照马克思主义的观点给上海画张社会百态图而已。读此书时，我们很容易就发现到书中的人物，几乎可以说都是定了型的，是注定了要受马克思主义者诋毁的那种丑化人物。即使主角吴荪甫（一个颇具粗线条的人物）亦不例外：他的道德面的刻画无法与方罗兰或梅女士相比。不但吴荪甫一个人如此，我们可以说整本书都如此：尽管《子夜》包罗的人物和事件之大之广，乃近代中国小说少见的一本，但它对该社会和人物道德面的探索，却狭窄得很。社会经济的资料，或推而广之，一切为了写小说而收集的资料，都是死的、本身无用的——除非那位收集这种资料的小说家能够运用有创造性的想象力组合这些资料，使其"活"起来。茅盾在《子夜》内却没有这样做：他把共产主义的正统批评方法因利乘便地借用过来，代替了自己的思想和看法。

由于出色的现代中国小说不多，《子夜》也因此在现代中国重要的小说中，占了一个地位。我们在上面说它是失败之作，乃是以茅盾过去的成就和可能的成就来衡量它的缘故。茅盾的野心——要给中国社会来一个全盘的检讨——说明了一点：作者愈来愈"科学"（马克思主义式的和自然主义式的）了。在他以后的创作生命中，除了偶尔一两个例外，他再也摆不脱这个迷障。

茅盾不但是个重要的小说家，而且还是著作极丰的文人，写了很多散文、评论、文学和政治报导等等。在《速写与随笔》及《印象、感想、回忆》两部集子里面的文章，大多为急就章；所以论体裁和匠心，均难与周作人和鲁迅的作品相抗衡。然而，作为一个文学批评家，茅盾对现代中国文学创作，一直关怀备至。就像他早期的一篇代表作《自然主义与现代中国小说》，对传统小说的没落，以及新派小说中温情的泛滥，有清晰的评论。又如前面提到过的两篇为自己作品辩护的文章，《从牯岭到东京》及《读〈倪焕之〉》，我们可以看到他对普罗文学中那种"标语口号"感到不耐烦，而宁选小资产阶级中的小人物作为写作素材。当然，这两篇文章的论调不离共产主义色彩，但话却说得中肯有力。从30年代早期开始，虽然茅盾一直跟随着……路线走，但直到中日战争爆发为止，他还是从事当代文学批评最有眼光的一位。论文学研究会诸会员作家的那几篇文章写得最见功力，论点中肯，读来亲切近人。[1]

茅盾所写的短篇小说，范围几乎涉及当时国人生活的每一层面。《野蔷薇》这集子的格调与《蚀》相仿，描述年青的一代，在和丑恶的现实争斗下，那种动荡不安和愤怒的情绪。在《创造》这一篇里，当女主角发觉她坚信的社会主义立场，与她那爱舞文弄墨、附庸风雅的丈夫兼导师在思想上有很大的分歧时，觉得除了离开他外，别无他途。这正与《自杀》的女主角成一强烈对比。后者和一个革命青年有染，后来发现自己怀了孕，竟在羞愧交集下，结束自己的生命。这因为她是个守旧的女孩子，在思想上，没有前进到有勇气面对社会的非议。另一个短篇小说《一个女性》，描述一个镇里的小家碧玉，家道中落以后，发觉以前那班对她献尽殷勤的追求者，而今竟以白眼相看。这个转变，使她对男人的厌恶变为明显的憎恨。这些收在《野蔷薇》集子里的故事，其主题和思想，在那个时代说来虽然不算稀奇，但均能表现出茅盾早期作品的特色——绚烂中带有哀伤。

30年代早期，左翼作家揭橥社会主义现实文学后，茅盾便将笔锋转向在国民党压迫下的农民及小店主。当时他所写的一些无产阶级的小说，虽则比同类其他作家的作品高明得多，但同样没有克服写这类小说的基本困难：即是如何写出穷人所受到的迫害而不把他们写成仅是无情命运的牺牲品。无产阶级的文艺作品中。常将社会的罪恶渲染到绝非人力所能抗拒的程度，因而故事中的悲剧性便绝不能成立。除非借助于群众反叛或暴乱等老套手法，不然，一个无产阶级的作家对于社会的罪恶，只能加以暴露或喊喊抗议罢了。他无法写进一些更有意义、更值得玩味的人类行为。在《林家铺子》里，我们看出茅盾卖尽气力地去描写一家人，在恶势力下过着痛苦的日子，但不幸的是，除了同情局中人的悲惨处境外，我们看不出故事还有甚么其他深刻的道德意义。尽管茅盾成功地刻画了林氏一家如何在国民党“压迫”下

---

①茅盾论落华生、冰心和王鲁彦的文章收在《作家论》一书内。另外还可参看他为《中国新文学大系》小说一集所写的导言，里面对文学研究会各小说家作了评介。

显得那么纯良可亲，但故事受了先天限制，难免显得浅薄。

唯一接近摆脱无产阶级文学传统束缚的短篇小说就是《春蚕》了。这不但是茅盾的杰作，同时也是无产阶级小说中出类拔萃的一本代表作。在一个普通的养蚕季节里，农民老通宝和他的客人悉心照料他们的丝蚕，四出奔走去找足够的桑叶给它们吃，结果蚕茧收成甚丰。可是真是人算不如天算，“一·二八”事变爆发，迫使大部分的丝厂关门，使蚕茧顿告供过于求。在无可奈何之下，他们只好把收成贱价而沽。几个月来的辛劳与焦虑，获不到丝毫的结果。

《春蚕》是共产党对当时中国形势的注释：它披露在帝国主义的侵凌及旧式社会的剥削下农村经济崩溃的面貌。而这故事之屡获好评，也正为此缘故。可是这个“标准”的解释，并没有真正道出这故事成功的地方和它吸引人的地方。整个故事给人的印象是：茅盾几乎不自觉地歌颂劳动分子的尊严。用中国传统的方法来殖蚕，是一个古老而粗陋的方法，需要爱心、忍耐和虔诚。整个过程就像一种宗教的仪式。茅盾很巧妙地表达出这股虔诚，并将这种精神注入那一家人的身上。这种精神在老头子通宝身上显得最特出。他们那种敬天畏神的观念，加上那股勤奋坚毅的精神，正代表中国农民固有的美德。虽然茅盾原来的意思在排除这种封建心理，但由于他笔下那些善良的农民，那种安于世代相传的工作的情形是如此的亲切感人，这篇原意似在宣扬共产主义的小说，反变而为人性尊严的赞美诗了。

茅盾似乎不满《春蚕》主题的模糊，故接着又写了一续篇《秋收》来强调他的马克思主义思想。丝蚕季节过去后，老通宝害了一场大病，变得“连骨头都生锈了”。虽然生活日益穷困，却改不了他那诚实、勤恳的性格。当他获悉他的幼子多多头随着其他农民去抢米囤时，心中的惊惶，难以言语。夏天来了，他再次率领家人种田去，虽然受尽了旱灾和负债累累的威胁，毕竟收成美满。然而，不出所料的，米价剧跌，整个夏天的辛劳反而使他们更接近饥荒边缘。

……

自《虹》后，我们可以从《秋收》，《子夜》及其他的作品中，看出茅盾对中国问题的看法，一直是本着马克思主义的立场。老通宝一生务农，到死时不得不唾弃自己过往的观念，接受了多多头（他代表了一切对阶级观念有新认识的“前进”叛徒）的“觉悟立场”。本来，预言农村革命得到成功，是左翼作家的惯调，茅盾也不能例外。所不同者是：由于他对事实及历史认识较深，故相较起来，他没有一般左派作家浅薄，也没有像他们一样陶醉于革命必胜的自我催眠调子中。……

下

抗战期间，茅盾毫无疑问是左翼作家中的首席小说家。他得以保持这一地位，主要因为是住在香港和国府统治地区，可以不管……指令，继续写他小资产阶级的小说，捕捉小资产阶级的良知。他这一期间的小说，都是在1942年底以前完成的，包括《第一阶段的故事》、《腐蚀》、《霜叶红似二月花》等。自从1942年秋他从桂林迁居重庆以后，他便参加了郭沫若主持的文化工作委员会，至抗战胜利为止，除去《清明前后》这部话剧①外，甚少创作问世。

---

①茅盾在抗战期间，生活颇为动荡不安。上海沦陷后，他长途跋涉，转自香港到长沙，然后再去武汉。在那里，他和朋友合办了一份杂志，叫做《文艺阵地》。当他们决定将杂志移往广州时，茅盾在1938年2月，亲自到广州去了一趟，不过他随即移居香港，主编《立报》副刊。1938年底，新疆有一家大学请他出任教务长，他在那里住了一年。1940年5月，他离开新疆，前往延安，在鲁迅艺术学院，讲学了一小段时期。不过同年的10月，他又到了重庆。1941年春季，随着新四军事件的发生，他离开了战时的陪都，再赴香港，一直到珍珠港事变为止。1942年春季，他自香港逃往桂林，九个月后，他又在重庆定居下来，读者如有兴趣进一步研究茅盾在战时的生活，请参考叶子铭《论茅盾四十年的文学道路》，第136—158页。《第一阶段的故事》系茅盾第一次逗留香港时写成，1938年在《立报》连载，1945年在重庆初版出书。《腐蚀》是1941年夏天，茅盾二度滞留香港时写成，同年在香港的一份杂志《大众生活》上连载，《霜叶红似二月花》脱稿于1942年的桂林，据说作者是为了筹措前往重庆的旅费而写的，1943年由桂林华一书局出版。以上资料，系根据1958年出版的《茅盾文集》第四卷至第六卷，关于上述几本小说的写作时间、初版日期，一直等到这部《文集》问世后，方才正式厘定清楚；晚近文学史家，如王瑶、刘绶松、曹聚仁等，悉以为《霜叶红似二月花》写在《腐蚀》之前。

在《腐蚀》（这是一本为……批评家吹捧为暴露国民党腐败的小说）中，茅盾从新回到他一贯采用的手法——通过女性的触觉，来反映罪恶。女主角赵惠明是国民党派驻重庆的女特务。她现年二十四岁，非常漂亮，但已历尽沧桑，看够了人生的丑恶。从她早年的理想主义，逐渐退缩到虚无的立场，随波逐流，不过在一群面目可憎的同事之间，她仍会觉得余忿不平。她经常责备自己"不够卑鄙，不够无耻，不够阴险"。在她晚间写下的日记里，她常常思念她初恋时的情人，以及好多年前，她抛弃掉的一个婴儿（是另一情人负心的结果）。有一次，她套取一个囚禁中的共产党员的口供，那人恰好便是她初恋时的情人。他拒绝供出同志们的姓名和地址，终于被判死刑。而她的良知也因此觉醒过来。

惠明又被派往大学生中工作。她和一个女大学生很要好，这人也是接受特务津贴的。为了不愿意目睹这个初出茅庐的女特务重蹈她的覆辙，惠明协助她逃脱了特务的控制。不过这样一来，她自己却遭到了不测。她的日记——那也是小说的一大部分——到这里突告中断。

《腐蚀》是一本写得很糟的书，风格不统一，日记的形式也处理得不适切。无论是女主角的回忆，或者日记所载的日常琐事，均引不起读者的兴趣。为了使小说浸淫在一种腐蚀的气氛中，茅盾经常提起有毒的昆虫，贪婪的野兽，害人的妖魔鬼怪。不过这对全书没有什么帮助。书中的意象始终很肤浅。这种手法只是为了加重宣传的气味而已。像下面的一段，便可以看出，作者如何把女主角的情绪跟动物意象结合在一起：

1月11日[1941年]

昨天到"城里"走了一趟，觉得空气若隐若现有股特别的味儿。这是什么东西在腐烂的期间常常会发生的臭气，但是带着血腥的味儿；如果要找一个相当的名称，我以为应该是"尸臭"二字。

如果说是我的错觉，我不承认。那么，也许是我的敏感罢。

哼，一个饱经变故，在牛鬼蛇神中间混了这么久的女子，她的感觉自然是锐敏的；人家在玩什么把戏。她说不上来，但是她感觉到那空气，而且隐约的辨出“风”从哪里来，十之八九没有错误。

大风暴之前，一定有闷热。各式各样的毒蚊，满身带着传染病菌的金头苍蝇，张网在暗陬的蜘蛛，伏在屋角的壁虎。嗡嗡地满天飞舞，嗤嗤地爬行嘶叫，一齐出动，世界是它们的。

但是使我暗暗吃惊的，倒是我自己的冷漠的心境。好像我不是此世界的人，一切都与我无关似的。近来我常常如此。这不是应该的罢？好，谁说是应该的呢？然而，在这世界上，剩给我的，还有什么？敢问！

当我们读到这一段，不免怀疑，女主角有关邪恶的预感，是否和那时代发生的事件有关。日记上的日期——1941年正月11日——是一个重要的关键。就在这段时期，新四军在将领叶挺的指挥下，在安徽受到国民党军队的围剿，结果全部被缴械。腐烂的气味自然是指国民党的腐化，至于血肉的腥味，应当是和共产党遇到的灾难有关。“风暴前，天气一定是闷热的。”风暴就是共产党在中国掀起的全面革命：蚊、蝇、蜘蛛和壁虎，在风暴之前的狂歌和狞笑，当然是指那些支持国民党政府的、当时正意气风发的分子。这样看来，《腐蚀》一方面哀悼了新四军被剿的下场，另一方面又预言了共产党的最后胜利。

《腐蚀》虽然很少指名道姓的把实际事件说出来（那是因为害怕受到检查的麻烦），这本小说无疑是抗议国民党出卖友党而写的。就安排女主角和南京伪政府派往重庆的特务发生联系一事来看，我们又不难听到茅盾的弦外之音，那便是：新四军被缴械，是重庆政府和南京伪政府合作干出来的勾当。

从《腐蚀》到《霜叶红似二月花》，我们总算在一场党派政治的恶斗过后，呼吸到一点春天景色的清新之气。《霜叶红似二月花》

是茅盾准备重写的三部曲中的第一部，故事发生在1926年的一座小城里，那儿的人尚未听过“共产主义”这回事。毋庸置疑，完成后的三部曲，小说的“视景”，必定会改变过来。鉴于作者的政治思想倾向，我们很容易看得出共产党的知识分子和煽动家，将在第二部和第三部内，担任重要角色。甚至于书名——故意错引了晚唐诗人杜牧的一句诗——也预示了这种结果。根据茅盾在小说重版《后记》[①]所说，农历二月早春的红花是象征真正的革命者，霜叶（在霜下的枫叶）是伪革命者，这些人经过1927年的清党事件后，不是感到幻灭，便是成为反革命分子。三部曲中未完成的部分一定会指出，在反革命的重霜下，枫叶一定会红似二月花，然而只有真正的共产主义者，最后才会开花结果。

在预定的三部曲里，第一部追溯自由理想主义者和传统的封建主义者的冲突，刚抬头的民族资本主义，和闭塞的地主经济的斗争。小说中，有一个角色称呼共产党领袖陈独秀为陈毒蝎，不过陈的教义，其全部影响力，此时尚没有为人觉察到。尽管和40年代的中国背景还很吻合，小说的主题，和共党的夺权斗争并没有什么大痛痒，茅盾因此得以不拘泥于自己担上的公开宣传任务，放开手去发展书中的情节和人物，其成就堪与《虹》和《蚀》最好的部分相比拟。而在这本小说中，我们可看到茅盾惊人潜力的复苏。如果茅盾能够继续抱持这种同情的距离，来完成三部曲的话，基于第一部中的小镇背景，某些主角受到挫折的理想主义和有心改良社会的一腔热诚，以及几对怨偶间的紧张状态，整个作品也许可以写成一部中国版的《密多马区》（Middlemarch）。不过，随着共产中国文艺氛围的改变，茅盾如果继续这样写第二，第三部的话，未免太笨，而《霜叶红似二月花》遂永远成为一块精彩的片断了。

因为这一部作品没有写完，有一些微妙的家庭纠纷，没有得到适当的戏剧性的解决。我们所知道的有关恂如和妻子之间，和他姊姊之

①请参阅《新版后记》，《茅盾文集》第6卷，第255—259页。

间，以及婉卿和她丈夫之间的关系很能引人入胜。但是却掌握不住足够的事实，来预言各种纠葛可能导致的结果。当小说发展到后半部，钱良材逐渐演变成为主角；不过，我们有理由相信，他的表亲在续集中也将扮演同样重要的角色。在一次水灾里，王伯申让他的轮船冲到稻田里去，冲破了堰坝。钱良材挺身而出，一方面阻挡了王伯申的阴谋，一方面又组织起农民来，修葺断坝，抢救余稻。不过使他愤怒的是全镇居民的淡漠和农民的糊涂，对他要反抗的是什么，一无所知。钱良材在自己的工作里，找不到丝毫乐趣，只有默默记取他继父的话："君子直道而行，但求心之所安，人家怎么想，不理可也。"[①]作为一个积极的改良者，而又到处碰壁，钱良材像《密多马区》中的笠德盖医生（Lydgate），一个充满了勇气和人性的角色。另一处令人激赏的地方，是作者刻画农民的愚昧和固执，既不太过滑稽，也不过惹人同情。这种写实的特质，笼罩了书中每一件事，使《霜叶红似二月花》一书尽管并不完整却充满了真实感。全书对于中国人家庭中的复杂性，亦作了彻底又亲切的窥探。同时又怀旧式地重现了三十年前各种重要课题和冲突，当然，这种种问题目前已因共产主义的得势而不存在了。

胜利以后，茅盾没有什么创作问世。他的新小说《锻炼》，在香港的一张报纸上，连载了一段极短的时间，便停了。然后他又出版了一本短篇小说集《委屈》：包括五篇在抗战后期写成的小说。1946间，他到苏联去访问过一次，回国后，在香港居住，主编一种名叫《小说月刊》的杂志。1949年，他出任北京政府的文化部长，作家协会会长，又在郭沫若之下，担任了全国文艺工作者协会副主席，此外，他又担任了很多半官方和名誉性的职位。1953年之前，他是《人民文学》的总编辑；在英文的《中国文学》（Chinese Literature）月刊,他也曾长期当主编。该杂志专门翻译中国古典文学和现代文学，以及左翼的文艺理论和创作等。

---

①《霜叶红似二月花》，华东书局1947年版，第214页。

茅盾祝贺《文成公主》演出成功

茅盾在大陆，发表了很多文章和演说，重申毛泽东的文艺路线，不过自己却聪明得很，不再发表任何文艺创作。在1951年一本选集的序言中，他承认了他的重要作品里，犯了不遵照“毛泽东路线”的谬误。选集里，除了《春蚕》和《林家铺子》外，他只重印了两篇没有什么文学价值的旅游杂感：一篇《劫后拾遗》记述珍珠港事变后他如何逃离香港，另一篇是《苏联见闻录》。1958—1961年间，《茅盾文集》问世，凡九册，小说收集得尚完整。

（选自《中国现代小说史》，夏志清著，
香港友联出版社有限公司1979年7月版。上篇为该书第六章，
谭松寿译，下篇为该书第十四章的第一部分，水晶译。有删节。）

关于茅盾的《子夜》

李牧

在左翼文坛中，茅盾的小说，评价甚高。他原是从事翻译工作的，所以动手创作比较晚。最早的一部小说，应该是他的“三部曲”（这个包括《幻灭》、《动摇》、《追求》三个中篇构成的集子），是在民国十六年之间完成的，也是他在牯岭养病时期所撰写的。自此，他便走上了“职业的写作者这条路”。

当他的“三部曲”问世后，迅即遭到左翼文人蒋光赤和钱杏邨等人的强烈抨击，说它缺乏无产阶级的意识，只是表现了知识青年颓废享乐的情调。于是他在游历日本之时，写下了《从牯岭到东京》一文，以说明自己“革命文学”的主张，及写作“三部曲”的态度。因而引起一场论战。其实，茅盾写这“三部曲”的时候，思想已显著左倾，左派攻击他，无非是一种“统战”的运用，然后再用他的作品去“统战”读者。左派果然成功了，读了他的《子夜》便清楚地见出茅盾思想的“推进”。诚如郑学稼先生所说：

> 《子夜》是一部政治小说，使既定路线小说化的小说。它用“子夜”暗示：黑暗将成过去，太阳即将出来，它胜过一万张传单和标语。因为这部高超的“标语口号”化的小说，为当日的左派说所欲说的，写所欲写的；骂所欲骂的①！

就是左派自己，也认为“《子夜》是本时期的重要收获，是继

①郑学稼：《从文学革命到革文学的命》。

鲁迅《阿Q正传》之后出现的一部杰出的现实主义巨著”。因为这一部以上海为背景所展开的长篇小说，主要在揭示金融界的巨头怎样地倾力于公债的投机，忘却了对民族工业的发展；在帝国主义的压迫之下，也无力发展民族工业，只有加强对工业群众的剥削，于是，在都市中，便导致工人的罢工，在农村里，便迫使农民暴动。循着前述的要旨，作者藉着塑造的各类人物，推演出许多错综复杂的情节，使读者深深地觉得：中国的民族资产阶级，在“帝国主义”与“封建势力”的夹攻中，必然要败落；要救中国的贫困，要救中国的危亡，要改革中国的社会，只有那“真正为工农利益而斗争的共产党”。这是一个多么迷惑读者的故事，欺弄读者的小说。难怪瞿秋白也要如此称赞地说：

> 这是中国第一部写实主义的成功的长篇小说。带着很明显的左拉的影响（左拉的“Largent”——金钱）。自然，它还有许多缺点，甚至于错误，然而应用真正的社会科学，在文艺上表现中国的社会关系和阶级关系，在《子夜》不能够不说是很大的成绩。茅盾不是左拉，他至少已经没有左拉那种蒲鲁东主义的蠢话①。

《子夜》的序幕一启开便是中国民族工业家，而脸有着许多小疤的“大亨”吴荪甫，他领着亲属，率着保镖分坐着“三辆1930年式的雪铁笼汽车像闪电一般”地朝北苏州河驶去，去迎接三十年前是“顶括括的维新党”，而“二十五年来除《太上感应篇》”之外，“不曾经验过书斋以外的人生”的吴老太爷。而他之来到这个“十里洋场”，是为了躲避乡间共党的骚乱。可是，这位与世隔绝的老人，却受不了噪声的喧扰，香水的袭击，再加上周围那许多“高耸的乳峰”，使他一到了儿子的邸宅，便倒卧不醒了。

①瞿秋白：《〈子夜〉与国货年》。

藉着吴府的丧事，作者又勾画了一大堆群像：出身名门的吴少奶奶，为着家庭的变故，从《仲夏夜的梦》中醒来，投入“大亨”吴荪甫的怀中，但是，她并没有因温暖的享乐生活而忘记旧时旧情人，那位因情场失意而进黄埔军校，嗣因战功而升至参谋的雷鸣，因而，在客厅中有那么的“偶然一吻”。吴少奶奶的妹妹佩珊，也是个极摩登的小姐，正和表兄范博文在酝酿着爱的酵母。但是，跟随吴老太爷来沪的四小姐蕙芳，却又私恋着范博文。而蕙芳二姊——芙芳——的先生杜竹斋，则是个惟利是从的贪欲者，作为吴老太爷的表妹张素素，时髦头上加上“左倾”但却是一个见到“示威”就逃避的摩登女郎。而这些“肉”与“欲”的追逐者，是作者苦心勾绘的形象，也是作者鄙视的社会渣滓。

在客厅的另一角，却不断散出“公债”“买卖”的声浪。这之间，有太平洋轮船公司总经理，创办皖北长途汽车，主张由实业界联合办银行的孙吉人；有光大火柴厂老板，绰号“红头火柴”的周仲伟；有大兴煤矿公司总经理王和甫；有五云织绸厂老板陈君宜；丝厂老板朱吟秋。而这些群像之中，除了王和甫之外，都是各怀鬼胎来吊丧的：如果他们得不到吴三爷吴荪甫的救援，就会因周转不灵而要宣告破产。但最可怜，最悲惨的，还是那个靠“高利贷剥削农民”起家来到上海做寓公的冯云卿，为着公债投机的失败，不得不把自己女儿眉卿的“原生货”献给公债大王的赵伯韬。

正当前述人物在死人面前说笑，在棺材跟前跳舞的时候，而那些饱受他州“剥削”“压迫”的工农群众，已分别在工厂进行怠工罢工，在农村展开骚动暴动……结果，是红军的来到，以“工农群众利益为前提”的共产党的胜利。

很显然，作者此种刻意的安排描绘，无一不是迎合当时中共的政策要求。《子夜》不但是一部“政治小说”而且是一部最标准，最有力的“政治小说”。当时的茅盾，虽然具有比较优越的创作素养，却因受着前述“宣传”与“统战”的前提限制，并不能算是一部很成功的作品。就以当时左翼所办的“无产阶级的革命文学”观察来看，瞿秋白固然已指出“它还有许多缺点，甚至于错误”，而作者自己也这样“坦诚”地检讨：

这一部小说写的是三个方面：买办金融资本家，反动的工业资本家，革命运动者及工人群众。三者之中，前两者是直接观察了其人与其事的，后一者则仅凭“第二手”的材料——即身与其事者乃至第三者的口述。这样的题材的来源，就使得这部小说的描写买办金融资本家和反动工业资本家的部分比较生动真实，而描写革命运动者及工人群众的部分则差得多了。但最大的毛病还在于：一、这部小说虽然企图分析并批判那时的城市革命工作，而结果是分析与批判都不深入；二、这部小说又未能表现出那时候整个革命形势。……《子夜》的写作过程给我一个深刻的教训：由于我们生长在旧社会中，故凭观察亦就可以描写旧社会的人物，但要描写斗争的工人群众，则首先你必须在他们中间生活过，否则，不论你的“第二手”材料如何多而且好，你还是不能写得有血有肉①。

复据作者在其《子夜》书后所附的《后记》，说“《子夜》十几章，始作于1931年10月，至1932年12月5日脱稿；其间因病、因事、因上海战事、因天热，作而复辍”，所以“仓卒成书，未遑细细推敲”，因而“本书就成为现在的样子——偏重于都市生活的描写”②。言下之意，颇有将这部作品缺失归咎于病，归咎于战争。其实任何一位高明的作者来创作这部小说，也不一定能写好。虽然不是一部成功的名著，但就宣传与统战的作用言，中共应该为茅盾庆功，为茅盾加冕。

（选自《三十年代文艺论》，李牧著，台北黎明文化事业股份有限公司1973年版。题目系编者所加，引注略有变动）

---

①《茅盾选集》自序，开明书店1932年4月版。
②《子夜》后记，开明书店1932年4月版。

茅盾的《子夜》

司马长风

茅盾原名沈德鸿，别名沈雁冰，另有笔名玄珠，郎损，德洪，东方未明等；浙江宁海人。1914（十八岁）卒业于杭州安定中学，入北京大学预科，1920年辍学，同年与郑振铎进入商务印书馆工作，1931年1月起主编《小说月报》，1925年参加国民党，北伐时曾主编武汉《民国日报》。1927年宁汉分裂，因左倾被缉，逃亡日本，旋返上海。他与鲁迅曾同被《创造社》、《太阳社》左派作家围攻，并同在1930年参加"左翼作家联盟"，但他始终与鲁迅站在一起，成为后期"左联"的反对派。1949年后曾出任"文化部长"高官，现仍居北京。

茅盾也是多产的小说家，他自1927年下半年到抗日战争前夕，出版的中长篇小说集有《蚀》（《追求》、《动摇》、《幻灭》）、《虹》、《三人行》、《路》、《子夜》、《春蚕》等，其中以《蚀》和《子夜》最受文坛重视。《子夜》且被推举为30年代的代表作，其实这只是一种不负责任的浮夸，直到今天没有一个文学史家敢于深入剖判这部小说。其实这部小说，在30年代当时，也并没有获得内行人的好评，在这里介绍一下鲁迅和朱自清的评论。

前面已说过，鲁迅是茅盾的挚友，他对《子夜》的品评应该绝无恶意和偏见，但是批评并不好。试看鲁迅在致吴渤的信中谈《子夜》的一段话：

> ……诚然如来信所说，现在也无更好的长篇作品，这只是作用于知识阶级的作品而已。能够更永久的东西也举不出。

言外之意很是明显，因为当时没有更好的长篇小说，也只有《子夜》还像长篇小说，但并非可永久流传的作品。

朱自清人所共知是“温柔敦厚”的君子，他所写文学批评向来含而不露，可是对《子夜》却说了许多坦白话；

> （1）书中以“父与子”的冲突开始，便是封建道德与资本主义的道德的冲突。但作者将吴荪甫的老太爷，写得那么不经事，一到上海，便让上海给气死了，未免干脆得不近情理。再则这一章的主旨所谓“父与子”的冲突与全书也无甚关涉，揣想作者所以如此开端，大约只是为了结构的方便，接着便可以借着吴太爷的大殓好同时介绍全书各方面的人物。这未免太取巧了些。

笔者读《子夜》时与朱自清同感。吴荪甫的老太爷，曾经是革新派的士人，当然在都市里有过生活经验，岂能一到上海看见女人抹口红、烫头发就当天气死了呢？因此这部书一开头，就使人苦涩难咽，读不下去了。

> （2）吴荪甫的家庭和来往的青年男女客人，也是书中重要的点缀，东一鳞西一爪的。这些人大抵得闲，做诗，做爱，高谈政治经济，唱歌，打牌，甚至练镖，看太上感应篇等等，……。作者写这些人，也都各具面目，但太简单了，好像只钩了个轮廓就算了，如吴少奶奶，她的妹妹，四小姐，何萱，杜学诗，李玉亭等。

出场人物多而杂乱，刻画潦草，完全没有贴切的安排，是《子夜》另一大毛病。

朱自清认为《子夜》可取之处在于若干超脱政治要求的忠实描写：

> （3）……但书中只写厂方如何利用工人，以及黄色工会中

人的倾轧。也写工人运动，但他们的力量似乎很薄弱，一次次都失败了，不足以动摇大局。或者有人觉得作者笔下的工人太软弱些，但他也许不愿铺张扬厉。他在《我们这文坛》一文（《东方杂志》三十卷一号）里说：

我们也唾弃那些印板式的“新偶像主义”——对于群众行动的盲目而无批评的赞颂与崇拜。

他大约只愿意照眼睛所看的实在情形写；也只有这样才教人相信，才教人细想。

《子夜》在若干情节上，忠于自然主义的客观描写，不理会是否有伤工人阶级的尊严，这是本书可取的表现之一，但这并不能抵消政治骑在文学头上所造成的致命伤。茅盾为人诚笃，爱说老实话，试看他自道写作《子夜》的经过：

在我病好了的时候，正是中国革命转向新的阶段，中国社会性质论战进行得激烈的时候，我那时打算用小说的形式写。出以下的三方面：（一）民族工业在帝国主义经济侵略的压迫下，在世界经济恐慌的影响下，在农村破产的环境下，为要自保，使用更加残酷的手段加紧对工人阶级的剥削；（二）因此引起了工人阶级的经济的政治斗争；（三）当时的南北大战，农村经济破产以及农民暴动又加深了民族工业的恐慌。

这一段话，如果不特别标明是谈《子夜》写作经过的，人们会直觉是马克思《资本论》中的片断。这样的写作动机，距文学十万八千里，怎么会写出优秀的小说来？

茅盾的小说远不如其人可赏。他是笃行所信的人，他真正做到“为人生而艺术”，他尝说：

我所能自信的，只有两点：一未尝敢粗制滥造；二未尝要为创作而创作——换言之，未尝敢忘记了文学的社会意义。

读过茅盾小说的人都会相信，他确未曾粗制滥造，他每一字每一句都用了千钧之力，可是由于才力太弱，“社会”要求太重，致文学往往被压扁压死，《子夜》是最好的证明，这是无可奈何的事情。

尽管这样，《子夜》仍不失为30年代的名著：第一，它是最早的一部有规模的长篇巨著，那勇气和毅力都是可赞赏的；第二，他以民族工业巨子吴荪甫为枢轴，以上海的一角为横断面，把复杂万端的人物、情节，包括中原大战、30年代世界经济恐慌投射在中国的阴影，以及买办、投机者、军官、知识分子、资本家、工人等一并浓缩在为时约两个月的生活动态里，这实是野心的有创意的构想。《子夜》的失败也可说败在野心太大；第三，抛开艺术水准不谈，从世界的声望和影响来看，《子夜》也是一部不可忽略的长篇小说。

（选自《中国新文学史》中卷，司马长风著，
昭明出版社1976年3月出版）

由入迷至失望：茅盾与尼采（1920—1921）

【斯洛伐克】高利克

我有一篇文章谈1918至1925年间尼采思想之输入中国及其没落，于1971年发表[①]，在此前后，中华世界（大多在台湾，近二十年来在中国大陆）以及海外从各个方面对尼采的生平及著作进行研究的文章，有几百篇之多[②]；其中茅盾（1896—1981）有些被忽视[③]，鲁迅（1881—1936）和李石岑（1892—1935）则受到极大的注意。

一

茅盾有一篇文章不大为人所知，至今仍然默默无闻，这就是《尼采的学说》，发表于1920年的上半年[④]。

前一年即1919年，在茅盾的创作生涯中是属于最多产的一年。他的内心有一种要求，愿意成为为人类谋利益的"完人"，因而精神振奋，废寝忘食地工作：写作，翻译，出版，内容涉及教育、妇女问题、哲学和政治学等方面[⑤]。

1919年，中国知识界的形势发生了新的转折。五四运动开始之前

---

①高利克：《尼采在中国（1918—19350）》，《东亚自然与人类学学会通讯》1971年。

②见芬德逊：《尼采与中国篇目》，1986年再版，《东亚研究博库默年鉴》1987年，及其《尼采与中国篇目补编》，同上书，1991年。另张剑贻：《尼采在中国（1904—1992）》，载《书目详解》（国立澳大利亚大学，1992年）。

③参见张剑贻上述一文。

④《学生杂志》，1920年1—4月号，署名"雁冰"。

⑤唐金海等：《茅盾年谱》，上册，第68—79页。

数天（准确地说是3月30日），杜威抵达上海。这位年已六十的“洋圣人”受到了“热烈的欢迎”[①]。同年10月20日，祝贺他的生日与纪念中国的孔子2470年诞辰一同举行[②]。杜威的实用主义哲学在极短的时间内赢得了中国年轻的教授和大学生的欢心。《新青年》杂志上发表实用主义的宣言，其中写道：“我们相信，提倡自然科学和实验哲学，破除迷信和妄想，对于社会进步是十分必要的。”[③]

在这篇实用主义宣言发表后不到一个月，尼采思想即进入中国（具体时间是1920年1月5日），但缺乏现代的反权威的性质。我认为茅盾开始写作《尼采的学说》一文是在上述那篇宣言发表之后不久，否则，他的这篇篇幅最长的文章对“政治学、伦理学、科学、艺术、宗教和教育”[④]各方面研究中的实用主义观点，大概就不会强调得这么厉害。我们知道，在这篇文章发表以后，茅盾的立场有所改变。他否定杜威的经验主义和以文化改良代替政治革命。他之所以这样做，是受到陈独秀（1879—1942）的影响。他是在那一年的年初在上海

尼采

①②凯南：《杜威的实验主义在中国》，《共和国早期的教育改革与政治权力》，哈佛大学出版社1977年版，第10页。

③周策纵：《五四运动，现代中国知识界的革命》，斯坦福大学出版社1987年版，第175页。

④同上书，并《尼采的学说》全文。

的法租界见到陈独秀，并成了陈的忠实的追随者的[①]。茅盾对于克鲁泡特金和巴枯宁的无政府主义[②]、美国的工团主义组织世界产业工人联盟（IWW）[③]、罗素的《自由之路：社会主义、无政府主义和工团主义》一书等等的关注，甚至对于"正统的"或者马克思主义的"国家社会主义"所持的批判的态度[④]，在1919年下半年以及1920年年初，对陈独秀来说必定是非常相投合的[⑤]。

茅盾研究尼采的生平和著作，最重要的材料是安东尼·卢多维奇的一本小册子，名为《尼采，生平及著作》，1910年出版[⑦]。茅盾阅读并翻译了一部分，作了一些清理和评论之后，认定尼采是属于光明的未来的真正的哲学家，而光明的未来正是茅盾的理想。由于他对无政府主义抱有好感（虽然尼采在政治上并不是无政府主义者），凭借着工具主义的方法论的指导，开始记下先前阅读尼采著作的几种英译本（均为奥斯卡·列维印行）、卢多维奇的专论以及三本别的学术著作和通俗小册子（哈拉尔·赫夫廷《现代哲学家》，弗兰克·蒂莱《哲学史》以及罗杰《大学哲学史》）时所得到的印象。他也阅读新近发表的有关德国国内在第一次世界大战以后对尼采的兴趣逐渐衰退、而对马克思的兴趣日益增长的文章[⑧]，他的笔下变得谨慎起来。尽管他对超人是支持的，却开始谨慎地研究主子的道德和奴才的道德。他宣称，"如果我们从总体上来看"，那么它们真正是绝对精彩，无与伦比，是具有发展的潜力的。但另一方面，这并不意味着它

---

①茅盾：《我走过的道路》，上册，1981年，第169—170页。

②《尼采的学说》；另茅盾所译罗素《自由之路》第二章"巴枯宁与无政府主义"，第32—35页，另载《东方杂志》1920年1月，第57—64页；2月，第60—67页。

③茅盾：《IWW的研究》，载《解放与改造》1920年4、5月。

④《尼采的学说》。

⑤李非攻（译音）：《陈独秀，中国共产党的创始人》，普林斯顿大学出版社1983年版，第144—156页。

⑥伦敦康斯特勃有限公司出版，1910年。

⑦参见《尼采的学说》；另见《新时期》，1919年9月4日。我无缘获读这篇文章。

们确实如此[①]。在阅读赫夫廷的著作后[②]，他发现尼采的学说中有许多自相矛盾的论点，因此在四个月的阅读与写作之中，他对尼采采取了进一步或者严厉的批判的态度。

我并不认为驱使他写作这篇文章的动机是受当时知识界谴责尼采及其哲学是爆发第一次世界大战的思想根源这一形势的影响[③]，那大半是他“内心的要求”迫使他这样做，而且经过这么多次接触之后，他更加想深入了解尼采在戏剧、小说和随笔等领域内的见解了。他没有忘记强调谨慎而严密地研究有关问题的重要性，包括这位大人物以往的学说，他指出，“只要我们不把古人——尼采——当偶像，不把古人的话当‘天经地义’，能怀疑，能批评，我是以为古人的书，都有一读的价值，古人的学说，都有一研究的必要的。”[④]

二

在写作尼采的生平及其著作研究的第一部分时，没有什么问题。茅盾一丝不苟地根据卢多维奇提供的事实进行叙述，只是在某些无关紧要的细节上有点走样，并且常常（并不一定）给尼采的著作加一个德文的书名，那是卢多维奇书中往往忽略的。

卢多维奇一书的第二章题为“非道德的尼采”，茅盾却写作：“尼采的道德论（上）”，这里显而易见遇到了麻烦。茅盾在这一章对尼采关于奴隶起义的道德观表示满意，他从卢多维奇书中了解到一部分[⑤]，从赫夫廷书中则了解得更加详细[⑥]。他对这样一些观点是欢迎的，例如泰奥格尼斯的古代的起义，但并不同意它的贵族的性质，这一点广泛适用于他对所知道的历史上的各种学说的评价，如佛教、苏

---

①④《尼采的学说》。
②赫夫廷：《现代哲学家》，伦敦，1915年，第158页。
③茅盾：《我走过的道路》，上册，第133页。
⑤卢多维奇之书，第29页及以下。
⑥赫夫廷之书，第183页及以下。

格拉底哲学、早期的基督教、宗教改革、自由意志论、革命、民主，以及自然科学。尼采是贵族道德的信徒，憎恨社会主义和民主；而后两种社会政治组织的形式却是茅盾所追求的。茅盾在了解正义的奴隶起义和社会二元论以后，有了这样的观点：尼采的道德观，从一方面来说，是令人钦佩的，可与马克思的历史唯物主义相提并论[①]；另一方面，由于他强调豪门贵族的争夺，这些“行为模式”会通过无休止的“权力斗争”而造成一个为众人所羡慕的人物[②]，即超人，这又是错误的，正好像马克思的经济宿命论一样[③]。

如果有关尼采的非道德这一章使茅盾遇到一些麻烦的话，那么当他考虑卢多维奇一书的第三章“道德家尼采”（即茅盾的“尼采的道德论（下）”）时，他的任务甚至会更加麻烦。这里最重要的问题是主子的道德和奴才的道德。对茅盾来说，不久之前由于对尼采非常着迷，认为他是现代人之中品德最为高尚者的一个[④]，对尼采的超人哲学也非常着迷，因此卢多维奇对尼采的“有权势者与无权势者、强者与弱者、施与者与接受者、健康者与病残者、快乐者与痛苦者”[⑤]之间不可原谅而又无时不有的争夺这一思想的解释，使他大为吃惊。茅盾不同意主子的道德这一概念，但他仍旧保留着某些对超人的希望。按照他的说法，超人是人类中的进步者，不过他并没有忘记加上一句重要的话：“不过倘若是人类中的进步者，不过他并没有忘记加上一句重要的话：“不过倘若细论他（指尼采——高）的节目，便见得尼采是崇拜强权，残酷无人道！所以我们要分别了去看，我们只取他的长处，不要看他的短处。”[⑥]

茅盾对尼采及其超人的态度，在1920年2、3月间研究尼采的进化论和社会学的各种概念时，有更大的改变。

在第三期发表的文章开头部分，茅盾按照全文的思路继续加以分

---

①④⑥《尼采的学说》。

②参见《尼采的学说》，及卢多维奇之书，第34页。

③参见《尼采的学说》，及罗素之书，第19—23页。

⑤《尼采的学说》，另卢多维奇之书，第42页。

析，并且追随在卢多维奇之后，重复尼采的人所共知的命题，即必须重估一切价值。茅盾跟着卢多维奇思考斯丹达尔、叔本华对尼采的影响，他对前者是认可的，对后者则持否定的态度。另外有两位英国作家，即斯宾塞和达尔文，他们对尼采所产生的影响甚至更为重大。茅盾与卢多维奇完全一样，同意尼采对斯宾塞“生命即活动”、达尔文的“生存竞争”或马尔萨斯的主要观点所进行的批评，按照马尔萨斯的看法，地球上的人口即将超出生存所需要的自然资源[①]；但茅盾同样也批评尼采的最基本的哲学前提——权力意志：

我见有生物的所在，便见有向权力的意志，即使贱如奴仆，也有一旦为主人的想望。

也只有有生活的所在方才有意志：但不是求生的意志，我告诉你吧——向权力的意志。[②]

茅盾从这两句引文推断尼采在这里“过分称扬强权，以为强权是人类进化的阶段，未免错了”[③]，虽然他承认在他“对权力的企求”中某些东西仍然有它的意义。他认为斯宾塞、达尔文以及尼采这三派的学说全都错了。茅盾指出：“我看是克鲁泡特金的话最不错。克氏根据生物学的研究，说明人生是互助，因互助而得进化，进化说到了克氏，总算得到一个较为圆满的说明了。”[④]

茅盾特别强调达尔文对尼采的影响，比尼采本人承认或者卢多维奇所指出的还要多。我并不怀疑，即使在我第一次接触这一问题之后过了差不多三十年，仍然这样认为，即与尼采相比，对超人的理解，达尔文对茅盾的影响比对尼采更深[⑤]。在许多原因之中，肯定有一个原因是社会达尔文主义对中国知识界的影响，这种影响是严

---

①卢多维奇之书，第64—69页；《尼采的学说》。
②卢多维奇之书，第67页；《尼采的学说》。此处引文出自卢多维奇之书。
③④《尼采的学说》。
⑤高利克：《尼采在中国》。

复（1853—1921）的翻译与著作活动所引起的[1]。达尔文主义以及后来的法西斯对于尼采的理解，在中国是很普遍的，特别是在威尔·杜兰特《哲学的故事》一书关于尼采的一章于1929年翻译成中文，以及紧接着重印或重新翻译之后[2]。杜兰特在他的书中公开声称："尼采是达尔文的孩子，俾斯麦的兄弟。"[3]这对中国读者会产生可怕的影响。

茅盾在他的论文的最后一节"社会学者的尼采"中，对尼采几乎完全采取批判的态度。茅盾在这里把尼采派的祖师爷放在一边，以他自己对尼采的社会学说基本概念的理解进行说明。他回到赫夫廷的社会二元论，并且，用他的话来说，为其中的"十分矛盾"并常常受到指责的那一部分表示遗憾。如果我们根据这一观点来看待尼采的学说，茅盾斩钉截铁地说，"那么尼采是人类真正的恶魔，是最恐怖的人。"[4]从茅盾的说法来看，尼采的思想仍然受到很高的评价，因为它富有反对偶像崇拜的精神，倒不是由于他的社会学观点，至于后者，那是"保守的，是无稽之谈"[5]。

在分析尼采的社会学观点时，茅盾第一次使用"阶级"和"各阶级"的字眼，这在卢多维奇或者赫夫廷的著作中是找不到的。尼采用的"主子"一词，现在变成了"统治阶级"，"奴才"在茅盾笔下则成了"被统治阶级"[6]。在阅读并翻译罗素的《自由之路》以及反复思考了它的内容之后，茅盾才有可能承认，不管是否愿意，无政府主义是有不足之处的，尽管他对它的理论观点抱有好感。而这些不足就"使得它虽能在一定期间之内存在下去，但不可能维持很久，即使它

①见本杰明·施瓦茨《财富与权力之研究——严复与西方》一书中惯用的达尔文、达尔文主义、社会达尔主义等词，此书由哈佛大学出版社贝尔纳普印刷所印行，1964年。

②最早的中译文出现于1929年。见上述张剑贻所编之书，22、32—34、56、70、87各页。

③此处所述杜兰特之书，纽约花园城市出版公司1943年版，第301页。

④⑤⑥《尼采的学说》。

已经站住了脚跟”[①]。

1920年3月间，在写作《尼采的学说》第四部分时，茅盾似乎已经与克鲁泡特金的进化论分手，或者已丧失了对它的热情了。那时他受到了不少人的影响，其中之一是张东荪（1886—1973）。张是哲学家，编辑，杜威的信徒，企图把中国各种行业公会改造成为政治组织。他借给茅盾《IWW——美国工团主义研究》一书，茅盾写了长篇评论发表[②]。这个组织叫做“世界产业工人联盟”，从事经济斗争（而非政治斗争），它非常坚决，又非常激进，它的目标是：“完全放弃对工业的所有控制，由有组织的工人管理。”[③]同时，或早些时候，共产国际代表格里戈里·伏伊廷斯基，共产主义俄罗斯的发言人，于1920年4月抵达中国；茅盾的朋友陈望道（1890—1977）翻译的《共产党宣言》全文在上海问世。[④]同年中，由于他早已具备了条件，成了一名共产党员[⑤]。

在写作《尼采的学说》一文时，茅盾还没有到那样的程度。他并不相信尼采的这一思想（根据卢多维奇所说），即民主与社会主义意味着“消灭所有崇高的价值和希望”[⑥]，但他同意（大概是罗素的说法）“纯粹的或者狭义的民主带有许多缺陷和限制，正统的或者官化的社会主义则极为专制”[⑦]。不过尽管如此，尼采对这两种制度的攻击，其思想是“毫无用处的、有害的武断”[⑧]。

有一种十分重要的看法，即认为五四时期及其前后，中国知识界从尼采的全部著作中所得到的极为突出的印象，就是对所有价值进行重估。茅盾在对待中国的遗产方面没有说很多话，他只是批评尼采的几个观点，例如权力崇拜。这里显示了茅盾的、当然也不只是他一人

①罗素之书，第211页。
②茅盾：《IWW的研究》。
③布鲁克斯：《美国工团主义：IWW》，纽约，麦克米兰，1913年，第79页。
④周策纵之书，第243—244，246，248各页。
⑤唐金海等：《茅盾年谱》，上册，第93页。
⑥卢多维奇之书，第80页；《尼采的学说》。
⑦⑧《尼采的学说》。

的不足。中国的知识分子在1920年前后还没有足够的准备来重估他们的各种价值，既不模糊他们本身在文化上的同一性，又不破坏他们自己常常是富有价值的传统。

在《尼采的学说》一文的结尾处，茅盾指出，尼采是一位伟大的哲学家，常常充满矛盾，但由于他的自由的意志，大胆思考，不怕孤立而能立定脚跟，以及探索真理的勇气，我们应当尊重他①。茅盾在此文的最后，对他几个月前的偶像确实感到了深深的失望。②

三

1921年岁末，茅盾另一篇长文《近代文学体系的研究》发表，这篇文章很可能写于1920年上半年。其中有一段文字，据我所知，至今还没有翻译成欧洲任何一国的语言。那时他还把尼采看作一位重要的代表：

> 讲到近代文学的渊源，先要明白近代思想变迁的大概；没有一种立得住、传得下的文学，不靠思想做骨子，反过来讲，也可说凡是一种新思想，都要靠文学的力量去宣传。卢骚的自然教育主义，见于他的小说《爱弥儿》中；福楼拜的虚无主义，见于他的小说《包法利夫人》；尼采的超人哲学，见于他所著的诗体小说《扎拉图士特拉如是说》。其余萧伯纳、梅特林克、罗兰、巴比塞、洛蒂、托尔斯泰、陀思妥耶夫斯基、安德烈耶夫、叶芝等人，文学即是新思想，新思想即是文学，从来不曾分过。③

在另一篇题为《“人格”杂感》的文章中（1921年7月发表），茅盾重复了他在《尼采的学说》开头提出的看法：“我觉得现在无论是谈哪种主义的，科学的，艺术的，……总目的一定是向光明。”

---

①②《尼采的学说》。

③刘贞晦、沈雁冰：《中国文学变迁史》，上海中华图书集成公司1921年版。

紧接着他补充了几句新思想："我又觉得现在无论是谈哪种主义的，……对于现社会内可怜的人们——第四阶级生活的痛苦，……一定都有不忍之心，都表同情的。"①

看来，在1921年7月以后，茅盾已完全抛开了尼采。1922年我们还在一个地方看到尼采的大名，但那时茅盾是在论述霍普特曼，只不过是在翻译赫尔曼一篇谈论尼采的文章，并非表达他本人的观点②。

据我所知，1922年以后，茅盾的文章中只有一次提到尼采。在他1981年3月27日去世的前两年，他坦承他之所以写《尼采的学说》一文，不只受当时中国社会思想状况和道德面貌的影响，而且也由于尼采对"资产阶级哲学"的攻击③。这时他没有提尼采对于社会主义思想的批评，当时茅盾正热情奔放地开始进行宣传。

茅盾从文学方面入手研究尼采的著作，并不理会它们的象征意义，他的许多误解即由此而来。我从1971年以来即已在进行研究，试图说明他在这方面的论述，这里不想重复那些批评了。

（选自《茅盾研究》第7辑，《茅盾研究》编辑部编，
文化艺术出版社1999年6月出版）

①载《民国日报》副刊《觉悟》，1921年7月24日。此处引自《茅盾全集》14卷，第225—226页。

②赫尔曼《霍普特曼与尼采哲学》一文发表于1913年，茅盾编译的译文最初刊载在《小说月报》1922年6月号，署名"希真"，后收入《六个欧洲文学家》一书，上海世界书局1929年出版。此处引文出自赫尔曼原文第341—342页，茅盾此书第65—66页。

③茅盾：《我走过的道路》，上册，第134页。

研究综述

半个世纪以来各国茅盾研究概述

李岫

“五四”以来的中国现代文学，最早就为世界人民所瞩目、所热爱，各国学者和翻译家从不同角度、不同范畴从事中国现代文学的研究。作为我国现代进步文化的先驱者、现代文学史上的一颗巨星的茅盾，他的名字就是属于具有世界意义的作家、思想家之列的。在半个多世纪的文学活动中，他以杰出的现实主义创作、精辟的文学理论和文学翻译，在文学史上留下了不可磨灭的功绩。这些精神劳动的巨大成果不仅是中国人民也是世界人民共同的精神财富，也是世界文库中瑰丽的珍宝。他的作品很早就为世界各国的学术界、文学界所注意。许多国家进步的翻译家、文化交流的使者都曾致力于把他的作品介绍给本国的读者。他的作品被翻译成俄、德、法、日、蒙古、朝鲜、越南、波兰、捷克斯洛伐克、保加利亚、匈牙利、阿尔巴尼亚、瑞典、冰岛、泰国十余种文字。其中苏联的译文又有八、九种各加盟共和国的民族文字，日本的译文中同一作品有好几种译本。翻译最多的是他的《短篇小说选》和长篇小说《子夜》。

一

最早翻译成外文的是茅盾的短篇小说《喜剧》（写于1931年）。这篇以大革命失败后革命青年的际遇为题材的小说，由乔治·艾·肯尼迪译成英文，刊登在1932年6月18日出版的《中国论坛》上，这是我们迄今见到的最早的译文，两年后又在伊萨克斯的《当今中国》重新登载。稍后，农村三部曲中的《春蚕》由王志臣（Wang Chi-Chen）译成英文发表在伊萨克斯的《当代人》，不久，又有几位译者的不同译文。接着，《秋收》、《船上》、《小巫》、《赵先生想不通》、《林家铺子》等被陆续介绍给英美读者。1935年，《泥泞》、《自杀》被译成英文，译者就是美国著名作家、记者埃德加·斯诺。

埃德加·斯诺，当他远涉重洋来到中国的时候，年仅二十三岁。他踏上中国的国土并在中国生活了一段时日以后，中国人民的灾难、贫穷，落后，深深地噬啮着他的心，而30年代中国人民在抗日战争中的英勇顽强、不屈不挠的斗争精神使这个外国记者透过东方的色彩看到了中国人民高尚的灵魂。从此，他成了中国人民革命事业的同情者、赞助者和忠诚的友人。为了把中国——一个活的中国，介绍给世界读者，他和他当时的妻子海伦·福斯特编译了一本书——《活的中国》（《Living China》），副标题是"现代中国短篇小说选"，由伦敦乔治·G·哈拉普公司出版。

在这本书的序言中，斯诺写道："任何人在中国不需要待多久就体会到他是生活在一个动荡不安的社会环境中。这个环境为富有活力的艺术提供了丰富的资料。……到处都沸腾着那种健康的骚动。孕育着强有力的、富有意义的萌芽。它将使亚洲东部的经济、政治、文化的面貌大为改观。在中国这个广大的竞技场上，有的是冲突、对比和重新估价。今天，生活的浪涛正在汹涌澎湃。这里的变革所创造的气氛使大地空前肥沃。在伟大艺术的母胎里，新的生命在蠕动。"

那么，什么是中国富有活力的艺术呢？什么是艺术母胎里正在蠕动的新生命呢？在斯诺看来，是茅盾的作品，是鲁迅的作品。因此，斯诺自译了茅盾的短篇小说《泥泞》、《自杀》，并称茅盾是中国"最知名的长篇小说家"，他的小说和《活的中国》一书中的其他作品一样，"是中国文学中抗争和同情精神日益增长的重要表征"，"在中国文学发展史上，它第一次确认'普通人'的重要性。"他的夫人化名尼姆·威尔士在本书附录《现代中国文学运动》中重述了茅盾在新文学史上的业绩。作为伦敦、纽约和芝加哥几家报纸的驻华记者，斯诺和其他的西方记者是不一样的，有的西方记者醉心于一个"死了的中国"，寻求中国的落后面；斯诺却呼唤着、找寻着一个"活的中国"，他终于在鲁迅、茅盾的小说里找到了这个活的中国，他看到他们的作品中跳动着中国的脉搏、民族的精魂。《活的中国》一书得到宋庆龄和鲁迅的热情支持，也得到茅盾的多次帮助。为编辑此书，斯诺多次拜访茅盾，虚心听取他的意见。从1931年到1935年，斯诺于战事纷乱与人事倥偬中编译并出版了这本第一部英文版中国现代小说集，在中国和世界读者之间架起了一座精神的桥梁。次年，他便到陕北革命圣地去了。

用本国语出版茅盾短篇小说选的国家是很多的，凡收入各种译本的，都是茅盾最优秀、最有代表性的短篇，这些短篇大多写在第二次国内革命战争时期，尤其是30年代初期。几乎所有的国外评论都注意到这样一个事实，即茅盾的短篇小说与现实的紧密联系，正如普实克在捷文版《茅盾短篇小说选》后记中所说。“他坚定地面对现实，正视一切苦难，对他们进行理性的剖析，将现实的历程包括自己心灵的历程一并客观地如实呈现在作品里。”从这个意义上说，“茅盾的短篇小说可说是1919—1927年间中国新文学第一阶段里最重要的文献之一。”的确如此，第二次国内革命战争的十年间，中国社会的各种问题，革命的转折、抗日民族统一战线的建立、农村破产、商业萧条等等，在他的作品里都有反映。虽然往往是取自生活的一角，一户蚕农、一个店铺，但从中都表现了重大的社会主题，揭示了社会生活的某些本质方面。

其次，各国的序言不约而同地指出，茅盾在他的短篇小说里以成功的现实主义手法塑造了不同类型的人物典型，而这些典型形象已经成为世界文学人物画廊的一部分。蒙文《子夜》序的作者波·吉尔巴扎尔指出，“茅盾是最早以现实主义手法塑造农民形象。反映农民生活的中国现代文学之一。”M·嘎利克认为，老通宝的形象完全可以和鲁迅笔下的阿Q媲美，他在捷文版《林家铺子》前言中指出，“这个人物可说是中国新文学里所塑造的一些最优秀的人物形象之一，他之所以如此，乃是由于作者在他身上描绘出了一个人的特征，那里饱含有中国人生动而又真实的特征。而且茅盾善于概括多种类似的生活素材，从而塑造出有鲜明个性又有普遍意义的艺术典型。”

不同译本的序言敏锐地指出，茅盾的短篇小说不仅深刻地反映现实，而且热情歌颂人民的斗争力量，描写了对未来的希望，闪现着理想主义的火花。米歇尔·露阿在法文版《茅盾短篇小说选》序中说，茅盾的短篇"与希腊悲剧不同，与《土地》中那种不可救药的兽性也不同，农村三部曲则是蕴含着希望，一种从一开始就注定是漫长的斗争中新近酝酿出来的希望，一种与小说的结尾同样不完善的希望"。尽管有时这种理想还较为朦胧，但它毕竟标志着茅盾创作方法的变化，捷文版《茅盾短篇小说选》后记指出，"茅盾已向社会主义现实主义方法迈进，他既抓住了具体的革命形势，同时又表现出为社会主义未来而斗争的力量，作者把自己的理想注入到作品的具体内容中去了。"

在用英语写作的评论家中，对茅盾的早期小说尤感兴趣。约翰·柏宁豪森认为，茅盾的早期小说由一对矛盾构成其中心主，"一方面为了从不断下降的经济和社会地位、异化以及中国传统文化的束缚中拯救自我，争取个性解放；另一方面，为了挽救民族，建立一个更合理的社会，而积极投身于革命斗争，这两者就构成了茅盾早期作品的中心主题。""尽管这两个主题中任何一个可能随时单独支配叙述描写，但一般说来它们是以一种令人信服的方式融合在一起的。"按照柏宁豪森的观点，"挽救民族"与"拯救自我"似乎是对立的，他认为茅盾早期创作的真实性也就在这里，这说明"作为作家的茅盾决不肯去描写作为革命者的茅盾心中期望的那种生活图景。这种对于描绘社会、心理、历史或是经济的现实生活图画的信奉和追求，是茅盾文学理论和最初文学实践的核心。"他把这一矛盾的价值看得很高，认为是"茅盾执著的独立精神和正直品格"的表现，而且坚信从这点入手的"研究方法的正确性。"

华裔美籍学者陈幼石也曾撰写过多篇对茅盾早期创作的研究论文。但陈的研究方法和论点是与众不同的。她总是力图把茅盾的早期创作置于我们党的若干历史事件中来加以考察，认为茅盾的早期小说中隐藏着一种政治隐喻，以表达他一个早期共产党人"观察世界的特殊角度。正是从这个角度出发，茅盾创作了自己的早期作品。站在这个角度观察世界的，不再是从前那个敏锐公正的观察家，而是一个受束缚的中共党员。他知道党内制定政策的过程，他将从其特殊的地位出发，向外界提出自己对革命运动的‘全面理解’和‘深刻分析’。”《牯岭之秋》的写作便是一个实例。陈认为，“《牯岭之秋》反映的就是中共历史上具有划时代意义的事件——1927年夏季的南昌起义。”他列举小说中三个主要人物的旅行路线，认为正暗喻着南昌起义的路线。结论是，“要想充分理解茅盾的早期小说，仅仅把它们当作一般的现实主义文学作品来对待是不够的……关键的一步是要仔细地研究这些作品所反映的客观历史事件和其文学形态之间的特殊联系。”如果说，《牯岭之秋》是“作者隐晦地表达了他对党的政策和行动的批评。”那么，《野蔷薇》“在某种意义上，这些人物研究是茅盾对1927—1928年中国革命运动遭到浩劫后应该向何处去的中心问题所作的转弯抹角的回答。”

二

《子夜》的问世，无论对茅盾的创作道路，还是对中国现代文学的发展，都具有里程碑的意义。这是作家对中国社会进行了长期缜密的观察之后，运用马克思主义观点和社会主义现实主义创作方法，为我们描绘的一幅30年代初期中国社会广阔而真实的历史画卷。作品以其反映社会生活的无比深刻和艺术表现的恢弘精湛，很快赢得了国内外社会舆论的推崇。

第一个把《子夜》译成外文的，是苏联的弗拉基米尔·鲁德曼。他于1935年把《子夜》介绍给苏联读者。萧三同志为俄译本《子夜》写了序言，他在序言中指出：

> 茅盾的长篇小说《子夜》，是近年来中国文坛上一个独特的现象。甚至保守的和反动的批评家们，也都不得不承认这部长篇小说，不仅是当代中国最伟大的作家茅盾的重大成就，同时也是整个中国文学的重大成就。

萧三同志站在30年代社会斗争的高度，对《子夜》作出了理论上的分析，五十年后再读这篇序言，仍然感到它的理论高度和分析的正确性。这个俄译本，在国内没有找到，是戈宝权同志在百忙中写信给莫斯科高尔基世界文学研究所，由苏联中国学者季福清（A·π·pucpTuH）寄来了复印件，原件为俄文写的，现已请戈宝权同志译出。有了这篇最早的俄文版《子夜》序文，所有外文版《子夜》序跋基本上都齐了。（我在这里也向苏联友人表示真诚的谢意！”

其次，是德国人弗郎茨·库恩的德译本，他根据1933年开明版《子夜》译为《黄昏的上海》于1938年在德累斯顿出版。这是第一个向欧洲读者介绍《子夜》的德文全译本。可惜，这个最早的译本，我们国内各大图书馆亦无馆藏，我们所见到的是巴金同志送给茅盾同志的一本，巴金同志为此保存了一份十分难得的资料。众所周知，史沫特莱当年曾致力于《子夜》的外文译本，由于种种原因而未能问世。后来她到解放区去了，所以这个1938年的德译本，她并没有见到。在我们译出这个德译本的序文之前，恐怕很少有人知道这个译本的情况。它是第一个向欧洲读者介绍《子夜》的译本。但译者在序言中却把吴荪甫发展民族工业与蒋介石提倡的“新生活运动”强扯在一起，这是十分错误的。时间经过了五十年，我们从1978年德文版《子夜》新译本的跋中才约略知道了第一个译本的情形。1978年的新译本是英格里德和沃尔夫冈·顾彬参照1977年北京版《子夜》校订的，新的德译本印刷讲究，装帧精美，充分说明了西德文化界对这本书的重视。顾彬在跋中指出，“茅盾的《子夜》是迄今为止没有丧失它的意义和影响的第一部杰出的中国现代小说。”它充分肯定了1938年德译本的历史功绩，同时也指出了它的错误。茅盾专门为这个新的德译本写了《致德国读者》。从1938年到1978年，整整半个世纪，从两个德译本的面世，大致可以看到各国茅盾研究的进展于一斑。

国外对《子夜》的研究，根据我们接触到的材料，大致包括如下几方面内容：

1.《子夜》在中国文学史上的地位及其在茅盾创作历程中的意义。许多国外评论把《子夜》放在中国现代文学的发展中加以考察，朝文版《子夜》序指出“《子夜》作为中国现代文学发展遭路上的里程碑，其成功绝不是偶然的。”捷文版《子夜》序指出，“茅盾的《子夜》是中国在1931年日本侵华前夕所经历的那个可怕年代的一部巨大的文献。”苏联大百科全书的“茅盾”条目指出“长篇小说《子夜》是中国新文学中第一部史诗型的优秀作品。”这些崇高的评价说明了《子夜》在中国现代文学中的地位。

2.《子夜》所反映的博大恢宏的社会内容表现了现实主义的深刻性。捷文版《子夜》序把它比诸“一幅大型的色彩浓郁、富有立体感的图画，反映了中国那个时代中的所有重大问题”，《东方文学大辞典》的“茅盾”条目在阐述《子夜》这部作品时说道，它好像“透过一个万花筒看到一幅巨大壁画上众多的同时发生的交叠的场面”，它“精确地描绘出当时中国的许多相互冲突着的力量。”《子夜》的日译者尾坂德司把《子夜》与巴尔·布克的《大地》作了比较，指出《大地》不过描绘了中国的略图，而《子夜》则是“中国人持枪刺入自己的肉体，而用涌出来的鲜血作墨水，在痛苦的呻吟中写成的，实为中国现实社会的解剖图”或是“以现代大都市上海为舞台而描写的中国社会的鸟瞰图”，“其间明显地反映出中国在纠缠全世界的共同的‘现代’诸问题中的特殊性”，正因为如此，《子夜》作为1932年中国人的作品，“却震撼了1951年日本人的心灵”，它比起巴尔·布克的《大地》，完全可以作为一把钥匙，用它来理解正在变革中的中国，捷译本还说，“除了属于中国现代最伟大的文豪鲁迅的经典作品以外，《子夜》可说是战前中国最伟大的一部文学作品了。没有哪一位作家，能如此明晰、透彻地理解主宰着战前中国社会的各种倾向、潮流和力量”，“从他那里随之就开始了通向伟大的社会主义现实主义作品的一条光辉大道。”法国女作家苏珊娜·贝尔纳无限感慨地说过，“茅盾的现实主义是真正以生活为蓝本，与公式化、概念化、偷工减料是背道而驰的……在《子夜》中，茅盾文笔之纯熟达到了令人目眩神移的程度！”这些评价说明了《子夜》在世界文学宝库中的地位。可以看出，这些评论绝非以文学的趣味、纯艺术的观点或什么惊险情节等要素要求一部文学作品，他们是根据现实主义对文学的要求来评价一部作品的，而随着时间的推移，《子夜》这部小说仍能经得起这些具有真知灼见的评价，丝毫不减当年的艺术魅力。

3.《子夜》同中国古典文学及西欧文学的关系。任何一部优秀的文学作品总是植根于本民族的土壤，继承优良的现实主义传统，而又是产生它的那个特定时代的产物，其中不可否认地会接受外来文化的影响，汲取别人的长处作为自己的养料。《子夜》也是如此。普实克的捷译本序中指出，茅盾的作品与中国古典小说有着密切的联系，尤其是继承了吴敬梓一派古典小说的传统，当然，他的作品“属另一模子”，其思想性、艺术性都是古典作家们所不能比的。奥·克拉尔在捷文版《林家铺子》译后记中指出，“茅盾已经不是站在唯心主义立场从儒家的道德观念出发，因这一立场观念最终削弱了吴敬梓的批判锋芒，而且阻碍了他去进行合理的社会分析。茅盾是从新的共产主义理想、新的社会道德这一立场出发的，并掌握了马克思主义的社会分析方法。”茅盾早年接受过自然主义的影响，但写作《子夜》时，他已经抛弃了这样的写作方法而转向社会主义现实主义，匈文版《子夜》序认为，“他在马克思主义经典作家的著作和苏联文学中找到了生活和革命文艺的真理。”普实克说，他“那特有的艺术审美的敏锐感受，科学的、理性的、甚至是一种分析解剖式的态度去观察生活和社会的一切源泉。”这种联系正是他艺术个性的源头。

4.关于《子夜》的缺陷和不足。为了向本国读者全面介绍这部优秀的长篇，一些国家的译本也指出了这部作品的不足。有的是根据茅盾同志自己谈过的意见，有的则表述了译介者的看法。比较集中的看法是，小说没有完满地表现都市革命工作者，并存在着像辛克莱的小说所表现的人物类型化。日本《中国文学报》曾刊登山田富夫的文章，认为《子夜》缺乏中国章回小说的“即物性”，作者和他笔下的人物、读者和书中的人物之间“严格存在着一个空间”，尚未突破情节剧的单调，缺乏含蓄和弹性。

三

任何一个伟大的作家，其文艺思想作为他的世界观的一部分，绝非一朝一夕形成的，包括创作方法及创作风格，也不是生来如此、一成不变的。它们往往经过长时间的实践和磨炼，才日臻圆熟，被社会和读者公认为“这一个”。对茅盾这样的大作家，研究其文艺思想的形成与发展，自然成为各国学术界的课题。

对茅盾文艺思想的研究，不可避免地集中在几个问题上：茅盾的创作中究竟有没有自然主义的影响？他的文学主张和以左拉为代表的自然主义有什么区别？茅盾的现实主义和古往今来的中外作家比较，有什么特点？

这类文章中较有分量的是捷克汉学家普实克和嘎利克的文章。他们的评论注意到文学现象上下左右的联系，触及到一些我们尚未深入研究的角落。普实克从茅盾创作的三大特征入手，指出“在文学作品中捕捉现实和传达现实的特点，是集中注意具有时事性的现实。在全世界伟大作家的作品中，很少有人像茅盾那样紧密地、经常地直接联系着当代重要的政治经济事件”；其次，“在读者和小说事件中排斥一切中介”，“这是把欧洲古典现实主义创作方法运用于本国创作的范例；第三，描写的气魄异常宏伟，充满行动的场景，充满社会过程的爆发点，这是“沿着20世纪谴责文学开辟的道路，把中国文学的描写提到一个新的水平”，既超过了《老残游记》的现实主义高度，也超越了欧洲的先行者托尔斯泰。继而普实克从美学的角度探讨了茅盾的创作规律，他以现实主义创作的悲剧感为契机论述了茅盾与自然主义的根本区别。自然主义者往往把人生看作是悲剧性的，人的命运被一种高于个人的力量所决定，而这种力量在于生物性、在于遗传。茅盾的创作中也有一种从人生出发的悲剧感，但他“不是从自然决定论，而是从社会现实中寻找决定个人或一群人的命运的力量”，茅盾对这种力量认识的过程，就是他艺术上成熟的过程，也是他政治认识发展的过程。普实克说了一段很耐人寻味的话；“比茅盾更精通外国文学和本国文学的中国作家，是很少有的。但茅盾虽然掌握了欧洲文学的一切可能的经验，他自己的作品在世界文学中也占有相当的地位，但他却从来没有使自己从属于任何一个欧洲文学流派的影响。”

M·嘎利克的代表作是一本《中国现代文学批评的产生》，这是国外一本较系统地研究我国早期新文学批评的专著。作者认为，新文学批评是中国现代思想史的重要组成部分，国外研究少，中国本身对它的研究也很少。他这本书力求在世界文学的背景中来评价中国现代文学批评，采用“系统——结构方法”，把中国现代文学批评家们放在社会现实、文学创作和文学批评的整体中加以考察，放在中外文学、哲学、美学的基础上加以考察。其中第八章《茅盾为现实主义和马克思主义的文艺理论而斗争》正是遵循上述指导思想介绍了茅盾从批判现实主义主张、接受马克思主义文学理论的发展过程。

和捷克两位学者略有差别的是日本的高田昭二。他同样指出，茅盾作为一个作家，“的确受到了左拉的深刻影响”，但“可以肯定的是，茅盾并不是左拉的信徒”，因为茅盾既论述过自然主义的优点，也指出了自然主义的缺点。“左拉之所以对文学倾注了那么多热情，是想要反映人类生活的真实。而茅盾与他大相径庭，在茅盾的文学作品中，经常贯穿着想要提高人类生活的某种期待。”这就指出了茅盾的现实主义带着改变现实的愿望，不仅仅是真实地反映现实而已。但他认为茅盾对现实主义的认识尚有不足之处，“他对自然主义这个湖面的观察是很冷静的，周到的。然而可以说，他从未考虑过这个湖的深度”，他作的这个比喻力图说明，茅盾没能从理论上阐明自然主义产生的时代特点，正如“未曾想到浮在水面的美丽的莲花，竟和即将枯萎的病叶，长在同一个根上。”这就导致茅盾“五四”之后提倡自然主义，混淆了“五四”时代和法国产生自然主义时代的差别。

对于茅盾的《夜读偶记》，有加藤平八的日译本，前有冈崎俊夫的序言。他们对茅盾的这部理论著作是很重视的，但对其中的观点并不完全同意。冈崎俊夫写道：“茅盾这篇论文，我认为是迄今为止在中国出现的比较认真的精心之作，但这篇文章的观点我并非全部赞成。”针对茅盾说的，“社会主义现实主义的作家，就其思想方法来说，本来没有产生公式化、概念化作品的理由”，所以产生这样的弊病，是因为作家的“思维器官缺少足够的分析、提炼这些生活现象的特殊装置（辩证唯物主义和历史唯物主义）”。冈崎俊夫认为，“按照他的说法，只要思维健全，并能巧妙地运用的话，就能产生出杰作似的。但即使思想是重要的，在短时间内，它能否完美无缺地反映生活呢？他认为，思想改造就是在人们的意识中，清除像蒙古痣一样残留着的资本主义渣滓，这也就是从创作方法上的现实主义走向社会主义现实主义的一个过程。作家们如果现在正在思想改造‘过程’中的话，那么，有残余的渣滓是当然的事，也是应当允许的。可是，实际上却往往设想一个应有的理想的典型，以此为标准来评价作品，有没有这样的倾向呢？哪怕有一点残余的渣滓，就说是‘夸大了阴暗面’。读了作为附录刊载在后边的秦兆阳的论文，好像不能说完全没有那样的事实。这样一来，会不会使正在努力工作的作家们萎缩不前呢？”他认为“把思想放在重要地位的茅盾轻视才能也许是理所当然的。……可是，中国的实际情况是，好像更能胜任其他工作的人在从事文学工作。而且，正是这样的人，正在拼命地摧残有才能的作家好不容易培养起来的创作精神。茅盾作为有经验的作家，没有根据自己的经验指出这一点，是令人遗憾的。”关于中国文学发展史的某些规律性的总结，关于对社会主义现实主义的解释，日本评论界有不少文章，与冈崎俊夫的观点大致相同。

文学与政治的关系，历来是理论家讨论的问题，也是文学史家关心的问题。文森特Y·C·史的《批评家茅盾》一文就是从文学与政治关系的角度来论述茅盾的一生及其文学主张的。文章认为，茅盾自始至终处于政治与文学的矛盾之中，“在茅盾的观点中，没有表现出一种坚定的信念。当他为现实主义辩护时，曾不断地与潜意识中赞成文学唯美主义因素的艺术良心作斗争”，“公平地看待茅盾，他从来也没有容忍过彻底篡夺文学的美学作用的宣传”。但自新文学产生以来，一种无形的政治压力使得“他的观点全受变化的环境的支配”，产生“随着时代而改变的认识”，导致“艺术天性与人文主义倾向之间的矛盾”。新中国成立后，茅盾在政治上的活跃与创作上的不活跃使他成为一个“不折不扣地运用共产主义的方法认识现实的教条主义者”。文森特认为，茅盾陷入了这种政治的旋涡，因此再也没有产生什么优秀的作品，也没有创作的灵感出现，应该指出，文森特在评价一个作家时，往往把现实主义与美学思想、政治与文学对立起来，而且把文学创作的源泉归结为主观唯心主义的灵感，他据此而对茅盾所作的评价，则是我们难以同意的。

四

以上，我们对半个世纪以来世界各国的茅盾研究作了一番掠影式的概述，肯定还有很多资料我们尚未接触到，仅就现在所能得到的材料，不难看出：

1.五十年来，国外研究茅盾的学者和著作大大增加了，目前的研究已进入第二代或第三代，这一点和国外对鲁迅研究的状况是类似的。普实克是捷克最早研究茅盾的汉学家，他的学生马立安·嘎利克曾来中国学习，并到茅盾的故乡进行考察，回国后已经发表若干研究茅盾的专著，成为捷克新一代的茅盾研究专家了。苏联的费德林是老一代的学者，对中国现代文学史、作家作品都有不少研究成果，我们在本书中选辑了他的文章。当茅盾于1946年访问苏联时，孛罗金还是一个大学生，曾聆听过茅盾的讲演。而后，他以《茅盾的创作道路》一书跻入了苏联汉学家的行列。日本的松井博光是一位中年学者，比之增田涉等，那算后起之秀了。增田涉是最早的《子夜》日译者，早在尾坂德司·竹内好的译本之前，《子夜》译文就已在《大陆》杂志连载，而松井博光所撰《黎明的文学——现实主义作家茅盾》则是日本第一本系统研究茅盾生平、著作的专论，松井多次来华，是茅盾生前会见的最后一位外国友人。这种学术研究的继承性说明，茅盾的著作早已跨越民族和时代的界限，成为各国人民共同的财富。

2.对茅盾的研究，遍及欧、美、亚各洲。欧洲是捷克斯洛伐克的研究较多，亚洲以日本的研究较为集中。研究趋向日益深入、日益准确。普实克不仅亲自翻译了茅盾的著作，还为其他人的译本写了序跋，详细介绍了茅盾的生平及思想，他的文章特点是把茅盾的作品放到特定的时代环境中加以分析，对旧中国半封建半殖民地的社会政治、经济、文化有过较为深入的了解，因此当他分析茅盾作品及其人物形象时，很少大而化之的空论，多有切当中肯的意见。他为捷译本《子夜》写的序言，对中国民族资产阶级的软弱性、动摇性的分析，对旧中国“资本主义同封建主义的共栖现象”的分析，都是其他的国外评论中不多见的。马·嗄利克的专著是60年代在成斯巴登出版的《茅盾与中国现代文艺批评》一书，我们这里选译了他的第八章，内容比较丰富。日本方面对鲁迅、郭沫若、茅盾的研究都比较多，大概因为这三位伟人都曾在日本生活过，而日本的生活对他们的思想发展又都产生过相当的作用。本书第六辑译出了石川梅次郎监修的《中国文学研究文献要览》中的茅盾研究部分，这是日本战后的索引，有关研究茅盾的图书和文章达七十余种，大概包括四个方面：关于茅盾的传记和回忆录、作品分析、茅盾文艺思想及创作方法研究、作品校勘与注释等。

3.由于译介者的立场、观点不同，对茅盾的原著进行了曲解，以致歪曲了原作的主题。1940年，日本东城社曾发行一套《现代中国文学全集》，茅盾的《虹》由已故武田泰淳译成日文编入第三卷。译者将《虹》中描写的“抵制日货运动”译成“抵制劣货运动”，将“苏货铺”译为“俄国商店”，这显然不是由于语言水平造成的一般性误译。且不说20年代书中主人公生活的边陲城市——“谜之国”的成都有无俄国商店，这恐怕是尽人皆知的，译者抛开了《虹》的时代背景——从“五四”到“五卅”，这一时期正是中国人民展开轰轰烈烈的反帝反封建斗争，而抵制日货运动则是反帝斗争的一个重要内容，主人公梅女士反抗封建婚姻，不仅是不愿和柳遇春结合，还因为嫁给柳遇春就意味着自己将成为一个偷卖日货的苏货铺的女主人；她后来走进革命斗争的行列，参加了反对日商纱厂主杀害工人顾正红的“五卅”斗争，这一切都是那个特定时代背景下中国人民社会生活的一部分。正如松井博光在《黎明的文学》一书中所指出，“从坏处想，译者是有意识的歪曲了成为这篇小说轴心的时代特定，至少是把歪曲了的小说形象带给了读者”。

1938年版的《子夜》德译本虽有它的历史功绩，但译者在序言中却把小说和蒋介石提倡的新生活运动强扯在一起，这是十分错误的。蒋介石发起“新生活运动”，是为了解救他内外交困的经济危机，维护其大地主大资产阶级的利益，妄图借助中国“礼义廉耻”的封建道德达到所谓“改造社会，复兴民族”的反动目的。这和小说主人公吴荪甫发展民族工业完全是两码事。与德译者的认识恰恰相反，茅盾早就说过，《子夜》的写作，乃是对当时中国社会性质论战的一个回答，在蒋介石统治下的旧中国，民族工业不是投降帝国主义就是与封建势力妥协，反帝反封建的民主革命正任重而道远，虽然“子夜”即将过去，黎明很快就要到来。

4.夏志清的《中国现代小说史》，是国外出版的一部系统的中国现代文学史，在欧美流传很广，但书中很多观点我们并不同意。

夏志清在他的小说史中译本序中，一开头就公开表白自己的立场：“我自己一向也是反共的。”他标榜自己治史“不能因政治或宗教的立场而有任何偏差”，“我所用的批评标准，全以作品的文学价值为原则。”然而事实并非如此。严重的政治偏见使他违背了自己的诺言，书中多处对我们党的政策和无产阶级作家作品进行诋毁，对茅盾的评论也失去一种历史的、科学的、实事求是的态度。他认为，茅盾的《蚀》“是他作品中最精彩的一本”，“能真正反映出当代历史，洞察社会状况”，因为当时的茅盾“身为共产同路人”，“站在小说家的立场，说了小说家的话”，表达了“共产党批评家所不能理解的自找麻烦的诚实”，而《子夜》则是“失败之作”，“很不容易看到茅盾作为一个热忱的艺术家的真面目。”我们在这里并不打算对夏氏的立论逐一进行评论，但可以看出，正是他的政治立场决定了他不可能用“文学价值的原则”作为批评标准，更谈不到用历史唯物主义和辩证唯物主义观点分析文学现象和作家作品。

1983年5月10日

（选自《茅盾研究在国外》，李岫编，湖南人民出版社1984年版。选入本书时略有删节）

关于茅盾的几次论争

陈芬尧

新时期以来，随着改革开放的深入，中国的政治思潮和文学观念都发生了重大的变化，现代文学研究也突破了已有格局，进入了一个空前活跃的时期。但同时学术界也出现了盲目求新以沽名钓誉的浮躁学风。在所谓“重读”、“重评”的旗帜下，常常出现对于大师和经典的轻率颠覆。此种风气，在茅盾研究中有着比较典型的体现。同时，对茅盾的贬低、歪曲还表现在一些出自个人恩怨的回忆录中。在一些人随意对茅盾进行贬抑的同时，也有学者予以有力的回应，从而形成一轮轮激烈的论争。

全面地清理这些论争，是我们了解茅盾研究史的一个重要角度。然而已有的茅盾研究史的文章或著作对此评述还不够全面。因此，笔者不揣谫陋，拟就其中较重要者作些述评。

一

胡风与茅盾有过很深的误会，甚至冲突。获得平反后的胡风写了《回忆参加左联前后》、《关于30年代前期和鲁迅有关的22条提问》等文章，一方面公开挑明茅盾与秦德君在日本同居的问题，另一方面“在艺术上狠贬了茅盾一通”。他说，茅盾的《幻灭》等作品，虽有具体描写，但“那形象是冷淡的，或者加点刺激性的色情，也没有普通人民的真情实感的生活”。①他又说，1930年收到茅盾寄的小

---

①胡风：《回忆参加左联前后（一）》，《新文学史料》1984年第1期。

说《虹》，自己很不喜欢，甚而感到可厌："接到书后，读了几页，那风格和作者的感情就使我读不下去"；过了一两天，"硬读了几十页，还是无法读下去"；在与茅盾的通信中，"也就只好避免谈到他的小说了"。[①]就笔者所见，胡风在30年代并未写过否定《子夜》（或前引对《蚀》、《虹》似的否定）的文章，肯定性的言论却是有的。在何丹仁（冯雪峰）《〈子夜〉与革命的现实主义的义学》一文的"附记"中，胡风说，《子夜》出版以来引起的各种非常不同的评价"是由批评者底不同的立场来的"，正确的评价"只有由革命普罗文学底运动进程上去观察才能够做到"；在许多批评《子夜》的文章里，"韩侍桁先生底在原则上包含了最大的歪曲"，"撕破他底假面是绝对必要的"等[②]。另外，因为鲁迅的转托，胡风曾为史沫特莱提供过有关《子夜》的综合性评论资料，内容包括："一、其地位，二、其作风（Style）形式（Form）与别的作家之区别，三、影响——对于青年作家之影响，布尔乔亚作家对于他的态度。"[③]对于其作品令人难以卒读，人品也很成问题（下文将论到）的茅盾，当时的胡风肯定没有提供过"那形象是冷淡的"，或在盟员间茅盾"是没有一致的威信的"，一旦其名字"已经常常被人和鲁迅并提"，"左联的元老地位已经确立"，就坚决辞去可以加强"左"翼地位的书记不干了[④]一类的材料。显然，从当时胡风评论《子夜》的言论和为史沫特莱提供资料的事实中，丝毫看不出他对《子夜》"那风格和作者的感情"感到可厌之意。那么，胡风晚年对茅盾的回忆与评论，应当说是与后来两人所经历的恩恩怨怨有关。

与此同时，胡风还就《译文》停刊、《文学》纠纷、关于"两个口号"论争及鲁迅逝世等问题进行了回忆，其中也多有涉及茅盾的。在胡风的笔下，让人感到茅盾在人品上很成问题。对于这些问题，欧

---

①④胡风：《回忆参加左联前后（二）》，《新文学史料》1984年第3期。
②冯文原载《木屑文丛》第1辑，1935年4月20日。
③《致胡风》，《鲁迅全集》第13卷，人民文学出版社1981年版，第284页。

家斤先生就两人关系、思想分歧、胡风态度等作了评析，批驳了胡风对茅盾的指责。由于胡风的文章就《译文》停刊涉及茅盾与黄源的关系，说茅盾也是迫害黄源的，“郑振铎起意排除黄源，是从私意出发的”，茅盾“和郑振铎一气”；关于“两个口号”的论争，胡风又说，鲁迅逝世前一两年间，茅盾“那种站在宗派主义立场上的言行，以致产生了他对鲁迅的对立感情”，并引出陈荒煤的讲话为自己佐证。因此，欧家斤先生全文引录了黄源《我是怎么走向文学道路的》（《收获》1995年第6期）和陈荒煤《我和茅公的两次会晤》（《文学评论》1996年第3期）两文的内容，为读者提供了当事人和第三者的证言，使胡风的指责落了空，有很强的可信性和说服力。至于茅盾未能参加鲁迅的丧事，在胡风的表述中，茅盾甚至连“国民党的孔祥熙和上海市长之流”都不如。欧文指出，这实在是因为茅盾回故乡痔疮发作；丧事又办得急促（鲁迅于22日安葬，茅盾才在21日下午从报上获悉），茅盾即使搭第二天的早班船也无论如何赶不上鲁迅的丧事（胡风所说的“三四个小时火车路”则是现在的交通条件，与当时情况有悖）①。李继凯先生则根据自己家人犯肠胃病的经历和胡风本人也曾痔疮严重而不能参加重要活动的事实，对茅盾病而影响大事有了“感同身受的理解”②。

建国后出现的所谓“胡风反革命集团”冤案，无疑是一桩社会悲剧。然而胡风在后来的回忆或给友人的信函中，对茅盾进行的贬低与指责，也是不够客观的。这既与胡风与茅盾的个人恩怨有关，也与两人文学观、审美观的不同有关。

二

如果说胡风的回忆中多少还含有一些学理成分，那么秦德君在她

---

①欧家斤：《茅盾评说》，学林出版社1997年10月版，第125—142页。

②李继凯：《全人视境中的观照——鲁迅与茅盾比较论》，中国社会科学出版社2003年9月版，第338页；《鲁迅与茅盾》，河北人民出版社2003年12月版，第330页。

发表的多篇文章[①]中对茅盾的不实回忆，则完全是挟嫌报复。根据秦氏提供的片面材料为文的，有沈卫威等先生；对秦文及沈文反驳最力的，则推丁尔纲先生。此外还有陈福康等先生[②]。秦德君对茅盾的贬损、诬陷以及由此引发的论争，涉及多个方面，择其要者有五：

第一，茅盾携公款叛逃说。1927年7月23日，茅盾接到党的指示，当晚离开武汉，次日抵九江；与联系人接头后，要求他携一张两千元的支票赴南昌。其间因故在庐山牯岭逗留一个月左右，赴南昌未能成行，后去了上海。对这段历史，秦德君在与沈卫威的《对话录》中却说："茅盾存庐山时，组织上交给他两千元钱的支票作为南昌起义的经费，茅盾携款潜回上海。"在《樱蜃》里说，茅盾因而被开除党籍。关于这个问题，丁尔纲先生摆出了茅盾《我走过的道路》一书中的说法，然后"验之以史实"。丁先生指出，说茅盾如此携款潜逃，于情于理都难说通。有关的当事人如董必武等人，都从未提及茅盾携公款潜逃之事。不仅如此，丁先生还引述学界公布的新材料[③]说，当年党组织认定沈雁冰是"脱离党的生活"而非叛逃，可"斟酌情况""允其恢复党籍"；而叛徒则要永远被开除出党且不得重新入党，更谈不上"恢复党籍"。最后，丁尔纲先生根据《中共中央决定恢复沈雁冰党籍》指出，此处的"一生的表现"当然包括秦德君提出"指控"的这一段历史。至此，是茅盾携款潜逃？还是秦德君无端诬陷，已昭然若揭，无须置言。

---

①这些文章有：《我与茅盾的一段情》（香港《广角镜》第151期）、《我与茅盾的一段情谊》（《名人传记》1985年第5期）、《暮云深》（《龙门阵》1987年第3期）、《樱蜃》（【日】《野草》第41、42号）。

②这些论著主要有沈卫威：《一位曾给茅盾的生活与创作以很大影响的女性》（《许昌师专学报》1990年第2、3期，1991年第1—3期）、《得到的和失去的》（《湖州师专学报（哲社版）》1989年第3期）、《艰辛的人生——茅盾传》（台湾业强出版社1991年版）；丁尔纲：《泼向逝者的污泥应该清洗》（《茅盾研究》第6辑，北京师范大学出版社1995年2月版，第292页）、《茅盾孔德沚》（中国青年出版社1995年1月版）、《茅盾评传》（重庆出版社1998年10月版）等。

③指1928年10月9日《中共中央致东京市委的信》。详见唐天然：《1928年中共中央曾考虑恢复茅盾党籍》，《江海学刊》1991年第4期。

第二，做蒋介石的秘书为茅盾平生志愿说。茅盾自1921年年底起，他一直为党的事业而工作；即便在1928年以后，虽同党“失去了组织上的关系”，但“仍然一直在党的领导下从事革命的文化工作”。然而，秦德君在《樱蜃》中说：“茅盾崇拜浙江帮政权，赞美得口沫四溅地表示平生志愿，就是能够做到蒋介石的秘书，就心满意足了。”丁尔纲先生反问道，茅盾果真有此宿愿，为什么1926年出席国民党第二次全国代表大会时没有“找邵力子推荐”去讨好蒋介石，实现其“平生志愿”，却要留在中宣部担任秘书，并在返回上海后与蒋介石对着干？为什么在武汉担任《汉口民国日报》总主笔前后，又要发表《袁世凯与蒋介石》、《蒋逆败象毕露了》等一批堪与郭沫若《请看今日之蒋介石》一文媲美的讨蒋檄文，旗帜鲜明地声讨蒋介石及浙江帮政权的滔天罪行，号召“大家努把力尽快把老蒋送进坟墓”？惟其如此，蒋介石才于1927年6月发布《国民政府秘字第一号令》，开列名单通令全国缉拿“共产党首要”以“从严拿办”；沈雁冰名列第57位，位居瞿秋白、张太雷、苏兆征、周恩来、彭湃等之前，欲置茅盾死地而后快。这儿，哪里看得出茅盾“崇拜浙江帮政权”，想当蒋介石秘书的“志愿”？

第三，“北欧命运女神”系秦德君说。茅盾先生在著名论文《从牯岭到东京》中说：“我看见北欧命运女神中间的一个很庄严地住我面前，督促我引导我向前！她的永远奋斗的精神将我吸引着向前。”文末再次强调，“《追求》中间的悲观苦闷是被海风吹得干干净净了，现在是北欧的勇敢的命运女神做我精神上的前导”。此中“北欧命运女神”何所指？秦德君在《樱蜃》等文章中说，在她的“鼓励”与“倾全力扶持”下，茅盾的心情“开朗起来”“很快活的”写好《从牯岭到东京》；并说，写完此文后，茅盾解释说，“北欧命运女神中的北欧，就是象征苏联”。而在同一篇文章中，秦氏又说，茅盾拿着刚写完的《从牯岭到东京》去找她，“管叫我做他的救星，是挽救他的北欧命运女神”；茅盾憋了一股劲一字一字地说：“阿，阿姐，北欧命运女神中间最庄严的那一个，指的就是你啊！”此说是否可信，姑且不论。丁尔纲先生给秦德君算了这么“一笔账”：秦氏与茅盾于1928年7月初同船赴日，7月16日写毕《从牯岭到东京》，充其量只有十天左右时间；除去旅途、安顿食宿，写作《自杀》、《从牯岭到东京》等文章，她到底有多少时间去打消茅盾“当蒋介石秘书”的“平生志愿”，并使其振作起来？一年多来，地下党及鲁迅等亲友的帮助，茅盾自己经年来的努力，其幻灭悲观情绪也丝毫未有消除，现在秦氏仅用几天时间做到了，她有这样的条件（足够的时间和能力）吗？其实，在写作《从牯岭到东京》前后，茅盾“听说党的六大在莫斯科召开”，会上“批判和纠正了秋白的盲动主义路线”，端正了指导思想，确定了新路线[①]，因而使其摆脱了幻灭情绪，重新振作起来，继续奋斗。所以，《从牯岭到东京》一文中“北欧的命运女神”，实为茅盾说的“寓意盖在苏联也”[②]；秦德君想象出的所谓“奥伏赫变”只是其编织的又一“神话”而已。

第四，没有秦德君就不会有《虹》说。《虹》是怎样创作出来的呢？秦德君在《樱蜃》中说，为着“鼓励茅盾的勇气，安慰他苦闷的心灵”，就“搜索枯肠”把胡兰畦的事情提供给茅盾；《虹》是她“拼着性命和茅盾计议共同写成”的，《虹》的书名及将《幻灭》等三部作品合成为三部曲并题名为《蚀》，也是她提出或是她的主意。沈卫威先生也认为《虹》是她和茅盾亡命日本“相依为命生活的纪念和艺术结晶”。有的学者甚至认为，在流亡日本期间，秦德君“对茅盾的创作和生活上的帮助是非同一般的”，并说，没有秦德君，“就不会有《虹》这部小说，就没有梅女士”——甚至，日本读者和学者对茅盾感兴趣，专门组织一个“茅盾研究会”，其功也在秦德君[③]。这些说法是耶？非耶？据秦德君回忆录，她当时不过是中专程度，也

---

①《创作生涯的开始》、《亡命生活》，《茅盾全集》第34卷，人民文学出版社1997年版，第398、423页。

②《致庄钟庆》，《茅盾全集》第37卷，人民文学出版社1997年版，第50页。

③李广德：《茅盾与孔德沚、秦德君关系初探》，《湖州师专学报（哲社版）》1989年第3期。

无创作经历；而茅盾是“五四”时期“最有影响的文学理论家和批评家”①，大革命失败后，即创作出轰动当时文坛的《幻灭》等作品，早已是国内外驰名的大文学家了。因此，秦德君始终未臻与茅盾“共同写成”《虹》并对之“边抄边改”的水平；说秦提供胡兰畦的有关素材则是可信的。但即便这样，秦德君向茅盾讲述胡兰畦，“对茅盾说来实际上是第三次‘文学受孕’了”。此前，胡兰畦早已与孔德沚相识，孔教女校、搞妇运所得才是茅盾塑造时代女性素材的重要来源之一；武汉时期，胡还是茅盾的学生。至于小说中写到的川江风光，陈启修就曾为茅盾讲述过，且“绘声绘影，使我如身入其境，久久不忘”②；茅盾是综合陈、秦二人所述，加以艺术想象而成。当然，没有秦德君的详细介绍，梅女士的形象及《虹》的总体成就会受到一些影响。然而，沈卫威等先生将秦的作用无限夸大，着实令人匪夷所思。至于说因为秦的作用，才使日本读者和学者对茅盾感兴趣，并专门组织“茅盾研究会”开展研究，云云，更是缺乏事实根据。对于秦的作用，丁尔纲先生的结论是：提供部分素材（如梅女士的原型、介绍川江风光等），抄写部分稿件；抚慰感情和料理家务，使茅盾有个良好的心情进行创作。此为确论，也能服人。持类似观点的，还有叶子铭、万树玉等先生③。

第五，茅盾的回忆录是自我粉饰雕凿、失去人格真诚说。茅盾的长篇回忆录《我走过的道路》发表后，引起了广泛的好评。但自从秦德君的回忆录发表后，茅盾回忆录的真实性就遇到了挑战。沈卫威等学者仅凭秦氏死无对证的一面之词，因茅盾只字不提他们在日本同居的事而指责他“隐瞒了历史事实”。他说，茅盾的回忆录“注入了过多的利己成分”，是一座“自我粉饰雕凿的纪念碑”；“他得到了

①刘纳：《论“五四”文学》，浙江文艺出版社1987年版。

②《创作生涯的开始》、《亡命生活》，《茅盾全集》第34卷，人民文学出版社1997年版，第398、423页。

③叶子铭：《茅盾六十余年来文学活动的基本特点》，《湖州师专学报增刊·茅盾研究》1986年6月第2期，第47页；及万树玉先生于2003年9月16日致笔者的信。

他想要得到的"，但他"失去了人格的真诚"—有的学者也因此怀疑茅盾在《我走过的道路》序言中"所记事物，务求真实"的说法，还有一些论文总要带上茅盾的回忆录"有意无意地遗漏"一个重要事实之类的尾巴。因此，弄明白茅盾为什么在回忆录里没有写到秦德君，不无意义。因30年代茅盾坚持分手，50年代秦欲复合又遭拒绝，秦德君因爱不成反生恨。因此，她挟嫌报复，相继在"文革"期间及茅盾逝世后进行政治诬陷与蓄意攻讦。因此，当茅盾的回忆录写到赴日本那一段经历时，韦韬曾问父亲怎么写。茅盾说："不提！只当没这个人！"[①]可见，茅盾回忆录不写秦德君，是事出有因的。再说，回忆录可有多种写法。茅盾的回忆录，旨在借亲身经历以写历史，凡与此无关或关系不大的私生活写得简略，甚或付之阙如，也是可以的。一个公正的学者不能只限盯着茅盾同忆录"遗漏"秦德君这一"果"，而闭口不提秦对茅盾诬蔑、报复这一"因"。

三

20世纪80年代末，由《上海文论》率先开辟专栏，掀起"重写文学史"的热潮；尔后，北京的一些刊物与之呼应。这样，由南而北，茅盾、丁玲等作家的一些名著在"重读"、"重写"的旗帜下遭到前所未有的贬抑和否定。对茅盾及其扛鼎之作《子夜》的否定尤力，《上海文论》竟破例在同时发表两篇长文提出否定意见。

在这股热潮中，对茅盾及其《子夜》等作品的贬低，出现了一批文章，如蓝棣之先生的《一份高级形式的社会文件》、徐循华先生的《对中国现当代长篇小说的一个形式考察——关于〈子夜〉模式》[②]，以及稍早问世的王晓明先生的《一个引人深思的矛盾——论茅盾的小说创作》、汪晖先生的《关于〈子夜〉的几个问题》、徐循华先生的

①丁尔纲：《茅盾孔德沚》，第283—284页。
②《上海文论》1989年第3期。

《诱惑与困境——重读〈子夜〉》[①]等。他们认为，存在着“彼此对立”的两个茅盾，即政治家的茅盾和文学家的茅盾；前者“没有建立起皈依文学的诚心”，“担心”他无意中“轻漫了文学”而“遭到艺术女神的拒绝”。茅盾创立的以《子夜》等为代表的社会剖析小说“构成了一种可以称之为‘茅盾传统’的东西”，是对以鲁迅为代表的“五四”文学传统的“一次重要背逆”。《子夜》是“一部失败的艺术品”，“主题先行化”、“人物观念化”、“情节斗争化”是其模式特点；不仅如此，《子夜》不够“文学水准”，只是“一份高级形式的社会文件”而已，干脆将它从文学领域中剔除出去，取消其文学资格。够彻底吧？文学史竟是这样被“重写”的！

上述“重写”文章发表不久，立即引起了茅盾研究界的关注；曾文渊先生就是其中迅速作出反应的一位。曾先生指出，“重写”论者如此这般地贬损《子夜》，是在“文学观念更新”的旗号下，用“西方资产阶级的非社会、非政治、非理性观点特别是现代派的观点”来评价《子夜》，却说这是“现代文学批评理论”的“重新整合”。这样，他们一方面极力鼓吹批评理论的“多元化”，另一方面则只取现代派这“一元”；一方面标榜不搞“新的独断”。另一方面又反其道而行之。最后，曾先生强调说，只有“坚持马克思主义思想的指导”，“实事求是”的“重写”，不跟在洋人后面“亦步亦趋”，才“有利于建设有中国特色的社会主义文学”[②]。而用力最勤、分析最透辟的，还是丁尔纲先生。在《论东西方文化碰撞中对茅盾的历史评价》[③]的长文中，他条分缕析，就“重写”的“理论根据”、所谓“茅盾传统”与“《子夜》范式”以及“主题先行”等问题逐一作了深入细致的辨析；文章以正面立论为主，兼及错误观点与曲解茅盾及其作品的说法的批评和讨论。丁先生认为，“在不同观念支配下，可

①《中国现代文学研究丛刊》1988年第1期、1989年第1期。

②曾文渊：《谁家的“文学批评理论”？》，《文艺报》1990年5月5日。

③丁尔纲：《论东西方文化碰撞中对茅盾的历史评价》，《茅盾与中外文化——茅盾研究国际学术讨论会论集》，南京大学出版社1993年9月版，第44—69页。

以写出不同的文学史”，而“错误与浮浅的文学观念”，“完全可能把文学史写得更糟”。此外的文章，尚有庄钟庆先生的《也谈“重写文学史”：从所谓〈子夜〉“主题先行”说起》、曾冬水先生的《〈子夜〉模式辨》等。另外，贬低茅盾及其作品和与之回应的文章此后时有出现，以邵伯周先生发表在茅公百年诞辰的《茅盾几部重要作品的评价问题》一文[1]影响最大。

四

1994年，王一川等先生以所谓“打破以往偏见，改以审美标准”为依据，选编了一套文学大师文库，并给作家“重排座次”[2]；久负盛名的茅盾则连忝列末座的资格也被剥夺了。此事立即引起了江苏文学界的较大反响。叶子铭教授通过欧美、日本及我国台湾对中国现代作家的排名及对茅盾的重视，认为文库不提茅盾的名字是“荒唐”的，并批评当前不少“年轻学者缺乏严谨治学精神，又急于出名，便以标新立异引人注目”；陈辽先生则说，“茅盾的作品不光有思想意义、社会意义，也有审美价值”，“去掉茅盾是很不恰当的”[3]。对排文学大师“座次”者动机的批评，还有著名文艺评论家钱谷融先生。他说，现在来排座次“总有别的动机”；古往今来最权威的批评家只有两位，即“时间和人民”。对于不列茅盾，钱先生说，“你有这样排的自由，别人也有议论的自由”[4]。

如果说，文库编选者真能持“文本本身的审美价值”，且始终如一地评判文学大师，也不失为“多元”中的“一元”。然而很可惜，不惟文库的两位主编“虽处‘一川’，却未必‘同道’”，穆旦“舶

①《文学报》1996年7月4日。

②王一川：《我选二十世纪中国小说大师》，《文学自由谈》1994年第4期。

③宁文：《〈二十世纪中国文学大师文库〉重排名次》，《作家报》1994年10月1日。

④夏雁：《最权威的批评家是时间和人民》，《文汇报》1995年6月16日。

来”的“诗学主题”可以“先行”，且列为第一人，茅盾的小说据说“主题先行”却遭除“名”[①]；即便王一川先生摆出衡文的“美的圈”，看似“很高雅，很圣洁”，但一用起来就立刻“破绽百出”。由于“美的圈”不足以“毫无滞碍地论定他着意贬抑或竭力抬举的作家”，便“采取实用主义的态度”因人而异。对于鲁迅、巴金，“美的圈”不够用，便兼论其文化批判精神和“浓烈而直露的人道主义之爱与憎”；对张爱玲，则回避她曾写过反共而又“无艺术性可言的概念化的小说”（夏志清语）；为抬举金庸，便可原谅他现代武侠小说中大量的“雷同、复制或拖沓”；而于茅盾，却持论独苛，“祭起极严极纯的‘美的圈’”[②]。一则曰，茅盾高位的获得依赖于“现实主义”、“史诗式”作品高于其他的学术偏见；再则曰，其小说“总的说欠小说味，往往概念痕迹过重，有时甚至‘主题先行’”[③]。王一川先生不问茅盾“现实主义”、“史诗式”作品写得如何，却指责他运用现实主义手法及其作品的“史诗”品格，以为这也是茅盾的罪。文学评论原来也可以这么来写？难怪有学者要感喟“伟大也要有人懂”了！[④]事实上，《子夜》绝非那种“主题先行”、“概念痕迹过重”的“欠小说味”的小说文本。长期以来《子夜》被看成是“中国第一部写实主义的成功的长篇小说”（瞿秋白语），即便在遭受贬抑和非议之后，仍跻身于中国香港及内地一些权威刊物和出版社组织的20世纪百强中文小说，且位居前列[⑤]；日本学者筱田一士更将《子夜》与普鲁斯特的《追忆逝水年华》、马尔克斯的《百年孤独》等作

---

①丁尔纲：《闻茅盾被〈大师文库〉除“名”有感》，《文艺理论与批评》1995年第2期。

②曾镇南：《伟大也要有人懂》，《茅盾研究》第7辑，文化艺术出版社1999年6月版，第411页。

③王一川：《我选二十世纪中国小说大师》，《文学自由谈》1994年第4期。

④曾镇南：《伟大也要有人懂》，《茅盾研究》第7辑，文化艺术出版社1999年6月版，第411页。

⑤《全人视境中的观照》，第22页。

品并列，视为20世纪世界文学杰出的十大巨著之一[①]，都是极好的明证。

此外，有关茅盾的分歧或争论尚有：《论无产阶级艺术》是茅盾的著述还是译作，最早全面评价与肯定鲁迅的人是郭沫若还是茅盾等人，如何看待吴组缃先生对茅盾作品的类似于"主题先行"的批评等。丁尔纲、欧家斤、邱文治等先生已有专文辨析，此处就不复展开。

2006年8月

（选自《茅盾研究》第10辑，中国茅盾研究研究会编，文化艺术出版社2006年12月出版）

①【日】是永骏：《茅盾小说文体与二十世纪现实主义》，《文学评论》1981年第4期。

附录

茅盾传略

孙中田

茅盾，原名沈德鸿，字雁冰。茅盾是他发表《幻灭》起使用的笔名。

1896年公历7月4日（农历五月廿五日）生于浙江省桐乡县的乌镇。父亲沈永锡（字伯蕃），清末秀才，通晓中医，是具有开明思想的维新派人物。颇重视新学，除声、光、化、电、数学等书籍外，也喜欢进步的社会科学书籍。不幸的是在茅盾的少年时代便去世了，终年仅三十四岁。母亲陈爱珠，是一位通文理有远见而性格倔强的妇女。在茅盾的童年时代，她就把文学、地理和历史等知识教给孩子们。茅盾说，“我的第一个启蒙老师是我母亲”（《茅盾回忆录》）。

茅盾的启蒙教育开始较早。入小学前便读过家塾、私塾。八岁入乌镇的立志小学读书，后来转入植材高级小学，成为该校的第一班学生。在这里，他不仅读到了修身、国文和算学教科书，并且对绘画课程发生了兴趣。由于图画和书籍插图的吸引，使得茅盾和小说发生了因缘。那时，在一般守旧人的老眼光里，小说之类被称为诲淫诲盗的“闲书”，是不准孩子们看的，但茅盾竟得到了明达的父母的允许。茅盾说，“小时看的第一部‘闲书’，就是《西游记》”（《茅盾文集》第10卷，第145页）。其他如《三国演义》、《水浒》、《聊斋志异》和《儒林外史》等，都是他这一时期爱读的书。

茅盾的中学时代，是在浙江的三所中学读过的。1909年，他考入浙江省湖州第三中学堂，插班二年级读书，1911年秋季转入嘉兴中学堂。不久，辛亥革命爆发。茅盾热情地迎接了这次革命。他说，

"我无条件的拥护革命，毫不犹豫相信革命会马上成功"。他以"深通当前革命形势的姿态"，做起革命的义务宣传员来。但是，这次革命并没有彻底胜利。在茅盾的感受中，"除可以不必再拖一条辫子以及可以不必在做国文的时候留心着'仪'字应缺末笔，此外实在什么也没有"，此后，在学校里由于茅盾和几个"不安分"的同学，抨击了一个不得众望的学监，而被学校"除名"，于是，他便转入杭州安定中学，并在那里毕业。在中学时代的生活中，固然也有沈谱琴、方青箱等师友，给茅盾以深刻印象，但整个的学习空气是陈旧的。"书不读秦汉以下，骈文是文章的正宗，诗要学建安七子，气度要清华疏旷"（《我的学生时代及其后》），这一切在茅盾的回忆中是"平凡的"、"灰色的"、"窒息的"。他感到"那样的陈腐闭塞几乎将我拖进了几千年的古坟里去"。于是，他几乎把课余时间消磨在看小说上。古典的小说，不仅启迪了他的文思，而且在文章的格调上显露出影响来。国文教师对茅盾作文的评语是"文思开展"，但又担心地说："有点小说调子，应该力戒"！

1913年，茅盾考入北京大学预科第一类。这一类毕业后是进文法商三科的。预科毕业后，由于家庭经济生活的窘迫，便走上了工作岗位。

1916年8月，茅盾被一个亲戚介绍到上海商务印书馆工作。开始在英文部修改英文函授学生课卷，继之又和孙毓修先生译书，于是便有翻译的《衣·食·住》（卡本脱著）出世。不久，又到国文部编《中国寓言》，一面参加《学生杂志》的编辑工作。1920年初，曾主持《小说月报·小说新潮栏》编务，于是撰写了《小说新潮宣言》、《新旧文学平议之平议》、和《现在文学家的责任是什么？》反映了茅盾早期的文艺思想。同年11月，茅盾接编并革新《小说月报》，12月底，与郑振铎、王统照，周作人等联系，并于1921年1月成立"文学研究会"于北京，后来主要活动阵地在上海。从这时起，展开了新文学的倡导、评论和外国文学的译介工作。据不完全统计，1921年茅盾发表译著约百三十余篇。两年以后，由于商务印书馆守旧派对《小说月报》的革新不满，茅盾辞去主编职务，转到国文部工作。

与此同时，茅盾积极地层开社会革命活动。1921年2、3月间，便参加了上海共产主义小组活动。同年7月，伟大的中国共产党成立后，转为中国共产党正式党员。1922年顷，曾以《小说月报》编务为掩护，从事党中央联络员的工作。这时，也曾先后在党所办的平民女校、上海大学任教。1925年“五卅”运动爆发，茅盾直接参加了群众革命运动。6月，茅盾与郑振铎等创办了《公理日报》，不久被迫停刊。8月，作为职工代表，参加了商务印书馆的罢工斗争。国民党召开西山会议后，茅盾和恽代英奉中共中央之命在上海组织了国民党左派的上海市党部。1925年底，茅盾和恽代英等被选为左派国民党上海市党部代表，赴广州出席国民党第二次全国代表大会。会后，留广州工作，在毛泽东同志任代理部长的国民党中央宣传部作秘书。1926年3月，“中山舰事件”后，茅盾返回上海。

1926年底，北伐军占领武汉，成立国民政府。茅盾赴武汉。先任中央军事政治学校教官，约4月，任汉口《民国日报》主编。从4月到7月初为该刊撰写社论、述评三十余篇。7月，汪精卫组织“分共会议”，公开叛变革命，茅盾离武汉，准备参加南昌起义，抵九江路途阻塞，经牯岭回上海。这时，国民党反动派通缉革命党人，茅盾亦在通缉中，只好转入地下，从此用茅盾笔名，展开创作活动。

1927年9月，发表《幻灭》，至1928年6月，完成《动摇》、《追求》——三部曲《蚀》的创作。同年7月，离上海去日本。先住东京，后迁京都高原町居住。

客居日本期间，完成了长篇小说《虹》和《骑士文学ABC》，《神话杂论》和《西洋文学通论》等著作；同时完成了一些短篇小说、散文诗以及《从牯岭到东京》，《读〈倪焕之〉》等论文。1930年4月初，从日本回到上海。不久，加入左翼作家联盟，并一度担任左联执行书记。这期间完成中篇《路》、《三人行》以及历史题材小说《豹子头林冲》、《石碣》等创作。同时，在《文学导报》撰文批判“民族主义”文学。1933年1月，出版了长篇小说（子夜》。这是大规模地描写中国社会的小说，它的出版，显示了无产阶级左翼文学的实绩。瞿秋白同志说，“这是中国第一部写实主义的成功的长篇小说”（《〈子夜〉和〈国货年〉》）。这时，并陆续完成优秀短篇《林家铺子》、《春蚕》、《秋收》、《残冬》等创作多篇。

在白色恐怖的情况下，茅盾和鲁迅在一起，从事革命文艺活动。1931年，鲁迅、茅盾等发表了《为国民党屠杀大批革命作家宣言》，1932年2月，发表《上海文艺界告世界书》，《为日军进攻上海屠杀民众宣言》，7月，致电南京政府营救国际工联牛兰夫妇。呼应着现实斗争的需要，在《申报·自由谈》、《太白》等报刊，写下了大量的杂文，以及作家研究的专论。1934年9月，茅盾协助鲁迅，创办了《译文》杂志。1936年初，参加了“国防文学”、“民族革命战争的大众文学”的讨论，他为革命文学在新形势下的健康发展作了努力。同年10月，鲁迅、郭沫若、茅盾等发表了《文艺界同人为团结御侮与言论自由宣言》。

1937年抗战初期，他参加了《救亡日报》的工作、主编《烽火·呐喊》周刊。上海沦陷后，辗转于长沙、武汉、香港、广州等地。1938年3月，中华全国文艺界抗敌协会在汉口成立，茅盾被选为理事。4月，主编《文艺阵地》在广州创刊，同时，为香港复刊的《立报》编辑副刊《言林》。长篇小说《第一阶段的故事》便是这时期完成的。12月，应杜重远的邀请，经海防、昆明去新疆迪化（今乌鲁木齐）。

1939年3月抵新疆。在新疆学院任教；4月新疆文化协会成立，茅盾被推举为委员长。1940年，新疆统治者盛世才日趋反动。茅盾被迫于4月底离开新疆，经兰州、西安于5月末抵延安。在延安期间，曾在鲁迅艺术学院、陕甘宁边区文化协会讲学。在《中国文化》、《大众文艺》、《新中华报》发表文章多篇。10月，根据革命工作需要，从延安到重庆，任郭沫若主持的文化工作委员会常委。这时，陆续完成优秀散文《风景谈》、《白杨礼赞》的创作。1941年皖南事变后，撤离重庆，经桂林到达香港。5月，邹韬奋主持的《大众生活》周刊创刊，茅盾为编委，并在该刊发表长篇小说《腐蚀》。9月，主编《笔谈》半月刊。12月，太平洋战争爆发。不久日军攻占香港，茅盾等在东江游击队的帮助下，离开香港辗转到达桂林。在桂林的八九个月期间，写下了长篇《霜叶红似二月花》、《劫后拾遗》等作品。1942年底赴重庆。在重庆期间，写下了长篇《走上岗位》；翻译有《复仇的火焰》、《上尉什哈伏隆科夫》等出版。1945年，完成剧本《清明前后》的创作，并于9月在重庆上演。这一年的6月，进步的文艺界为纪念茅盾创作活动二十五周年，举行了庆祝会，并发起茅盾文艺奖金征文。

1946年3月，茅盾去广州、香港，于5月到达上海。这期间，主编《文联》杂志；并为和平、民主、自由的中国而奋争。5月，在香港期间，曾连续发表："应走和平民主路线"、"认识国情"等讲演。6月，和沪文化界一起呼吁和平，发表《上书蒋主席马歇尔及各党派》。7月，李公朴、闻一多惨遭国民党特务杀害后，茅盾等致电国际人权保障会；10月，沈钧儒、茅盾等发表《我们要求政府切实保障言论自由》等文章。12月，应苏联对外文化协会邀请，茅盾夫妇离上海赴苏访问。是年，翻译的苏联小说《人民是不朽的》，《团的儿子》、《苏联爱国战争短篇小说译丛》出版。1947年1月起，《游苏日记》陆续发表。4月，从苏联归国到达上海。著有《苏联见闻录》和《杂谈苏联》等书。这时，国民党反动派发动内战，实行法西斯统治，茅盾又于1947年末，再赴香港。

1948年5月，茅盾等发表《致国内文化界同人书》；6月，茅盾和香港各界爱国人士联名响应中共中央"五一"号召，吁请海内外同胞团结起来，促成新政协会议早日召开。这期间，参加了在香港创办的《小说》月刊的编委工作。开始长篇小说《锻炼》的创作；完成《脱险杂记》的写作。是年底，应中国共产党的邀请，茅盾夫妇离香港，经大连到达沈阳。1949年2月，北京和平解放后到达北京，参加中国人民政治协商会议的筹备工作。7月，茅盾出席了全国文代大会，并在会上作《在反动派压迫下斗争和发展的国统区文艺》的报告。会上，当选为全国文联副主席和中国文协（后改为中国作家协会）主席。

1949年10月，伟大的中华人民共和国成立。茅盾担任中央人民政府文化部部长职务。主编《人民文学》杂志。新中国成立后，当选为历届全国人民代表大会代表，历届政协全国委员会常务委员和第四届、第五届全国委员会副主席。1964年，调离文化部。在十年浩劫的严重考验中，始终和党和人民站在一起。粉碎“四人帮”后，在中国文学艺术工作者第四次代表大会上，被选为文联名誉主席、中国作家协会主席。

建国后，茅盾的著述计有《鼓吹集》、《鼓吹续集》、《夜读偶记》、《关于历史和历史剧》和《茅盾诗词》（包括建国前的部分）等。晚年，经受着病衰的苦痛，仍努力撰写回忆录，陆续连载于《新文学史料》和香港《新晚报》。这期间，人民文学出版社及其他出版社还陆续印行了《茅盾文集》十卷集、《脱险杂记》、《茅盾论创作》、《茅盾译文集》、《世界文学名著杂谈》以及长篇《锻炼》等等。

1981年3月27日，伟大的革命作家茅盾病逝于北京。

临终前，他恳切地向党提出，要求在他逝世后严格审查他一生的所作所为，功过是非。提出“如蒙追认为光荣的中国共产党员，这将是我一生最大荣耀！”中央根据茅盾的请求和他一生的表现，决定恢复他的中国共产党党籍，党龄从1921年算起。

4月11日，全党和全国人民怀着十分沉痛的心情，为这位卓越的无产阶级文化战士举行了隆重的追悼会。悼词中指出：“我国现代进步文化的先驱者、伟大的革命文学家和中国最早的党员之一沈雁冰（茅盾）同志和我们永别了。”“沈雁冰同志是在国内外享有崇高声望的革命作家、文化活动家和社会活动家。他同鲁迅、郭沫若一起，为我国革命文艺和文化运动奠定了基础。”

“几十年来，他勤勤恳恳，殚思竭虑，为建设社会主义文化事业和保卫世界和平的斗争，献出了全部心血。”“可以说，直到生命的最后时刻，他始终没有放下自己手中的笔为人民服务。”

1981年5月长春—北京

茅盾研究资料目录索引（1981—2010）*

李刚

一、论著

《茅盾》，侯成言著，黑龙江人民出版社1982年出版。

《茅盾在香港和桂林的文学成就》，林焕平著，浙江人民出版社1982年出版。

《黎明的文学：中国现实主义作家·茅盾》，[日]松井博光著，浙江人民出版社1982年出版。

《茅盾小说讲话》，吴奔星著，四川人民出版社1982年出版。

《茅盾的创作历程》，庄钟庆著，人民文学出版社1982年出版。

《茅盾作品浅论》，丁尔纲著，青海人民出版社1983年出版。

《茅盾漫评》，叶子铭著，百花文艺出版社1983年出版。

《茅盾》，庄钟庆著，人民文学出版社1983年出版。

《茅盾前期文学思想散论》，朱德发、阿岩、翟德耀著，山东人民出版社1983年出版。

《论茅盾的生活与创作》，孙中田著，百花文艺出版社1984年出版。

《茅盾史实发微》，庄钟庆著，湖南人民出版社1985年出版。

《茅盾的早年生活》，孔海珠、王尔龄著，湖南文艺出版社1986年出版。

《搜奇夺巧，虚实相生》，孔令德著，浙江文艺出版社1996年出版。

---

*说明：孙中田、查国华编《茅盾研究资料》与庄钟庆编《茅盾研究论集》二书中已含有1980年以前的茅盾研究资料目录索引。此索引始自1981年。

《茅盾纪实》，庄钟庆著，四川文艺出版社1986年出版。

《茅盾评传》，邵伯周著，四川文艺出版社1987年出版。

《茅盾》，孙中田、李庆国著，人民文学出版社1987年出版。

《论茅盾的早期文学思想》，杨健民著，湖南文艺出版社1987年出版。

《理性社会客体：茅盾艺术美学论稿》，曹万生著，四川省社会科学院出版社1988年出版。

《一代文豪：茅盾的一生》，李广德著，上海文艺出版社1988年出版。

《茅盾比较研究论稿》，李岫著，北岳文艺出版社1988年出版。

《茅盾小说论》，王嘉良著，上海文艺出版社1989年出版。

《茅盾传》，李标晶著，团结出版社1990年出版。

《茅盾研究60年》，邱文治，天津教育出版社1990年出版。

《〈子夜〉的艺术世界》，孙中田著，上海文艺出版社1990年出版。

《一个批评家的心路历程》，丁亚平，上海文艺出版社1990年出版。

《茅盾的童心》，金燕玉，南京出版社1990年出版。

《回眸集》，罗宗义著，团结出版社1990年出版。

《茅盾文体论初探》，李标晶著，厦门大学出版社1991年出版。

《茅盾小说的艺术世界》，邱文治著，百花文艺出版社1991年出版。

《茅盾与故乡》，钟桂松，四川文艺出版社1991年出版。

《茅盾文学批评论》，罗宗义著，厦门大学出版社1991年出版。

《茅盾与外国文学》，黎舟、阙国虬著，厦门大学出版社1991年出版。

《茅盾小说的艺术世界》，邱文治著，百花文艺出版社1991年出版。

《茅盾学论稿》，李广德著，香港正之出版社1991年出版。

《茅盾诗词鉴赏》，丁茂远著，杭州大学出版社1991年出版，

《茅盾与故乡》，钟桂松著，四川文艺出版社1991年出版。

《茅盾文艺美学思想论稿》，史瑶、王嘉良、钱诚一、骆寒超著，杭州大学出版社1991年出版。

《茅盾心目中的鲁迅》，单演义著，陕西人民出版社1992年出版。

《茅盾的小说艺术》，桑逢康著，北岳文艺出版社1992年出版。

《中国革命与茅盾的文学道路》，史瑶主编，杭州大学出版社1992年出

版。

《茅盾〈蚀〉三部曲的历史分析》，【美]陈幼石著，社会科学文献出版社1993年出版。

《茅盾的创作个性》，唐纪如著，厦门大学出版社1993年出版。

《时代女性论稿》，陆文采、王建中著，沈阳出版社1993年出版。

《茅盾对外国文学的借鉴与创新》，李庶长著，山东大学出版社1993年出版。

《茅盾的艺术世界》，丁尔纲著，青岛出版社，1993年出版。

《〈子夜〉的人物和艺术世界》，党秀臣著，陕西人民教育出版社1993年出版。

《茅盾早期思想新探》，丁柏铨著，南京大学出版社1993年出版。

《人间茅盾：茅盾和他同时代的人》，钟桂松著，河南人民出版社1993年出版。

《编辑家茅盾评传》，李频著，河南大学出版社1995年出版。

《茅盾孔德沚》，丁尔纲著，中国青年出版社1995年出版。

《论茅盾的小说艺术》，史瑶著，厦门大学出版社1995年出版。

《茅盾："人生派"的大师》，黄侯兴著，山东人民出版社1996年出版。

《转折时期的文学思想：茅盾早期文学思想研究》，杨扬著，华东师范大学出版社1996年出版。

《茅盾的文论历程》，庄钟庆著，上海文艺出版社1996年出版。

《茅盾与浙江》，徐越化、顾忠国等著，海南出版社1996年出版。

《茅盾传》，钟桂松著，东方出版社1996年出版。

《茅盾评说》，欧家斤著，学林出版社1997年出版。

《茅盾与20世纪中国文化》，王嘉良主编，天津人民出版社1997年出版。

《封闭与开放——茅盾小说艺术论》，金燕玉著，广西人民出版社1997年出版。

《挖掘社会矛盾现象的小说巨匠——茅盾》，刘焕林著，广西教育出版社1997年出版。

《茅盾评传》，丁尔纲著，重庆出版社1998年10月出版。

《茅盾传——坎坷与辉煌》，钟桂松著，河南文艺出版社1998年出版。

《茅盾诗词解析》，丁茂远著，吉林文史出版社1999年出版。

《茅盾：翰墨人生八十秋》，丁尔纲著，长江文艺出版社2000年出版。

《茅盾：都市子夜的呼号》，宋炳辉著，上海教育出版社2000年出版。

《走近茅盾》，翟德耀著，中国文联出版公司2001年出版。

《二十世纪茅盾研究史》，钟桂松著，浙江人民出版社2001年出版。

《茅盾》，陈小曼著，河北教育出版社2001年出版。

《茅盾散论》，钟桂松著，复旦大学出版社2001年出版。

《霜叶红于二月花：茅盾的女性世界》，蔡震著，河南人民出版社2003年出版。

《鲁迅与茅盾》，李继凯著，河北人民出版社2003年出版。

《全人视境中的观照——鲁迅与茅盾比较论》，李继凯著，中国社会科学出版社2003年出版。

《茅盾人格》，丁尔纲、李庶长著，河南人民出版社2004年出版。

《茅盾写作艺术论》，陈桂良著，南京大学出版社2004年出版。

《茅盾艺术美学》，曹万生著，华龄出版社2004年出版。

《解读茅盾经典——山河大地的深思》，程光炜，花山文艺出版社2005年。

《茅盾与新文学精神》，陈天助著，新加坡文艺协会2006年出版。

《逃墨馆主——茅盾传》，余连祥著，浙江人民出版社2006年出版。

《革命与形式：茅盾早期小说的现代性展开：1927-1930》，陈建华著，复旦大学出版社2007年出版。

《茅盾和他的女儿》，钟桂松著，东方出版社2007年出版。

《茅盾文学批评的“矛盾”变奏》，周兴华著，黑龙江人民出版社2009年出版。

《我为鲁迅茅盾辩护》，秋石著，文汇出版社2009年出版。

二、论文

《茅盾与文学批评》，孙中田，《东北师大学报（哲学社会科学版）》1981年第1期。

《学习茅盾对鲁迅的评论》，唐纪如，《南京师大学报（社会科学版）》1981年第3期。

《茅盾同志与红学》，刘梦溪，《红楼梦学刊》1981年第3期。

《论茅盾小说的典型提炼》，丁尔纲，《中国现代文学研究丛刊》1981年第1期。

《茅盾的现实主义理论和艺术创新——为悼念茅盾同志逝世而作》，乐黛云，《中国现代文学研究丛刊》1981年第4期。

《论茅盾的短篇小说》，王西彦，《文学评论》1981年第4期。

《论茅盾的文学业绩》，孙中田，《文学评论》1981年第4期。

《鲁迅、胡风和茅盾的一段交往——关于英译本〈子夜〉的介绍》，周正章，《鲁迅研究月刊》1982年第1期。

《茅盾参与过的三个文学社团》，王中忱，《东北师大学报（哲学社会科学版）》1982年第4期。

《茅盾与文学上的自然主义》，朱德发，《山东师范大学学报（人文社会科学版）》1982年第5期。

《谈四十年代茅盾的行踪》，叶子铭，《中国现代文学研究丛》1982年第3期。

《茅盾生平事迹小记》，艾扬，《中国现代文学研究丛刊》1982年第3期。

《茅盾小说的语言艺术浅谈》，庄森，《学术研究》1982年第4期。

《拓荒者的杰出贡献——茅盾与新文学的现实主义》，邵伯周，《中国现代文学研究丛刊》1982年第4期。

《论茅盾“五卅”前后的无产阶级文学观》，朱德发，《中国现代文学研究丛刊》1982年第4期。

《艺术探索与政治偏见之间的徘徊倾斜——评美国学者夏志清的〈中国

现代小说史〉茅盾专章》，丁尔纲，《中国现代文学研究丛刊》1982年第4期。

《茅盾与自然主义》，吕效平、武锁宁，《中国现代文学研究丛刊》1983年第2期。

《茅盾早期文艺思想㸌谈》，孙中田，《东北师大学报（哲学社会科学版）》1983年第2期。

《茅盾长篇〈锻炼〉独特性探究》，庄钟庆，《厦门大学学报（哲学社会科学版）》1983年第2期。

《茅盾前期论文学的社会功利》，赵耀堂，《齐鲁学刊》1983年第4期。

《茅盾早期的比较文学研究》，孙昌熙，《文史哲》1983年第5期。

《茅盾与外国文艺思潮流派》，黎舟，《文艺研究》1983年第6期。

《论茅盾前期的新小说观》，朱德发，《中国现代文学研究丛刊》1983年第3期。

《茅盾的译介外国文学历程》，黎舟，《齐鲁学刊》1984年第1期。

《茅盾大革命时期在武汉的活动》，李广德，《中国现代文学研究丛刊》1984年第1期。

《论茅盾的现实主义文学观》，王中忱，《文学评论》1984年第1期。

《茅盾早期介绍外国文艺思潮的两个问题》，黎舟，《福建师范大学学报（哲学社会科学版）》1984年第4期。

《茅盾前期文艺批评艺术谈》，张瑞云，《山东师范大学学报（人文社会科学版）1984年第6期。

《增田涉谈茅盾》，李郁，《中国现代文学研究丛刊》1984年第4期。

《茅盾儿童小说初探》，金燕玉，《中国现代文学研究丛刊》1984年第4期。

《谈〈春蚕〉——兼谈茅盾的创作方法及其艺术特点》，吴组缃，《中国现代文学研究丛刊》1984年第4期。

《论茅盾的“新浪漫主义”文学主张》，程金城，《兰州大学学报（社会科学版）》1984年第4期。

《努力摆脱“已成的我”——浅谈茅盾创作过程中的自我更新》，柳夕浪，《南京师大学报（社会科学版）》1985年第3期。

《从经验到理论——茅盾作品自序和跋学习札记》，丁尔纲，《中国现代文学研究丛刊》1985年第2期。

《茅盾论〈阿Q正传〉》，孙昌熙，《文史哲》1985年第3期。

《鲁迅〈故事新编〉与茅盾三部代表小说中人物创造的比较考察》，林焕平，《文艺理论研究》1985年第4期。

《茅盾与现代作家》，庄钟庆，《文史哲》1985年第5期。

《茅盾创作与左拉》，张明亮，《中国文学研究》1986年第1期。

《论茅盾与新浪漫主义文学思潮（摘要）》，王中忱，《中国现代文学研究丛刊 》1986年第2期。

《茅盾与托尔斯泰》，陈幼学，《中山大学学报（社会科学版）》1986年第2期。

《茅盾文论管窥》，庄钟庆，《厦门大学学报（哲学社会科学版）》1986年第2期。

《试论茅盾的创作对中国文学的贡献现实主义》，费勇，《中国现代文学研究丛刊》1986年第3期。

《在与世界文学潮流的联结中把握传统——茅盾的民族文学借鉴体系》，吴福辉，《中国现代文学研究丛刊》1986年第3期。

《茅盾前、后期小说中时代青年形象之比较》，超冰，《中国现代文学研究丛刊》1986年第3期。

《马拉默德的〈伙计〉与茅盾的〈林家铺子〉》，李岫，《北京师范大学学报（社会科学版）》1986年第4期。

《茅盾早期创作与左拉自然主义文学理论》，徐学，《文学评论》1986年第4期。

《论〈春蚕〉及茅盾有关小说的主题把握——与吴组缃同志商榷》，邱文治，《中国现代文学研究丛刊》1986年第4期

《谈谈茅盾对民间形式看法的矛盾》，杨中，《中国现代文学研究丛刊》1987年第2期。

《论茅盾文学批评观的现代化特征》，沈昆朋，《北京大学学报（哲学社会科学版）》1987年第2期。

《茅盾、巴金、老舍的文化类型比较》，杨义，《文艺研究》1987年第4期。

《茅盾初期小说的苦恼意识》，孙郁，《文学评论》1987年第4期。

《老舍茅盾王昆仑》，王金陵，《中国现代文学研究丛刊》1987年第4期。

《鲁迅未向茅盾表示同意解散“左联”》，张效民，《鲁迅研究月刊》1987年第8期。

《茅盾论鲁迅旧诗的述评》，单演义，《鲁迅研究月刊》1987年第9期。

《茅盾、巴金、老舍的文化类型比较》，杨义，《中国现代文学研究丛刊》1988年第1期。

《一个引人深思的矛盾——论茅盾的小说创作》，王晓明，《中国现代文学研究丛刊》1988年第1期。

《“五四”新文学的转变与茅盾的小说创作》，秦志希，《文学评论》1988年第1期。

《茅盾与十九世纪法国现实主义文学》，费勇，《中国现代文学研究丛刊》1988年第3期。

《茅盾小说艺术风格的几个问题》，邱文治，《中国现代文学研究丛刊》1988年第3期。

《两种形态的现实主义小说——鲁迅小说和茅盾小说的比较之一》，王富仁，《中国现代文学研究丛刊》1989年第1期。

《诱惑与困境——重读〈子夜〉》，徐循华，《中国现代文学研究丛》1989年第1期。

《茅盾的〈虹〉和“易卜生命题”》，丁尔纲，《中国现代文学研究丛刊》1989年第3期。

《理智与感情——论茅盾对艺术的选择》，超冰，《中国现代文学研究丛刊》1989年第4期。

《论茅盾的儿童小说创作》，熊文，《中山大学学报（社会科学版）》1990年第2期。

《论茅盾早期创作的二元倾向》，丁帆，《中国现代文学研究丛刊》1990年第1期。

《茅盾文学批评的思维个性》，丁亚平，《中国现代文学研究丛刊》1990年第1期。

《现实主义传统和作家的独创性——茅盾与老舍小说比较考察》，万平近，《中国现代文学研究丛刊》1990年第2期。

《"茅盾现象"：一个理论反思课题》，吴国群，《中国现代文学研究丛刊》1990年第1期。

《三十年代上海都市文学——兼谈对茅盾〈子夜〉的新认识》，吴向北，《中国现代文学研究丛刊》1991年第2期。

《茅盾小说人物塑造模式论》，秦志希，《中国现代文学研究丛刊》1991年第3期。

《理性思维：对意蕴世界的价值确定——茅盾文学批评心理研究》，丁亚平，《江苏社会科学》1991年第4期。

《试论茅盾的心理分析现实主义》，马佳，《中国现代文学研究丛刊》1992年第1期。

《茅盾的性描写观与〈蚀〉〈野蔷薇〉中的性爱》，三枝茂人，《中国现代文学研究丛刊》1992年第2期。

《"寡母抚孤"现象对中国现代作家的影响——对胡适、鲁迅、茅盾、老舍童年经历的一种理解》，谢泳，《中国现代文学研究丛刊》1992年第3期。

《茅盾文艺观的发展及其作家作品评论》，昌切，《中国现代文学研究丛刊》1992年第4期。

《茅盾与俄国文学、尼采思想和新浪漫主义——茅盾艺术美理论建构描述之一》，钱诚一，《中国现代文学研究丛刊》1992年第4期。

《〈孤独〉不是茅盾译作》，孔海珠，《新文学史料》1993年第4期。

《茅盾在粤港"第二条战线上"——茅盾佚文〈民主与文艺〉所引起的

回忆》，李莎青，《文艺理论与批评》1994年第2期。

《论茅盾小说创作模式》，张云龙，《文史哲》1994年第4期。

《闻茅盾被〈大师文库〉除“名”有感》，丁尔纲，《文艺理论与批评》1995年第2期。

《茅盾研究的回顾与展望》，叶子铭，《中国现代文学研究丛刊》1995年第2期。

《茅盾的政治与文学的侧面观——〈子夜〉的国际环境背景》，桑岛由美子，《中国现代文学研究丛刊》1995年第3期。

《茅盾与新文学的进程》，李岫，《文学评论》1996年第3期。

《茅盾与现代文学批评》，温儒敏，《文学评论》1996年第3期。

《革命性长篇小说——以茅盾的创作为例》，黄子平，《文艺理论研究》1996年第3期。

《论〈虹〉——试探茅盾作品的“非写实”因素》，是永骏，《中国现代文学研究丛刊》1996年第3期。

《茅盾内在的文化矛盾》，曹万生，《中国现代文学研究丛刊》1996年第3期。

《在茅盾研究的边缘》，黄继持，《中国现代文学研究丛刊》1996年第3期。

《谈谈鲁迅、陈寅恪、茅盾》，徐中玉，《文艺理论研究》1996年第5期。

《时间与空间的象征性形象——茅盾初期小说中的象征性研究之一》，沈惠英，《中国现代文学研究丛刊》1997年第2期。

《鲁迅、茅盾致陕北信不容否定》，陈福康，《新文学史料》1998年第2期。

《批评话语与叙述话语——茅盾小说中的批评者》，马云，《中国现代文学研究丛刊》1998年第3期。

《论茅盾对民族主义文艺理论的批判》，钱振纲，《北京师范大学学报（人文社会科学版）》2001年第4期。

《现代理性话语：茅盾“人的文学”观念建构》，朱德发，《文学评论》2001年第5期。

《茅盾创作：经济学视角及其意义》，王嘉良，《文艺理论与批评》2002年第3期。

《易性想象与男性立场——茅盾前期小说中的性别意识分析》，李玲，《中国文化研究》2002年第2期。

《男性叙述话语中的“红杏出墙”解析——重读茅盾的短篇小说〈水藻行〉》，丛晓峰，《山东师范大学学报（人文社会科学版）》2002年第4期。

《小说大师与文化部长——茅盾建国后的心态分析》，杨守森，《山东师范大学学报（人文社会科学版）》2002年第6期。

《〈霜叶红似二月花〉与茅盾的矛盾》，何希凡，《中国现代文学研究丛刊》2002年第4期。

《茅盾早期现实主义文论的结构与主流文学观念的范型》，黄开发，《中国文学研究》2002年第4期。

《茅盾在当下中国的意义》，曹万生，《四川师范大学学报（社会科学版）》2003年第2期。

《关于胡风与茅盾的交往、冲突及比较》，李继凯，《中国现代文学研究丛刊》2003年第2期。

《鲁迅与茅盾:科学理性精神之于创作主体求真艺术思维》，朱德发，《鲁迅研究月刊》2004年第1期。

《科学主义与茅盾早期的文学选择》，俞兆平，《厦门大学学报（哲学社会科学版）》2004年第4期。

《试论茅盾系列文学期刊——中国现代文学期刊考察报告之一》，刘增人，《文学评论》2004年第4期。

《“寂寞”论果真是对萧红作品的“经典误读”?——也谈茅盾评〈呼兰河传〉并与王科先生商榷》，陈桂良，《文艺争鸣》2005年第3期。

《“我”与“我们”:茅盾作家论的意义标志》，周兴华，《文学评论》2005年第4期。

《“寂寞”论，真的是对〈呼兰河传〉的“经典误读”》，王科，《文艺争鸣》2005年第6期。

《革命理性话语中的女性身体——蒋光慈、丁玲、茅盾小说解读》，戚学英，《中国文学研究》2005年第4期。

《从自信到自虐:知识分子的灵魂缩影——茅盾性格的文献发生学透视》，周兴华，《文艺理论研究》2006年第2期。

《茅盾与新疆抗战时期的文学发展》，张积玉，《中国现代文学研究丛刊》2006年第5期。

《论茅盾对鸳鸯蝴蝶派的批评及其策略》，王木青，《文艺理论与批评》2007年第3期。

《直面现实人生的文学精神——论茅盾主编时期的〈小说月报〉》，张旭东，《文艺理论与批评》2007年第6期。

《茅盾眼中的曹雪芹和〈红楼梦〉——重读〈节本红楼梦导言〉和〈关于曹雪芹〉》，刘永良，《红楼梦学刊》2007年第6期。

《胡适、茅盾的“徐志摩论”比较》，李丹，《学术月刊》2007年第10期。

《回眸历史:对茅盾创作模式的理性审视》，王嘉良，《学术月刊》2007年第11期。

《近半个世纪前的访谈——忆“左联”谈茅盾》，孔海珠，《鲁迅研究月刊》2009年第10期。

《茅盾观照文学的三种姿态》，周兴华，《文艺理论研究》2010年第1期。

三、其他资料

《茅盾全集（41卷）》，《茅盾全集》编辑委员会编，人民文学出版社自1984年至2001年陆续出版。

《茅盾全集补遗（上下）》，《茅盾全集》编辑委员会编，人民文学出版社2006年出版。

《茅盾译文全集（10卷）》，韦韬主编，知识产权出版社2005年出版。

《忆茅公》，文化艺术出版社编，文化艺术出版社1982年 出版。

《梦回星移——茅盾晚年生活见闻》，叶子铭著，南京大学出版社1991年出版。

《茅盾与我》，万树玉、李岫编，中国广播电视出版社1996年7月出版。

《父亲茅盾的晚年》，韦韬、陈小曼著，上海书店出版社1998年7月出版。

《我的父亲茅盾》，韦韬、陈小曼著，辽宁人民出版社2004年出版。

《茅盾年谱》，查国华著，长江文艺出版社1985年出版。

《茅盾年谱》，万树玉著，浙江文艺出版社1986年出版。

《茅盾年谱（上下）》，唐金海、刘长鼎著，山西高校联合出版社1996年出版。

《茅盾语言词典》，潘晓东编，四川辞书出版社1992年出版。

《简明茅盾词典》，李标晶、王嘉良主编，甘肃教育出版社1993年出版。

《纪念茅盾》，陕西省中国现代文学学会编，陕西人民出版社1981年出版。

《茅盾研究论文选集》，全国茅盾研究学会编，湖南人民出版社1983年出版。

《茅盾研究：第七届年会论文集》，中国茅盾研究会编，新华出版社，2003年出版。

《中国现代文学史资料汇编（乙种）茅盾研究资料（上中下）》，孙中田、查国华编，中国社会科学出版社1983出版。

《中国当代文学研究资料茅盾专集（第一卷上下）》，唐金海、孔海珠、周春东、李玉珍编，福建人民出版社1983年出版。

《茅盾研究论集》，庄钟庆编，天津人民出版社，1984年出版。

《茅盾研究在国外》，李岫著，湖南人民出版社1984年出版。

《中国当代文学研究资料茅盾专集（第二卷上下）》，唐金海、孔海珠编，福建人民出版社1985年出版。

《茅盾九十诞辰纪念论文集》，中国茅盾研究学会编，作家出版社1987年出版。

《茅盾与中外文化》，《茅盾与中外文化》编辑组编，南京大学出版社1993年出版。

《茅盾研究与我》，吴福辉编，华夏出版社1997年出版。

《茅盾与二十世纪》，中国茅盾研究会编，华夏出版社，1997年出版。

《乌镇之子茅盾》，桐乡市茅盾纪念馆、桐乡市茅盾研究会2001年编辑。

《中国文学史资料全编（现代卷）茅盾研究资料（上下）》，孙中田、查国华编，知识产权出版社2010年出版。

《茅盾研究》第1辑，《茅盾研究》编辑部编，文化艺术出版社1984年6月出版。

《茅盾研究》第2辑，《茅盾研究》编辑部编，文化艺术出版社1984年12月出版。

《茅盾研究》第3辑，《茅盾研究》编辑部编，文化艺术出版社1988年出版。

《茅盾研究》第4辑，《茅盾研究》编辑部编，文化艺术出版社1990年出版。

《茅盾研究》第5辑，《茅盾研究》编辑部编，文化艺术出版社1991年出版。

《茅盾研究》第6辑，《茅盾研究》编辑部编，北京师范大学出版社1995年出版。

《茅盾研究》第7辑，《茅盾研究》编辑部编，文化艺术出版社1999年出版。

《茅盾研究》第8辑，中国茅盾研究会编，新华出版社2003年出版。

《茅盾研究》第9辑，中国茅盾研究会编，文化艺术出版社2005年出版。

《茅盾研究》第10辑，中国茅盾研究会编，文化艺术出版社2006年出版。

后记

八十年的茅盾“评说”，材料浩如烟海，考虑到本套丛书的统一性，这里仅仅是选择、汇编了直接描述茅盾“这个人”及其作品的有关文章。学界很多深刻的专题式研究未及纳入，这是要向读者说明的。

本书中所收各篇文章，多已与其著作权人取得联系，并征得同意，但尚有少部分选文无法寻得作者近址，敬请见后拨冗赐示联系方式，以奉寄样书及稿酬，谨致谢意。

联系Email:bookcn@sohu.com

编者

2011年3月

图书在版编目（CIP）数据

茅盾评说八十年 / 钱振纲编．— 北京：文化艺术出版社，2011.4

ISBN 978-7-5039-5019-3

Ⅰ．①茅…　Ⅱ．①钱…　Ⅲ．①茅盾（1896 ~ 1982）—文学研究　Ⅳ．① I206.6

中国版本图书馆 CIP 数据核字（2011）第 043573 号

茅盾评说八十年

编　　者　钱振纲
责任编辑　潘　艳
封面设计　杨林青 雪　媛
出版发行　文化艺术出版社
地　　址　北京市东城区东四八条 52 号　100700
网　　址　www.whyscbs.com
电子邮箱　whysbooks@263.net
电　　话　（010）84057666　（总编室）
　　　　　（010）84057690　（发行部）
经　　销　新华书店
印　　刷　国英印务有限公司
版　　次　2011 年 4 月第 1 版
版　　次　2011 年 4 月第 1 次印刷
开　　本　787 × 1092 毫米　1/16
印　　张　26.75
字　　数　300 千字
书　　号　978-7-5039-5019-3
定　　价　48.00 元